《当代中国马克思主义》论丛（第八辑）

新时代马克思主义的守正创新

THE PRESERVATION AND INNOVATION OF MARXISM IN THE NEW ERA

中共中央党校（国家行政学院）马克思主义学院
中国马克思主义研究基金会 / 编

社会科学文献出版社
SOCIAL SCIENCES ACADEMIC PRESS (CHINA)

目　录

第一编　开辟马克思主义中国化时代化新境界

第二编　"第二个结合"与人类文明新形态

第三编　以中国式现代化全面推进中华民族伟大复兴

第四编　马克思主义政治经济学的探索创新

从"三个解放"理解党百年奋斗的历史经验[*]

牛先锋[**]

中国共产党的百年历史，是坚持解放思想、实事求是，把马克思主义基本原理同中国具体实际相结合、同中华优秀传统文化相结合，不断推进马克思主义中国化时代化的历史；是中国共产党团结和带领全国各族人民奋发图强，不断解放和增强社会活力，激发社会积极性、激发最广大人民群众创造性的历史；是坚持开拓创新、大胆突破各种束缚，不断解放和发展社会生产力，增强综合国力，推进中华民族伟大复兴的历史。在百年奋斗历程中，中国共产党由小到大、由弱到强，不断释放出朝气蓬勃的青春活力，带领中国人民实现了由站起来、富起来到强起来的历史跨越。在百年风雨中，中国共产党的历史与中华民族伟大复兴的历史共进发展、相映生辉，构成了一幅中国历史乃至人类历史上的恢宏画卷。那么，中国共产党在百年历史发展中为什么能取得如此辉煌的成就呢？党的十九届六中全会总结了十条历史经验。本文认为，从解放思想、解放和发展社会生产

　　* 本文原载《毛泽东研究》2022 年第 6 期，收入本书时有改动。
　　** 牛先锋，中共中央党校（国家行政学院）马克思主义学院原院长，教授、博士生导师。

力、解放和增强社会活力这"三个解放"① 视角来理解，有助于深化对十条历史经验的认识和坚持。

一 解放思想：激发社会活力的先声

解放思想、实事求是，是马克思主义唯物史观的根本要求，是中国共产党思想路线的基本内容。思想是行动的先导，是激发社会活力的先声；思想解放的程度，决定着实践发展的广度和深度，决定着社会进步的幅度。"一个党，一个国家，一个民族，如果一切从本本出发，思想僵化，迷信盛行，那它就不能前进，它的生机就停止了，就要亡党亡国。"② 只有思想解放了，才能形成百花齐放、百家争鸣的风潮，鼓动起热情奔放的精神氛围，形成敢想敢干、百舸争流的发展局面。

从中国近代历史来看，五四运动是一场思想启蒙与解放运动。这场运动在思想领域引入的"德先生、赛先生"，搅动了中国千百年来的传统思维，引发志士仁人对中国传统文化、中国社会性质、中国发展道路、中国与世界关系等重大问题的思索。这是中国"现代性"的第一次启蒙，是对"传统性"的一次思想挑战。也正是在这场轰轰烈烈的思想解放运动中，马克思列宁主义在中国传播开来，俄国十月革命开辟的社会主义道路吸引了中国进步知识分子的目光。马克思列宁主义与中国工人运动相结合，1921 年诞生了中国共产党。"中国产生了共产党，这是开天辟地的大事变，中国革命的面貌从此焕然一新。"③ 历史证明，没有这次思想解放运动，就没有马克思主义在中国的传播；没有马克思主义在中国的传播，也就没有中国共产党诞生；没有共产党，也就没有新中国。

关于真理标准问题的大讨论，是党的历史上又一次思想解放。1978 年

---

① "三个解放"是在党的十八届三中全会上提出来的，即"解放思想、解放和发展社会生产力、解放和增强社会活力"，习近平总书记在多个场合反复强调"三个解放"对于推动经济社会发展、坚持和发展新时代中国特色社会主义的重要性。

② 《邓小平文选》第 2 卷，人民出版社，1994，第 143 页。

③ 《中国共产党第十九届中央委员会第六次全体会议文件汇编》，人民出版社，2021，第 22 页。

5月11日，刊发于《光明日报》的《实践是检验真理的唯一标准》掀起了一场关于真理标准问题的大讨论，这场大讨论揭开了新时期思想解放的序幕；12月13日，邓小平在中央工作会议闭幕会上作了《解放思想，实事求是，团结一致向前看》的重要讲话，这个讲话打开了思想解放的闸门；12月18日，党的十一届三中全会召开，全会坚持解放思想、实事求是的精神，破除了对马克思主义、社会主义教条式认识的束缚，实现了党和国家工作中心向经济建设的战略转移。解放思想不只体现在一般性问题上，在事关党的基本理论问题上"不解放思想不行，甚至于包括什么叫社会主义这个问题也要解放思想"①。正是在这次思想解放运动的推动下，我国成功开启了改革开放和社会主义现代化建设新时期，开创了中国特色社会主义道路，实现了新中国成立以来党的历史上具有深远意义的伟大转折，引领中国发展大踏步地赶上了时代。

经过长期努力，中国特色社会主义进入新时代，这是我国发展新的历史方位。在新的历史方位上，我国社会主要矛盾发生了根本性、全局性的变化。这些变化，一方面为实现党的第一个百年奋斗目标、向第二个百年奋斗目标迈进奠定了物质基础和精神基础；另一方面，在以往的发展中我们也积累了许多长期想解决而没有解决的重大问题、长期想办而没有办成的大事，体制机制的障碍、思想观念的障碍和利益固化的问题开始显现出来，要解决这些深层次的矛盾和问题，首先需要思想的大解放。习近平总书记明确指出："冲破思想观念的障碍、突破利益固化的藩篱，解放思想是首要的。"并非常有针对性地讲："一些思想观念障碍往往不是来自体制外而是来自体制内。思想不解放，我们就很难看清各种利益固化的症结所在，很难找准突破的方向和着力点，很难拿出创造性的改革举措。"②

为进一步解放思想，习近平总书记还从马克思主义发展史的角度，论证了解放思想的理论根据。习近平总书记指出："马克思一再告诫人们，马克思主义理论不是教条，而是行动指南，必须随着实践的变化而发展。一部马克思主义发展史就是马克思、恩格斯以及他们的后继者们不断根据

① 《邓小平文选》第2卷，人民出版社，1994，第312页。
② 《习近平谈治国理政》第1卷，外文出版社，2018，第87页。

时代、实践、认识发展而发展的历史，是不断吸收人类历史上一切优秀思想文化成果丰富自己的历史。因此，马克思主义能够永葆其美妙之青春，不断探索时代发展提出的新课题、回应人类社会面临的新挑战。"① 马克思主义理论的开放性和与时俱进的理论品格，要求我们必须不断解放思想，在理论上要有打破教条、开拓创新的勇气。用创新的理论指导新的实践，才能接续谱写社会进步的新篇章。

进入新时代，习近平总书记紧紧抓住时代特征，深刻把握国内国际两个大局，坚持解放思想、守正创新，以伟大的历史主动精神、巨大的政治勇气、强烈的责任担当，就新时代坚持和发展什么样的中国特色社会主义、怎样坚持和发展中国特色社会主义，建设什么样的社会主义现代化强国、怎样建设社会主义现代化强国，建设什么样的长期执政的马克思主义政党、怎样建设长期执政的马克思主义政党等重大时代课题，提出一系列原创性的治国理政新理念新思想新战略，创立了习近平新时代中国特色社会主义思想。

从解放思想的角度来看，党百年奋斗的经验证明：如果没有解放思想，就不可能有马克思主义基本原理同中国具体实际相结合、同中华优秀传统文化相结合，就不可能有马克思主义中国化的第一次飞跃和两次新的飞跃；就不可能探索到与城市暴动不同的农村包围城市的中国革命道路、与苏联模式不同的中国特色社会主义道路。在党百年奋斗取得的十条历史经验中，坚持理论创新、坚持开拓创新、坚持自我革命、坚持胸怀天下，就是对我们党思想大解放实践历程的理论升华。

二 解放和发展社会生产力：实现中国梦的根本力量

在社会发展动力体系中，生产力是最根本的动力。生产力的发展推动生产关系的变革，最终引起整个上层建筑的变动。资本主义的灭亡，是生产关系不能适应生产力发展的结果。社会主义诞生之后，同样需要不断创造更高的生产力，不断推进人的全面发展，才能赢得最终的胜利。

---

① 习近平：《在纪念马克思诞辰 200 周年大会上的讲话》，人民出版社，2018，第 9~10 页。

　　在革命年代，党就对历史唯物主义这一基本原理有深刻的理解，充分认识到"落后就要挨打"的朴素道理，认识到实现民族独立、人民解放，必须用革命的方式推翻"三座大山"，革命性地变革旧的生产关系和上层建筑，为发展社会生产力创造条件。在新中国成立前夕党的七届二中全会上，党就严肃地讨论了工作重心由农村向城市转移、由革命战争向经济建设转移的重大问题，提出全党要学会管理城市、学会经济建设，使中国稳步地由农业国转变为工业国。为此，对国营经济、合作社经济、私人资本主义经济、个体经济和国家资本主义经济提出相应的改造政策，以期通过对生产关系的变革，来限制各种经济成分的消极性、发挥其积极性，促进国民经济的恢复和生产力的发展，向社会主义过渡。

　　1956 年，我国"三大改造"基本完成，全民所有制和集体所有制经济成为国家经济的基础，这标志着我国社会主义制度确立。生产关系的大变革、上层建筑领域党的领导以及人民当家作主地位的确立，一方面解放了生产力中人这一最活跃的因素，极大地激发了人民群众发展生产力的积极性；另一方面财产公有增强了国家配置资源的能力，有助于实施大规模的社会动员，集中力量办大事，为解放生产力开辟了道路。

　　关于真理标准问题的大讨论，使我们对这一问题有了新的认识。其一，在社会主义制度下，生产力与生产关系之间、经济基础与上层建筑之间还有不相适应的地方。其二，生产关系与生产力之间是一种动态适应的关系，两者有一个从相适应到不太适应，再到重新适应的过程，而要达到重新适应就需要不断地进行改革，革除不相适应的体制机制，为社会生产力的发展扫清障碍。其三，就改革的广度和深度而言，改革具有革命性意义，改革是一场解放和发展社会生产力的大革命。1992 年邓小平在南方谈话中总结性地指出："革命是解放生产力，改革也是解放生产力。推翻帝国主义、封建主义、官僚资本主义的反动统治，使中国人民的生产力获得解放，这是革命，所以革命是解放生产力。社会主义基本制度确立以后，还要从根本上改变束缚生产力发展的经济体制，建立起充满生机和活力的社会主义经济体制，促进生产力的发展，这是改革，所以改革也是解放生产力。过去，只讲在社会主义条件下发展生产力，没有讲还要通过改革解放生产力，不完全。应该把解放生产力和发展生产力两个讲全了。"①

社会主义条件下还要解放生产力，并通过改革解放生产力。这一认识具有石破天惊的意义，它开启了我国改革开放和社会主义现代化建设的新时期，使我国改革开放和社会生产力发展进入了快车道。40 余年来，中国的改革从农村到城市、从经济领域到其他各个领域不断深化；中国开放从点到线再到面，形成全方位的对外开放格局。通过改革，革除了高度集中的计划经济体制，建立起了充满活力的社会主义市场经济体制；通过开放，打破我国长期封闭和半封闭的状态，实施"引进来，走出去"战略，利用国内国际两个市场、两种资源，融入了经济全球化的世界潮流。我国40 多年的发展历史充分证明，改革开放是当代中国最鲜明的特征，也是当代中国取得一切成就的重要原因。从解放生产力的角度讲，没有改革开放，就不可能有我国社会生产力的大解放、大发展，就不会有中国经济长期高速发展；从民族复兴的角度来讲，改革开放使中国发展大踏步地赶上了时代，为实现中华民族伟大复兴提供了充满新的活力的体制保证和快速发展的物质基础。

中国特色社会主义进入新时代以来，习近平总书记多次强调解放生产力的重要性和紧迫性。在党的十八届三中全会第二次全体会议上的讲话中，习近平总书记指出："全面建成小康社会，实现社会主义现代化，实现中华民族伟大复兴，最根本最紧迫的任务还是进一步解放和发展社会生产力。"② 在党的十九大报告中，习近平同志再次强调："实现'两个一百年'奋斗目标、实现中华民族伟大复兴的中国梦，不断提高人民生活水平，必须坚定不移把发展作为党执政兴国的第一要务，坚持解放和发展社会生产力，坚持社会主义市场经济改革方向，推动经济持续健康发展。"③ 并作出"解放和发展社会生产力，是社会主义的本质要求"④ 的重大理论判断。在庆祝改革开放 40 周年大会上，习近平总书记总结指出："改革开放 40 年的实践启示我们：解放和发展社会生产力，增强社会主义国家的综

① 《邓小平文选》第 3 卷，人民出版社，1993，第 370 页。
② 《习近平谈治国理政》第 1 卷，外文出版社，2018，第 92 页。
③ 《中国共产党第十九次全国代表大会文件汇编》，人民出版社，2017，第 24 页。
④ 《中国共产党第十九次全国代表大会文件汇编》，人民出版社，2017，第 28 页。

合国力,是社会主义的本质要求和根本任务。只有牢牢扭住经济建设这个中心,毫不动摇坚持发展是硬道理、发展应该是科学发展和高质量发展的战略思想,推动经济社会持续健康发展,才能全面增强我国经济实力、科技实力、国防实力、综合国力,才能为坚持和发展中国特色社会主义、实现中华民族伟大复兴奠定雄厚物质基础。"① 习近平总书记把解放和发展社会生产力与党的"两个一百年"奋斗目标、与中华民族伟大复兴的梦想、与社会主义本质要求紧密联系起来,进一步深化了党对社会主义建设规律的认识,也足以见得解放和发展社会生产力的重要性。

习近平总书记不仅强调了新时代解放和发展社会生产力的重要性,而且还为解放和发展社会生产力指明了实现路径。首先,要坚定不移地把改革开放进行到底。新时代我国社会主要矛盾发生深刻变化,发展不平衡、不充分的问题更为突出,一些深层次体制机制问题和利益固化的藩篱日益显现,成为发展生产力的障碍。而要突破这些障碍,必须以更大的政治勇气和智慧推进全面深化改革,敢于啃硬骨头,敢于涉险滩,突出制度建设,注重改革关联性和耦合性,真枪真刀推进改革,有效破除各方面体制机制弊端。其次,要贯彻新发展理念,以高质量发展为主题、以供给侧结构性改革为主线,建设现代化经济体系。面对我国经济发展"三期叠加"的复杂局面,传统的发展模式已经难以为继,不能再简单以生产总值增长论英雄,必须转变发展理念,实现创新成为第一动力、协调成为内生特点、绿色成为普遍形态、开放成为必由之路、共享成为根本目的的高质量发展,推动经济发展质量变革、效率变革、动力变革。再次,要实行更加积极主动的开放战略。开放带来进步,封闭必然落后,必须顺应经济全球化趋势,用开放倒逼改革,实现对内改革与对外开放相互促进,加快构建以国内大循环为主体、国内国际双循环相互促进的新发展格局。最后,要解放社会生产力的全部要素。人力资源是生产力发展的最宝贵资源,科学技术是第一生产力,要坚持创新驱动,聚天下英才而用之;要建设高标准的市场体系,进行产权制度改革和要素市场化配置改革,打开社会生产力发展的闸门,让劳动、资本、土地、知识、技术、管理、数据等要素的活

---

① 《习近平谈治国理政》第 3 卷,外文出版社,2020,第 186 页。

力竞相迸发，让一切创造社会财富的源泉充分涌流。

从党百年奋斗的历史来看，推翻"三座大山"是为了解放社会生产力，进行社会主义建设和改革开放也是为了解放和发展生产力。要而言之，通过解放和发展生产力，创造丰裕的物质财富和精神财富，为中国人民谋幸福、为中华民族谋复兴，是党百年奋斗十条经验的根本归旨。中国特色社会主义进入新时代，我国发展站在一个新的历史方位上。要在新历史方位上，不断满足人民日益增长的美好生活需要，不断推进民族伟大复兴大业，同样需要进一步解放和发展社会生产力，推动人的全面发展和社会全面进步。

三　解放和增强社会活力：释放社会发展的内生动力

社会活力是一个社会澎湃激昂的生命力，是社会进步的内生动力。社会是由每一个个人构成的有机体，社会活力首先表现为每一个人的积极性和创造性。而这种积极性和创造性不是自然而然产生的，需要依照宪法和法律，通过思想引领塑造一定的政治经济体制、社会关系等，形成有序又活跃向上的社会氛围。一个国家、一个民族要立于世界之林，就必须有充沛的社会活力，始终保持攻坚克难的斗志、积极进取的精神。对于一个政党特别是执政党来说更是如此，如果没有了社会活力，党就失去了执政的社会基础，就难以形成持续而强大的社会动员力、凝聚力，这样政党也就沦为了"空壳政党""僵尸政党"。

中国共产党一向重视解放、动员、汇聚社会活力。中国共产党是马克思主义与中国工人运动相结合的产物。鼓舞无产阶级革命斗志，发动工人运动，激发社会革命活力，是共产党人的必然要求。在中国共产党诞生之初，中国近代工业落后，城市产业工人数量有限，而农民占社会人口大多数。针对这一实际状况，在大革命时期，党就把发动工人运动与发动青年运动、农民运动、妇女运动，帮助国民党改组和建立国民革命军结合起来，最大限度地调动一切反帝反封建的社会力量。大革命的失败，使党进一步认识到，中国广大农村蕴含着巨大的社会变革力量，中国革命的核心问题是农民问题，而农民问题的核心则是土地问题，逐步形成了"依靠贫农、雇农，联合中农，限制富农，消灭地主阶级，变封建的土地所有制为农民的土地所有制"① 的土地革命路线。土地革命的路线，大大调动了最广大人民群众的积极性，激发了社会活力，为形成"农村包围城市，武装夺取政权"这一富有中国特色的革命道路奠定了社会基础。在抗日战争中，与蒋介石"攘外必先安内"方针相对立，中国共产党主动提出把全社会抗日力量联合起来的主张，建立抗日民族统一战线，实现国共两党第二次合作，开创了全民抗战的新局面。解放战争时期，党逐步形成了"联合工农兵学商各被压迫阶级、各人民团体、各民主党派、各少数民族、各地华侨和其他爱国分子，组成民族统一战线，打倒蒋介石独裁政府，成立民主联合政府"② 的基本政治纲领，以及新民主主义革命的"三大经济纲领"，动员一切可以团结的力量进行革命斗争，迎接新民主主义革命胜利的到来。新民主主义革命的胜利证明了，人民是推动历史发展的动力，人民是历史的创造者，只要把全社会的活力激发出来、凝聚起来，就能变"一盘散沙"为强大的革命洪流，推动中国社会进步和发展。

新中国的成立，使长期积压的社会热情从"三座大山"的压迫下解放出来，为社会活力的迸发提供了制度保障。进入社会主义革命和建设时期，党采取一系列措施激发社会活力，依靠广泛的社会力量，肃清国民党反动派残余武装力量和土匪，镇压反革命，稳定了社会秩序；稳定物价，完成土地改革，进行社会各方面民主改革，实行男女权利平等，从经济、政治上保障人民的权利；开展"三反""五反"运动，荡涤旧社会留下的污泥浊水，塑造新的社会面貌；赢得抗美援朝战争伟大胜利，捍卫了新中国安全，鼓舞了中国人民的精气神。1956年，社会主义制度的建立，使中国这个占世界1/4人口的东方大国进入了社会主义社会，人民成了国家真正的主人，建设社会主义的热情进一步高涨。社会主义制度建立以后，党敏锐地认识到，在新的形势下，一定要处理好国家、生产单位和生产者个

---

① 中央党史和文献研究院编《中国共产党简史》，人民出版社、中共党史出版社，2021，第50页。

② 中央党史和文献研究院编《中国共产党简史》，人民出版社、中共党史出版社，2021，第125页。

人的关系，中央和地方的关系，充分调动社会各方面的积极性。党的八大明确了我国社会的主要矛盾、党和国家的主要任务，强调要集中力量发展生产力，并肯定了以国家经营和集体经营、计划生产、国家市场为主体，以个体经营、自由生产、自由市场为补充的思想，探索适合国情的经济体制。这样做的根本目的就在于解放社会活力，"把党内党外、国内国外的一切积极的因素，直接的、间接的积极因素，全部调动起来，把我国建设成为一个强大的社会主义国家"①。

以党的十一届三中全会为标志，中国拉开了改革开放和社会主义现代化建设的序幕。党深刻认识到，社会主义现代化建设事业是一项伟大而艰巨的事业，必须采取一切措施，运用一切手段，解放社会活力，激发最广大人民群众的积极性。党适时把党和国家工作重心转移到经济建设上来，鲜明提出了贫穷不是社会主义的响亮口号。大胆运用利益杠杆来激发社会活力，号召"让全国人民都发财"②，实施让有条件的一部分地区、一部分个人先富起来，先富带后富，最终实现共同富裕的发展战略。建立社会主义市场经济体制，确立"两个毫不动摇"的原则，把公有制经济和非公有制经济作为平等的市场主体对待；坚持按劳分配为主体，多种分配方式并存；从法律上保护一切合法的劳动收入和一切合法的非劳动收入；从政治上肯定改革开放过程中产生的新社会阶层与广大工人、农民、知识分子一样，都是中国特色社会主义事业的建设者，只要符合入党条件，就可以申请加入中国共产党。提出以人为本的发展理念，建设社会主义新农村，加强以民生为重点的社会建设，构建和谐社会，动员各个社会主体、挖掘各种社会资源，投身于全面建设小康社会事业之中，形成百舸争流、千帆竞发的新气象。

党的十八大以来，以习近平同志为核心的党中央深刻地认识到，只有进一步解放和增强社会活力，才能够顺利完成党的第一个百年奋斗目标、向第二个百年奋斗目标迈进。社会活力蕴藏于广大人民群众之中，为解放和增强社会活力，以习近平同志为核心的党中央坚持以人民为中心，把人

---

① 《毛泽东文集》第7卷，人民出版社，1999，第44页。
② 《邓小平年谱（1975—1997）》下卷，中央文献出版社，2004，第1336页。

民对美好生活的向往作为党的奋斗目标，坚持发展为了人民、发展依靠人民、发展的成果惠及人民，提出了一系列新理念和新战略举措。在经济发展上，平等对待各类市场主体，构建亲清政商关系，促进非公有制经济健康发展和非公有制经济人士健康成长；强化市场监管和反垄断规制，防止资本无序扩张，维护市场秩序，激发各类市场主体特别是中小微企业活力，保护消费者权益。在政治和法治上，坚持人民主体地位，保证人民依法实行民主选举、民主决策、民主管理、民主监督，发展全过程人民民主；把增进人民福祉落实到全面依法治国的各领域全过程，保障和促进社会公平正义，努力让人民群众在每一项法律制度、每一个执法决定、每一宗司法案件中都感受到公平正义；在文化建设上，让人民群众共享精神文明发展的成果，建设具有强大凝聚力和引领力的社会主义意识形态，建设社会主义文化强国，激发全民族文化创新活力。在社会建设上，不断满足人民对民主、法治、公平、正义、安全、环境等方面日益增长的需要；以保障和改善民生为重点加强社会建设，补齐民生保障短板，加大就业、教育、社会保障、医疗卫生、住房保障等方面的改革，解决好人民群众急难愁盼的问题；建设体现效率、促进公平的收入分配体系，调节高收入、取缔非法收入、增加低收入者收入，稳步扩大中等收入群体，推动形成橄榄型收入分配格局；营造大众创业、万众创新的发展环境，让人民群众对未来有更加稳定的美好预期；最大限度保护人民生命安全和身体健康，让人民群众有更多的幸福感、获得感、安全感。党的第一个百年奋斗目标已经实现，正昂首阔步走在实现第二个百年奋斗目标新征程上。

党百年奋斗的伟大历史进程充分证明，社会活力是党带领人民实现中华民族伟大复兴的内生动力，是党在日益激烈的国际竞争中立于不败之地的强大支撑。在党百年奋斗积累的十条历史经验中，坚持人民至上，就是始终相信"党的根基在人民、血脉在人民、力量在人民"①，不断挖掘蕴藏在中国社会中的强大力量；坚持独立自主、坚持中国道路，就是始终相信中华民族自力更生的内在力量，始终相信中国人民自己选择的道路，

---

① 《中国共产党第十九届中央委员会第六次全体会议文件汇编》，人民出版社，2021，第95页。

依靠中国社会蕴含的无穷力量，推进中华民族伟大复兴；坚持统一战线，就是要"不断巩固和发展各民族大团结、全国人民大团结、全体中华儿女大团结，铸牢中华民族共同体意识，形成海内外全体中华儿女心往一处想、劲往一处使的生动局面"①，汇聚起实现中华民族伟大复兴的磅礴社会活力。

四　余论

党的十八届三中全会提出的"三个解放"，如果以时间为界来划分历史、总结经验，其所涉及的只是改革开放和社会主义现代化建设时期，并没有覆盖党的百年奋斗历程，但从历史实践而言，"三个解放"现实地体现在党百年奋斗历史的整个过程中。之所以要选择这个视角，主要是遵循历史逻辑与理论逻辑相统一的原则，即按照历史顺序来考察社会实践过程，运用抽象的方法总结历史经验，这不仅有利于深化对党百年奋斗历史经验的理解和坚持，而且也有利于动员起为实现党的第二个百年奋斗目标而努力奋斗的磅礴力量。

首先，从社会实践的进程来看，人们创造自己的历史，但人们创造历史不是随心所欲的，而是在既定的条件下进行的，这个既定的条件，来自前人的创造。前一历史时期的生产力水平、社会关系、政治制度、风俗习惯、文化教育、道德风尚等，都规定着后一个时期发展的基础决定着后一个时期发展的起点。党的百年奋斗历史是一部接续发展、不断进步的实践历史，后一个历史时期取得的成就是对前一个历史时期的承继与超越，同时也为下一个新的历史时期的发展奠定基础。《中共中央关于党的百年奋斗重大成就和历史经验的决议》清晰地梳理了党在每一时期发展成就的历史线索：夺取新民主主义革命伟大胜利，为实现中华民族伟大复兴创造了根本社会条件；完成社会主义革命和推进社会主义建设，为实现中华民族伟大复兴奠定根本政治前提和制度基础；进行改革开放和社会主义现代化

---

① 《中国共产党第十九届中央委员会第六次全体会议文件汇编》，人民出版社，2021，第100页。

建设，为实现中华民族伟大复兴提供充满新的活力的体制保证和快速发展的物质条件；开创中国特色社会主义新时代，使中华民族迎来了从站起来、富起来到强起来的伟大飞跃。这充分证明，党百年奋斗取得的成就沿着民族伟大复兴的主线在不断积累，今天的辉煌既是继往的结果，也是开来的新起点。

其次，运用抽象的方法来总结经验、提炼思想，这是理论形成的逻辑。经验都是过去创造的，而总结经验是在当下进行的。立足现实追溯过往，从中得到启发，这是总结历史经验的正确方法，也是总结经验的目的所在。人们对历史的认识往往是从当代向前溯源的，与历史发展的时间顺序逆向而行，这是因为新社会产生的条件是在旧社会的胎胞中孕育的；反过来讲，就是前期历史中都包含着后期历史发展的新因素，对后期历史发展新因素的考察也就必然涉及对前期历史的认识。人们常讲，所有的历史都是当代史。如果从方法论角度来理解，这句话可以表述为，理解当代史有助于理解所有历史。在研究人类社会经济形态变迁历史时，马克思得出如下结论："人体解剖对于猴体解剖是一把钥匙。反过来说，低等动物身上表露的高等动物的征兆，只有在高等动物本身已被认识之后才能理解。"[1] 马克思的这一论断具有普遍的方法论意义，用这一方法论来认识 "三个解放" 与党百年奋斗历史经验之间的关系，可以得出结论：从改革开放现代化建设中形成的 "三个解放" 经验角度理解，有助于深化对党百年奋斗历史经验的认识。

最后，"三个解放" 是一个整体。思想是行动的先导，社会活力是最可靠、最持久的力量之源，生产力是推动历史进步的根本动力。打破思想上的条条框框，才能充分释放社会活力，进而才能推进社会生产力蓬勃发展。正如习近平总书记所指出的："解放思想是前提，是解放和发展社会生产力、解放和增强社会活力的总开关。没有解放思想，我们党就不可能在十年动乱结束不久作出把党和国家工作中心转移到经济建设上来、实行改革开放的历史性决策，开启我国发展的历史新时期；没有解放思想，我们党就不可能在实践中不断推进理论创新和实践创新，有效化解前进道路

---

[1] 《马克思恩格斯选集》第 2 卷，人民出版社，2012，第 705 页。

上的各种风险挑战，把改革开放不断推向前进，始终走在时代前列。解放
和发展社会生产力、解放和增强社会活力，是解放思想的必然结果，也是
解放思想的重要基础。"① 思想力量、社会力量和生产力构成了社会发展的
三大动力源。"三个解放"虽然从改革开放中总结出来，但是从纵深的历
史眼光来考察，"三个解放"又统一于党百年奋斗历史的整个过程中，在
每一个历史时期，党都坚持了解放思想、解放和增强社会活力、解放和发
展社会生产力。"三个解放"是党的活力、人民的活力、民族发展的活力
所在，正是坚持了"三个解放"，党才能够带领全国人民不断从胜利走向
新的胜利，日益接近中华民族伟大复兴的宏伟目标。

---

① 《习近平谈治国理政》第 1 卷，外文出版社，2018，第 92 页。

马克思主义中国化何以可能[*]

——基于政治运作深层逻辑的相契

马克思主义传入中国以后，向中国共产党人提出了将马克思主义与中国具体实际相结合以解决中国现实问题的历史课题。经过逐步积淀，这样一种意识至 1938 年毛泽东在党的扩大的六届六中全会上明确提出"马克思主义中国化"这一命题而达到完全自觉。在理论上，对应于这一过程的，则是对马克思主义中国化何以可能的研究与阐释。换言之，马克思主义为什么能够与中国具体实际相结合，在中国这片国土上、这种国情下、这种文化中扎下根来，茁壮成长、枝繁叶茂、开花结果？

当然，马克思主义之所以能够中国化，归根结底是因为其科学真理恰恰契合了中国社会的历史需要，尤其是近现代中华民族救亡图存之需要。但此外，马克思主义与中华优秀传统文化在诸多方面的相契也是极为重要的原因。党的二十大报告在阐述马克思主义中国化时代化时，明确把"马克思主义基本原理同中国具体实际相结合、同中华优秀传统文化相结合"作为其实现机制，指出"只有植根本国、本民族历史文化沃土，马克思主义真理之树才能根深叶茂"[①]。相契并不意味着中华优秀传统文化中就直接包含马克思主义的因子，而是意味着马克思主义基于此可以相对容易地为人们所接受与认

---

* 本文原载《政治学研究》2023 年第 3 期，收入本书时有改动。
** 李海青，中共中央党校（国家行政学院）马克思主义学院副院长，教授、博士生导师。
① 习近平：《高举中国特色社会主义伟大旗帜 为全面建设社会主义现代化国家而团结奋斗——在中国共产党第二十次全国代表大会上的报告》，人民出版社，2022，第 18 页。

同。多年来，学界致力于研究马克思主义与中华优秀传统文化在思维方法、人生态度、理想追求等方面的相契性。比如，强调马克思主义辩证法与中国传统辩证思维的相通性，共产党人的人格范型与中国传统德性人格的相似性，马克思主义的价值追求与中国传统价值观的相合性。应该说，这种思维方法、人生态度、理想追求等方面的契合确实在马克思主义中国化进程中发挥了有效的助推作用。然而，必须看到，以上诸方面并非马克思主义与中华优秀传统文化相契的全部。之所以这样认为，是因为这些朴素辩证法和传统价值观是中国传统政治文化的显性层面，不断见诸典籍，流布后世，乃至成为优秀传统文化众所周知的标志性符号，所以最易拿来比照马克思主义的辩证思维与价值追求。但如果认为仅仅以上诸方面的相契就能使马克思主义中国化在文化领域扎根的话，恐怕有欠准确，并不周延。中国传统文化主要是一种政治文化，对于政治运作的深层逻辑有自己的理论设定。相对于思维方法与价值观层面的流传，这种理论设定及其指导下形成的政治运作的深层逻辑更为稳固，也更为深刻地内化在整个民族的民族心理与集体无意识之中。外显的易于观察，但深层的更为根本。如果没有传统政治运作深层逻辑与马克思主义设定的共产党政治运作深层逻辑的高度契合，仅凭朴素辩证法与价值追求的相似，恐怕还不足以使马克思主义在先进知识分子与广大国人头脑中迅速扎根。

而如果这两种逻辑不相契合，乃至差别极大，马克思主义中国化将会遇到数千年塑造形成并不断内化的民族政治心理与政治文化惯性的巨大抵抗，即使少数先知先觉者能够以极大毅力破旧立新，接纳马克思主义，但广大民众难以如此，这势必严重影响马克思主义中国化的实践效果。进而言之，即使少数先知先觉者也未必那么容易克服民族政治心理的强大惯性。当然，相契并非完全相同。一方面，对于传统政治运作的深层逻辑必须做辩证审视与历史分析，其毕竟根植于传统社会，不可避免地带有糟粕的一面，我们要取其精华、去其糟粕，做好相关剥离的工作。下文相关处还将对此做具体分析。另一方面，中国共产党的政治运作逻辑，既受传统政治运作深层逻辑的影响，在这一过程中中国共产党也会对之进行改造，把握其优秀、合宜的一面，按照自身逻辑进行选择性的吸纳、借鉴、阐发，赋予其新的时代性含义，从而实现马克思主义思想精髓同中华优秀传统文化精华的贯通。

一　传统政治运作的深层逻辑与共产党政治运作的深层逻辑

　　什么是中国传统政治思想设定的中国传统政治运作的深层逻辑？什么是马克思主义设定的共产党政治运作的深层逻辑？两者在哪些方面相契呢？本文认为，所谓中国传统政治思想设定的传统政治运作的深层逻辑，是指以天道为最高原则、以圣王为主宰、以民心为天道显现，圣王通过天道获得正当性、通过民心获得统治基础，并作为权力中心与教化中心进行大一统治理的运作逻辑。尽管在传统政治思想中所谓天道只是一种理论设定，但其发挥的作用是真实的，认识与遵循天道是整个现实政治运作的逻辑起点：一切都源于天，政治统治与政治运作在逻辑上最终都要追溯到天道、天理或天命。天道主要通过民心来体现，天无言而民有心，天道政治即民心政治。而圣王则是天道的代表者、民心的体恤者，是在天道民心之间发挥起承转合作用的中枢与纽带，必须上遵天道而下体民心，其统治的正当性取决于能深刻认识并秉行天道、能深刻认识并观照民心。自从中国进入王权社会，数千年间，在被现代民主政治冲击重塑以前，中国政治几乎都是在天道、圣王、民心的政治话语与历史传统中运作，不管其具体表现形式有多大差别。

　　与之相对，马克思主义关于共产党的政治运作也有自己的深层逻辑设定：以遵循历史规律为最终依据，以政党特别是政党领袖集团尤其是领导核心为领导主体，以实现人的自由全面发展为根本宗旨，政党认识真理、践行规律，把握民意、发展民生，作为最高政治领导力量发挥主心骨与顶梁柱作用。在这样一个运作逻辑中，对历史规律的认识与把握极为关键，因为历史规律为共产党的诞生提供了正当性基础。只有把握历史规律、顺应历史趋势、明确使命担当，党的诞生才具有意义，才显示出历史的必然性与必要性。在此意义上，把握与遵循历史规律成为共产党政治运作的逻辑起点：党的一切行为都离不开对规律的认识与利用，都必须具有合规律性，脱离规律则党的任何行为都不具有合理性与有效性。但是，规律隐藏在社会历史的深处，如何切实地认识与把握呢？对规律的认识当然可以从多个方面入手，但深入实践，倾听人民意见、了解人民愿望、把握人民意志基础而关键。广大人民群众的生产生活实践真实而生动，他们的普遍性利益诉求决定着社会的发展趋势，他们的广泛性意见反映着社会的未来走向。就此而言，规律就在人民群众的生产生活之中，在人民群众日常的实践活动之中。而在整个共产党政治运作的深层逻辑中，政党特别是政党领袖集团尤其领导核心是历史规律的探索者、把握者、践行者，是民众愿望诉求的整合者、提升者、代表者，一方面把握规律，另一方面升华民意，发挥着连接上下、起承转合的中枢与纽带作用，在两者的结合中展开政治活动。在马克思主义的视域内，规律、政党特别是政党领袖集团尤其是领导核心、人民构成共产党政治运作最为核心的三大要素，三者关系的展开形成政党政治运作的深层逻辑，决定着政党的其他政治活动，具有最为根本的解释力。

以上对两大深层逻辑的归纳都是高度概括的。那么，这两种政治逻辑如何相契呢？这两种政治逻辑的相契首先是整体框架性的：都有一个超越性的原则发挥统摄作用，都有一个政治主体发挥承上启下的中枢作用，都有一个现实性的民意基础发挥人心向背作用。这种整体框架的相契具有前提性，使得深受中国传统政治文化熏陶的中国共产党人能较为容易地接受具有相似政治运作框架的马克思主义政党学说。在这一整体框架中，三个构成要素又是一一相契：天道对应规律，都是超越性的原则；圣王对应政党特别是政党领袖集团尤其领导核心，都是起中枢作用的政治主体；传统民心对应人民愿望，都是政治权力的民意基础。要素之间的关系甚至也具有相契性：天道显现于传统民心，规律体现于人民愿望。

二　超越性原则的相契：天道与规律

在中国传统政治思想中，天命、天道、天理都是较为基础性的范畴，三者的含义在很大程度上是一致的，都指一种具有超越性、指导性的原则与力量，但又有差别。天命的提法较早，春秋及以前运用最多，思辨性相对较弱；天理的提法主要见于宋明理学，特别是二程和朱熹，思辨性相对较强；而天道的提法见于诸子多家之说，在思想史上长期持续，既具有天命之意，又可以做像天理一样的思辨阐释，因而具有最大的公约性。正因此，中国政治思想史上才有著名的"道统"一说。基于此，本文用天道作为一个概括性的统称。

在中国传统政治思想中，天道始终带有不同程度的人格化神的色彩，春秋之前尤其如此，这与人类文明脱离原始社会不久有内在联系。比如，殷商时期，天道是以人格化的帝或上帝的形式来体现的。《礼记·表记》载："殷人尊神，率民以事神。"西周此种观念亦非常浓厚。但春秋之后，天道作为非人格化的抽象原则的一面逐渐凸显。《论语·述而》所谓"子不语怪力乱神"，实际就是对天或天道作为人格神的敬而远之。在人类文明的轴心时代，人类的认识水平与思维能力产生了质的跃升，时代的知识精英开始从更为抽象、更具理论性的层次来思考宇宙、历史与人生，对天的认识逐渐变得思辨化。无论儒家还是道家，都承认存在一个超越性的抽象原则并高度重视、积极阐发其作用。这一超越性的抽象原则对于现实世界是逻辑在先的，看似客观却又带有应然的价值内涵，代表着一种恒常的、体现特定价值取向的运行逻辑与客观力量。当然，不同学派对天道到底代表何种价值内涵的认识并不完全相同，具体概念表述也不完全一致，但都试图在这一最高原则支配下，将整个人类社会整合进一个宏大的天人合一的理论框架，用一个超越的原则理念来指导现实的人间生活。当然，这一原则虽然超越却不在彼岸，而存在于此岸的事物与事务之中。实际上，这种看似神秘而带有某种规律性的抽象原则，不过是中国传统农耕文明价值规范的高度抽象化而已。经过历史的竞合，儒家文化最终能被确立为中国传统政治文化之主流与正统，就在于其提出了最符合中国传统农耕经济基础的文化理念。所谓"不偏之谓中，不易之谓庸"（《河南程氏遗书·第七》）的中庸之道，其实追求的就是一种基于农耕经济基础的高度伦理化、政治化的伦理原则与价值秩序。至南宋，宋儒理学最终完成了中国传统农耕文明伦理原则与价值秩序最为思辨化的系统论证，天道以天理为名高悬于万物之上，又融贯于国家治理、人伦交往乃至万物生存之中，永恒不变。此后，天道作为天理束缚、压抑人性的一面愈益突出，传统天道所承载的价值原则的消极效应愈益明显。迄至近现代，在西方强势文化的冲击下，中国传统政治文化不适应的一面彻底暴露出来，在强势冲击下救亡图存的困境呼唤一种新的意识形态来承担这一历史使命，而这样一种新的意识形态则必须提出一种适应时代需要的、新的政治理论。

在近现代西学东渐的各种意识形态中，很多主义如昙花一现，虽溅起小小水花，但未见大的波澜，这或者是由于理论自身存在严重不足，或者由于与中国国情严重水土不服。但在这期间，有两种思潮需引起高度重视，一是进化论思潮，二是马克思主义。进化论思潮进入中国早于马克思主义，最初影响也大过马克思主义，其在中国传统政治思想与马克思主义在中国的传播之间发挥了极为重要的桥梁与中介作用。近现代中国各种进化主义，不管是激进的还是渐进的，都秉持同样的历史必然进步的确定信念："进化不仅使历史进步合理和正当，它还使未来的历史成为'宿命'，因为他们相信，他们所设定的未来乌托邦目标，不仅'应该'，而且'必然'；进化主义使中国知识分子勇气倍增，危机和落后，都是暂时的，未来注定是属于中国的；进化主义使中国知识分子快乐，痛苦和不安最终不过是加大他们快乐的'良药'。"① 如果没有这样一种进化的公理设定，民族危难之中知识精英的信心何在！应该看到，进化主义这种历史向前的进步史观与中国传统政治思想中的循环史观或复古史观尽管存在根本差别，但其与传统政治思想共享着同样的思维方式，即都认为历史的运行遵循某种具有规范性的价值原则与必然性的内在逻辑。这种原则与逻辑在传统政治思想中称为天道，在进化主义中称为公理。公理是宇宙天地的运行法则，既是客观规律，又带有浓厚的价值意蕴，体现了应然的发展趋向，即现实不能悖逆它并将最终演进至越来越光明的境地。这仍是一种新的天人合一的思维逻辑。"转型时期的知识分子以历史潮流代替天意……传统思想模式中的应然与实然的结合，宇宙观与价值观的统一得以在转型时代以一个新的形式延续。"②

---

① 王中江：《进化主义在中国》，首都师范大学出版社，2011，第291页。
② 张灏：《幽暗意识与时代探索》，广东人民出版社，2016，第152~153页。

　　进化主义对于传统天人合一思维的继承，对于作为进化公理的抽象原则的设定，对于历史发展的进步信念，都为知识精英后来对马克思主义的接受奠定了前提性的思想基础。可以说，马克思主义最初为中国少数知识精英所接受并奉为信仰，虽然俄国十月革命起到了决定性作用，但进化主义思潮为其做的思维铺垫也发挥了重要作用。中国共产党的创始人不少是最初接受进化主义后转向马克思主义的，比如陈独秀、李大钊、蔡和森、毛泽东等。随着马克思主义的传播，唯物史观影响日增，进化主义的天演公理就逐渐被中国马克思主义者所理解的历史规律所涵括、吸纳、整合、统摄。

　　唯物史观的历史规律范畴对于马克思主义的理论体系建构与马克思主义政党的实际政治运作，具有基础性意义。如同天道范畴之于传统政治思想、公理范畴之于进化主义，历史规律作为基础范畴支撑起了整个马克思主义的宏伟大厦，如上所述也为马克思主义政党的产生与存在提供了正当性证明。当然，在中国传统政治思想中，天道范畴带有强烈的神秘色彩，而在马克思主义中，历史规律是一个严谨的科学范畴，但天道与规律都意味着必然性、意味着对现象的超越、意味着对人们现实活动的指导与规定。特别是唯物史观的规律范畴在马克思主义的视域内不只具有纯粹客观的内涵，还体现着合规律性与合目的性的统一：规律本身是客观必然的，但规律揭示着历史的发展方向与进步前景，本身就生成着一种价值期待。在此意义上，天道与规律都体现了必然与应然的统一、逻辑与价值的统一，都共享着天（超越的原则）人（现实的世界）合一的思维模式。

　　天道与规律的这种相契，尤其是对天人合一思维模式的共享，对马克思主义中国化产生了深刻的影响。刘少奇所著的被誉为共产党人"道德经"的《论共产党员的修养》所遵循的正是这一深层思维模式："我们提出在社会斗争中改造自己的任务，这不是侮辱自己，而是社会发展的客观规律的要求。如果不这样做，我们就不能进步，就不能实现改造社会的任务……共产党员应该具有人类最伟大、最高尚的一切美德，具有明确坚定的党的、无产阶级的立场（即党性、阶级性）。我们的道德之所以伟大，正因为它是无产阶级的共产主义的道德。"① 换言之，现实世界的道德修养

---

① 《刘少奇选集》上卷，人民出版社，1981，第133页。

依据历史规律这一超越原则。习近平总书记在谈到理想信念时也强调："中国共产党人的理想信念，建立在马克思主义科学真理的基础之上，建立在马克思主义揭示的人类社会发展规律的基础之上，建立在为最广大人民谋利益的崇高价值的基础之上。我们坚定，是因为我们追求的是真理。我们坚定，是因为我们遵循的是规律。"① 2021 年 8 月中宣部发布的《中国共产党的历史使命与行动价值》在阐释中国共产党是中华优秀传统文化的忠实传承者时，也专门谈到了中华文化蕴含着天人合一的宇宙观和人心和善的道德观。

三 中介性角色的相契：圣王与政党特别是政党领袖

在中国传统政治思想中，天道作为虚置的最高原则必须作用于现实人世才有意义，而这就必须找到沟通天人的中介。这一中介即圣王。《大盂鼎》称："丕显文王，受天有（佑）大令（命）。"天人合一由此导向天王合一，王成为一个沟通上下、具有决定意义的关键角色，天道成为王道。春秋以降，学下民间，社会的理性思维能力大大提升，知识的力量进一步凸显，在这种情况下，圣又被赋予了沟通天人的地位与角色。各个学派对于圣人有不尽相同的论述，但对这一角色的理解则颇多相同之处。"只有圣人才能通过'体（修）道'，通达'天（地、人）道'，实现'知（得）道'，把握天人本质和规律，进而与天合一。"② 由此，至少天道在逻辑上就存在两个沟通与代言角色，一个是王，另一个是圣。

在中国传统政治思想中，这两个角色既存在一定张力，在很大程度上又合二为一。一方面，之所以说存在张力，是因为这两个角色一个是依靠权力占有，另一个是依靠体道明理，二者天道的中介形成机制不同。正由于此，中国政治思想史上才存在著名的"道统"与"治统"之别。这就是清末王夫之提出的："天下所极重而不可窃者二：天子之位也，是谓治统；

---

① 《习近平谈治国理政》第 2 卷，外文出版社，2017，第 50 页。
② 夏兴有主编《中国道路的文化基因》，广西人民出版社，2017，第 107 页。

圣人之教也，是谓道统。"① 儒家思想强调道统的重要性，主张政统必须合于道统，并以儒家伦理观念评判乃至有时强烈批评现实政治。但另一方面，王与圣在很大程度上又是合二为一的。之所以如此，是因为如下三点。其一，儒家理想的人格类型就是内圣外王，所谓外王就是治国平天下，而在现实中，能实现外王的只能是政治权力的占有者。换言之，儒家实际上期待的是现实中的王能具有圣的品格与境界，实现两者的合一。即使不具有，也要通过教育与劝谏使之具有。"在政治理想的层面，'内圣外王'代表儒家特有的一种道德理想主义——圣王精神。这个精神的基本观念是：人类社会最重要的问题是政治的领导，而政治领导的准绳是道德精神。因为道德精神是可以充分体现在个人人格里，把政治领导交在这样一个'完人'手里，便是人类社会'治平'的关键。"② "君主不仅是统治中心，也是教化中心；不仅是驾驭政府，统率万民的政治领袖，也是以德性通天的精神领袖。"③ 其二，儒家思想所论证的是一套天人合一的宇宙人生秩序，这套秩序恰恰为圣王合一做了最为有效的体制性论证。帝王受命于天，御海内、察四方、理万物、抚百姓，本身就带有神圣性。可能某个帝王不符合道的要求，但王权体制是符合道的，道与王制不可分。这是一种体制性的圣王合一。其三，在传统政治的实践中，历代帝王一般都非常注重用儒家思想来论证自身统治的正当性，非常重视圣人之教、治国之道，强调"继道统"，至少在形式上努力做到圣王合一。综合来看，在中国传统政治思想中，王、圣作为天道的中介与代表，其张力虽有，但二者合一是主流。张灏也谈到中国传统政教合一观念存在内在张力，是个不稳定的均衡，但他通过研究明确强调圣王合一、治统与道统合一或者说政教一元是"儒家政教关系思想发展的主趋"。④

必须看到，传统政治思想对于这种圣王合一的强调是以内圣为基础的。"自天子以至于庶人，壹是皆以修身为本。其本乱而末治者，否矣。"

---

① 王夫之：《船山全书》第 10 册，岳麓书社，2011，第 479 页。
② 张灏：《幽暗意识与时代探索》，广东人民出版社，2016，第 27 页。
③ 张灏：《幽暗意识与时代探索》，广东人民出版社，2016，第 98 页。
④ 张灏：《幽暗意识与时代探索》，广东人民出版社，2016，第 101 页。

"物有本末，事有始终。知所先后，则近道矣。"（《大学》）没有政治主体踏实勤勉的道德修养、精深高远的道德境界，是无法实现外王事功的。即使天命庇佑，但天命靡常，如果政治主体自以为得授大命就可以任意而为，不能敬德保民，最终就会导致天命丧失。正是在此意义上，政治主体自身能动性的发挥极为重要。纵使已经天授大命，还需战战兢兢、诚意正心、力行德政、泽被苍生，才能国祚久远。"我亦不敢宁于上帝命，弗永远念天威越我民；罔尤违，惟人。在我后嗣子孙，大弗克恭上下，遏佚前人光在家，不知天命不易，天难谌，乃其坠命。""我受命无疆惟休，亦大惟艰。"（《尚书·君奭》）剔除维护专制统治的因素，这种对于政治主体能动性尤其德性修养的重视具有重要时代价值与长久现实意义。

这种内生外王、圣王合一、圣王作为天道中介、沟通天人的思维模式深深地影响和塑造着中华民族的民族心理与文化性格。当然，对于这种思维模式的影响与作用需要做全面、辩证而历史的分析，但对比之下可以发现，其很大程度契合了马克思主义关于共产党政治运作的相关逻辑设定。基于下文的分析，可以认为这种契合性对于马克思主义中国化发挥了较为重要的推动作用。如同中国传统政治思想中天道需要中介、天人合一才能更好实现一样，在马克思主义的视野内，历史规律同样也需要一个必要的中介才能澄明并作用于现实。而这样一个至关重要的角色，马克思主义赋予了无产阶级先锋队特别是先锋队的领袖集团尤其领导核心。

按照马克思主义，无产阶级承担着破旧立新的伟大历史使命，但无产阶级对于历史规律与自身使命的认知有一个从自发到自觉的过程，而由自发到自觉的实现则需要无产阶级先锋队，即马克思主义政党的领导。也就是说，相比于广大无产阶级，马克思主义政党能够更为自觉、更为深刻地认识与把握历史规律。"在理论方面，他们胜过其余无产阶级群众的地方在于他们了解无产阶级运动的条件、进程和一般结果。"① 进而言之，对马克思主义政党而言，其对于历史规律的把握同样是需要区分为不同层次的。其中，具有深厚理论素养、处于核心地位的政党领袖是历史规律与发展大势最为敏锐、最为自觉、最为深刻的发现者、认识者、把握者。对于

① 《马克思恩格斯文集》第2卷，人民出版社，2009，第44页。

这一点，马克思恩格斯在《共产党宣言》中作了明确阐发：在阶级斗争接近决战的时期，统治阶级内部的、整个旧社会内部的瓦解过程，就达到非常强烈、非常尖锐的程度，甚至使得统治阶级中的一小部分人脱离统治阶级而归附于革命的阶级，即掌握着未来的阶级。所以，正像过去贵族中有一部分人转到资产阶级方面一样，现在资产阶级中也有一部分人，特别是已经提高到能从理论上认识整个历史运动的一部分资产阶级思想家，转到无产阶级方面来了。[①] 这段话实际上是马克思恩格斯对自身理论素养与历史使命的一种表述。他们究天人之际，是历史规律由隐到显的揭示者，是历史规律由自发发挥作用到对之自觉加以利用的中介者。没有这种对历史规律的深刻认知与自觉利用，就产生不了科学社会主义运动，也正是在此意义上，他们才被称为伟大导师。

相比于马克思恩格斯，列宁反复强调无产阶级自发性与无产阶级政党自觉性之间的差别，更为详细地区分了工人阶级、党的组织、作为党的领袖集团的职业革命家组织。"在通常情况下，在多数场合，至少在现代的文明国家内，阶级是由政党来领导的；政党通常是由最有威信、最有影响、最有经验、被选出担任最重要职务而称为领袖的人们所组成的比较稳定的集团来主持的。"[②] 这种划分实际凸显了党的领袖集团在思想与实践两个方面的关键性作用。当然，列宁没有进一步论述领袖集团中领导核心的问题，但其本人因为卓越贡献成为俄共（布）的领导核心。正是在列宁这里，党的政治领袖与党的思想领袖开始实现真正的合二为一。就马克思主义创始人而言，尽管他们参与了共产主义者同盟、第一国际、第二国际、德国社民党等的相关活动甚至一些创建与领导工作，但其大部分精力还是放在理论的研究与阐发上。特别是就德国社民党而言，尽管他们经常提供重要指导，但并非实际的政党领袖，威廉·李卜克内西和奥古斯特·倍倍尔甚至在一些主要问题上与马克思恩格斯意见相左。而列宁则既是列宁主义的创始人，又是党的最高领袖，并且将马克思主义创始人主张的民主制发展为民主集中制。

在党的建设方面，中国共产党受列宁主义影响更大更深，民主集中制

---

① 《马克思恩格斯文集》第 2 卷，人民出版社，2009，第 41 页。
② 《列宁专题文集·论无产阶级政党》，人民出版社，2009，第 249 页。

的组织原则也得到了进一步的发展完善。中国共产党一直强调自身的工人阶级先锋队性质以及初心使命担当，强调"党必须由在群众斗争中产生的德才兼备的领袖们实行集体领导"①，强调"任何一个领导集体都要有一个核心，没有核心的领导是靠不住的"②。在百余年历史进程中，中国共产党特别是党的领袖集团一直致力于在马克思主义指导下探索自身领导和执政的规律，探索中国革命、建设和改革的规律，探索人类社会的发展规律，强调自身对于规律探索与理论创新所负的使命责任。尤其是，党的领导核心在探索与把握历史规律方面发挥了关键作用，中国共产党由此也形成了主要由领导核心发现规律、深化认识、推动理论创新的深厚传统。

即使把握了规律，如果消极懈怠，寄希望于历史规律的自发实现，共产党也无法成为先锋队。共产党应该通过自己的积极奋斗、不懈努力、持续付出甚至巨大牺牲，在把握历史主动中加速历史进程、推进社会发展。只有这样，共产党才是一个真正建基于历史规律的党，一个真正顺应并引领时代的党。此外，对中国共产党而言，由于以马克思主义价值观为指导，具有远大理想追求，同时受到中国传统德性观念、德治思想的浸润，其高度重视党员的德性修养，特别是强调党的领袖集团尤其领导核心在此方面的典型示范与榜样作用。在此意义上，党的领袖集团尤其领导核心集深厚的理论素养、卓越的外在事功与崇高的德性修养于一身，可以说在一个更高的境界上实现了"内圣外王"——当然，这一范畴必须在马克思主义视域中按照共产党人的价值观赋予全新的含义。

基于以上分析，在中国传统政治思想中，圣王合一的权力主体明达天道，作为中介沟通天人，作为权力中心与教化中心而存在。而在马克思主义的视野中，德才兼备的共产党人及其领袖认知规律、洞悉历史奥秘，并作为先锋队教育、启蒙人民，利用历史规律改造世界。圣王与政党及其领袖这种中介的角色设定，这种主体能动性发挥的共同要求确实非常相契。也正是因为有这种思维逻辑的相契作为必要条件，中国共产党由领袖揭示规律、创立理论的传统才得以有效形成并迅速得到认同。当然，必须强

① 《三中全会以来重要文献选编》（下），人民出版社，1982，第869页。
② 《邓小平文选》第3卷，人民出版社，1993，第310页。

调，这种相契仅仅是指圣王与政党及其领袖在各自思维逻辑框架中角色的相契，而不是世界观、历史观的相同。马克思主义的科学世界观和历史观所具有的伟大历史意义，自然非中国传统思维所能相比。

四　现实性基础的相契：传统民心与人民愿望

在中国传统政治思想中，民心是天道的载体。"天视自我民视，天听自我民听。"（《尚书·泰誓中》）"王者以民人为天。"（《史记·郦生陆贾列传》）统治者要了解民心、民情、民意，贵民、安民、利民、养民、恤民，如此方能上体天道。否则，就是对天道的悖逆，就意味着自身统治的正当性出现了问题。在中国政治思想史上，这一观念最初是由周公确立的。周取代商而确立统治，但如何解释曾受上帝庇佑的商丧失统治的正当性呢？周公作了开创性的解释：唯命不于常，唯德是授。上帝所赐予的大命不是固定不变的，殷商失德，不顾民难，违背天道，所以被废除大命，周则因有德代之。"惟乃丕显考文王，克明德慎罚，不敢侮鳏寡，庸庸，祗祗，威威，显民。用肇造我区夏，越我一、二邦，以修我西土，惟时怙冒，闻于上帝。帝休，天乃大命文王，殪戎殷，诞受厥命，越厥邦民。"（《尚书·康诰》）"德是一个综合概念，融信仰、道德、行政、政策为一体。依据德的原则，对天、祖要诚，对己要严，与人为善。用于政治，最重要的是保民与慎罚。"[①] 我们在上文已经指出，为了更好地保有大命，中国传统政治思想特别强调政治主体要发挥主体能动性，而发挥主体能动性的关键就是修德，做到以民为本。正如《中庸》所云："故大德者必受命。"

周公的解释开创了中国传统政治思想对于天道的民本理解范式，抽象的天道在很大程度上变得现实化、具体化，特别是道德化了。这种理解方式以及由此肇始的德性政治传统对后世影响广泛而深远。正如董仲舒《春秋繁露》讲的："盖天之生民，非为王也，而天立王，以为民也。"王既是天道的人格化，也是黎民利益的人格化代表，必须主动地、积极地、诚心

[①]　刘泽华主编《中国政治思想史·先秦卷》（修订版），浙江人民出版社，2020，第23页。

诚意地为民谋利，尽管王权通常情况下掌握着天道的解释权，但不能违背最根本的这一条。这样，民服从于王，王敬畏于天，天顺意于民，构成一个相互作用的逻辑架构。由于民后面有一个发挥不可抗拒作用的天道，惠民养民就被赋予了神圣的、必然性的色彩。很多情况下，王权对于黎民百姓未必多么关心，但不得不考虑民心民情中所显现的神秘天道，这实际构成一种内在的约束力量。传统社会帝王常见的"罪己诏"不少就是基于此而发布的。剔除传统民本思维中的专制因素，对民的重视以及对民心所表征的历史必然性的敬畏，可谓传统文化之精华。

中国这种基于天道的民本政治传统在两千多年的延续中不断得到强化，支配着人们的思维逻辑，形成强大的思维惯性，而这样一种思维逻辑与马克思主义关于人民群众的逻辑设定相互契合，从而在一个方面助力了马克思主义的中国化。按照上文的分析，历史规律不会自动显现，需要马克思主义政党尤其领袖的探索把握。而要想把握历史规律，除了深入的理论学习以掌握关于规律的已有理论成果，以及亲身实践以加深对现象、事物的理性认识之外，深入群众、把握民情、了解民意更为根本。"历史不过是追求着自己目的的人的活动而已"①，历史规律不在现实的人的活动之外，而就在其中。天道通过民心而显现，人民的愿望与活动则体现着规律。党的二十大报告在阐发"必须坚持人民至上"时，也强调要把握人民愿望。既然如此，马克思主义政党特别是党的领袖就必须深入调查研究以把握人民群众普遍性的愿望诉求，逐步形成针对社会主要矛盾与时代重大课题的正确理解，进而在此基础上把握相关规律。只有如此，才能使党的活动更好地体现历史必然、顺应历史趋势、把握历史主动，更好地夯实党领导与执政的历史根基。通过持续的"从群众中来、到群众中去……"，持续的"实践、认识、再实践、再认识……"，就可以逐步深化对真理的认识，更为深刻完整地把握规律。在这个过程中，人民群众既是被深入调查的对象，同时也是规律性认识的教育对象，而党员干部则是把握规律的能动者与规律性认识的教育者。群众确实需要自己教育自己，但这种教育不是完全由自己进行，而必须有党的领导与有效参与。党实际扮演着真理

① 《马克思恩格斯文集》第1卷，人民出版社，2009，第295页。

教化的中介者角色，类似于传统圣王的功能。

　　共产党把握民意、认知规律不是根本目的，最终还是为了更好地代表人民群众，全心全意为人民服务。在此，这种主动的代表角色也极为鲜明地凸显了马克思主义政党的历史主体性。而这正如同中国传统政治思想中，圣王基于对天道的感悟与理解，应该主动践行天道，行德治、佑万民的逻辑一样。在党的领导人的讲话与党的文献中，也经常引用传统文化的词句，比如"民为邦本""天下为公""为政之要，以顺民心为本"等，此类引用也充分说明了共产党的人民逻辑与传统民本逻辑在较大程度上具有相契性。也正是由于强调对规律的主动把握、对人民的主动代表，政党自身尤其领袖本身的素质能力就显得极为必要，这也契合了上文已经分析过的传统政治思想对圣王人格的理论设定。

五　结语

　　综观人类思想史，既有的思想观点固然往往难以改变，更难以改变的是积淀为无意识的深层思维逻辑。从这一角度思考可以看到，正是上文分析的传统政治运作深层逻辑与共产党政治运作深层逻辑的相契，作为深刻的文化因素助力了马克思主义的中国化。

　　这种相契当然不能做神秘化理解，而是具有深刻的现实基础。近现代以来，中华民族救亡与复兴的进程需要一种能提供确定进步信念、给人们以鼓舞和激励的历史必然性理论，需要一个强有力的政党组织来领导中国现代化与民族复兴伟业，为广大民众的福祉而奋斗。归根结底，是历史任务决定了近现代以来的中国需要这样一种以历史规律为最终依据，以政党特别是政党领袖为领导主体，以服务人民为根本宗旨的政治学说。而正是在这一新的政治学说引入中国的过程中，传统政治思想以天道、圣王与民心为核心要素的深层运作逻辑得以与之对接，并有效发挥了思维铺垫作用。没有这样一种历史的需要，就谈不上两者相契的问题。

　　此外，正如我们反复强调的，相契并非相同，毕竟历史语境与时代条件存在根本差别，传统政治运作逻辑适应于传统农业文明，而马克思主义则是在一种新的现代文明的视域中阐发共产党的政治运作逻辑的。深层逻辑的整体框架与构成要素虽然相互对应，具有相契性，但两种逻辑在内容方面有质的区别。传统政治运作逻辑虽然包含着可以借鉴与时代化的思想元素，但毕竟归属于王权政治，根本目的在于服务专制王权，其产生与运作的社会形态早已终结。而共产党的政治运作逻辑则不仅超越了传统王权政治，也超越了资本主导的资产阶级政治，代表着一种基于唯物史观、体现历史发展方向的先进政治形态，把人类的政治文明发展到一个全新的高度。在这样一种新型的政治运作逻辑中，马克思主义使命型政党没有自己的私利，而是积极发挥先锋队作用，不忘初心、牢记使命，充分保障人民主体地位，推动人的全面发展与社会全面进步。没有这样一种新型的政治运作逻辑，就不可能在中国大地上开辟出中国式现代化道路，创造人类文明新形态。就此而言，传统政治运作逻辑与党的政治运作逻辑虽然在思维逻辑上相契，但决不能忽视历史发展阶段的巨大差异，忽视"圣王"与共产党及其领袖的根本区别，忽视"传统民心"与当代"人民愿望"的根本区别，不能将传统文化抬高到不恰当的地步。

也正是因为两者既相契，也存在质的差别，所以两者在中国近现代以来的历史舞台上不可避免地发生碰撞、对接、交集。而这样一个过程也就是以马克思主义为指导，对传统政治运作逻辑进行批判与扬弃的过程。这也说明，尽管深层思维逻辑难以改变，但绝不是完全不可改变，其形成于历史中，也必然变化于历史中。这一过程一方面使得中国传统政治思想中具有普遍意义与时代价值的思想精华得以被有效继承、吸收、发扬，中华优秀传统文化的相关内容得以时代化，实现创造性转化与创新性发展，另一方面也使得马克思主义在中国的文化土壤中扎下根来并开花结果，实现了与中华优秀传统文化精华的结合。这一过程实现了中华优秀传统文化时代化与马克思主义中国化的有机统一。

论马克思主义的守正创新[*]

辛 鸣[**]

马克思主义科学内涵的背后是科学的世界观和方法论，是思想方法的科学运用与创新创造。其中思想方法的维度变化不仅影响着我们对马克思主义的认知、理解和把握，也深刻塑造着马克思主义的理论形态与实践形态，这在马克思主义中国化时代化的历史进程中尤为显著。坚持实事求是，守马克思主义基本原理之正，中国共产党人在深刻把握和回应中国革命与社会主义建设具体实际提出的问题中创立了毛泽东思想；坚持解放思想，守马克思主义基本原理之正，中国共产党人在深刻洞察中国与世界历史方位和时代大势的基础上，成功开创中国特色社会主义，形成了中国特色社会主义理论体系。党的十八大以来，"守正创新"越来越频繁地见诸中国共产党的思想建构与理论表达中。党的二十大报告明确把"坚持守正创新"作为习近平新时代中国特色社会主义思想的世界观和方法论的重要内涵提出来，深刻揭示了在当代中国、在21世纪坚持和发展马克思主义的基本立场、基本方法、基本逻辑。守正创新具有历史事实、理论逻辑、思想方法三重维度。从马克思主义发展史、马克思主义发展逻辑、马克思主义时代创造的研究视角出发，对守正创新进行哲学省察并作出学理阐释，

---

　* 本文原载《哲学动态》2023 年第 1 期，收入本书时有改动。
　** 辛鸣，中共中央党校（国家行政学院）马克思主义学院教授、博士生导师。

对于我们更好地理解和把握守正创新的理论内涵与意义，更好地运用守正创新的基本思维与方法是很有价值的。

一 作为历史进程，守正创新贯穿马克思主义
发展史的始终

马克思主义发展的历史就是一部守正创新的历史。从马克思、恩格斯到列宁、斯大林，再到毛泽东、邓小平等中国共产党人；从马克思主义创立到列宁主义的产生；从毛泽东思想创立到中国特色社会主义理论体系的形成，守正创新贯穿马克思主义发展的全部历史进程。

马克思主义的"守正"从来不是在抽象的概念演绎中自说自话，而是通过批判谬误、揭露虚伪、廓清迷雾来发现规律、发现真理、彰显正道。马克思主义就是在批判各种错误观点，反击各种反动思潮中创立和发展的。在作为马克思主义创立标志的《共产党宣言》中，马克思恩格斯明确表示，要"反驳关于'共产主义的幽灵'的神话"①，在总共四章的内容中专门列"社会主义的和共产主义的文献"一章，以批判各种反动和错误思潮。加上文中批驳资产者对无产者和共产主义各种污蔑诋毁的论述，批驳批判的内容几近《共产党宣言》全文三分之一的篇幅。马克思恩格斯不仅批判公开的敌人即资产者，亦批判打着社会主义旗号的各种对手。在马克思恩格斯理论创造和革命实践的一生中，"对冒牌社会主义者所作的斗争比对其他任何人所作的斗争都多"②。从青年时期对黑格尔法哲学的批判，到《德意志意识形态》时期对 18 世纪以来德国哲学以及以此为理论支持的德国社会主义的批判；从《哲学的贫困》时期批判蒲鲁东取消阶级斗争和社会革命的改良主义观点，及其唯心史观和形而上学方法论，到国际工人协会时期批判蒲鲁东主义、巴枯宁主义、拉萨尔主义、工联主义，再到《反杜林论》时期批驳杜林的先验主义、庸俗经济学以及冒牌社会主义等，在批判错误中发现规律、揭示真理、守护正道，是马克思主义经典

---

① 《马克思恩格斯文集》第 2 卷，人民出版社，2009，第 30 页。
② 《马克思恩格斯文集》第 10 卷，人民出版社，2009，第 486 页。

作家最鲜明的品格。

马克思恩格斯致力于廓清思想迷雾，得出科学结论，但不固步自封。因为即使是科学的结论，也不过是在特定时代条件下的认识。"这些条件达到什么程度，我们就认识到什么程度。"① 正是基于这样一种理论自觉，坚守这样的理论发展逻辑，恩格斯特别提醒不能"把马克思的个别论点绝对化"②，"结论若本身固定不变，若不再成为继续发展的前提，就比无用更糟糕"③。只有把它们看作相对的，并且在具备结论产生的条件下、处在结论形成的范围内才是正确的。后来恩格斯在应马克思要求为《政治经济学批判。第一分册》写的书评中更清晰地阐述了这一逻辑，即思想进程必须遵从现实历史进程，在历史进程开始处开始，"是历史过程在抽象的、理论上前后一贯的形式上的反映"④。马克思主义从诞生起就与工人阶级争取自由解放的运动同成长、共进退，与人类社会发展进步的大趋势步调一致。现实历史实践活动推动着马克思主义不断得出新结论、作出新判断。

列宁主义同样坚持守正创新，是在与修正主义进行坚决斗争中创立发展起来的。列宁指出，"马克思主义在理论上的胜利，逼得它的敌人装扮成马克思主义者，历史的辩证法就是如此"⑤。马克思恩格斯身后的 19 世纪末 20 世纪初，不仅资产阶级的政治经济和意识形态力量有了进一步的扩张，而且内里腐朽的非马克思主义者、反马克思主义者在"社会主义的机会主义形态"下也逐渐复活，特别是打着马克思主义旗号的第二国际，本质上已经成为改良主义和机会主义的大本营。马克思恩格斯成立国际工人组织是为了把马克思主义更好地体现在现实的政治运动中，国际工人组织不能被异化为消解国际工人联合斗争甚至维护资产阶级利益的工具。列宁于 1919 年 3 月成立共产国际（第三国际）是为了让世界无产阶级斗争和工人阶级运动重新回到马克思主义正道所作的政治安排。

马克思恩格斯基于 19 世纪资本主义现状及趋势，认为社会主义革命需

① 《马克思恩格斯文集》第 9 卷，人民出版社，2009，第 494 页。
② 《马克思恩格斯全集》第 39 卷，人民出版社，1974，第 79~80 页。
③ 《马克思恩格斯全集》第 3 卷，人民出版社，2002，第 511 页。
④ 《马克思恩格斯文集》第 2 卷，人民出版社，2009，第 603 页。
⑤ 《列宁全集》第 23 卷，人民出版社，2017，第 3 页。

要在资本主义国家特别是西欧北美主要资本主义国家同时发动，并且同时取得胜利。在守马克思主义之正的基础上，列宁科学研判 20 世纪初世界形势、国际条件，深刻把握经济和政治发展的不平衡这一资本主义不可避免的绝对规律，确立了现代帝国主义理论。帝国主义作为"资本主义的特殊历史阶段"，呈现出"垄断的""寄生的或腐朽的""垂死的"三大特征①，这将导致资本主义内部矛盾更加激化，世界矛盾亦更加激化，帝国主义的薄弱环节将会因为狭隘生产关系容纳不下先进生产力发展要求而被率先突破，这样社会主义就具备了"首先在少数甚至在单独一个资本主义国家内获得胜利"②的现实可能。正是这一重大理论创新，促成了重大的实践创造，俄国十月革命取得胜利，世界上第一个社会主义国家建立。

中国共产党成立，开启了实现中华民族伟大复兴的历史征程。中国共产党尽管明确讲"走俄国人的路——这就是结论"③，但并不是对马克思列宁主义的简单拿来，更不是照搬运用。通过发动城市工人阶级举行起义进而夺取政权取得胜利，是俄国十月革命的重要经验，但是中国共产党从中国实际出发，摆脱"城市中心论"的束缚，在敌人统治力量较弱的农村建立革命根据地，通过星星之火形成革命的燎原大势，走出一条农村包围城市、最后夺取全国胜利的道路。俄国十月革命是在资产阶级民主革命后直接进行社会主义革命，而中国革命则通过取得新民主主义革命胜利进而走向社会主义。进行社会主义建设，第一个社会主义国家苏联当然是学习的样板。但是中国共产党人保持了高度的独立自主，学习但不照搬，合作但不依附，甚至开始对苏联模式中的一些问题未雨绸缪。写于 1956 年的《论十大关系》以及随后成立读书小组研读苏联《政治经济学教科书》，表明中国共产党人已经意识到必须对中国进行社会主义建设的道路作出自己的探索。这就是毛泽东所讲的"第二次结合"，中国的社会主义建设既要"把合作社办得又多又快又好"，又要在各方面"建设得又多又快又好又省"。④

---

① 《列宁全集》第 28 卷，人民出版社，2017，第 69 页。
② 《列宁全集》第 26 卷，人民出版社，2017，第 367 页。
③ 《毛泽东选集》第 4 卷，人民出版社，1991，第 1471 页。
④ 《毛泽东年谱（1949—1976）》第 2 卷，中央文献出版社，2013，第 557 页。

　　中国共产党人的守正创新，在对社会发展阶段的认识上体现得尤为充分。早在 1959 年，毛泽东就提出社会主义可能分为"不发达的社会主义"与"比较发达的社会主义"两个阶段的理论构想。① 我们现在熟悉的邓小平关于"社会主义的初级阶段"② 的论断，正是在对马克思经典作家和毛泽东基本判断守正创新的基础上提出来的。20 世纪 80 年代以来，我们坚持从社会主义初级阶段出发，根据这个实际制定路线方针政策。这是中国特色社会主义理论最为重要的理论基石之一。

　　对社会主义的认识同样是守正创新的典范。守马克思主义之正，邓小平明确提出社会主义本质的两大要素：基础是"生产力"，目标是"共同富裕"。③ 而这需要通过消灭剥削、消除两极分化来实现。创中国化时代化马克思主义之新，形成了坚持和发展中国特色社会主义的理论。马克思恩格斯曾经将超越资本主义的未来新社会经济运行方式设想为计划经济，特别强调商品货币关系将要消失。但是对于迈向新社会的起步发展阶段，特别是不够格的阶段应该怎么办，马克思主义经典作家并没有给出明确的答案。邓小平指出，在这样的发展阶段不能拘泥于"计划多一点还是市场多一点"④，计划与市场不过是在既有生产力水平条件下的两种经济手段，不能作为区别社会主义与资本主义的本质属性。正是由于这样的守正创新，"社会主义的市场经济"⑤ 这一全新的突破性概念才应运而生，中国共产党人以此为基石写出了 20 世纪马克思主义政治经济学的崭新篇章。

　　回望马克思主义发展史，列宁和毛泽东之所以能成为"真正的伟大的马克思主义者"⑥，正是因为他们从来不是只在书本里寻章摘句，从来不拘泥于在特定历史环境下得出的具体结论，所以列宁的理论与实践创造超出了马克思的预料，毛泽东的理论与实践创造也超出了列宁的预料。否则，就不会有在一个落后的国家干成社会主义革命的实践，就不会有在落后的

---

① 《毛泽东文集》第 8 卷，人民出版社，1999，第 116 页。
② 《邓小平文选》第 3 卷，人民出版社，1993，第 252 页。
③ 《邓小平文选》第 3 卷，人民出版社，1993，第 373 页。
④ 《邓小平文选》第 3 卷，人民出版社，1993，第 373 页。
⑤ 《邓小平文选》第 2 卷，人民出版社，1994，第 236 页。
⑥ 《邓小平文选》第 3 卷，人民出版社，1993，第 292 页。

中国取得新民主主义革命胜利、建立新中国的现实。这正是马克思主义现实形态演进的基本要义，也是马克思主义守正创新的真实写照。

二　作为发展逻辑，守正创新铸就马克思主义的蓬勃生机和旺盛活力

马克思主义的发展逻辑是体现马克思主义本质属性和精神实质的内在逻辑。这一逻辑既具有马克思主义发展理当如此的自然性，又蕴含马克思主义发展必须如此的必然性。守正创新就是这一逻辑的集中体现。马克思主义守正创新，要回答好两个问题。一是何为马克思主义之"正"，不能让守正成为固步自封的借口。在马克思主义发展历程中，全然不顾时间、地点的变化，教条主义、本本主义地固守马克思主义的一些具体结论和观点的情形有之；以守正为名，行修正之实，拿马克思主义经典作家只言片语为落后观念、错误行为作辩护的情形亦有之。二是何为马克思主义之"新"，不能以创新为名抽空马克思主义的基本立场观点方法，为马克思主义添加上与其本质不相容甚至截然相反的内容。在马克思主义发展史上，打着坚持和发展马克思主义旗号，行修正主义之实，隐蔽地否定和背离马克思主义的情形比公开反对马克思主义的情形还要多，甚至多很多。

守马克思主义之正，最基础的是守规律之正。马克思主义的力量来自其科学性，而科学性最基础的是对规律的发现和认知。马克思主义发现了两大规律，作为人类社会发展一般规律的唯物主义历史观和建立在资本主义生产方式基础上的资产阶级社会的特殊规律。恩格斯把马克思发现人类社会历史规律，与达尔文发现"有机界的发展规律"[1] 相提并论。在一定意义上，发现社会规律的难度更甚于发现自然规律。"由于这两个发现，社会主义变成了科学。"[2] 从此人类对社会的认识特别是对资本主义社会的认识从黑暗摸索中走向了光明正道。但是，想要维持既有社会状态的既得利益者当然会想方设法否定马克思主义发现的历史规律，否定"两个必

[1] 《马克思恩格斯文集》第3卷，人民出版社，2009，第601页。
[2] 《马克思恩格斯文集》第3卷，人民出版社，2009，第546页。

然"揭示的历史大趋势,甚至炮制"历史终结论"的理论呓语。真正的马克思主义者要坚定历史自信、坚定道路自信,遵循历史逻辑,顺应时代潮流,更进一步深化对人类社会发展规律的认识,并推动历史规律在现实社会中充分展开。

守马克思主义之正,最核心的是守立场观点方法之正。马克思主义能发现和揭示科学规律,源自马克思主义科学的立场观点方法。马克思主义的立场性与科学性是高度统一的,正如恩格斯所说,科学的"毫无顾忌"与"大公无私"[1] 根本上是工人阶级利益和愿望的体现,现代工人阶级就是作为先进的生产力代表在现代科学的发展进步中走上历史舞台的。马克思主义是人民的理论。"无产阶级的运动是绝大多数人的,为绝大多数人谋利益的独立的运动。"[2] 人民从来不是抽象的,更不是以偏概全的少数人。马克思主义讲的人民一定是一个社会中的最大多数。立场观点方法变化了,得出的结论、形成的认识自然也就变化了。伯恩斯坦曾经长期在恩格斯身边学习和工作,是"正统的马克思主义者",但后来成了否定和背离马克思主义的修正主义代表,在哲学上鼓吹"回到康德那里去",在政治经济学价值理论方面"按照柏姆-巴维克的观点来加以纠正",在政治方面"修正马克思主义的基础,即阶级斗争学说"。而修正主义之所以产生,用列宁的话讲"是它的经济倾向和政治倾向的自然补充","决定于它在现代社会中的阶级根源"。[3] 做真正的马克思主义者,就一定要在马克思主义立场观点方法上坚定而执着。

守马克思主义之正,最关键的是守实践品格之正。马克思有句名言:"哲学家们只是用不同的方式解释世界,问题在于改变世界。"[4] 这句话后来还被刻在他的墓碑上,可见这句话的意义与分量。这句话不仅是马克思主义哲学实践转向最鲜明、最形象的陈述,也是马克思主义实践品格最坚定、最强烈的宣示。因为现存的世界充斥着剥削、压迫、掠夺,遍布苦难、战争、瘟疫,不是一个好世界。所以,"全部问题都在于使现存世界

---

[1] 《马克思恩格斯文集》第 4 卷,人民出版社,2009,第 313 页。

[2] 《马克思恩格斯文集》第 2 卷,人民出版社,2009,第 42 页。

[3] 《列宁全集》第 17 卷,人民出版社,2017,第 17 页。

[4] 《马克思恩格斯文集》第 1 卷,人民出版社,2009,第 502 页。

革命化，实际地反对并改变现存的事物"①。马克思在这里特地把共产主义者称为"实践的唯物主义者"，强调的也是共产主义的实践性。更进一步看，改造世界就是对世界所作的最好的解释，改造得越深刻，解释得也就越深刻。因为"全部社会生活在本质上是实践的"②，实践可以使导致理论走向神秘主义的那些神秘东西回归本来面目并且得到合理解决。近 180 年来，马克思主义以其鲜明的实践品格和实践伟力引领了人类社会发展，塑造了世界政治经济发展格局，深刻影响了世界文明进程。坚持和发展马克思主义，一定要坚守马克思主义的实践品格。在党的二十大上，"十三个方面成就"被作为习近平新时代中国特色社会主义思想主要内容的重要组成部分，彰显的就是中国化时代化的马克思主义坚守马克思主义实践品格的高度自觉。也正是在新时代伟大变革的实践创造基础上，中国共产党举起了习近平新时代中国特色社会主义思想旗帜。

在回应世界之变中创新马克思主义。19 世纪的西欧是世界发展中心，马克思主义主要是以西欧社会为样本创立发展起来的。随着世界历史的演进，特别是世界各国民族独立和解放运动的发展，帝国主义殖民体系深度瓦解，世界格局呈现前所未有的变革。新兴的社会主义国家均以马克思主义为指导，但是各国马克思主义不可避免地呈现本国特色，赋予了马克思主义新的内涵。指导苏联社会主义建设的列宁主义是如此，如采取新经济政策、允许多种经济成分并存、发展商品经济、运用国家资本主义的五种形式等；指导中国革命和社会主义建设的毛泽东思想以及指导中国改革发展的中国特色社会主义理论体系同样如此，如和平共处五项原则、"三个世界"理论、改革开放、社会主义市场经济等，这些都不在马克思恩格斯当年的理论构想中，但都是在回应世界格局之变、世界力量之变的背景下作出的理论与实践创新。

在回应时代之变中创新马克思主义。时代变化了，回答时代之问不论是内容还是形态都要发生变化，不可能也不能要求马克思恩格斯为上百年后产生的问题提供现成答案。19 世纪是资本主义迅速发展的时代，20 世

---

① 《马克思恩格斯文集》第 1 卷，人民出版社，2009，第 527 页。
② 《马克思恩格斯文集》第 1 卷，人民出版社，2009，第 501 页。

纪初是战争与革命的时代，20 世纪 80 年代以来和平与发展成了时代主题，进入 21 世纪之后和平发展与竞争对抗相互交织，时代特征发生重大变化。时代特征的变化必然对社会主体间的关系模式，特别是国家与国家之间、国家与国际性组织之间、国家与跨国经济文化集团之间的关系模式产生影响。更进一步看，时代之变根本上是科学技术之变、生产力之变。"手推磨产生的是封建主的社会，蒸汽磨产生的是工业资本家的社会。"① 进入 21 世纪以来，科学技术更是发生了革命性变革，信息化、人工智能、大数据等现代科技深刻改变和塑造着人类社会的生产生活方式。尽管已经有种种征兆，但是大时代变革将会产生一个什么样的社会形态，将会极大超越我们当下的理论与思维想象。马克思主义必须因时而变、适时而进、顺时而为，以创新的形态回答时代之问。

在回应历史之变中创新马克思主义。18 世纪以来，资本主义开启了人类社会的世界历史进程。面对资本主义内在矛盾激化、世界工人阶级运动此起彼伏的历史现状，进行理论上的创新以指导工人阶级运动是马克思恩格斯的重要工作之一。20 世纪以来，民族解放和社会主义运动风起云涌，人类历史上的重大较量渐次拉开序幕，列宁主义、毛泽东思想等世界各国的马克思主义先后创立形成。20 世纪 80 年代以后，国际社会主义和共产主义运动遭受挫折，中国共产党人沉着冷静、保持战略定力，坚毅务实、勉力前行，形成了中国特色社会主义理论以回应历史之变。进入 21 世纪第二个十年以来，随着中国特色社会主义进入新时代，中国共产党领导的新时代中国特色社会主义的成功实践，使得"世界范围内社会主义和资本主义两种意识形态、两种社会制度的历史演进及其较量发生了有利于社会主义的重大转变"②，当代中国马克思主义、21 世纪马克思主义应运而生。

中国共产党人有三句话很精辟地阐述了马克思主义的发展逻辑。第一句话是毛泽东讲的，"任何国家的共产党，任何国家的思想界，都要创造

---

① 《马克思恩格斯文集》第 1 卷，人民出版社，2009，第 602 页。

② 《中共中央关于党的百年奋斗重大成就和历史经验的决议》，人民出版社，2021，第 63~64 页。

新的理论，写出新的著作，产生自己的理论家"①。第二句话是邓小平讲的，"不以新的思想、观点去继承、发展马克思主义，不是真正的马克思主义者"②。这两句话从一正一反的角度强调了创新对于马克思主义的意义。第三句话还是毛泽东讲的，"不如马克思，不是马克思主义者；等于马克思，也不是马克思主义者；只有超过马克思，才是马克思主义者"③。第三句话更是强调坚持和发展马克思主义不仅要创造出新理论，走出新实践，还要创造出超过马克思的新理论，走出超过马克思的新实践。当然创新是在守马克思主义之正的基础上的创新，对马克思主义进行创新是为了成为真正的马克思主义者，而不是相反，这是马克思主义者的历史使命。

三　作为思想精髓，守正创新谱写马克思主义中国化时代化新篇章

思想精髓是思想最本质的属性、最凝练的精华、最核心的要义。列宁把具体问题具体分析称作"马克思主义的精髓，马克思主义的活的灵魂"④。邓小平把"实事求是"称作毛泽东思想的精髓："毛泽东思想的精髓就是这四个字。"⑤ 20 世纪 70 年代末，在推进改革开放、开辟中国特色社会主义的历史进程中，中国共产党重新确立了解放思想、实事求是的思想路线。解放思想、实事求是也成了邓小平理论的精髓，推动马克思主义中国化时代化不断取得新成果。党的十八大以来，习近平总书记把"解放思想、实事求是、守正创新"⑥ 并列起来作为坚持和发展马克思主义的基本思想方法，用马克思主义的"矢"更加有力地射新时代中国之"的"。

① 《毛泽东文集》第 8 卷，人民出版社，1999，第 109 页。
② 《邓小平文选》第 3 卷，人民出版社，1993，第 291 页。
③ 王任重：《实事求是的典范——纪念毛主席诞辰八十五周年》，《中国青年》1978 年第 4 期。
④ 《列宁全集》第 39 卷，人民出版社，2017，第 128 页。
⑤ 《邓小平文选》第 2 卷，人民出版社，1994，第 126 页。
⑥ 《习近平谈治国理政》第 4 卷，外文出版社，2022，第 30 页。

守正创新与解放思想、实事求是相贯通，进一步丰富了中国化时代化的马克思主义思想理论精髓的内涵。

习近平新时代中国特色社会主义思想是马克思主义守正创新的典范，守科学社会主义原则之正，创新时代中国特色社会主义之新。习近平总书记提出，"科学社会主义基本原则不能丢，丢了就不是社会主义"①。从坚持道路自信、理论自信、制度自信、文化自信到全面贯彻党的基本理论、基本路线、基本方略，从坚持"一个中心、两个基本点"到促进人的全面发展，逐步实现全体人民共同富裕，从党是最高政治领导力量到建设全过程人民民主，再到走中国式现代化道路，在新发展阶段以新发展理念构建新发展格局，走高质量发展之路等，都是在新的历史条件下体现科学社会主义基本原则的内容。一是守马克思主义人民立场之正，创新时代中国共产党治国理政之新。以人民为中心的发展思想，把"坚持人民至上"作为贯穿始终的世界观和方法论，强调"江山就是人民，人民就是江山"，把人民群众的获得感作为最重要的评价标准，马克思主义人民立场由此焕发出新时代的光辉。二是守马克思主义政党本色之正，创新时代党的建设新的伟大工程之新。中国共产党作为世界上最大的政党，大就要有大的样子，不仅要始终成为长期执政的马克思主义执政党，更要始终保持马克思主义革命党的本质属性，以伟大自我革命推进伟大社会革命，跳出历史周期率。三是守马克思主义世界历史思想之正，创人类命运共同体之新。人类社会走向世界历史是客观规律，是必然趋势。西方300多年经济全球化以及在此基础上形成的世界格局是世界历史的一种形态，却不是也不能是世界历史的唯一形态。人类命运共同体为21世纪的世界历史进程擘画出了新的愿景与新的路径。

守正创新体现在思想内涵上，更体现在思想方法上。作为马克思主义中国化时代化的根本途径，习近平总书记于2021年提出的"两个结合"集中体现了马克思主义守正创新的基本品格。从思想创立发展的理论逻辑和实践逻辑上讲，马克思主义中国化时代化必须解决两个问题，一是如何让一种普遍性的科学思想具有现实针对性和实践指导性，这就需要与具体

---

① 《习近平谈治国理政》第1卷，外文出版社，2018，第22页。

实际相结合；二是如何让一种外来的思想融入本土思想文化进而推动本土思想文化发展，这就需要与优秀传统文化相结合。

思想理论中的历史文化传承决定了思想理论体系的风格与气派。尽管马克思主义是对西方思想批判超越的一种科学思想，但客观上也是来自西方社会的思想，具有西方文明的思维特点与风格。因此，马克思主义中国化时代化仅仅停留在与中国具体实际相结合是不够的。结合得再好，也只是对马克思主义运用得好，并没有把马克思主义变成中国自己的思想文化。真正的马克思主义中国化时代化一定要解决"中国化"的问题，要体现5000多年来积淀在中华民族生命和血液中的中国情感、中国意志、中国愿望、中国思维，体现中国人民的精、气、神。对于在马克思主义中国化时代化过程中彰显中国风格，毛泽东有段话讲得十分到位："洋八股必须废止，空洞抽象的调头必须少唱，教条主义必须休息。"① 现在有些人在理论创新中特别喜欢引进"洋概念"，捣鼓"洋名词"，不仅百无一用还令群众生厌，其实是丢掉了中国精髓。

"与中华优秀传统文化相结合"的论断是2021年首次提出来的，但与中华优秀传统文化相结合的实践贯穿100多年来马克思主义中国化时代化的历史。毛泽东在《矛盾论》《实践论》中所使用的"矛盾""实践""知行合一""实事求是"等基本概念就是对中国文化、中国哲学的创造性运用，也正是基于这些概念写出了崭新的马克思主义经典文献；邓小平更是把中国传统经典中的"小康"概念，创造性地拿来阐释"中国式的现代化"，于是全面建成小康社会作为中国共产党第一个百年奋斗目标被写入中国化的马克思主义理论成果中。

党的十八大以来，中国共产党人以高度的文化自觉和文化自信，以深刻的历史自觉和历史主动，积极推进马克思主义基本原理同中华优秀传统文化相结合，让马克思主义中国化时代化有了更加坚实的文化基础与更为可靠的文明支撑。从强调中国特色社会主义道路"是在对中华民族5000多年悠久文明的传承中走出来的"② 到"深入挖掘和阐发中华优秀传统文

① 《毛泽东选集》第2卷，人民出版社，1991，第534页。
② 《习近平谈治国理政》第1卷，外文出版社，2018，第39~40页。

化讲仁爱、重民本、守诚信、崇正义、尚和合、求大同的时代价值"①，从和而不同、美美与共促进文明交流互鉴到协和万邦、合作共赢推动构建人类命运共同体，中国人民数千年的宇宙观、天下观、社会观、道德观经过创造性转化和创新性发展，已经被充分吸纳进习近平新时代中国特色社会主义思想。这样的努力不仅为新的思想营造出一种熟悉的文化氛围，赋予其亲和力，更接续上了5000多年的文明之根脉，让中国化时代化的马克思主义真正成为扎根中国社会的思想、成为中国人的思想。

本土文明特别是本土思想文化，是一个国家、一个民族的精神之根、思想之源。从传统走向现代，从历史走向未来，不仅是经济社会形态的演进，也是文明文化的发展更新。丢掉了文明的精神之根，远离了文化的思想之源，国家和民族是站立不起来的，更遑论强大与复兴。推进马克思主义基本原理同中华优秀传统文化相结合，也是确保中华民族精神独立性的重要要求。精神独立性是经济社会独立的深层依据。有精神独立性，才会有在政治领域、在思想文化领域，包括在制度治理等方面的独立性。中国社会精神独立性的源泉与土壤就是中华优秀传统文化。中华文化所蕴含的精神追求植根在中国人内心，潜移默化着中国人的行为方式。中华优秀传统文化在历史中孕育、在现代中再生。与中华优秀传统文化相结合不是对中国传统文化中具体文化内容、思想概念的简单重复，而是要重视文化精神的阐幽发微，② 实现时空样态上的创造性转化、内涵意义上的创新性发展，使蕴含在优秀传统文化中的中华民族最基本的文化基因在新时代发扬光大。

需要特别提出的是，强调马克思主义中国化时代化进程中的"第二个结合"，并不仅仅着眼于马克思主义的本土化，也不仅仅是为了保有中华民族的精神独立性，而是致力于在更为宽广的视野中、在更为高远的境界上、在更为宏大的文明层面坚持和发展马克思主义，彰显出马克思主义在21世纪的世界形态与时代样态。思想文化在文明层面的激荡能带来更为深

---

① 《习近平谈治国理政》第1卷，外文出版社，2018，第164页。
② 辛鸣：《伟大复兴中的"精神独立性"中华文化的"讲清楚"与"发扬好"》，《人民论坛》2014年第6期。

刻的创新。21世纪马克思主义一定是以新文明形态出场的马克思主义，这一形态最本质的意蕴就是"中华文化和中国精神的时代精华"。用中华文化为马克思主义注入新的源头活水，用中国道路为马克思主义夯实新的实践基础，让绵延5000余年的古老智慧突破数百年来西方文化挥之不去的现代性困境，用新时代中国特色社会主义为人类对美好社会的追求开辟人间正道，马克思主义就会更加生机勃勃。

辩证把握站在历史正确的一边[*]

邱耕田^{**}

恩格斯指出："一个伟大的基本思想，即认为世界不是既成事物的集合体，而是过程的集合体，其中各个似乎稳定的事物同它们在我们头脑中的思想映象即概念一样都处在生成和灭亡的不断变化中。"① 正是在事物生成、发展、灭亡的过程中，形成了我们所谓的"历史"。古往今来人类社会的发展，自然也遵循着这一历史的"逻辑"。自从有了人，就有了属于人类自己的历史。回望人类来时的路，我们分明是在打量人类漫长而曲折的历史进程。人类历史始终是在错综复杂的背景下前进的，其间总是存在多种可能性。这样，从价值理性的角度分析，自然就有了应与正确的历史同行的要求。近年来，习近平总书记多次要求"站在历史正确的一边"，这是我们党胸怀天下的必然要求，是新时代的中国开始新的历史进程的郑重承诺，是人类追求光明而安全未来的题中应有之义。对于这一富有重大战略意义的号召，我们应当基于马克思主义哲学的视角予以深刻把握，要以辩证的观点和方法准确领会"站在历史正确的一边"的丰富意涵，从而为人类历史的可持续发展保持一种清醒的理性自觉。

* 本文原载《哲学研究》2023 年第 4 期，收入本书时有改动。
** 邱耕田，中共中央党校（国家行政学院）马克思主义学院教授、博士生导师。
① 《马克思恩格斯文集》第 4 卷，人民出版社，2009，第 298 页。

一 历史常常是跳跃式地和曲折地前进的

恩格斯的说法无疑是深刻的："历史常常是跳跃式地和曲折地前进的。"① 那么，社会历史是如何"曲折地前进"的呢？对此，恩格斯曾有形象的描述："历史可以说是所有女神中最残酷的一个，她不仅在战争中，而且在'和平的'经济发展过程中，都驾着凯旋车在堆积如山的尸体上驰骋。"② 历史前进的曲折性表明，社会历史的演进并非如航行在风平浪静、宽阔笔直的江河里的轮船，一帆风顺、凯歌高进，而是呈现波浪起伏、螺旋前进的态势。换言之，社会历史的发展变化既有直线的上升，也有曲线的迂回甚至一时的倒退。这意味着，历史发展其实是一个蕴含着矛盾性的过程。诚如恩格斯所指出的，文明时代的"全部发展都是在经常的矛盾中进行的"③。习近平总书记也明确指出："世界历史发展告诉我们，人类文明进步历程从来没有平坦的大道可走，人类就是在同困难的斗争中前进的。"④ 基于动力系统的角度来考察，历史发展当然需要动力支持系统，在马克思主义矛盾观看来，推动历史发展的动力系统是一个矛盾统一体。这个矛盾统一体是由肯定因素、积极力量与否定因素、消极力量（代价、危机、灾害包括瘟疫等）构成的。从热力学原理角度分析，历史发展就是一个熵增和熵减的矛盾运动过程。在历史发展的长程中，各种代价、危机甚至灾害等的发生，体现着历史发展的熵增趋向，这种熵增给历史发展带来的是动荡、无序、破坏、损失，甚至使人类的可持续生存和发展面临威胁。

在马克思主义矛盾观看来，历史有正确的一边，当然也有错误的另一边。社会历史领域的熵增现象在很大程度上是在人的错误的观念和行为的作用下发生的，因而在社会历史的矛盾中，自然包含着正确与错误的对立

① 《马克思恩格斯文集》第2卷，人民出版社，2009，第603页。
② 《马克思恩格斯文集》第10卷，人民出版社，2009，第650~651页。
③ 《马克思恩格斯文集》第4卷，人民出版社，2009，第197页。
④ 《习近平外交演讲集》第2卷，中央文献出版社，2022，第14页。

统一。正确与错误共处于历史发展的同一时空中，社会历史正是在对正确的追求和对错误的克服的矛盾斗争中发展的。这种历史进程中对与错的博弈增加了历史演进的复杂性，印证着历史发展的曲折性，并呈现历史发展中的新陈代谢、趋利避害等规律性，从而不断推动着社会历史向着更高级、更科学、更文明的方向演进。在正确和错误的矛盾斗争中，正确是本质、主流，因而历史的前途是光明的，历史变化的总趋势是前进的。

历史发展何以具有对与错的矛盾斗争？从发生学的角度看，这应从历史的创造者——人的角度寻找原因。众所周知，构成历史主体的都是"现实的人"，这种"现实的人"是具有不同的认知、意志和利益追求的人，并且受到各种主客观因素的制约，这样，"现实的人"在创造历史的进程中，自然就发生了对与错、善与恶的矛盾斗争。历史之错甚至历史之恶成为历史本色的重要成分。恩格斯尤其强调了这一点："恶是历史发展的动力的表现形式。"[1] 在恩格斯看来，"自从阶级对立产生以来，正是人的恶劣的情欲——贪欲和权势欲成了历史发展的杠杆"[2]。马克思也表述过这样的思想："在真正的历史上，征服、奴役、劫掠、杀戮，总之，暴力起着巨大的作用。"[3] 马克思恩格斯关于"恶是历史发展的动力的表现形式"的思想告诉我们，历史进步总是在对一系列假恶丑的问题或现象的解决与克服中实现的。"历史之恶"的存在，从一个侧面印证着"历史之错"的存在，因为历史之恶常常是历史之错导致的。就是说，无论是历史正确的一边，还是历史错误的一边，都是人的"杰作"。作为历史的主体，人们在推动历史发展的进程中，既创造着正确的历史，也创造着错误的历史。为了减少或尽量避免历史创造的错误性，人们就需要站在历史正确的一边，进行一种正确的创造。

二　何谓历史的正确性

社会历史的"一般，或者说，经过比较而抽出来的共同点，本身就是

---

① 《马克思恩格斯文集》第 4 卷，人民出版社，2009，第 291 页。
② 《马克思恩格斯文集》第 4 卷，人民出版社，2009，第 291 页。
③ 《马克思恩格斯文集》第 5 卷，人民出版社，2009，第 821 页。

有许多组成部分的、分别有不同规定的东西。其中有些属于一切时代，另一些是几个时代共有的，［有些］规定是最新时代和最古时代共有的"①。对我们而言，要站在历史正确的一边，首先应了解何谓历史的正确性？或者说，在什么样的情况下历史进程才会呈现正确性？根据唯物史观的基本原理和历史演进的实际逻辑，历史正确性主要包含着这样一些基本规定。

第一，从历史本体论的视角分析，历史正确性是合规律性与合目的性的统一。所谓本体论，是关于历史存在的本质和规律的理论。历史正确性解决的是人的历史认识要符合历史的客观实际，人的历史实践要从客观的历史存在出发，其中最重要的就是对历史规律的掌握与遵循，即合规律性。"'合规律性'是指现实的人认识到了自然规律或社会历史规律，使自己的行动自觉地遵循和符合客观规律的要求，自觉地按规律办事。"② 当然，历史正确性并非只见物而不见人，并非"守株待兔"式地对历史规律的机械掌握与揭示。人们认识和遵循历史规律的目的，就是为人的历史实践服务。换言之，历史正确性归根结底要体现在人创造历史的实践活动中，没有人的实践创造，历史无所谓正确。在人的实践创造中，要体现或实现历史的正确性，除了要掌握和遵循历史规律及自然规律之外，还要设法做到合目的性。历史何以正确？在根本上，它就是合规律性与合目的性的统一。"'合目的性'是指人由于认识和把握的事物发展的规律性，在实践中能够达到自己的目的，把理想客体变成了现实。"③ 因而，从本体论的意义上，正确的社会历史就是既合规律性又合目的性的演进过程，或者说，是历史主体在遵循客观规律的前提下对自我的历史愿望和历史目的的一种实现过程。

合规律性表达的是历史正确性的客观尺度或外在尺度，即人们的历史创造要遵循历史规律，符合历史演进的方向；合目的性表达的是历史正确性的主体尺度或内在尺度，即人们的历史创造要代表大多数人的根本利

---

①　《马克思恩格斯全集》第 46 卷上册，人民出版社，1979，第 22 页。

②　刘曙光：《历史决定论和主体选择论》，吉林人民出版社，2006，第 267~268 页。

③　刘曙光：《历史决定论和主体选择论》，吉林人民出版社，2006，第 268 页。

益，要满足人们美好生活的需要。在复杂的历史进程中，还存在历史的错误性或历史错误的一边。所谓历史的错误性，是指既不合规律性也不合目的性的历史现象。所谓不合规律性，是指违反了历史规律，背离或偏离了历史前进的大方向、大趋势；所谓不合目的性，是指人的历史实践违背了大多数历史主体的意愿，损害了他们的利益。在历史发展的某一特殊时期或某一特定的区域如某个或某些国家，在总体上就曾出现过错误的历史创造，这种情况在第二次世界大战期间就表现得相当充分。在一些法西斯主义猖獗的国家，在总体上就有一种错误的历史存在。既然在历史发展的进程中存在错误的倾向或现象，那么，我们必须在坚持合规律性与合目的性相统一的前提下趋利避害，不断追求和维护历史的正确性。

第二，从历史演进机制的角度分析，历史正确性是实然性和应然性的统一。历史主体在掌握和运用历史规律的前提下，在历史实践中达到了自己的目的、实现了自己的愿望，并创造出了理想的历史存在，这在根本上或本体论意义上，可谓实现了历史的正确性。历史存在就其表现样态来看，当然具有现实性或实然性——这是历史正确性形成的客观基础，实然性表达的是现实如此或不得不如此的存在状态。但从历史价值的角度分析，这个实然性的历史存在，既包括人的合目的性的因素或成分，还包括违背人的目的或意愿的成分，即实然性的历史存在本身是对与错、美与丑、合意性与厌恶性的统一。这表明，在现实的历史存在中总是存在使人不愉快、令人不满意的因素或现象。这种历史存在的"现实缺陷"恰恰又构成了迫使人们创造新的具有"未来时态"的历史存在的强大动力。未来时态的历史存在所具有的一个鲜明特征，就是它的应然性。所谓应然性，是指大多数人心之向往、应该如此的特性。人们对应然性的历史存在的追求与创造，首先呈现为一种观念形态。这种"观念创造"，在品质上，属于一种理想化的创造，它是以蓝图的形式存在于人的头脑中。"应该如此"和"现实如此"的根本区别，在于"应该如此"是面向未来的以观念形态存在的历史构想，具有扬弃性、超越性，即超越现实的历史存在，扬弃现实历史存在的缺陷，继承和保留其合理性、优越性，从而在历史主体的能动作用下——主要表现为历史主体对现实的历史存在进行变革、创新、纠错等，创造出高于或优于现实历史存在的更理想、更美好、更具合意性的"应该如此"的历史构想。而这种"应该如此"的历史构想，真正体现着社会历史由过去到现在再到未来的完整演进过程，呈现一种完整的历史动态性。可见，我们对历史正确性的理解，不能仅仅基于实然性的界面，还应包括对应然性的向往。

正是在实然性和应然性的对立统一中，社会历史获得了持续的、美好的发展。实然和应然的矛盾斗争推动历史发展的机理是这样的：实然→应然→新的实然→新的应然→以至无穷，由此推动着社会历史不断向着更美好的方向演进。就实然和应然的关系来看，实然是现实的应然，应然是未来的实然；实然是应然的基础，应然是对实然的超越；实然是美丑的统一，应然是更多的美好性和更少的丑恶性的统一；实然是确实如此或不得不如此的东西，应然是应当如此或理想化的东西。就历史的正确性而言，实然是历史正确性生成的现实基础，应然是历史正确性的未来形态。历史的正确性既体现在对实然性的反映和创造上，更体现在对应然性的向往和追求上，可见，历史正确性不仅是对现实如此或不得不如此的揭示与反映，更是对未来应该如此的规划与憧憬。当现实如此给历史的正确性留下缺憾时，我们完全可以寄希望于未来，通过对未来理想化的应该如此的历史存在的创造——即使属于观念形态的创造——实现一种跨时空的完整时态的历史正确性，使历史正确性始终处于一种动态的实现或完善过程中。

第三，从历史主体创造活动的角度分析，历史正确性是主动性和受动性的统一。历史是由人创造的，社会历史所固有的不断进步性或不断文明化在根本上反映着人们创造历史的主动性或能动性，即人们在遵循外在客观尺度的前提下，总是按照自身内在的主观尺度从事历史创造活动。这种内在主观尺度在本质上表现为人们通过历史创造实现对自我需要的满足。这里，需要成了推动历史发展的原动力。"我们对历史最初的一瞥，便使我们深信人类的行动都发生于他们的需要、他们的热情、他们的兴趣、他们的个性和才能。当然，这类的需要、热情和兴趣，便是一切行动的唯一的源泉。"① 马克思恩格斯也深刻指出："已经得到满足的第一个需要本身、满足需要的活动和已经获得的为满足需要而用的工具又引起新的需要，而这种新的需要的产生是第一个历史活动。"② 可见，需要及其利益成了推动历史创造的根本动力。但在满足需要、实现人的历史性生存的过程中，总会遇到阻碍或损害需要满足的因素或问题，这样，人们就要发挥自身的主观能动性，通过革命、改革、创新等手段克服或解决阻碍需要满足的种种因素或问题，从而实现历史的进步。"马克思最重视的是群众的历史主动性。"③ 随着市场经济的产生和工业文明的兴起，人们在历史创造中的能动性日益充分地表现出来。在建立了历史哲学理论体系的维柯看来，各个民族的生存都离不开自己的创造活动，创造活动是一切民族的"共同本性"。但人们在创造历史的过程中既有能动性的一面，更有受动性的一面，即人不是随心所欲地进行历史创造的，而是在特定的环境和条件下从事历史创造。正如马克思所指出的："人们自己创造自己的历史，但是他们并不是随心所欲地创造，并不是在他们自己选定的条件下创造，而是在直接碰到的、既定的、从过去承继下来的条件下创造。"④ 这充分表明，在现实的历史存在中，包含着一系列社会历史条件，这种历史条件的存在，严格制约着人们的历史实践活动。恩格斯就揭示了这种"历史条件"，指出我们是在十分确定的前提和条件下创造历史的，"其中经济的前提和条件归根到底是决定性的。但是政治等等的前提和条件，甚至那些萦回于人们头脑中的传统，也起着一定的作用，虽然不是决定性的作用"⑤。

　　历史正确性无疑是历史创造活动所蕴含的人的能动性和受动性的统一。"社会历史的发展既是一个客观必然的过程，又是一个能动创造的过程。"⑥ 一方面，要把握历史正确性，就必须看到人及其创造历史的能动性的一面，因为正确性并非从天而降，也不是自然而然形成的，它是在人的

① 〔德〕黑格尔：《历史哲学》，王造时译，上海书店出版社，1999，第 21 页。
② 《马克思恩格斯文集》第 1 卷，人民出版社，2009，第 531~532 页。
③ 《列宁专题文集·论马克思主义》，人民出版社，2009，第 109 页。
④ 《马克思恩格斯文集》第 2 卷，人民出版社，2009，第 470~471 页。
⑤ 《马克思恩格斯文集》第 10 卷，人民出版社，2009，第 592 页。
⑥ 赵家祥等：《历史哲学》，中共中央党校出版社，2003，第 119 页。

历史创造活动中生成的，这意味着，历史正确性离不开人的能动性的发挥，我们需要从人的实践创造及其所体现的能动性角度把握这种正确性。另一方面，还必须看到，历史之所以具有正确性，不仅在于人的创造活动中能动性的发挥，还在于创造活动中人们对受动性的认可和恪守。历史正确性之受动性意蕴，就是要在肯定或接受受动性存在的前提下，认真遵循和体现这种受动性，从而使人历史创造的活动避免随心所欲的危害性，不至于犯历史性的错误。这就意味着，人的历史创造活动只有严格受限，才能真正体现或实现正确性。在能动性和受动性之间存在相互依存、相互制约、相互贯通的辩证关系。能动性是具有受动性的能动性，脱离了受动性的能动性，人们在历史创造中就会犯盲目冒进的主观主义错误；受动性是具有能动性的受动性，脱离了能动性的受动性，人们在历史创造中同样会犯畏缩不前、听天由命的无所作为的错误，而无论哪种情况，都不利于历史的进步。

第四，从内容的角度分析，历史正确性是合理的历史实践和科学的历史观念的统一。"所谓历史，无非是社会的变化。"① 这种社会历史的变化，是沿着两条路径推进的：实践的维度和观念的维度。就是说，历史正确性既体现在实践创造方面，表现为一种合理的实践进程，又体现在观念认知方面，表现为一种科学的理论观念。因而，基于内容的角度分析，历史正确性是合理的历史实践和科学的历史观念的有机统一。所谓合理的历史实践，是指人们的历史创造活动既合规律性又合目的性，从而呈现合理性，这是一种较少犯错的历史实践，或是具有较强的美好性与合意性的历史实践。但合理的历史实践离不开科学的历史观的指导，或者说，没有科学的历史观的指导，人们是很难取得历史创造之成功的，当然也不会实现历史实践方面的正确性。"历史发展、文明繁盛、人类进步，从来离不开思想引领。"② 英国哲学家、历史学家柯林武德曾提出"一切历史都是思想史"的观点。在柯林武德看来，"历史的过程不是单纯事件的过程而是行动的过程，它有一个由思想的过程所构成的内在方面；而历史学家所要寻求的

---

① 《陈先达文集》，当代中国出版社，1995，第187页。
② 《习近平外交演讲集》第2卷，中央文献出版社，2022，第178页。

正是这些思想过程"①。柯林武德的论断其实表明，在历史的正确性中，应该包括对科学的历史观的要求。在某种意义上，马克思主义就是科学的历史观，它对我们共产党人的历史创造活动具有根本的指导作用。"我们党有个很大的优点，就是有一个新的科学的世界观作为理论的基础。"②今天，在中国特色社会主义进入新时代的背景下，我们要从事具有新质的历史创造活动，就必须坚持以习近平新时代中国特色社会主义思想为指导。

历史观中，还包含历史评价的内容。历史的正确性或正确到何种程度，离不开人们的评价性认识。"历史评价是主体根据人的需要对历史客体包括历史人物、历史事件、历史现象等做出价值判断。简言之，就是主体关于历史客体有无价值及价值大小所做的判断。历史评价关注的对象是历史价值，它是属于对历史价值进行反思、评判的一种特殊的观念活动。"③如果历史创造给人们普遍带来了较强的获得感、安全感和幸福感，人们对历史创造普遍感到满意，或某种历史创造得到了人民群众的充分认可，这其实表明历史的正确性通过了主体的检验，获得了合法性或合理性的主体基础。在历史实践和历史观念之间，存在辩证关系。其中，历史实践是历史观念的基础，它支配着历史观念；历史观念对历史实践具有重要的反作用，它反映、指导着历史实践；历史实践生成和检验着历史的正确性，历史观念评价和阐释着历史的正确性，合理的历史实践和科学的历史观念的有机统一构成了历史正确性的完整内容。

三　如何站在历史正确的一边

历史主体在推动历史发展的进程中，体现着两种基本的理性：一是工具理性——旨在客观揭示历史存在及其发展的本质与规律，使人的历史认

---

① 〔英〕R.G. 柯林武德：《历史的观念》，何兆武、张文杰译，中国社会科学出版社，1986，第244页。
② 《马克思恩格斯文集》第2卷，人民出版社，2009，第599页。
③ 万斌、王学川：《历史哲学》，社会科学文献出版社，2008，第342页。

识或历史观念能够符合历史存在的本来面目，这是一种求真的维度；二是价值理性——在求真的基础上，体现历史发展的属人性，实现历史发展的利民性。而价值理性主要表现在两个方面：一是历史的求善功能——表现为增进人的福祉，实现人的日益美好的可持续的生存和发展，这是历史的功利价值；二是求美功能——为人的生存和发展创造或提供审美手段与审美对象，提升人的审美能力，丰富和发展人的精神世界，使人拥有自由和惬意的精神生活，实现人的全面自由发展，这是历史的审美价值。历史发展所蕴含的工具理性和价值理性告诉我们，其一，历史发展是求真、求善、求美的过程。或者说，是一个对真的认识不断深化和拓展、对善的追求不断提升、对美的创造观赏不断丰富和积累的过程。其二，人们在历史创造中要实现历史的正确性，或者说要站在历史正确的一边，基本方法论要求就是，要在历史创造的实践中，设法做到求真、求善、求美。

第一，求真。历史正确性的合规律性决定了我们在创造历史的进程中必须求真或循真。人类在曲折漫长的历史创造中，日益深刻地意识到，要想实现历史进步，就必须承认和尊重历史存在的客观独立性，必须尽可能正确地认识和遵循历史规律，这样就形成了社会历史的求真的尺度或规定。所谓求真，是指人们对社会历史的本质、规律、属性、条件等的认识、把握和遵循，它为人的历史创造活动提供认知论或知识论的支持。

求真尺度的基本内容是：人们在历史创造中必须按照历史存在的本来面目去认识历史，必须遵循历史发展的固有规律以实现历史进步。那么，人们在历史创造中为什么要求真、循真呢？这是由历史实践或历史活动所具有的自由性、目的性和有效性等特点决定的。马克思指出："自由的有意识的活动恰恰就是人的类特性。"[1] 历史实践就是人不断创造自由的"有意识的活动"。但自由不是摆脱历史规律的随心所欲的行为，而是立足历史发展之必然性的创造活动，因为"自由是对必然的认识"，"自由不在于幻想中摆脱自然规律而独立，而在于认识这些规律，从而能够有计划地使自然规律为一定的目的服务"[2]。这就是说，创造并实现自由的历史活动必

---

[1] 《马克思恩格斯文集》第 1 卷，人民出版社，2009，第 162 页。
[2] 《马克思恩格斯文集》第 9 卷，人民出版社，2009，第 120 页。

须以对历史规律的遵循为前提。人的历史创造活动还是一个追求目的的动态演进过程，如果历史目的不建立在对历史存在之正确性认识的基础上，即不以一定的客观规律和必然性为根据，是很难实现的。虽然，人的内在需求是历史发展目的生成的基本根据和主要内容，但绝非唯一的根据和内容，它必须以对历史存在的准确认识和历史规律的严格遵循为先决条件。历史创造要想获得有效性——人的历史发展愿望和历史发展目的顺利现实化或"物化"的一种效果，也必须以对历史存在的客观尺度的认识和把握为根本保证，只有遵循"合规律性"的尺度去进行历史创造，才会有真正的历史进步，才能真正实现一种合理全面而可持续的历史发展。人们对历史发展的本质和规律认识得越深刻，越能有效地推进社会历史的进步。

第二，求善。历史发展的合目的性决定了我们在创造历史的进程中必须趋善或求善。善是伦理学的重要范畴。英国近代思想家培根认为，伦理学是研究善的学科，在他看来，善就是有利于人类的东西，从而明确提出了善恶是与利益相关的思想。学界在关于"善"的问题上所达成的共识，就是认为善是事物所具有的能够满足人的需要、实现人的愿望、达成人的目的的效用性。我们由"善"的实质性内容可以看出，善的核心是"利"，从马克思主义历史哲学的角度来认识，这个"利"就是创造历史的主力军——广大人民的根本利益。我们的历史创造只有实现了广大人民的根本利益，满足了广大人民的历史性的生存和发展的需求，才是善的。当然这种构成了"善"的利有其内在规定性：其一，它不仅仅是少数人之利，如在国际社会不是某些国家之利，而是人类的共同利益；其二，它不仅仅是今天之利，还包括人的明天之利。

善的含义启示我们，历史创造的求善性之实质就是历史发展的利民性。换言之，我们在推进历史发展的过程中，一定要站在广大人民的立场上，要使历史发展能够代表广大人民的根本利益。因为"人民，只有人民，才是创造世界历史的动力"①。"人民是历史的创造者，是真正的英

① 《毛泽东选集》第3卷，人民出版社，1991，第1031页。

雄。"①"江山就是人民、人民就是江山。"② 作为推动历史发展之主力军的人民群众，是社会物质财富和精神财富的创造者，还是社会变革的决定力量。邓小平就曾指出："农村搞家庭联产承包，这个发明权是农民的，农村改革中的好多东西，都是基层创造出来，我们把它拿来加工提高作为全国的指导。"③ 所以一切历史活动要站在广大人民的立场上，要代表广大人民的根本利益。从历史主体的角度看，只有代表着广大人民根本利益的历史进程才能体现出正确性。

第三，求美。正确的历史还是具有审美属性的历史。因此，为了实现历史的正确性，就要在实践中创造一种美的历史。美的历史是历史之真和历史之善的高度统一。"如果说合规律性是'真'，合目的性是'善'，那么，合规律性与合目的性的统一就是'美'，就是'按照美的规律来建造'，人的活动也就是'自由自觉的活动'。"④ 美的历史是令人怀念和神往的历史，这样的历史在总体上呈现着物质丰富、关系和谐、社会安定、文化繁盛、人民幸福的景象。

基于美学或审美角度来把握历史的正确性无疑是一个基本的维度。所谓审美，是指人在历史创造活动中所呈现的"求真"与"趋善"的统一，体现的是人"自由地面对自己的产品"并"在他所创造的世界中直观自身"⑤ 的状态，昭示的是"人甚至不受肉体需要的影响也进行生产，并且只有不受这种需要的影响才进行真正的生产"⑥ 的正确方向。历史创造首先是一种社会化的物质性活动，其过程及结果是人的历史发展目的和愿望的对象化，是人的历史创造力量的感性物化，因而，作为感性的历史创造过程和结果，完全可以成为人们审美观照的对象。这表明，在历史创造中存在创美审美的意蕴和尺度。事实上，新时代以来，我国社会历史的创造进入了"美好化"的新阶段，我们提出了诸如"美好生活""美好社会"

①　习近平：《在庆祝中国共产党成立100周年大会上的讲话》，人民出版社，2021，第9页。
②　习近平：《在庆祝中国共产党成立100周年大会上的讲话》，人民出版社，2021，第11页。
③　《邓小平文选》第3卷，人民出版社，1993，第382页。
④　刘曙光：《历史决定论和主体选择论》，吉林人民出版社，2006，第268~269页。
⑤　《马克思恩格斯文集》第1卷，人民出版社，2009，第163页。
⑥　《马克思恩格斯文集》第1卷，人民出版社，2009，第162页。

"美丽中国""美丽世界"等一系列概念，这启示着我们完全可以从审美的角度来观照现实的历史创造进程，打量整个中国和世界的发展进步。换言之，审美尺度的运用在衡量和引导历史进步的过程中具有十分重要的意义，它从一个方面深刻地体现着历史的正确性。

四　站在历史正确的一边：人类向何处去的历史性应答

"要科学地认识社会历史，就应当把它理解为过去、现实、未来的有机统一。"① 从历史的现实维度看，"当前，百年变局和世纪疫情交织叠加，世界进入动荡变革期，不稳定性不确定性显著上升。人类社会面临的治理赤字、信任赤字、发展赤字、和平赤字有增无减，实现普遍安全、促进共同发展依然任重道远"②。社会历史的发展又一次走到了一个新的十字路口，人类社会应该向何处去？我们应该为子孙后代创造一个什么样的未来？如何在顺应经济全球化发展潮流的大背景下，趋利避害，化危为机，以实现人类历史开放、包容、普惠、平衡、共赢的发展？这些都是事关人类前途命运的重大现实问题，迫切需要在理念和行动上给出答案。

面对着复杂多变的世界，新时代肩负着为人类作出新的更大贡献使命的中国共产党人，提出了构建人类命运共同体的理念和主张，从而科学回答了在当今这样一个"大发展大变革大调整的时代"③ 人类向何处去的重大现实问题。2021 年 7 月 6 日，习近平总书记在中国共产党与世界政党领导人峰会上的主旨讲话中指出："中国共产党愿继续同各国政党和政治组织一道，站在历史正确的一边，站在人类进步的一边，为推动构建人类命运共同体、建设更加美好的世界作出新的更大贡献！"④ 可见，在某种意义上，我们党倡导并推动构建人类命运共同体，真正体现着历史的正确性和人类的进步性。或者说，这是站在历史正确的一边的必然要求和现实行动。何以如此认为？这需要从经济全球化谈起，通过将人类命运共同体的

---

① 赵家祥等：《历史哲学》，中共中央党校出版社，2003，第 41~42 页。
② 《习近平外交演讲集》第 2 卷，中央文献出版社，2022，第 338 页。
③ 《习近平外交演讲集》第 2 卷，中央文献出版社，2022，第 54 页。
④ 《习近平外交演讲集》第 2 卷，中央文献出版社，2022，第 359~360 页。

构建和全球化进程予以对比，我们一方面能看到人类命运共同体本身所具有的优越性和先进性，另一方面也能深刻体悟到新时代中国共产党人对历史发展脉络的精准把握。

近代工业革命以来，随着人类生产力的发展——具体表现为生产工具包括交通工具的改进、大工业的兴起、世界市场的形成、世界范围的分工的出现等，整个世界的普遍交往开始发展。这种"普遍交往"促成了全球化的发生。在某种意义上，全球化主要是一个中性的概念，是指全球范围的历史发展进程。全球化只是告诉我们，人类的经济、文化以及政治等活动已然超出了国家的范围而在世界范围内进行。作为一种不可阻挡的历史必然现象，全球化在一定意义上就是资本主义化。美西方国家通过对全球化潮流的主导，力图在世界范围内推行它们的制度、模式、价值观等，企图一统天下而实现所谓"历史的终结"。由于资本主义的唯利是图的本质，在全球化推进的过程中，存在层出不穷的剥削压榨、欺凌掠夺、制裁战争、零和博弈以及对大自然的破坏等丑恶的、非正义现象和问题。"经济全球化曾经被人们视为阿里巴巴的山洞，现在又被不少人看作潘多拉的盒子。"① "反全球化的呼声，反映了经济全球化进程的不足，值得我们重视和深思。"② 面对着"全球化进程的不足"，我们需要对其加以限制和改造，以确保其朝着实现世界和平、促进共同发展、维护人类公平正义的方向前进——而这种方向恰恰体现着历史的正确性。这种对全球化潮流顺势加以利用并积极引导的科学做法，就是构建人类命运共同体——这是确保全球化合理发展的中国智慧、中国方案。

在某种意义上，人类命运共同体就是利益共同体，人类命运共同体中的"命运"，只能从"利益"的基点去把握。马克思指出："人们奋斗所争取的一切，都同他们的利益有关。人们从事物质生产活动，是为了获取物质利益；人们的社会结合，是为了取得共同的利益。"③ 同样，我们构建人类命运共同体的实践活动也是要维护或实现业已出现的人类整体利益或

① 《习近平外交演讲集》第 2 卷，中央文献出版社，2022，第 2 页。
② 《习近平外交演讲集》第 2 卷，中央文献出版社，2022，第 3 页。
③ 《马克思恩格斯全集》第 1 卷，人民出版社，1956，第 82 页。

人类共同利益。习近平主席指出："当今世界，相互联系、相互依存是大潮流。随着商品、资金、信息、人才的高度流动，无论近邻还是远交，无论大国还是小国，无论发达国家还是发展中国家，正日益形成利益交融、安危与共的利益共同体和命运共同体。"① 就是说，人类利益共同体与命运共同体在本质上具有同一性，人类命运共同体正是对人类整体利益或人类共同利益的把握与确认，人类共同利益是我们提出并构建人类命运共同体的现实支点，世界各国人民对人类共同利益的珍视、维护和争取，是构建人类命运共同体的根本动力。

正由于人类命运共同体是一种利益共同体，它反映和维护着整个人类的共同利益——当然，这种共同利益并未消弭特殊利益。所以在某种意义上，人类命运共同体是特殊利益和共同利益的统一。它一方面看到了人类的共同利益、根本利益，践行着人类的共同价值，反映着人类发展的走向和未来，它的构建也具有历史的必然性；另一方面，它又看到了特殊利益的存在，倡导各国的共同发展，追求一种平等、尊重、包容、共赢的新的全球发展模式，这又使得人类命运共同体及其构建有着坚实的"群众基础"，代表了各国的关切。作为既关注特殊利益又关注共同利益的人类命运共同体，便和全球化潮流中客观存在的对私利的追求、对公平正义的破坏，以及只是关切特殊利益而忽视或藐视共同利益的品质形成了鲜明对比。因而，人类命运共同体尽管顺应全球化潮流而形成，但又显然高于和优于全球化潮流。它既具有"全球化"的意涵，又具有克服全球化问题的功能。构建人类命运共同体是一种能够克服全球化进程中所存在的无序、不良、失范、破坏等现象或倾向的积极健康的主张、力量和实践。只有在构建人类命运共同体的语境或背景下，全球化才会发展得更好。正由于中国共产党积极倡导构建人类命运共同体，所以，中国共产党及其领导的社会主义中国才真正站在了人类道义的制高点上，站在了正确和进步的一边。

---

① 习近平：《共倡开放包容　共促和平发展——在伦敦金融城市长晚宴上的演讲》，中国政府网，http：//www.gov.cn/xinwen/2015-10/22/content_2951822.htm。

谱写马克思主义中国化时代化新篇章的四个维度[*]

崔丽华^{**}

习近平同志在党的二十大报告中明确提出，"不断谱写马克思主义中国化时代化新篇章，是当代中国共产党人的庄严历史责任"①，这不是一般意义上的工作，也不是普通意义上的理论推进，而是当前乃至更长一段时间里中国共产党的庄严历史责任。

谱写马克思主义中国化时代化新篇章，是一个极为重要的政治判断，从马克思主义发展史角度看，这是马克思主义的理论品格和本质要求；从中国共产党历史使命看，这是一个有所作为、认真负责的政党的庄严历史责任；从时代和实践发展看，这是现实对理论的迫切要求。因此，我们必须高度重视这一历史任务，充分理解和把握其重要性。

一 谱写马克思主义中国化时代化新篇章的思想支撑

中国需要马克思主义，更需要中国化时代化的马克思主义。马克思指

---

* 本文原载《中国井冈山干部学院学报》2023 年第 2 期，收入本书时有改动。

** 崔丽华，中共中央党校（国家行政学院）马克思主义学院马克思主义中国化研究所所长，教授。

① 习近平：《高举中国特色社会主义伟大旗帜　为全面建设社会主义现代化国家而团结奋斗——在中国共产党第二十次全国代表大会上的报告》，人民出版社，2022，第 18 页。

出："理论在一个国家实现的程度，总是取决于理论满足这个国家的需要的程度。"① 马克思主义所具有的理论品质符合中国不同时期发展的需要。"理论品质就首先指与理论具有直接同一性的规定性，正是由于具有特殊的品质，一种理论才成其为自身。"② 习近平总书记将马克思主义概括为：科学的理论、人民的理论、实践的理论、不断发展的开放的理论，这是对马克思主义理论品质的高度概括。这一理论品质为谱写马克思主义中国化时代化新篇章提供坚实的思想支撑。

马克思主义是科学的理论。所谓科学的理论就是指能够正确揭示客观世界发展规律的理论。如同自然科学揭示了自然世界的发展规律一样，马克思主义精确地揭示出自然界、人类社会和思维发展的普遍规律，为人类指明了从必然王国向自由王国飞跃的方向和途径，为工人阶级和劳动人民指明了实现自由和解放的道路。这既体现了这种理论本身的正确性，也体现了这种理论对现实世界的指导意义。"在人类思想史上，就科学性、真理性、影响力、传播面而言，没有一种思想理论能达到马克思主义的高度，也没有一种学说能像马克思主义那样对世界产生了如此巨大的影响。"③ 马克思主义所具备的科学性这一理论品质使马克思主义中国化时代化成为可能。艾思奇在《论中国的特殊性》一文中指出："马克思主义之所以能中国化，就因为马克思主义有一般的正确性……倘若它没有这一般的正确性，倘若它仅仅是特殊的东西，那就完全谈不到'化'的问题了。"④ 但与此同时，受时代、实践和科学发展水平的局限，不能要求马克思主义是放之四海皆准的终极真理，能够包治百病、药到病除；也不能要求马克思恩格斯可以预料并解决他们之后时代的所有问题，这既是对他们的苛求，也是将其推向偶像化、神圣化的神坛。理解了这一点，也就理解了习近平总书记所强调的："新形势下，坚持马克思主义，最重要的是坚持马克思主义基本原理和贯穿其中的立场、观点、方法。"⑤

---

① 《马克思恩格斯文集》第1卷，人民出版社，2009，第12页。
② 陈勇、陈国庆：《试析理论品质的内涵与特性》，《理论导刊》2010年第6期。
③ 《习近平谈治国理政》第2卷，外文出版社，2017，第65页。
④ 《艾思奇文集》第1卷，人民出版社，1981，第482页。
⑤ 习近平：《在哲学社会科学工作座谈会上的讲话》，人民出版社，2016，第13页。

马克思主义是人民的理论。这指明了马克思主义的价值追求和目标属性。让人民获得解放是马克思的毕生追求，也是马克思主义的价值旨归。1839 年，马克思在《关于伊壁鸠鲁哲学的笔记》之二中就写道："所以这些哲人和奥林帕斯山上的诸神的塑像一样极少人民性；他们的运动就是自我满足的平静，他们对待人民的态度如同他们对待实体一样地客观。"① 恩格斯曾明确指出："共产主义是关于无产阶级解放的条件的学说。"② 马克思恩格斯所从事的理论事业是使被剥削、被压迫阶级推翻剥削阶级、剥削制度，实现无产阶级专政，进而过渡到没有阶级、没有剥削的共产主义社会。这决定了马克思主义应被最广大人民群众所理解、认同和掌握，成为他们认识世界和改造世界的强大思想武器。因此，马克思主义所具有的人民立场、人民属性使其具有强烈的使命感和责任感，从而为推进马克思主义中国化时代化提供强有力的支撑。

马克思主义是实践的理论。实践的观点是马克思主义哲学首要的基本的观点，是马克思主义理论区别于其他理论的显著特征。马克思将自己的哲学定义为"实践的唯物主义"③。马克思主义诞生之前的旧哲学，由于不懂得人民群众革命实践的意义和作用，不理解社会物质生产活动是人类最基本的实践活动和历史发展的最终决定力量，所以不能正确把握理论与实践的关系，无法成为人民群众改造世界的强大思想武器。马克思主义强调，一切理论都来自实践，受实践检验，随着实践的发展而变化，最终为实践服务。实际情况处于经常变化之中，几乎每时每刻都有新东西诞生，理论也需要根据发展变化着的实践而变化。马克思主义不是书斋里的学问，而是实践的理论、行动的理论。实践贯穿全部辩证唯物主义和历史唯物主义的各个环节。离开了实践，就不能理解马克思主义在人类哲学史上所实现的伟大变革，就不能科学地完整地理解马克思主义的本质。实践使马克思主义具有鲜活的生命力。因此，马克思主义的实践品质要求马克思主义必须中国化时代化，才能科学地解释并且正确地指导新的实践。

---

① 《马克思恩格斯全集》第 40 卷，人民出版社，1982，第 65~66 页。
② 《马克思恩格斯文集》第 1 卷，人民出版社，2009，第 676 页。
③ 《马克思恩格斯文集》第 1 卷，人民出版社，2009，第 527 页。

马克思主义是不断发展的开放的理论。开放的理论是指理论本身不是自我封闭、一成不变的。开放性是全方位的开放。这里的全方位，从时间上说，就是融贯古今；从空间上看，就是吸收人类一切文明的优秀成果。马克思本人就十分厌恶对其理论"奴隶式的盲目崇拜"和"简单模仿"。他终生关注着世界历史发展的新情况，根据科学和实践的发展不断补充和完善自己的理论。列宁曾指出："马克思主义这一革命无产阶级的思想体系赢得了世界历史性的意义，是因为它并没有抛弃资产阶级时代最宝贵的成就，相反地却吸收和改造了两千多年来人类思想和文化发展中一切有价值的东西。"[1] "只有确切地了解人类全部发展过程所创造的文化，只有对这种文化加以改造，才能建设无产阶级的文化。"[2] 由此可以看出，"马克思主义具有与时俱进的理论品质"。[3] 所谓与时俱进，就是指思想、理论、观念等要随着实践、时代的发展而不断创新发展，与活生生的社会现实生活相适应，与时代发展相适应，与实践活动相适应。这里所说的"时"，既指自然时间，更指时代要求、历史趋势、实践发展、客观条件的变化；"进"是指思想、理论、观念等应随着时间推移和时代的变化而不断向前发展，既包括突破、超越、创新，又包括纠正、完善与改变。马克思主义本质上是开放的，是随着时代、实践和科学的发展而不断创新发展的。"一部马克思主义发展史就是马克思、恩格斯以及他们的后继者们不断根据时代、实践、认识发展而发展的历史，是不断吸收人类历史上一切优秀思想文化成果丰富自己的历史。因此，马克思主义能够永葆其美妙之青春，不断探索时代发展提出的新课题、回应人类社会面临的新挑战。"[4]

推进马克思主义中国化时代化是马克思主义理论品格的充分体现，是马克思主义理论的本质要求，彰显了马克思主义强大的生命力。马克思主义不仅仅属于它所产生的那个时代、那个国家，其所具有的理论品质让它具有"跨越国度、跨越时代的影响力"，"马克思的思想理论源于

---

① 《列宁选集》第 4 卷，人民出版社，1995，第 299 页。
② 《列宁选集》第 4 卷，人民出版社，1995，第 285 页。
③ 《十五大以来重要文献选编》（下），人民出版社，2003，第 2538 页。
④ 《十九大以来重要文献选编》（上），中央文献出版社，2019，第 425 页。

那个时代又超越了那个时代，既是那个时代精神的精华又是整个人类精神的精华"①。

二　谱写马克思主义中国化时代化新篇章的政治保障

在马克思主义发展史上，一个有所作为、认真负责的政党，必然高度重视理论，并善于进行理论创新，不断形成新的理论成果，实现新的理论飞跃。中国共产党人拥有坚持理论创新的优良传统、勇于理论创新的高度自觉、善于理论创新的经验智慧，为谱写马克思主义中国化时代化新篇章提供强有力的政治保障。

翻开人类历史的长卷，会清晰发现，一个民族从野蛮愚昧走向文明开化，从初级文明走向高级文明，离不开创新。哪个民族善于创新、敢于创新，它就迅速发展壮大，处于世界领先地位；反之则会走向没落。一个没有创新能力的国家，难以实现经济的发展和社会的进步。创新包括理论创新、制度创新、科技创新、文化创新等各个方面，其中处于先导地位的是理论创新。

追求理论创新是马克思主义政党的显著特征。1872 年，马克思恩格斯在为《共产党宣言》（以下简称《宣言》）德文版作序言时指出，这个《宣言》所阐述的一般原理虽然"整个说来直到现在还是完全正确的"，但是某些地方经过 25 年的时代变迁实际上已经发生了不小的变化，是"可以做一些修改"的，因为这些原理的实际运用，必须"随时随地都要以当时的历史条件为转移"。他们表示，希望"下次再版时也许能加上一篇论述 1847 年到现在这段时期的导言"②。列宁也曾结合俄国社会民主党的实际，指出："我们决不把马克思的理论看作某种一成不变的和神圣不可侵犯的东西；恰恰相反，我们深信：它只是给一种科学奠定了基础，社会党人如果不愿落后于实际生活，就应当在各方面把这门科学推向前进。"列宁说，对俄国社会主义者而言，"尤其需要独立地探讨马克思的理论，因为它所提供的只是总的指

---

① 《十九大以来重要文献选编》（上），中央文献出版社，2019，第 423 页。
② 《马克思恩格斯文集》第 2 卷，人民出版社，2009，第 6 页。

导原理，而这些原理的应用具体地说，在英国不同于法国，在法国不同于德国，在德国又不同于俄国"①。

作为马克思主义政党，中国共产党始终将马克思主义作为自己的指导思想，致力于马克思主义与本国实践的有机结合，致力于马克思主义与本民族优秀传统文化的结合，并将此上升为理论，推进马克思主义中国化时代化，从而为马克思主义发展作出自己应有的贡献。推进理论创新，谱写马克思主义中国化时代化新篇章是中国共产党人的优良传统。在革命时期，毛泽东就致力于马克思主义中国化，对教条主义和经验主义进行批判，他曾在《改造我们的学习》中，给那些只知道教条式背诵马克思主义若干词句的人画了幅像："墙上芦苇，头重脚轻根底浅；山间竹笋，嘴尖皮厚腹中空。"② 他还强调，"要分清创造性的马克思主义和教条式的马克思主义"③ "马克思主义一定要向前发展，要随着实践的发展而发展，不能停滞不前。停止了，老是那么一套，它就没有生命了"④。1978 年以来，我们党从未停下理论创新的步伐。邓小平创造性地提出"社会主义本质论"，摆脱了传统计划经济条件下形成的对社会主义的思维定式。他强调："我们是一个马克思主义的大党，我们自己不重视马克思主义的研究，不按照实践的发展来推动马克思主义的前进，我们的工作还能够做得好吗？"⑤ 江泽民在党的十六大报告中，阐明理论创新是引导社会前进的强大力量。他指出："实践基础上的理论创新是社会发展和变革的先导。通过理论创新推动制度创新、科技创新、文化创新以及其他各方面的创新，不断在实践中探索前进，永不自满，永不懈怠，这是我们要长期坚持的治党治国之道。"⑥ 胡锦涛号召广大理论工作者，"要努力承担起时代赋予我们的理论创新的崇高使命，坚持解放思想、大胆探索，用宽广的眼界去观察和把握当代世界经济、政治、科技、文化发展趋势，观察和把握当今中国的伟大变革，力求在理论创新上有新的进步、新的贡献"⑦。

---

① 《列宁选集》第 1 卷，人民出版社，2012，第 274~275 页。
② 《毛泽东选集》第 3 卷，人民出版社，1991，第 800 页。
③ 《毛泽东年谱（1893—1949）（修订本）》中卷，中央文献出版社，2013，第 327 页。
④ 《毛泽东文集》第 7 卷，人民出版社，1999，第 281 页。
⑤ 《邓小平文选》第 2 卷，人民出版社，1994，第 181 页。
⑥ 《十六大以来重要文献选编》（上），中央文献出版社，2005，第 10 页。
⑦ 《胡锦涛文选》第 1 卷，人民出版社，2016，第 456 页。

中国特色社会主义进入新时代，习近平总书记继续强调："我们要在迅速变化的时代中赢得主动，要在新的伟大斗争中赢得胜利，就要在坚持马克思主义基本原理的基础上，以更宽广的视野、更长远的眼光来思考和把握国家未来发展面临的一系列重大战略问题，在理论上不断拓展新视野、作出新概括。"①

推进理论创新，谱写马克思主义中国化时代化新篇章是中国共产党人的伟大理论自觉和经验智慧。一个没有理论创新能力的政党，难以保持先进性，适应形势、任务的变化。所谓理论自觉，主要指一个政党在理论上的觉醒和自觉的行动，既包括对理论价值认知的自觉性，又包括对理论发展规律把握的深刻性，还包括对发展理论历史责任担当的主动性。② 中国共产党是一个具有高度理论自觉的政党，矢志不渝地结合中国时代发展变化、中华优秀传统文化推进马克思主义理论创新。"马克思主义中国化时代化"这一命题提出的意义在于，它使中国共产党理论自觉达到了新的高度。中国共产党善于依据新的时代任务和要求推进马克思主义的理论创新。新民主主义革命、社会主义革命和建设时期，以毛泽东同志为主要代表的中国共产党人依靠高度的理论自觉和经验智慧，推进了马克思主义理论创新，创立了毛泽东思想，实现了马克思主义中国化的第一次历史性飞跃。党的十一届三中全会以来，以邓小平、江泽民和胡锦涛同志为主要代表的中国共产党人，以高度的理论自觉和经验智慧，领导中国人民在改革开放的实践中，锲而不舍地推进马克思主义理论创新，创立了邓小平理论、形成了"三个代表"重要思想和科学发展观，把马克思主义推进到新阶段。党的十八大以来，以习近平同志为主要代表的中国共产党人在实现"两个一百年"奋斗目标的征途中继续坚持理论自觉，并将马克思主义理论根植于中国大地，熔铸于中华民族，提出了一系列新理念、新思想、新战略，创立了习近平新时代中国特色社会主义思想。

总之，中国共产党"敢于说前人没有说过的新话，敢于干前人没有干

---

① 《习近平谈治国理政》第 2 卷，外文出版社，2017，第 62~63 页。
② 张远新：《理论自觉、理论自信与理论创新、理论坚定——十六大以来党对中国特色社会主义理论体系的坚持与创新》，《北京行政学院学报》2013 年第 1 期。

过的事情"，创造新理论，谱写马克思主义中国化时代化新篇章，使马克思主义长盛不衰。

三　谱写马克思主义中国化时代化新篇章的现实基础

我们的事业前进到哪一步，我们的实践发展推进到哪一步，我们的理论创新就要跟进到哪一步。马克思在其理论活动的初期就阐明了"我们不想教条式地预料未来，而只是希望在批判旧世界中发现新世界"①。列宁也指出，"马克思主义者必须考虑生动的实际生活，必须考虑现实的确切事实，而不应当抱住昨天的理论不放"。② 毛泽东指出："真正的理论在世界上只有一种，就是从客观实际抽出来又在客观实际中得到了证明的理论，没有任何别的东西可以称得起我们所讲的理论。"③ 马克思主义进入中国，生存下来，并在意识形态领域拥有指导地位，归根结底是因为，它依托于中国的历史和现实，尤其是依托于中国特色社会主义的伟大实践。在新的历史条件下，全面建设社会主义现代化国家、全面推进中华民族伟大复兴的使命任务为谱写马克思主义中国化时代化新篇章提供了鲜活的现实基础。

没有一种理论的提出与创新能够离开实践。毛泽东曾坚定地指出，"离开实践的认识是不可能的"。④ 在大革命失败后，毛泽东创造性地提出把武装斗争的重心转向农村、发展农村革命根据地的理论主张，绝不是空穴来风、天马行空、凭空想象，而是建立在当时中国最大的现实情况上，通过翔实的实践调研得出的。早在 1917 年 7 月中旬至 8 月中旬，毛泽东就与萧子升以游学方式在一个月左右时间内徒步游历了长沙、宁乡、安化、益阳、沅江五县。同年寒假，他又步行至浏阳文家市陈赞周同学家探望，晚上同附近的农民谈心。1927 年 1 月 4 日到 2 月 5 日，为了回击和驳斥党内党外对农民运动的责难和否定，他专门从长沙启程到当时农民运动发展最为迅猛的湖南农

---

① 《马克思恩格斯全集》第 1 卷，人民出版社，1956，第 416 页。
② 《列宁选集》第 3 卷，人民出版社，2012，第 26 页。
③ 《毛泽东选集》第 3 卷，人民出版社，1991，第 817 页。
④ 《毛泽东选集》第 1 卷，人民出版社，1991，第 288 页。

村考察。他先后实地考察了湘乡、湘潭、衡山、醴陵、长沙五县的农民运动情况。每到一地，便"召集有经验的农民和农运工作同志开调查会，仔细听他们的报告，所得材料不少"。历时 32 天，调查回来后，毛泽东写成了著名的《湖南农民运动考察报告》。这次调研使他意识到，农民是中国革命的依靠力量，这是中国最大的现实。之后，毛泽东说："从党的建立到抗日时期，中间有北伐战争和十年土地革命战争，我们经过了两次胜利，两次失败……在民主革命时期，经过胜利、失败，再胜利、再失败，两次比较，我们才认识了中国这个客观世界。在抗日战争前夜和抗日战争时期，我写了一些论文，例如《中国革命战争的战略问题》《论持久战》《新民主主义论》《〈共产党人〉发刊词》，替中央起草过一些关于政策、策略的文件，都是革命经验的总结。那些论文和文件，只有在那个时候才能产生。"① "我们才认识了中国这个客观世界"，否则是写不出指导革命的理论的。今天中国最大的现实就是中国特色社会主义进入新时代，我们党要"团结带领全国各族人民全面建成社会主义现代化强国、实现第二个百年奋斗目标，以中国式现代化全面推进中华民族伟大复兴"②，这是我们所有理论产生的根本基础，也是谱写马克思主义中国化时代化新篇章的现实基础。

实践为理论创新提供新材料，同时，实践的发展也对理论提出了新问题、新要求，推动理论不断向前发展。实践每往前一步，理论创新也会跟进一步。"因此，人们的认识，不论对于自然界方面，对于社会方面，也都是一步又一步地由低级向高级发展，即由浅入深，由片面到更多的方面。"③ "当代中国的伟大社会变革，不是简单延续我国历史文化的母版，不是简单套用马克思主义经典作家设想的模板，不是其他国家社会主义实践的再版，也不是国外现代化发展的翻版。"④ 当今世界正经历百年未有之大变局，我国正处于实现中华民族伟大复兴关键时期，我们党正带领人民进行具有许多新的历史特点的伟大斗争。无论是科学技术、生产力状况、物质文明、精神文明的发展水平，

① 《毛泽东文集》第 8 卷，人民出版社，1999，第 299 页。
② 习近平：《高举中国特色社会主义伟大旗帜　为全面建设社会主义现代化国家而团结奋斗——在中国共产党第二十次全国代表大会上的报告》，人民出版社，2022，第 21 页。
③ 《毛泽东选集》第 1 卷，人民出版社，1991，第 283 页。
④ 《十九大以来重要文献选编》（上），中央文献出版社，2019，第 434 页。

还是社会结构、组织管理体系、党的干部队伍建设等，都正处于前所未有的变动、发展期。面对新情况、新变化、新问题，作为指导思想的马克思主义理论，绝不能熟视无睹，无所作为，也不能以不变应万变。正确的态度应该是，根据这些随时发生变化的情况，立足新的实践，把握住时代的特点，运用马克思主义基本理论研究其变化的动因、实质、趋势和影响，从而探索藏于各种变化着的现象背后的内在联系和规律，提出马克思主义政党的应对之策，从而为丰富和发展马克思主义理论宝库作出自己的贡献。只有如此，在中国特色社会主义伟大实践中推进马克思主义中国化时代化才会更有底气。

全面建设社会主义现代化国家、全面推进中华民族伟大复兴的伟大实践为谱写马克思主义中国化时代化新篇章提供了现实基础，反过来，谱写马克思主义中国化时代化新篇章为全面建设社会主义现代化国家、全面推进中华民族伟大复兴的伟大实践提供了强大指导。综观百年党史，事实雄辩地证明：马克思主义中国化的伟大理论成果——毛泽东思想、邓小平理论、"三个代表"重要思想、科学发展观、习近平新时代中国特色社会主义思想，引领了中华民族伟大复兴的历史进程，"深刻影响了中国这个最大的发展中国家、最古老的民族的历史进程，深刻改变了中国这个最大的社会主义国家的历史面貌，同时也深刻影响了世界历史的进程、格局与趋势，其历史贡献载入马克思主义发展史册、世界社会主义运动史册、人类文明进步史册"①。

历史没有终结，全面建成社会主义现代化强国的目标尚未实现，中华民族伟大复兴的历史使命尚未完成，中国共产党人的崇高理想尚未实现，马克思主义中国化时代化永远在路上。

四　谱写马克思主义中国化时代化新篇章的理论借鉴

文明因交流而多彩，文明因互鉴而丰富。文明交流互鉴，是推动人类文明进步和世界和平与发展的重要动力。谱写马克思主义中国化时代化新篇章需要文明交流互鉴。

---

① 陈曙光：《文化精神与马克思主义的生存逻辑——理解"两个结合"的另一个视角》，《天津社会科学》2022 年第 1 期。

文明交流互鉴对推进马克思主义中国化时代化至关重要。从时代发展的角度看，这是对当代世界发展的反思。当前，先进的科学技术手段已经消除了人与人、国与国之间的物理阻隔，用一种文化、一种声音去整合世界已经不可能。"随着世界多极化、经济全球化、社会信息化不断发展，各国利益交融、兴衰相伴、安危与共，形成了你中有我、我中有你的命运共同体。面对复杂多变的国际形势和严峻突出的全球性问题，各国人民需要加强友好交流，携手合作，同舟共济。"这"是世界的多重化（multiplication）和多样化（diver-sification），而不是同质化或杂交化"①。当今世界，各个民族、国家在经济、政治、文化等方面展现出来的互动、沟通、融合、提升和共进的局面有力地说明：任何国家都不能关起门来搞建设。封闭没有出路，开放才能发展。从历史发展的角度看，这是对近代中国封闭保守的深刻反思。打开近代史，当西方各国正在努力从农耕文明向工业文明迈进之时，中国封建王朝却沉浸在农耕文明创造的辉煌中不思进取，以天朝大国自居，一改盛唐以来的开放政策，采取闭关锁国、"片板不准下海，片帆不准入口"②的海禁政策。用无知、偏见、狂妄与傲慢，人为地斩断了中国与世界其他国家的物质技术文化交流。马克思曾这样痛心地评价："一个人口几乎占人类三分之一的大帝国，不顾时势，安于现状，人为地隔绝于世并因此竭力以天朝尽善尽美的幻想自欺。这样一个帝国注定最后要在一场殊死的决斗中被打垮。"③从社会主义的发展来看，这是对传统社会主义认识的反思。"无产阶级只有在世界历史意义上才能存在，就像共产主义——它的事业——只有作为'世界历史性的'存在才有可能实现一样。"④社会主义必须在"世界历史"中才能发展。推动文化交流互鉴，是对当代世界、对中国近代发展历程、对传统社会主义发展的深刻反思。

文明交流互鉴对谱写马克思主义中国化时代化新篇章至关重要，但这并不意味着不假思索、照抄照搬，我们要采取正确举措。习近平总书记在

① 〔英〕马丁·阿尔布劳：《全球时代：超越现代性之外的国家和社会》，高湘泽、冯玲译，商务印书馆，2001，第236页。
② 史仲文、胡晓林：《中国全史》第17卷，人民出版社，1994，第84页。
③ 《马克思恩格斯文集》第2卷，人民出版社，2009，第632页。
④ 《马克思恩格斯文集》第1卷，人民出版社，2009，第539页。

多个场合提出过文明交流互鉴的原则，概言之，主要有三个。尊重多样、和平共处、双向互动。尊重多样就是在谱写马克思主义中国化时代化新篇章的过程中，尊重其他国家、民族的文化、文明。当今世界，人类生活在由不同文化、种族、肤色、宗教和不同社会制度组成的世界里，各国人民形成了你中有我、我中有你的命运共同体。不可能只有一种生活方式，只有一种语言，只有一种音乐，只有一种服饰。在多样的文化形态中，不同文化虽然存在发展时间、发展阶段、发展形式的差异，但并没有高低优劣之分。这并不是说文明中没有同一性。文明是差异性和同一性的辩证统一。同一性为文化的交流、融合提供了前提。和平共处就是追求世界文化的和谐发展。不同文明有不同的特征，不能要求所有国家、所有民族都用一种文明，因此，必须放弃冷战思维、强权政治，以和平的方式寻求文明间的交流与对话。正如党的二十大报告指出的，我们"坚决反对一切形式的霸权主义和强权政治，反对冷战思维，反对干涉别国内政，反对搞双重标准"①。不要总是试图以一种文明代替另一种文明，以一种制度代替另一种制度，选择何种政治制度、何种发展道路，是各国政党、各国人民自己的事情。"我们绝不输出"中国模式。谱写马克思主义中国化时代化新篇章，既需要把中国成功经验与实践介绍到国外，讲好中国故事，也需要积极吸收国外一切优秀思想文化资源为我所用。这二者是一个双向互动的过程，相辅相成、不可缺少。在介绍和吸收的过程中，我们既不能妄自菲薄，也不能妄自尊大。要努力改变中国在国际上"有理说不出、说了传不开"的境地，改变信息流进流出的"逆差"、改变中国真实形象和西方主观印象的"反差"、改变软实力和硬实力的"落差"，这就要下大力气提升中国话语的国际影响力，让全世界都能听到并听清中国的声音。

"我们要拓展世界眼光，深刻洞察人类发展进步潮流，积极回应各国人民普遍关切，为解决人类面临的共同问题作出贡献，以海纳百川的宽阔胸襟借鉴吸收人类一切优秀文明成果，推动建设更加美好的世界。"② 我们

① 习近平：《高举中国特色社会主义伟大旗帜　为全面建设社会主义现代化国家而团结奋斗——在中国共产党第二十次全国代表大会上的报告》，人民出版社，2022，第60页。
② 习近平：《高举中国特色社会主义伟大旗帜　为全面建设社会主义现代化国家而团结奋斗——在中国共产党第二十次全国代表大会上的报告》，人民出版社，2022，第21页。

要通过推动跨国界、跨时空、跨文明的交流互鉴活动，促进各国人民相互
了解、相互理解、相互支持、相互帮助。这也充分体现了"中国共产党是
为中国人民谋幸福、为中华民族谋复兴的党，也是为人类谋进步、为世界
谋大同的党"①。

---

① 习近平：《高举中国特色社会主义伟大旗帜　为全面建设社会主义现代化国家而团结奋
斗——在中国共产党第二十次全国代表大会上的报告》，人民出版社，2022，第21页。

恩格斯与马克思主义整体性[*]

——以《社会主义从空想到科学的发展》为例

王　巍[**]

近几年来，国内学界关于马克思主义整体性问题的讨论方兴未艾，学者们从多个角度对这一问题进行了理论探索，取得了丰硕的成果，例如马克思主义整体性问题的源起、内涵与实质、历史演变，马克思主义理论学科建设等研究领域都涌现出了一批高质量的学术成果。随着有关讨论的新问题不断涌现，马克思主义整体性研究方面的若干基础性、始源性问题尚待认真地梳理与探讨，从而更好地廓清基本的理论架构。这就有必要回到经典作家的文本中探寻关于马克思主义整体性的经典论述，正本清源、返本开新，在厘清"源头"的基础上更好推动"潮头"。

一　问题的由来

1876～1878 年，恩格斯曾经写过一系列论战性的文章，全面系统地批驳了当时德国柏林大学讲师欧根·杜林对马克思主义的篡改和攻击，并且把这些论文整理出版成书，书名叫作《欧根·杜林先生在科学中实行的变

---

[*] 本文原载《党政研究》2023 年第 3 期，收入本书时有改动。

[**] 王巍，中共中央党校（国家行政学院）马克思主义学院意识形态研究所所长、副教授。

革》。在一封私人信件中恩格斯把此书称为《反杜林论》，因而这本书后来
以《反杜林论》著称于世。在这部著作中，恩格斯把马克思主义区分为三
个组成部分：哲学、政治经济学和社会主义。这是今天所说的马克思主义
三大组成部分的最早表述。这本书第一次全面系统地阐述了马克思主义的
三个组成部分。列宁在《马克思主义的三个来源和三个组成部分》一文
中，沿用了恩格斯的这一划分。

对于这种划分，要认识到马克思主义作为"解释世界和改造世界相统
一"的学说，是以现实社会发展的实践和问题而非以学科为中心来建立自
己思想体系的。在马克思主义那里，哲学、经济学和科学社会主义三个组
成部分之间是有机融合、浑然一体的。从马克思本人思想发展的原初语境
看，他也无意构造一个哲学（抑或经济学或科学社会主义）的庞大体系，
他的任务在于通过揭示资本主义社会的内在矛盾，为无产阶级和人类解放
寻找现实路径。尽管恩格斯的《反杜林论》在形式上确实分为哲学篇、政
治经济学篇和社会主义篇三个部分，但应该注意到：恩格斯写作的主要目
的不是系统地阐述马克思主义的理论体系，而是为了批判杜林的思想体
系，即《反杜林论》是根据杜林的思想体系而设置并逐一进行批判的。可
以说，恩格斯并非有意将马克思主义区分为这三个组成部分。

到了1880年，应法国工人活动家保尔·拉法格的请求，恩格斯将其
《反杜林论》中引论的第一章以及第三编的第一、二章合成一部小册子，
由拉法格译成法文，经恩格斯本人校阅后于1880年以《空想社会主义和
科学社会主义》为题在法国《社会主义评论》杂志第3~5期上发表，随
即又出版了单行本。马克思在序言中给予高度评价："这本小册子……可
以说是科学社会主义的入门。"① 1883年以《社会主义从空想到科学的发
展》为名出版了德文版。这本书在工人中得到广泛传播，发挥了宣传和普
及马克思主义的作用，广大工人群众正是通过阅读这一著作来了解马克思
主义基本原理和学说的。恩格斯在1892年所写的英文版导言中说道："连
同现在这个英文版在内，这本小书已经用10种文字流传开了。据我所知，
其他任何社会主义著作，甚至我们的1848年出版的《共产主义宣言》和

---

① 《马克思恩格斯选集》第3卷，人民出版社，2012，第743页。

马克思的《资本论》，也没有这么多的译本。在德国，这本小册子已经印了四版，共约两万册。"① 可以说，这本书融汇了马克思主义的哲学、经济学和科学社会主义的最基本原理，直到今天，它仍然是我们研究马克思主义整体性的必读书目。

然而，长期以来，《社会主义从空想到科学的发展》更多地被看作一部科学社会主义学科的经典著作。而一旦将视角转换，就会认识到：恩格斯对资本主义社会的批判包含着强烈的人文意蕴，在他所勾勒出的未来社会中，人将成为"自觉的和真正的主人"，这实际上蕴含马克思主义的最高价值指向——人的解放。恩格斯之前的德国古典哲学家们都将"自由"看作自己哲学体系的最高目标。恩格斯（和马克思）与他们不同之处就在于，将这种"人的自由全面发展"的实现途径奠定在对现实资本主义的批判之上。在《社会主义从空想到科学的发展》中，恩格斯遵循着"资本主义产生—资本主义基本矛盾—基本矛盾的发展和激化—无产阶级革命—资本主义的灭亡—无产阶级专政—共产主义社会（人的自由全面发展）"这样一条线索来论证科学社会主义的基本原理。一旦看到这一点，那么科学社会主义的视域和经济学的视域就紧密结合在一起。同样，"人的自由全面发展"也是哲学一以贯之的目标。在这样的视角下，传统的"经济学"、"哲学"和"科学社会主义"三个彼此分离的部分就可以被整合成为整体性的马克思主义，彰显出马克思主义的整体性理论品格。

实际上，在马克思和恩格斯的著作中，马克思主义一直是以整体性的面貌呈现的。"把马克思最早期著作中出于浓厚兴趣的专门哲学问题研究和后来著作中的政治经济学批判、现代工业社会的选择替代理论割裂开来，是完全错误的。因为这三个主题（哲学、政治经济学和现代工业社会）相互联系地贯穿马克思著作的始终，哲学和政治经济学在马克思思想的任何一个观点中从未被分离过。"② 然而，"唯物主义哲学、唯物主义史学、马克思经济学，这三者本来应该有机地统一在一起，现在这种统一性

---

① 《马克思恩格斯选集》第3卷，人民出版社，2012，第751~752页。
② 〔法〕汤姆·洛克曼：《马克思主义之后的马克思——卡尔·马克思的哲学》，杨学功、徐素华译，东方出版社，2008，第230页。

却烟消云散。"①类似的这些论断对当代中国马克思主义研究有着十分重要的启示作用,即不能割裂马克思主义的三个组成部分,而要在统一视域中加以整体研究和把握。不懂得马克思主义哲学,就不可能真正理解马克思主义政治经济学,同样也不能理解以"人的自由全面发展"为目标的科学社会主义。马克思主义是一个严密的科学理论体系,它的三个组成部分是一个有机的整体。马克思主义世界观是以科学社会主义为其理论结论的。科学社会主义理论的产生,又依赖于哲学和政治经济学领域所实现的革命性变革。

在《社会主义从空想到科学的发展》一书中,恩格斯精辟地阐述了马克思主义三个组成部分的内在联系,指出唯物主义历史观和剩余价值学说的发现,使社会主义从空想变成了科学。因此,可以这样说,这本著作是一本马克思主义整体性的典范著作,是一部通俗版、大众化的马克思主义百科全书。

二　两个伟大的发现使社会主义变成了科学

在整体性的视域中,恩格斯述评了空想社会主义特别是三大空想家的理论贡献和历史局限,论述了唯物辩证法和形而上学的根本区别,以及唯物史观的创立过程,指出正是由于马克思创立了唯物史观和剩余价值学说,社会主义从空想变成了科学。"空想"与"科学"的区别主要源于唯心史观和唯物史观的分野。为了帮助工人阶级更好地理解社会主义从空想到科学的发展,恩格斯勾画了哲学的变革轨迹,提炼出唯物史观的基本思想。

"如果不是先有德国哲学,特别是黑格尔哲学,那么德国科学社会主义,即过去从来没有过的唯一科学的社会主义,就决不可能创立。"②唯物史观产生的前提在于近代德国恢复了辩证法这一最高思维形式。所谓"辩

---

① 〔日〕望月清司:《马克思历史理论的研究》,韩立新译,北京师范大学出版社,2009,第6页。
② 《马克思恩格斯选集》第3卷,人民出版社,2012,第36页。

证法"，就是用运动、变化、联系和发展的观点认识事物的方法。在古代，就已经有了朴素的辩证法。但是在人类文明形成之初，受生产力水平的制约，这种方法虽然正确地把握了事物的总体特征，却不足以说明它的各个细节。人们认识水平的提高离不开科学的发展，需要对自然和社会现象进行记述、分类和说明。然而，直到 15 世纪才产生了真正的自然科学，人们才对各种自然过程和对象进行分类研究，由此极大地促进了知识的积累。但是，这种分门别类的考察方法从自然科学中转移到哲学中就造成了 400年来所特有的局限性，即形而上学的思维方式。"在形而上学者看来，事物及其在思想上的反映即概念，是孤立的、应当逐个地和分别地加以考察的、固定的、僵硬的、一成不变的研究对象。"① 这种局限性需要通过辩证法，加以克服。

德国哲学家黑格尔突破了形而上学的思维，他"把整个自然的、历史的和精神的世界描写为一个过程，即把它描写为处在不断的运动、变化、转变和发展中，并企图揭示这种运动和发展的内在联系"②。但是，在黑格尔那里，"一切都被头足倒置了，世界的现实联系完全被颠倒了"③。不是物质决定意识，而是相反。同时，黑格尔的辩证法体系自身也存在无法解决的内在矛盾：自然、历史在发展，人们不可能穷极真理，但它有自己运动的终点——关于自然和历史的无所不包的最终完成的认识体系本身就与辩证法相矛盾；它远离了活生生的历史运动，而将自身束之高阁；它既具革命性，又有保守性。只有引入唯物主义的思想方法才能解决这个矛盾。但形而上学的、机械的唯物主义对此又无能为力。于是便从中产生了哲学革命的契机和动力。

在马克思恩格斯生活的时代，人们对自然的认识已经达到了相当高的水平，"自然观的这种变革只能随着研究工作提供的相应的实证的认识材料而实现，而在这期间一些在历史观上引起决定性转变的历史事实却老早就发生了"④。所谓"历史事实"在这里主要是指 19 世纪上半叶欧洲的三

---

① 《马克思恩格斯选集》第 3 卷，人民出版社，2012，第 791 页。
② 《马克思恩格斯选集》第 3 卷，人民出版社，2012，第 793 页。
③ 《马克思恩格斯选集》第 3 卷，人民出版社，2012，第 399 页。
④ 《马克思恩格斯选集》第 3 卷，人民出版社，2012，第 795 页。

大工人运动，它反映的是无产阶级和资产阶级的尖锐对立。这样，"新的事实迫使人们对以往的全部历史作一番新的研究，结果发现：以往的全部历史，除原始状态外，都是阶级斗争的历史；这些互相斗争的社会阶级在任何时候都是生产关系和交换关系的产物，一句话，都是自己时代的经济关系的产物；因而每一时代的社会经济结构形成现实基础，每一个历史时期的由法的设施和政治设施以及宗教的、哲学的和其他的观念形式所构成的全部上层建筑，归根到底都应由这个基础来说明"①。因此，"唯心主义从它的最后的避难所即历史观中被驱逐出去了，一种唯物主义的历史观被提出来了，用人们的存在说明他们的意识，而不是像以往那样用人们的意识说明他们的存在这样一条道路已经找到了"②。按照这个新的方法认识社会主义，它就"不再被看作某个天才头脑的偶然发现，而被看作两个历史地产生的阶级即无产阶级和资产阶级之间斗争的必然产物。它的任务不再是构想出一个尽可能完善的社会制度，而是研究必然产生这两个阶级及其相互斗争的那种历史的经济的过程；并在由此造成的经济状况中找出解决冲突的手段"③。阶级斗争反映的是工人阶级和资产阶级物质利益的冲突。透过阶级对立的事实，马克思发现了隐藏于其后的剩余价值，由此揭开了资本主义生产方式的秘密。

空想社会主义由于不能说明资本主义生产方式，也就只能停留在对资本主义进行道义谴责的水平上，并简单将其作为坏东西抛弃掉。他们描绘的理想社会蓝图也不过是对中世纪"田园景色"的临摹。剩余价值的发现则揭开了资本主义生产方式的秘密，说明了资本主义生产过程和阶级斗争的经济根源：资产阶级凭借对生产资料和劳动对象的私人占有而无偿地占有工人阶级的剩余劳动，由此造成社会两极分化。因此，工人阶级夺回劳动果实的革命行为就具有正义性和必然性。社会主义也就成了工人阶级实现自身解放的指导思想。

由于"这两个伟大的发现"——唯物史观和通过剩余价值揭开资本主

---

① 《马克思恩格斯选集》第 3 卷，人民出版社，2012，第 796 页。
② 《马克思恩格斯选集》第 3 卷，人民出版社，2012，第 796 页。
③ 《马克思恩格斯选集》第 3 卷，人民出版社，2012，第 796 页。

义生产的秘密，社会主义变成了科学。这就是恩格斯对"两大发现"意义的概括和结论。由此，哲学（唯物史观）、经济学（剩余价值学说）和科学社会主义以清晰、系统的方式贯通起来，全面地体现了马克思主义的整体性理论品格。

三　现代社会主义是怎么回事：科学社会主义的经济学基础

唯物史观为社会主义的历史必然性提供了哲学上的论证。它的基本观点和方法是："生产以及随生产而来的产品交换是一切社会制度的基础；在每个历史地出现的社会中，产品分配以及和它相伴随的社会之划分为阶级或等级，是由生产什么、怎样生产以及怎样交换产品来决定的。所以，一切社会变迁和政治变革的终极原因，不应当到人们的头脑中，到人们对永恒的真理和正义的日益增进的认识中去寻找，而应当到生产方式和交换方式的变更中去寻找；不应当到有关时代的哲学中去寻找，而应当到有关时代的经济中去寻找。"① 按照这样的研究方法，正是在资本主义的"经济"中，而不是在启蒙学者的"理性"和空想社会主义者的一厢情愿中，恩格斯找到了"现代社会主义是怎么回事"这个问题的答案。

在政治经济学的视域中，社会主义思想和运动产生于资本主义的历史进程之中。恩格斯阐发科学社会主义的基本原理也就由资本主义的产生说起。资本主义生产方式是人类历史发展到一定阶段的产物。14、15世纪欧洲地中海沿岸商品经济的发展和技术的进步，在促进社会分工的同时，也产生了私人劳动和社会劳动的矛盾，导致社会两极分化，孕育出早期的无产阶级和资产阶级，使资本主义萌芽在中世纪的封建社会母体内部破土而出。到16世纪，随着新航路的开辟，资本主义的中心转移到大西洋沿岸，开始了资本的原始积累进程。这一进程不断再生产出资本主义生产关系，这种新型的生产关系、新生的资产阶级与封建生产关系、封建贵族发生了冲突。于是，资产阶级通过思想革命、政治革命和产业革命，最终摧毁了

---

① 《马克思恩格斯选集》第3卷，人民出版社，2012，第797~798页。

封建制度，逐步确立了自己的政治统治，为生产力的解放和发展开辟了道路。与此同时，资本主义生产方式的内在矛盾也在资本主义社会中占据了支配地位。

工业革命完成后，资本主义生产从工厂手工业发展到机器大工业，但是，"大工业得到比较充分的发展时就同资本主义生产方式对它的种种限制发生冲突了"①。这种冲突就是资本主义生产方式的基本矛盾本身。通过与封建社会生产方式的比较，恩格斯揭示了现代资本主义社会冲突的根源和特征。与封建社会不同，资本主义条件下的生产达到了高度的社会化，即生产资料使用的社会化、生产过程的社会化以及劳动产品的社会性质。但是和封建社会一样，资本主义生产方式仍然建立在私有制基础之上，只不过实现了私有者从封建主到资本家的转变而已。如果说个体的手工劳动与生产资料私有制相适应的话，那么社会化的生产力与资本主义的生产关系的矛盾便以"社会化生产和资本主义占有的不相容性"② 鲜明地表现出来。这是恩格斯关于资本主义社会基本矛盾的概括。无产阶级和资产阶级的对立，个别工厂中生产的有组织性和整个社会生产的无政府状态之间的对立，是这种基本矛盾的具体体现。

资本主义生产方式基本矛盾带来的后果是社会的两极分化：一极表现为资产者财富的积累，另一极则表现为无产阶级贫困、受折磨、受奴役、无知、粗野和道德堕落的积累。资本主义生产方式则不断再生产出这样的两极，由此产生两大阶级的对立和阶级斗争。生产的无政府状态使资本主义处于"恶性循环"即周期性的经济危机中，反过来又加剧了资本主义的基本矛盾，激化了阶级冲突。这说明，"一方面，资本主义生产方式暴露出它没有能力继续驾驭这种生产力。另一方面，这种生产力本身以日益增长的威力要求消除这种矛盾，要求摆脱它作为资本的那种属性，要求在事实上承认它作为社会生产力的那种性质"③。一旦"事实上承认"就意味着资本主义的灭亡。资产阶级很清楚这一点。为了维护资本主义制度，资产

① 《马克思恩格斯选集》第 3 卷，人民出版社，2012，第 798 页。
② 《马克思恩格斯选集》第 3 卷，人民出版社，2012，第 802 页。
③ 《马克思恩格斯选集》第 3 卷，人民出版社，2012，第 808 页。

阶级试图通过改良克服危机、缓和矛盾，于是把个别资本家的财产转化为股份公司的财产，甚至实行资本主义的"国有化"，"但是，无论向股份公司和托拉斯的转变，还是向国家财产的转变，都没有消除生产力的资本属性"①。因为"现代国家，不管它的形式如何，本质上都是资本主义的机器，资本家的国家，理想的总资本家"②。因此，生产力归国家所有并不能解决冲突，但是它包含着解决冲突的形式上的手段和线索。这就是说，要看生产力归"谁的"国家所有；如果归无产阶级的国家所有，这个矛盾就能够解决。这样一来，无产阶级就必须夺取国家政权。

马克思主义的国家学说否定了资产阶级改良道路。解决资本主义基本矛盾的根本途径是无产阶级革命和无产阶级专政。"资本主义生产方式日益把大多数居民变为无产者，从而就造成一种在死亡的威胁下不得不去完成这个变革的力量。这种生产方式日益迫使人们把大规模的社会化的生产资料变为国家财产，因此它本身就指明完成这个变革的道路。无产阶级将取得国家政权，并且首先把生产资料变为国家财产。"③ 但是无产阶级专政国家并不是抓住生产资料不放，"国家真正作为整个社会的代表所采取的第一个行动，即以社会的名义占有生产资料，同时也是它作为国家所采取的最后一个独立行动"④。这个"独立行动"的任务是消灭私有制，消灭社会划分为两大对立阶级的经济前提，消灭阶级本身，消灭一切阶级差别和阶级对立。从无产阶级夺取国家政权到这个"独立行动"的完成，就是从资本主义到社会主义的"过渡时期"。阶级的消灭必然导致国家的自行消亡。届时，社会成员将不再归属于某个特定的阶级，也不再是某个国家的"公民"，而是以自由人的身份结成一个新社会——"自由人联合体"。

马克思恩格斯在有生之年并没有看到无产阶级革命的胜利，因此对革命胜利以后的事情不可能，也不愿做过多的设想。在该书中，恩格斯也只是从资本主义基本矛盾中推导出未来社会的大致轮廓："一旦社会占有了生产资料，商品生产就将被消除，而产品对生产者的统治也将随之消除。

---

① 《马克思恩格斯选集》第3卷，人民出版社，2012，第810页。
② 《马克思恩格斯选集》第3卷，人民出版社，2012，第810页。
③ 《马克思恩格斯选集》第3卷，人民出版社，2012，第812页。
④ 《马克思恩格斯选集》第3卷，人民出版社，2012，第812页。

社会生产内部的无政府状态将为有计划的自觉的组织所代替。个体生存斗争停止了。于是，人在一定意义上才最终地脱离了动物界，从动物的生存条件进入真正人的生存条件。人们周围的、至今统治着人们的生活条件，现在受人们的支配和控制，人们第一次成为自然界的自觉的和真正的主人，因为他们已经成为自身的社会结合的主人了。"① 这里说的是人类历史发展的大趋势。

总而言之，在论证社会主义从空想到科学发展的过程中，恩格斯在整体性的视域中将政治经济学的劳动价值论、剩余价值学说和哲学的唯物史观，科学社会主义融为一体，形成了一个马克思本人所追求的"艺术整体"，为我们今天推进马克思主义整体性问题的研究开掘了源头活水、提供了经典范本。

四 意义

第一，有利于推进马克思主义整体性研究。马克思主义整体性不是一个抽象问题，而是体现在马克思思想发展历程的诸多文本之中。"具体之所以具体，因为它是许多规定的综合，因而是多样性的统一。"② 然而，囿于传统的哲学、经济学和科学社会主义的三分法，我们通常将《资本论》看成经济学著作、将《德意志意识形态》看成哲学作品、将《社会主义从空想到科学的发展》看成科学社会主义的经典。当代马克思主义的发展要求我们必须整合哲学、经济学和科学社会主义。对马克思主义的整体性研究，不仅要从经济学语境中观察哲学话语的转换，更要在经济学和社会主义的双重语境中考察哲学话语的转换，以及在哲学语境中考察经济学话语和社会主义话语的转换。当前继续深化马克思主义整体性的讨论，应当通过对马克思主义代表性文本的再解读，在统一的视域中鲜活呈现马克思主义整体性，防止出现割裂、歪曲、教条地对待马克思主义的研究范式。

第二，有利于澄清西方"马克思学"炮制的所谓"马恩对立论"。20

① 《马克思恩格斯选集》第 3 卷，人民出版社，2012，第 815 页。
② 《马克思恩格斯全集》第 30 卷，人民出版社，1995，第 42 页。

世纪 70 年代，西方"马克思学"的一些学者认为晚年恩格斯《反杜林论》《自然辩证法》《家庭、私有制和国家的起源》《路德维希·费尔巴哈和德国古典哲学的终结》等著作是对马克思思想的背叛，鼓吹和炮制诸如"恩格斯是马克思主义的创立者""马克思反对恩格斯"这样的所谓"马恩对立论"观点。实际上，恩格斯不仅对创立马克思主义作出了独特贡献，而且在阐释、构建、传播马克思主义的过程中发挥了独特而重要的作用。例如，《社会主义从空想到科学的发展》"摘录了这本书（即《反杜林论》）的理论部分中最重要的部分"①，可以说是《反杜林论》的简写版，是恩格斯对马克思两大发现（唯物史观和剩余价值学说）以及科学社会主义基本原理的全面阐释。

　　马克思和恩格斯有不同的理论分工。在晚年期间，马克思把主要精力投向了以《资本论》为代表的艰深的理论学术研究，而恩格斯更多指导了国际工人运动，他所写的著作也大部分都面向工人群众，因此在理论表达和语言风格上会有一定的（有时是较大）的差异。必须认识到，这种差异是在根本思想观点和理论原则一致的前提下的差异，具体表现在理论的侧重点、认知结构、理论背景等方面的差异上。总体上看，马克思和恩格斯的根本思想观点和理论原则可以说是一致的，但是二者在理论的侧重点上还是有着一定的差异。应当坚持"在差异基础上的一致"的观点，反对把马克思和恩格斯对立起来的观点。

　　第三，有利于更加准确地认识恩格斯对马克思主义形成、发展和传播作出的重要贡献。我们将马克思和恩格斯创立的思想流派以马克思的名字命名为"马克思主义"。关于这一点，恩格斯是这样解释的："马克思比我们大家都站得高些，看得远些，观察得多些和快些……没有马克思，我们的理论远不会是现在这个样子。所以，这个理论用他的名字命名是理所当然的。"② 马克思主义虽然以马克思的名字来命名，但也包含了恩格斯的极大贡献。众所周知，恩格斯是马克思主义的创始人之一，对马克思主义的创立发挥了重要作用，但他从不居功自傲。马克思去世之后，恩格斯谦逊

① 《马克思恩格斯选集》第 3 卷，人民出版社，2012，第 743 页。
② 《马克思恩格斯选集》第 4 卷，人民出版社，2012，第 248 页。

地将马克思称为"第一小提琴手",把自己称为"第二小提琴手",而且强调:"我一生所做的是我注定要做的事,就是拉第二小提琴,而且我想我做得还不错。我很高兴我有像马克思这样出色的第一小提琴手。"① "我们之所以有今天的一切,都应当归功于他;现代运动当前所取得的一切成就,都应归功于他的理论活动和实践活动;没有他,我们至今还会在黑暗中徘徊。"② 这体现的是恩格斯的学术品格和崇高风范。实际上,1883年马克思去世后,恩格斯独自肩负起指导国际工人运动、整理和出版马克思遗著、捍卫和发展马克思主义理论、培养各国年轻的社会主义活动家和理论家的重任。他出色地完成了这些任务。恩格斯为马克思主义的构建和传播作出了独特而重要的贡献。

---

① 《马克思恩格斯选集》第4卷,人民出版社,2012,第571~572页。
② 《马克思恩格斯选集》第4卷,人民出版社,2012,第558页。

是跨越卡夫丁峡谷还是开辟中国道路[*]

——一个比较性评述

张雪琴^{**}

　　围绕中国道路的理论渊源与基本内涵，学界发表了大量研究成果，逐渐形成了两个主要派别。其中，一派通过赋予马克思恩格斯"不通过资本主义制度的卡夫丁峡谷"的设想普遍原理的意义，接纳了上述设想所依凭的以"生产力的根本改变为先导，继之以生产关系和上层建筑的更替"为典型特征的制度变迁的第一条道路，从而认为中国道路是跨越"卡夫丁峡谷"，笔者称之为跨越"卡夫丁峡谷"派（以下简称"跨越派"）。另一派认为中国道路不是跨越"卡夫丁峡谷"，而是发端于十月革命并在中国共产党领导下形成和发展起来的以"生产关系（尤其是所有关系）和上层建筑的变革居先、生产力的根本改变居后"为典型特征的制度变迁的第二条道路，笔者称之为中国道路派（以下简称"中国派"）。尽管两派均认为中国道路是对资本主义的成功超越，然而"跨越派"认为，中国道路是制度变迁的第一条道路，并将社会主义与市场经济的结合视为"战略退却"，提出《资本论》中以资本主义生产方式为研究对象的政治经济学理论及剩余价值学说不再适用；"中国派"则认为，中国道路不仅是制度变

---

　　* 本文原载《中国经济问题》2023 年第 5 期，收入本书时有改动。

　　** 张雪琴，中共中央党校（国家行政学院）马克思主义学院马克思主义发展史研究所副所长，副教授。

迁的第二条道路，而且通过社会主义与市场经济的有机结合沟通了制度
变迁的两条道路，为社会主义在特定国家、特定历史阶段的具体实现赋
予了崭新内涵，进而提出阐明市场经济动态效率的《资本论》在剥离其
资本主义外壳后，可用于中国特色社会主义政治经济学。中国道路究竟
是以制度变迁第一条道路为内核的跨越"卡夫丁峡谷"之路，还是开辟
了以制度变迁第二条道路为内核的崭新道路？对此问题的回答直接关涉
对中国道路之理论源起与基本性质的理解，并由此决定了各自在构建中
国特色社会主义政治经济学理论体系时对待历史唯物论与《资本论》的
基本态度。基于此，本文在尽可能充分利用上述两派在不同时期发表的
文本的基础上，还原各自理论的形成和演变过程，并对二者加以比较性
评述。

一 "跨越派"与"中国派"之争的理论缘起

1978 年，随着中国开始实行对内改革、对外开放的政策，没有经过
资本主义充分发展阶段的经济文化落后国家如何建设社会主义继续成为
我国学术理论界关于中国道路探索的重大核心议题之一。20 世纪 80 年代
初，以陈启能、段若非等为代表的一批理论工作者在改革开放后针对上
述问题，结合马克思恩格斯跨越"卡夫丁峡谷"设想展开了讨论，由此
拉开了"跨越派"与"中国派"就中国道路之理论缘起与基本性质之争
的序幕。

跨越"卡夫丁峡谷"设想出自马克思给维·伊·查苏利奇的复信。
1881 年 2 月 16 日，查苏利奇在致信马克思时提出希望他就俄国农村公社
的前途命运及其关于历史必然性的理论作出解答。马克思非常看重这封
信，在 1881 年 3 月 8 日正式复信查苏利奇之前，他先后四易其稿，最后字
斟句酌地回复查苏利奇一封短信，这足见马克思的重视程度与审慎态度。
也正是在复信初稿中，马克思提出了跨越"卡夫丁峡谷"设想①。结合马

---

① 《马克思恩格斯文集》第 3 卷，人民出版社，2009，第 575 页。

克思 1877 年以及 1881 年的两封信、四份草稿、马克思和恩格斯 1882 年
《共产党宣言》俄文版序言以及恩格斯 1894 年为《论俄国社会问题》所撰
写的跋等重要文本，马克思恩格斯就查苏利奇所提出的历史的必然性理论
和俄国农村公社的前途命运进行了答复。

就历史的必然性这一问题而言，马克思并没有将资本主义产生的"历
史的必然性"局限于西欧。事实上，《资本论》在撇开特定历史制度因素
的前提下，不仅考察了市场经济在资本主义生产方式下的运动规律，而且
为理解市场经济一般提供了理论基础。也正是在此意义上，马克思提出了
关于世界历史的一般性（必然性）理论，并由此提出了"同时胜利论"或
者更确切地说"世界革命理论"①。列宁正是以此为基础将他所提出的关于
世界历史的特殊性（偶然性）理论同马克思所提出的关于世界历史的一般
性（必然性）理论进行了首次创造性结合。② 马克思之所以在复信查苏利
奇时谈到资本主义生产起源并将其历史必然性限制在西欧范围内，是因为
资本主义产生的实际条件在英国已经彻底完成，在西欧其他国家这些条件
已经成熟且正在进行这样的剥夺运动，并由此认为俄国若继续走资本主义
道路，将会遭受不可避免的灾难。这表明马克思认为西欧以外的地区，比
如俄国，既有可能产生资本主义，也有可能不产生资本主义。

就俄国农村公社可能的命运这一问题，马克思在复信中郑重指出，他
的分析并没有肯定或否定俄国农村公社的生命力。在他看来，如果能排除
各种对俄国农村公社的破坏性影响，那么就能够使它成为新生社会的支
点，并促使其正常发展。此后，在 1882 年《共产党宣言》俄文第二版序
言中，马克思恩格斯专门就俄国农村公社的前途命运问题作出了确切的回
答。在他们看来，避免各种对俄国农村公社破坏性影响的唯一办法在于西
欧无产阶级革命同俄国革命互为补充，唯有如此，俄国农村公社才能成为
新生共产主义社会的起点。事实上，马克思恩格斯在这里提出了实现跨越
"卡夫丁峡谷"设想需要满足的两大基本条件，笔者将其概括为内部条件

---

① 《马克思恩格斯选集》第 1 卷，人民出版社，2012，第 379 页。
② 列宁指出："世界历史发展的一般规律，不仅丝毫不排斥个别发展阶段在发展的形式或顺
　序上表现出特殊性，反而是以此为前提的。"（《列宁选集》第 4 卷，人民出版社，2012，
　第 776 页）列宁的这一创造性结合构成了马克思主义俄国化的基础。

和外部条件。其中，内部条件强调的是俄国农村公社所具有的二重性，即一方面由于土地归农民共同占有而具有公共性，另一方面由于资本主义土地所有制的发展而具有资本主义性质。外部条件强调的是俄国革命需要同西欧无产阶级革命相互补充与配合。在马克思恩格斯看来，只有在同时满足上述两大条件的基础上，俄国才有可能跨越资本主义"卡夫丁峡谷"并占有其所创造的一切积极成果。

其实，不管是"跨越派"还是"中国派"，在马克思"跨越设想"所需满足的两大基本条件上，并无多大争议。两派争论的核心是上述设想同生产力与生产关系之间的相互关联及其所蕴含的制度变迁的不同道路。回到文本不难发现，马克思之所以提出"跨越设想"，是同其历史唯物论所强调的生产力决定生产关系所预设的"以生产力变化在先、生产关系变化在后"为典型特征的制度变迁的第一条道路密切相关的。正是在此意义上，当上述两大条件同时满足时，掌握在无产阶级手中的先进国家的先进生产力可以向落后国家提供实现过渡的必要条件，进而从根本上变革落后国家的生产关系。也正是基于此，无论是作为"跨越派"早期代表的段若非，还是作为"中国派"早期代表的陈启能和汤重南均提出，上述两大条件所导致的欧洲无产阶级革命和俄国革命的同时耦合构成了俄国避免经历整个资本主义发展阶段而进入社会主义的必要前提，并由此推论经济文化落后国家在满足必要条件后可以超越资本主义道路。

然而，囿于对"跨越设想"同生产力与生产关系及其蕴含的制度变迁道路的理解，两派得出了迥然不同的结论。其中，段若非认为俄国十月革命的胜利是跨越卡夫丁峡谷的具体表现[1]，而陈启能和汤重南则认为俄国道路和中国道路呈现的是落后国家跨越资本主义阶段走上社会主义道路的制度变迁方式，不符合马克思的"跨越设想"[2]。对比二者可以发现，尽管双方都强调新生的社会主义政权成功超越了资本主义道路，但是作为"跨越派"早期代表的段若非认为，俄国十月革命的胜利从最终结果上是对资

---

[1] 段若非：《科学社会主义理论中的一个重要问题——马克思、恩格斯关于没有经过资本主义充分发展阶段的国家可能走上社会主义道路的理论》，《江淮论坛》1983年第2期。

[2] 陈启能、汤重南：《马克思关于落后国家向社会主义过渡的思想》，《世界历史》1983年第2期。

本主义道路的超越，从而不自觉地接纳了"以生产力变化在先、生产关系变化在后"为典型特征的制度变迁道路，并由此得出俄国道路是马克思"跨越设想"之具体表现的结论。然而，以陈启能和汤重南等为早期代表的"中国派"则认为，无论俄国革命还是中国革命都是落后国家超越资本主义的具体表现，从而不自觉地接纳了"以生产关系变化在先、生产力变化在后"为典型特征的制度变迁道路，并由此得出俄国道路和中国道路不符合马克思"跨越设想"的结论。两派之所以得出如此对立的结论，关键在于双方对生产力与生产关系之间的内在联系，以及由此决定的制度变迁道路的理解，这一核心差别事实上拉开了"跨越派"与"中国派"之争的序幕。

二 "跨越派"与制度变迁的第一条道路

正是在段若非之后，一些学者在肯定中国道路成功跨越资本主义阶段的基础上，通过赋予"跨越设想"普遍原理的意义，阐释了中国道路尤其是改革开放以来所形成的中国特色社会主义道路所具有的理论意涵，日渐形成了一种具有典型特征的学术派别，笔者将其称为"跨越派"。该派的主要代表最初多来自马克思主义哲学、科学社会主义等领域，政治经济学领域的代表近期更为活跃。其中，马克思主义哲学和科学社会主义领域的主要代表有段若非、张奎良、安启念、张式谷、孙宝林、布成良、曾名忠、张云飞等，政治经济学领域的主要代表有丁堡骏、孙来斌等。笔者将"跨越派"的核心观点概括为以下三点。

第一，该派提出马克思在理论上否定了资本主义的普遍意义，并通过区分马克思的西方社会理论和东方社会理论，拒斥了马克思关于世界历史的一般性（必然性）理论。为了论证这一观点，该派一方面过于倚重马克思在《给〈祖国纪事〉杂志编辑部的信》中和复信查苏利奇时关于历史必然性理论的限定运用范围以及马克思反对将其一般化的相关论述；另一方面他们从马克思"跨越设想"出发，结合马克思关于东方社会的相关论述，发展出了一套东方社会理论，并通过将马克思关于世界历史的一般性

（必然性）理论窄化为西方社会理论，从而将马克思的东方社会理论与西方社会理论相对立①。值得注意的是，尽管马克思所强调的生产者与生产资料分离是基于西欧的特定历史过程，然而这背后蕴含的同特定历史制度相结合的劳动力商品化过程，也构成了市场经济一般的逻辑前提。该派由于过于强调对资本主义普遍意义的否认，忽视了马克思关于世界历史的一般性（必然性）理论。

第二，该派将马克思"跨越设想"视为超越资本主义阶段的基本理论主张，并通过强调资本主义生产与俄国农村公社的共时性特征，不自觉地接纳了生产力决定生产关系、经济基础决定上层建筑所蕴含的以"生产力变化在先、生产关系变化在后"为典型特征的制度变迁第一条道路，从而赋予"跨越设想"普遍原理意义，提出以俄国道路和中国道路为典型代表的落后国家所进行的社会主义革命与建设是对"卡夫丁峡谷"的跨越。例如，张奎良在区分马克思的西方社会发展理论和东方社会发展理论的基础上，放松了马克思"跨越设想"赖以实现的内外部条件的限制，通过强调"亚细亚生产方式是和资本主义同时代的东西"以及东方社会所具有的历史特殊性，赋予"跨越设想"普遍原理意义，不自觉地接纳了由生产力决定生产关系所预设的制度变迁第一条道路，最终得出"社会主义革命……在资本主义没有充分发展起来的东方国家首先胜利。这就证明……'卡夫丁峡谷'确实是可以跳跃的"②。安启念也由此将马克思的"跨越设想"视为以俄国道路和中国道路为代表的 20 世纪社会主义运动的理论来源③。丁堡骏在刻意区分马克思"跨越设想"同恩格斯"跨越设想"差异的基础上，一方面否定了跨越"卡夫丁峡谷"所需要满足的内外部条件的耦合，另一方面又从生产力决定生产关系、经济基础决定上层建筑出发，倚重于俄国农村公社和资本主义生产的同时存在这一共时性特征，提出俄国革命证伪的是恩格斯的"跨越设想"，强调俄国道路和中国道路是马克思"跨

---

①　张奎良：《马克思的东方社会理论》，《中国社会科学》1989 年第 2 期。

②　张奎良：《马克思的东方社会理论》，《中国社会科学》1989 年第 2 期。

③　安启念：《列宁对马克思的继承与发展：关于列宁主义的再认识》，《教学与研究》2013 年第 3 期。

越设想"的具体表现①。丁堡骏的上述区分完全忽视了马克思和恩格斯在
此问题上的一致性，并试图通过制造马克思与恩格斯的对立来解决问题，
从而忽视了更为根本的问题，其结论的提出无疑是建立在以"生产力变化
在先、生产关系变化在后"为典型特征的制度变迁第一条道路的基础之上
的，这也是其对唯物史观作决定论式理解的产物。

　　第三，正是在前述两点的基础上，该派过于强调《资本论》对资本主
义生产方式特殊性的分析，忽视了《资本论》在剥离资本主义外壳后对市
场经济动态效率的阐释，以至于认为《资本论》以资本主义生产方式为研
究对象的政治经济学理论及剩余价值学说不适用于社会主义和共产主义社
会，并将市场经济等同于资本主义，将社会主义等同于计划经济，将马克
思恩格斯意义上的未来社会同现实社会主义直接画等号，从而将社会主义
与市场经济的结合视为"战略退却"。例如，丁堡骏认为俄国道路跨越了
资本主义卡夫丁峡谷，从而《资本论》的概念范畴既不适用于俄国社会主
义政治经济学，也不适用于中国特色社会主义政治经济学。并且正是由于
将资本主义同市场经济相提并论，所以认为跨越资本主义意味着摒弃市场
经济，据此丁堡骏在比较战时共产主义政策和新经济政策的基础上，提出
相对于"战时共产主义的'进步'"，"新经济政策是俄国跨越资本主义
卡夫丁峡谷道路的局部和暂时的'退步'"。丁堡骏之所以得出这样的结
论，原因恰恰在于"跨越派"根据以"生产力变化在先、生产关系变化在
后"为典型特征的制度变迁第一条道路，将计划经济、公有制视为新生社
会主义社会应该具备的基本特征，从而视其为"进步"，并将市场经济、
多种经济成分并存等现实社会主义所具有的特征视为"退步"，这实际上
是无法正确认识市场经济同资本主义和社会主义的关系所致。也正是由于
这一误解，丁堡骏甚至提出"中国改革开放引入资本主义的经济成分来发
展生产力"，并认为"中国特色社会主义是实现马克思主义中国化战略退

---

① 丁堡骏：《论〈资本论〉俄国化与中国化——兼议中国特色社会主义新时代的本质》
　　（下），《当代经济研究》2018年第6期；丁堡骏：《马克思跨越卡夫丁峡谷理论批判之批
　　判——与赵家祥、许全兴、陈文通等同志商榷》，《政治经济学评论》2021年第1期；丁
　　堡骏：《中国道路是跨越卡夫丁峡谷的科学社会主义道路》，《当代经济研究》2022年第
　　1期。

步和战略调整的社会主义时代"。①

　　值得注意的是，近年来以陈健和张旭为代表的"跨越派"一方面强调落后国家社会主义革命的胜利印证了马克思恩格斯跨越"卡夫丁峡谷"的设想，另一方面他们从落后国家社会主义发展的具体实践，从充分吸收同时代资本主义的积极成果以实现"跨越"的角度出发，在充分考察资本主义世界市场二重性的基础上，进一步拓展了"跨越设想"所具有的理论意涵，试图应对"以生产力变化在先，生产关系变化在后"为典型特征的制度变迁的第一条道路所遭遇的现实挑战。然而将世界市场理论同"跨越设想"相结合面临的根本困境在于，是否承认生产关系变动的重大作用，一旦承认这一点，无疑就承认了制度变迁的第二条道路，这或可视为"跨越派"与"中国派"交会的理论征兆。因此，上述做法不仅反映出"跨越设想"归根结底代表了制度变迁的第一条道路，而且他们通过将其与世界市场的结合也暴露出他们试图克服这一设想所遭遇的逻辑悖论。

　　概言之，"跨越派"的特点在于，通过赋予"跨越设想"以普遍原理的意义，一方面正确地指认落后国家建设社会主义是超越资本主义道路；另一方面由于过于倚重共时性特征，不自觉地接纳了由生产力决定生产关系所预设的"以生产力变化在先、生产关系变化在后"为典型特征的制度变迁的第一条道路。因此，虽然他们正确地看到了资本主义生产方式所具有的特殊性，但没有意识到《资本论》不仅考察了资本主义市场经济的经济运动规律，而且也从一般性意义上回答了市场经济的动态效率，从而割裂了马克思所提出的关于世界历史的一般性（必然性）理论同列宁领导的布尔什维克以及毛泽东等人领导中国共产党所提出的关于世界历史的特殊性（偶然性）理论之间的有机联系。他们将市场经济等同于资本主义、计划经济等同于社会主义，从而将社会主义与市场经济的结合视为"战略退却"，并由此得出作为《资本论》主体理论的剩余价值学说不适用于中国特色社会主义政治经济学的结论，无法全面正确认识马克思恩格斯意义上的共产主义同现实社会主义之间的具体联系。

---

　　①　丁堡骏：《论〈资本论〉俄国化与中国化——兼议中国特色社会主义新时代的本质》（下），《当代经济研究》2018年第6期。

三　"中国派"与制度变迁的第二条道路

继陈启能和汤重南之后，一些学者在肯定中国道路成功跨越资本主义阶段的基础上，批判了将以中国道路为典型代表的落后国家建设社会主义视为跨越"卡夫丁峡谷"的观点，并在反思决定论式唯物史观的基础上，提出中国道路不仅是以"生产关系（尤其是所有关系）和上层建筑的变革居先、生产力的根本改变居后"为典型特征的制度变迁的第二条道路，而且力图在中国共产党的领导下通过将社会主义同市场经济有机结合，解放生产力、发展生产力，沟通制度变迁的两条道路，从而形成了一种具有典型特征的学术派别——"中国派"。该派发展至今大致经历了两个阶段，其中第一个阶段以陈启能和汤重南、吴铭（又名张光明）、王韶兴、赵家祥、许全兴、陈文通、洪韵珊、徐久刚、俞良早等为主要代表，且尤以吴铭（张光明）和王韶兴为典型，笔者将其称为"中国派"第一代学者（以下简称"第一代学者"）；第二个阶段以许建康、史正富、孟捷、林炎志、荣兆梓、卢荻、黄宗智等为主要代表，且尤以史正富、孟捷为典型，笔者将其称为"中国派"第二代学者（以下简称"第二代学者"）。

第一代学者从马克思关于世界历史的一般性（必然性）理论出发，通过对跨越"卡夫丁峡谷"设想的文本考证和逻辑分析，强调要从世界历史的一般性（必然性）理论所形成的"世界革命理论"出发考察"跨越设想"所赖以实现的内外部条件的耦合，并对决定论式唯物史观展开了较为初步的理论反思，初步意识到"一国社会主义胜利论"所蕴含的以"生产关系（尤其是所有关系）变化居先、生产力的根本改变居后"为典型特征的制度变迁第二条道路，并初步提出需要将其与"跨越设想"所蕴含的制度变迁第一条道路相沟通，且在此基础上对市场经济同社会主义和资本主义的关系展开了初步探索，这也可视为"中国派"对"跨越派"的初步回应，具体表现为以下三个方面。

第一，第一代学者根据马克思关于世界历史的一般性（必然性）理论以及由此形成的"世界革命理论"，批判了"跨越派"将马克思"跨越设想"同恩格斯"跨越设想",以及将马克思"西方社会理论"同"东方社会理论"相对立的做法,强调西欧无产阶级革命的胜利是"跨越设想"赖以实现的具有决定性意义的外部条件,拥有农村公社的前资本主义国家是"跨越设想"赖以实现的内部条件,且后者要求革命在适当的时刻爆发,从而内外部条件的耦合构成了"跨越设想"得以实现的关键,并在此基础上明确提出东方社会主义革命并非跨越"卡夫丁峡谷",而是"一国社会主义胜利论"的具体表现。具体而言,针对"跨越派"将马克思"跨越设想"同恩格斯"跨越设想"相对立的做法,第一代学者认为无论是马克思"跨越设想"还是恩格斯"跨越设想",二者并非彼此对立,而是互为补充,且归根结底是基于关于世界历史的一般性(必然性)理论而得出的具体结论,是科学社会主义理论的具体运用。针对"跨越派"所拥护的东方社会理论,第一代学者认为正是马克思通过对以英国为典型代表的现代社会经济运动规律的深刻揭示,形成了关于世界历史的一般性(必然性)理论,并在此基础上形成了"世界革命理论",这构成了"跨越设想"提出的理论前提。先进国家无产阶级革命的相互作用、先进国家无产阶级革命对落后国家发展的作用,以及落后国家与先进国家社会主义革命的相互作用,都是世界革命理论的具体表现形式。由此出发,马克思将俄国专制制度视为西欧无产阶级革命的潜在障碍,认为只有通过俄国革命摧毁这种障碍,才有助于西欧无产阶级革命的顺利推进。正是在此背景下,马克思有保留地支持了民粹派革命者的主张,比较含蓄地认同其关于俄国农村公社有生命力的观点。

事实上,列宁曾经也同马克思恩格斯一样,寄望于世界革命,并且这也几乎是以考茨基、普列汉诺夫等为首的第二国际理论家的共识。然而,列宁最终同第二国际分道扬镳,原因在于后者认定西欧在当时尚不存在无产阶级革命胜利的可能,从而在此情况下,落后的俄国即使发生革命也不过是"政变",无法证明自己是社会主义革命。同第二国际理论家不同,列宁认为由于俄国是帝国主义链条上的薄弱环节,在先锋队政党的领导下,就能够为世界革命局势的形成提供导火索。可以说,列宁此时尚未放弃对世界革命的期待,如果历史果真顺着这样的逻辑发展,"跨越设想"

的确能够在俄国实现。但是，实际的历史进程呈现了另一幅图景，期待中的西方无产阶级革命的胜利并未到来，从而在作为列宁政治遗嘱的《论我国革命》中，他必须直面第二国际理论家的质疑。

第二，第一代学者在明确将以俄国道路为代表的落后国家社会主义发展新道路概括为"以政权为中心，先革命，后建设"这一"倒过来的革命模式"的基础上，初步强调了以"生产关系变化在先、生产力变化在后"为典型特征的制度变迁的第二条道路，并在反思俄国道路的基础上，提出需要以生产力的最终进步来确保制度变迁第二条道路的合法性，初步意识到了需要沟通制度变迁的两条道路。尽管第一代学者在 21 世纪初对制度变迁第二条道路的指认还略显模糊，但是随着研究的推进，他们明确用"倒过来的革命模式"来表达以"生产关系变化在先、生产力变化在后"为典型特征的制度变迁的第二条道路，这可被视为中国派对制度变迁第二条道路的初步概念化，① 值得注意的是，第一代学者在此过程中已经意识到制度变迁第二条道路需要同制度变迁第一条道路相沟通。换言之，制度变迁的第二条道路，最终需要通过生产力进步以证明其历史合法性，但第一代学者尚未从理论上对此作出说明。

第三，第一代学者在比较俄国道路和中国道路的基础上，批判了"跨越派"将"跨越设想"实现后的社会主义等同于现实社会主义，并将市场经济等同于资本主义、计划经济等同于社会主义的观点，提出中国特色社会主义理论体系创造性回答了在新的历史条件下究竟"什么是社会主义、怎样建设社会主义"这一核心命题，从而开辟了落后国家建设社会主义的崭新道路。在他们看来，"跨越设想"所需要满足的基本条件在于生产力高度发达，这就需要在西欧无产阶级革命胜利的条件下充分吸取资本主义的积极成果，从而在此基础上发展的社会主义将以计划经济的模式呈现人

① 当张光明于 2003 年作出"东方社会主义革命……是按照'一国社会主义胜利'的方式发展"这样的声明时，他们对制度变迁第二条道路的指认较为模糊。六年后，在评论列宁《论我国革命》时，张光明明确提出列宁的回应"针对俄国生产力和文化水平落后的事实，阐述了一种'先革命，后建设'的思路，提出了一种'倒过来的革命'模式"，这一模式是"以政权为中心发展社会主义的新道路"，这标志着"中国派"第一代学者初步意识到落后国家建设社会主义遵循的是以"生产关系变化在先、生产力变化在后"为典型特征的制度变迁的第二条道路。

类对生产和再生产活动的高度自觉。然而实际的历史发展进程是经济文化落后国家社会主义革命胜利后,在发展生产力上,不仅没有得到西欧无产阶级革命的补充,反而要面对帝国主义设置的重重障碍,这势必导致:要么不顾生产力实际,盲目追求"一大二公三纯"以求直接过渡到马克思恩格斯意义上的"共产主义",结果却因脱离实际陷入贫穷的"共产主义";要么无法"正确认识和处理吸取资本主义文明成果与建设社会主义的关系问题",仅将其理解为一种"迂回战略"并将市场经济等同于资本主义,否定"市场机制、股份制、证券、投资渠道多元化等"①。因此,在第一代学者看来,解决上述困境的关键在于把社会主义与市场经济相结合以不断解放生产力、发展生产力,才能将制度变迁第二条道路同制度变迁第一条道路相沟通,并最终实现马克思、恩格斯意义上的共产主义。

整体而言,第一代学者认为中国道路并非跨越"卡夫丁峡谷",而是"创造性地解答了马恩'跨越'设想没有预料到的'一球两制'条件下经济文化落后的中国如何建设社会主义"的崭新道路。这条道路是以"生产关系变化居先、生产力变化居后"为典型特征的制度变迁的第二条道路,并最终通过推进生产力进步从而实现制度变迁两条道路的沟通。第一代学者对"跨越派"的批判有助于推进理论界对落后国家开辟社会主义道路的理论探索,然而受限于以下三大理论困惑,第一代学者对"跨越派"的批判并不彻底。

一是第一代学者尽管对决定论式唯物史观展开了较为初步的理论反思,并将以俄国、中国等为代表的落后国家所开辟的社会主义道路概括为"倒过来的革命",然而受限于他们对唯物史观的困惑,无法正确认识生产力与生产关系的辩证关系,其中部分论者甚至回到了决定论式唯物史观,从而无法从理论上阐明制度变迁的两条道路。吴铭提出马克思跨越"卡夫丁峡谷"设想本身表明了他们对"不发达地区人民在争取自身解放斗争中的主动作用高度重视……历史唯物主义本质上是革命的,它不但不是限制落后地区人民革命的机械尺度,而且还力图把这种革命纳入宏伟的世界总

---

① 王韶兴、陈海燕:《也谈马恩的"跨越"设想与中国特色的社会主义》,《马克思主义研究》1998年第1期。

体图景之中，确立它的地位和作用"，试图以此凸显生产关系之于生产力的反作用。与此同时，他也强调，"历史唯物主义又有其严格的理论内涵。它在任何时候都不忽视社会主义与大工业的物质文化成果之间的必然联系。这种联系不能仅仅停留在诸如'时代'之类的抽象层面上，它必须建立在有扎实可靠的物质条件保障的现实基础之上"。① 吴铭尽管反对决定论式的唯物史观，然而并不彻底，这种不彻底性在他于 2016 年发表的对普列汉诺夫一元论唯物史观的评述中也反映出来，究其根本还在于对如何理解生产力和生产关系的辩证统一存在理论困惑。无独有偶，赵家祥后来也回到决定论式唯物史观，他提出，"马克思、恩格斯创立的历史唯物主义是历史决定论而不是历史非决定论"，并认为"马克思在 1859 年写的《〈政治经济学批判〉序言》，对生产力决定生产关系、经济基础决定上层建筑、生产方式制约整个生活过程、社会存在决定社会意识、社会革命的物质根源以及社会形态的更替的论述，可以看作是对历史决定论的内容最全面的概括"②。上述种种情况都表明：对于决定论式唯物史观的批判在第一代学者这里尚未真正触及，由此决定了他们无法从理论上阐明制度变迁的两条道路，并在批判"跨越派"时呈现出不彻底性。

二是第一代学者尽管初步认识到了制度变迁第二条道路，并在反思苏东剧变的基础上，强调需要通过生产力进步以沟通制度变迁的两条道路，然而他们并未彻底解决这一问题，并由此受困于落后国家开辟的社会主义道路同经典作家的相关论述所存在的矛盾。吴铭、张光明等人尽管提出了以"世界革命论"和"一国胜利论"为表现形式的无产阶级革命运动的两种方式，并将落后国家开辟的社会主义道路表述为"倒过来的革命"，即"先革命，后建设"之路，呼应了葛兰西在十月革命爆发后所敏锐意识到的《反〈资本论〉的革命》。这表明他们敏锐地意识到了这条崭新道路不同于以"生产力变化在先、生产关系变化在后"为典型特征的制度变迁的第一条道路。然而，受限于决定论式唯物史观，他们尚未从理论上阐明这

① 吴铭：《世界革命理论与"跨越卡夫丁峡谷"设想》，《国际共运史研究》1992 年第 1 期。
② 赵家祥：《东方社会发展道路与社会主义的理论和实践》，商务印书馆，2017，第 283～304 页。

两种革命运动形式同制度变迁的具体关系。也正是基于此，以张光明等为代表的"中国派"第一代学者认为落后国家建设社会主义的崭新道路同经典作家的论述存在矛盾，并认为这条道路有其理论和历史的重大局限性。因此，尽管第一代学者强调以"生产关系变化居先、生产力变化居后"为典型特征的制度变迁的第二条道路需要同以"生产力变化居先、生产关系变化居后"为典型特征的制度变迁第一条道路先沟通以证明其历史合法性，然而他们尚无法从理论上回答这一问题。

三是第一代学者尽管强调了马克思关于世界历史的一般性（必然性）理论，然而由于没有意识到《资本论》在剥离资本主义外壳后所提供的关于市场经济动态效率的分析以及党的领导在其中所具有的使命性特质，从而无法从理论层面阐明制度变迁第二条道路同第一条道路沟通的具体手段，也就无法真正回答资本主义、社会主义与市场经济之间的关系。王韶兴和陈海燕指出，由于对"马恩'跨越'理论一知半解，或教条式地套用马恩关于西方发达资本主义基础上建设社会主义的目标模式，盲目追求'一大二公'，'直接过渡'，致使社会主义建设频频失误"①。因此，他们提出，"不能把社会主义初级阶段发展商品经济、市场经济，利用和吸取资本主义的优秀成果当作处于资本主义卡夫丁峡谷之中"。换言之，在他们看来，市场经济绝非资本主义所独有。因此，第一代学者虽然意识到不应将资本主义市场经济等同于市场经济一般，然而他们不仅忽视了制度变迁第二条道路同制度变迁第一条道路沟通时党的领导所具有的决定性作用，而且也无法阐明在社会主义初级阶段为何需要实现社会主义与市场经济的有机结合以及如何理解资本主义、社会主义与市场经济之间的关系。

正是在此意义上，第二代学者通过重构历史唯物论，明确提出了制度变迁的第二条道路，强调了党的领导在沟通制度变迁两条道路上所具有的重要作用，并通过将世界历史的特殊性（偶然性）同其一般性（必然性）理论相结合的基础上，阐明了在社会主义初级阶段通过党的领导将社会主义与市场经济有机结合以沟通制度变迁的两条道路，回答了社

---

① 王韶兴、陈海燕：《也谈马恩的"跨越"设想与中国特色的社会主义》，《马克思主义研究》1998 年第 1 期。

会主义、资本主义同市场经济的关系问题，科学解答了上述三大理论困惑，更为彻底地批判了"跨越派"，为理解中国道路的基本性质与具体内涵提供了理论基础。笔者将第二代学者对此问题的回应和处理概括为以下三点。

第一，第二代学者在更为深入批判决定论式唯物史观的基础上，阐明了生产力与生产关系之间两种可能的因果关系及其形塑的制度变迁的两条道路。其中，第一种类型的因果关系表现为作为第一种目的论活动的直接劳动及生产力系统首先发生变化，并在两种目的论活动构成的有机整体（生产方式）内部积累到一定程度后引起作为第二种目的论活动的协调控制活动及所有关系的变化，从而呈现出"以生产力变化在先、生产关系变化在后"为典型特征的因果关系。第二种类型的因果关系表现为"生产方式的变革是以生产关系尤其是所有关系的质变居先，生产力的根本改变居后"。换言之，上述两种类型的因果关系，导致了两种不同的制度变迁道路，其中第一种因果类型形塑了以"生产力变化居先、生产关系变化居后"为典型特征的制度变迁第一条道路；第二种因果类型形塑了以"生产关系变化居先、生产力变化居后"为典型特征的制度变迁第二条道路。因此，"跨越派"所坚持的"跨越设想"正是以"生产力变化在先、生产关系变化在后"为典型特征的第一种类型的因果关系所预设的制度变迁第一条道路。第一代学者虽然认识到了俄国道路和中国道路所具有"倒过来的革命"的特点，然而囿于对唯物史观的理解，他们尚未明确从方法论层面明确指出由"倒过来的革命"所蕴含的以"生产关系变化在先、生产力变化在后"为典型特征的第二种类型的因果关系及其形塑的制度变迁第二条道路。第二代学者通过对决定论式唯物史观的批判，从理论层面阐明了两种类型的因果关系，并由此为制度变迁两条道路的提出奠定了方法论前提，从方法论层面科学阐明了中国道路为何不是跨越卡夫丁峡谷而是开辟了一条崭新道路。

第二，正是在第一点的基础上，第二代学者提出了有机生产方式的变迁这一概念，以回应第一代学者所困惑的制度变迁第二条道路如何确保其历史合法性的问题，为沟通制度变迁的两条道路提供了理论前提。在他们看来，有机生产方式变迁意味着生产力进步是整个生产方式系统变革的必要前提，构成了社会存在具有不可逆性的基本尺度。因此，制度变迁第二条道路并不必然意味着生产力进步，这也意味着制度变迁第二条道路最终需要向第一条道路回归，意味着生产关系需要实现剩余增长和生产力进步携手并进、合二为一。也正是在此意义上，第二代学者将这类生产关系定义为生产型关系，并将割断剩余增长和生产力进步的生产关系定义为榨取型关系。因此，只有当制度变迁第二条道路最终显著提高生产力水平，才能证明其存在的历史合法性，从而实现了向第一条道路的成功回归。也正是在此意义上，史正富考察了中国改革开放以来的超常增长以及实现永续增长的可能性，孟捷结合布伦纳关于剩余价值生产两种类型的分析进一步提出了相对剩余生产和绝对剩余生产的概念。在此基础上，他们进而将党的领导视作沟通制度变迁两条道路的纽带，从理论层面论证了社会主义革命与建设所需要的主客观条件的有机统一，并由此提出"中国共产党是推进有机生产方式变迁的政治领导力量"[①]。这就为从理论上界定制度变迁两条道路的有机统一以及最终实现有机生产方式变迁提供了基本依据。也正是在此意义上，针对苏东剧变，第二代学者强调，"倒退之所以发生，在于革命后的社会虽然彻底改变了旧的剩余占有关系，却没有从根本上改变生产力以及与之相适应的劳动关系，使之全面超越发达资本主义已经达到的水平"[②]，由此从理论出发结合特定史实回答了第一代学者在如何沟通制度变迁两条道路上所面临的理论困惑。同第一代学者根据苏东剧变的历史事实指出"倒过来的革命"具有理论和历史的重大局限性，并强调需要通过发展生产力证明其合法性相比，第二代学者不仅为制度变迁两条道路提供了理论前提，而且通过有机生产方式的变迁从理论上回答了为何制度变迁第二条道路需要同制度变迁第一条道路相沟通。

第三，在前述两点的基础上，第二代学者从《资本论》所提供的关于现代市场经济所具有的解放生产力、发展生产力的动态效率的分析出发，

---

① 孟捷：《毛泽东与社会主义制度经济学》，《复旦大学学报》（社会科学版）2022 年第4 期。

② 孟捷：《历史唯物论与马克思主义经济学》，社会科学文献出版社，2016，第 20~22 页。

将马克思关于世界历史的一般性（必然性）理论同其关于世界历史的特殊性（偶然性）理论相结合，阐明了经济文化落后国家建设社会主义需要在党的领导下将社会主义同市场经济相结合以实现制度变迁两条道路的沟通，从而实现有机生产方式的变迁，并由此出发批判了"跨越派"将马克思关于资本主义运动规律同市场经济动态效率分析混为一谈的做法，更为科学有力地解答了"跨越派"和"中国派"第一代学者针对社会主义初级阶段为何需要在党的领导下将社会主义与市场经济有机结合以及关于资本主义、社会主义与市场经济之间关系所面临的理论困惑。具体而言，他们在强调马克思关于工业革命结束后相对剩余价值生产成为居于主导地位的生产剩余价值的方法的相关论述的基础上，将相对剩余价值生产作为理解市场经济的理论参照系，并提出实现相对剩余价值生产所需要满足的科学—技术条件、经济条件、制度条件等。在他们看来，一旦上述条件无法得到满足，现实市场经济将会偏离参照系，从而出现马克思意义上的"市场经济失灵"。这就不仅解释了为何需要发挥市场在资源配置中的决定性作用，而且需要发挥国家的重要作用，即"有效市场"与"有为政府"的统一。在此基础上，第二代学者更是由此出发定义了中国共产党在特定历史阶段所具有的使命型特征。也正是在此意义上，以史正富、黄宗智等为代表的第二代学者或多或少在此基础上强调了社会主义市场经济之于中国经济发展的历史意义，并从不同角度考察了国家的经济作用。

概言之，通过上述分析，"中国派"两代学者回答了经济文化落后国家如何在市场经济这一特定的历史时代通过党的领导将社会主义与市场经济相结合以最终解放生产力、发展生产力，从而实现有机生产方式变迁。这不仅有力批判了"跨越派"受制于"跨越设想"所具有的以"生产力变化在先、生产关系变化在后"为典型特征的制度变迁第一条道路而理所当然地将社会主义同公有制、计划经济画等号，并将社会主义与市场经济的结合视为一种"迂回战略"的做法，而且科学回答了社会主义为何需要同市场经济相结合，从理论上阐明了在社会主义初级阶段，通过党的领导所开创的社会主义市场经济所具有的沟通制度变迁两条道路、实现有机生产方式变迁所具有的重大历史意义。

四　中国道路与制度变迁两条道路的有机结合

"中国派"与"跨越派"之论争表明，中国道路不是跨越"卡夫丁峡谷"，而是制度变迁的第二条道路，并且通过中国共产党领导中国人民所开创的社会主义市场经济这一伟大实践，成功实现了由制度变迁第二条道路向第一条道路的回归，显著提高了相对剩余价值生产所占的比重，提高了生产力水平，实现了有机生产方式的变迁，从而开辟了一条落后国家建设社会主义的崭新道路。对"跨越派"和"中国派"加以比较不难看出，"跨越派"所强调的"跨越设想"是制度变迁的第一条道路；"中国派"所强调的中国道路是制度变迁的第二条道路，并且成功沟通了制度变迁的两条道路。笔者从制度变迁两条道路的角度比较了两派的核心区别，如图1所示。理解两派的关键牵涉如何理解唯物史观及其与《资本论》的关系，并且由于两派对上述问题的不同观点，也直接影响了各自关于中国特色社会主义政治经济学理论体系的构建①。当然，两派关于中国道路的理论争鸣推进了学界对中国道路之理论源起与基本性质的理解，有助于厘清"跨越设想"和中国道路背后所蕴含的制度变迁两条道路的具体内涵。

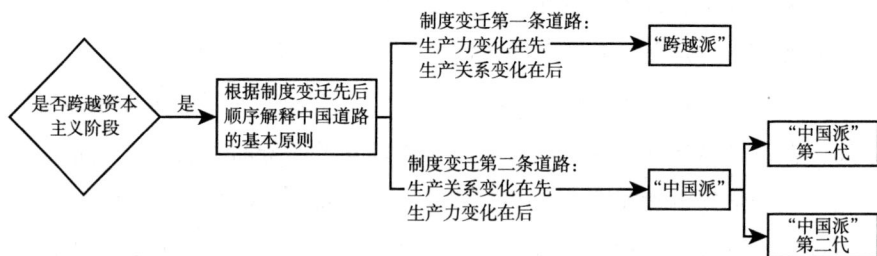

图1　"跨越派"与"中国派"的核心区别

---

① 值得注意的是，一些学者尽管承认制度变迁的第二条道路，然而由于对制度变迁两条道路不加区分，并将跨越卡夫丁峡谷等同于跨越资本主义阶段，从而得出制度变迁第二条道路也是跨越"资本主义卡夫丁峡谷的道路"的错误结论。参见鞠晓生、刘振灵《"列宁晚年之问"的发端、实质与中国实践》，《当代经济研究》2021年第10期。

　　"跨越派"由于赋予"跨越设想"以普遍原理意义，不自觉地接纳了以"生产力变化在先、生产关系变化在后"为典型特征的制度变迁第一条道路，并由此对唯物史观作出了决定论式的理解。有意思的是，段忠桥正是通过将资本主义市场经济与市场经济一般等同、将社会主义视为对市场经济的完全超越，从而得出中国尚未跨越资本主义卡夫丁峡谷的结论。这遭到了以布成良、丁堡骏等为代表的"跨越派"的批判。后者从社会主义与市场经济相结合并将此结合视为"战略退却"的角度坚称中国已跨越"卡夫丁峡谷"。对双方加以比较不难看出，双方均将社会主义视为对资本主义的超越，前者由于将资本主义等同于市场经济，而现实社会主义是同市场经济相结合的，从而认为中国尚未跨越"卡夫丁峡谷"；后者则认为现实社会主义已经超越了资本主义，并通过将社会主义与市场经济的结合视为"战略退却"，认为中国已经跨越"卡夫丁峡谷"。事实上，双方均是从生产力决定生产关系这一决定论式唯物史观出发，从而只承认"以生产力变化在先、生产关系变化在后"为典型特征的制度变迁第一条道路，而未意识到制度变迁第二条道路。事实上，"跨越派"所谓的"战略退却论"，是同历史上曾经出现的将新经济政策视为在敌对阶级势力面前被迫退却的战时共产主义怀旧病遥相呼应的，这种观点始于拉林，此后被克拉辛、克里茨曼等进一步发展①。也正是由于将资本主义等同于市场经济，他们在构建中国特色社会主义政治经济学理论体系时摒弃了作为《资本论》主体理论的剩余价值理论，这就使得其经济学理论不得不面临无法阐明经济增长之根源的诘难，并在构建中国特色社会主义政治经济学理论体系时，无法从理论上阐明社会主义市场经济的基本经济运动规律。

---

① 〔匈牙利〕拉斯洛·萨穆利：《社会主义经济制度的最初模式》，田大畏译，湖南人民出版社，1984，第127~135页。拉斯洛·萨穆利（Laszlo Szamuely）从经济思想史的角度详述了以拉林、克拉辛、克里茨曼等为代表坚持战时共产主义政策的一派同以列宁为代表的新经济政策一派的区别，并将前者讽刺为患有"战时共产主义'怀旧病'"。两者的区别在于，前者从"跨越设想"出发，以世界革命和俄国革命相互补充为基础，从而将市场经济视为洪水猛兽，并试图以共产主义为堤坝阻止这一猛兽侵入；后者则认为从战时共产主义向新经济政策的转变不是单纯政策转换而是重大范式变迁，接纳了将社会主义与市场经济的有机结合作为新生社会主义建设的基本内核的观点，为制度变迁两条道路的有机结合奠定了理论基础。上述区别实际上已经蕴含了"跨越派"同"中国派"之争的一些基本理论要点，笔者将其视为两派之争的理论起点。

　　"中国派"两代学者在同"跨越派"的论战中，不仅从理论上阐明了制度变迁的两条道路，而且结合有机生产方式变迁的概念回答了制度变迁第二条道路为何需要同制度变迁的第一条道路相沟通，以及上述沟通在特定历史阶段的具体实现路径，从而回答了社会主义初级阶段为何需要通过党的领导实现社会主义与市场经济的有机结合以解放生产力、发展生产力，证明了中国道路不是跨越"卡夫丁峡谷"，而是以"生产关系变化在先、生产力变化在后"为典型特征的制度变迁第二条道路，并且需要通过生产力进步与制度变迁第一条道路相沟通。"中国派"两代学者将马克思所提供的关于世界历史的一般性（必然性）理论同发端于列宁并为以毛泽东等所代表的中国共产党人继承和发展的关于世界历史的特殊性（偶然性）理论相结合，阐明了在市场经济这一特定历史时代，需要通过党的领导实现社会主义与市场经济的有机结合，以解放生产力、发展生产力，从而实现有机生产方式变迁。也正是基于此，"中国派"第二代学者尤其强调，《资本论》对于构建中国特色社会主义政治经济学理论体系的意义，这同"跨越派"形成了鲜明对比。

　　习近平总书记指出："实现中国梦必须走中国道路。这就是中国特色社会主义道路。"[①] 从制度变迁的角度而言，中国道路的特色之处恰恰在于它是以"生产关系变化居先、生产力变化居后"为典型特征，并且正是通过中国共产党领导中国人民所创造的新中国以及在此基础上所开创的社会主义市场经济这一伟大实践有力地证明了中国道路的历史合法性及其在人类社会历史中所具有的开创性意义，从而定义了中国式现代化道路的基本特征。因此，对中国道路的理解不仅建立在正确认识唯物史观及其所勾勒的人类社会制度变迁的全貌上，而且需要将马克思基于唯物史观分析现代社会经济运动规律所得出的关于世界历史的一般性（必然性）理论与世界历史的特殊性（偶然性）理论有机结合。这一有机结合具有两大特征。第一，它规定了党所具有的使命型特质。这不仅意味着需要通过党的领导解放生产力、发展生产力从而实现有机生产方式变迁，而且意味着实现有机

---

① 习近平：《在第十二届全国人民代表大会第一次会议上的讲话》，人民出版社，2013，第3页。

生产方式变迁这一根本目的规定了党的根本特质，从而需要通过不断自我革命以确保这一根本目的之实现。第二，它规定了社会主义在市场经济这一特定历史时代的实现路径。中国共产党领导中国人民所开创的社会主义市场经济的伟大实践正是这一路径的具体表现。它表明社会主义与市场经济的有机结合不仅为人类社会开辟了市场经济的崭新形态，而且在这一特定历史阶段实现了特殊性（偶然性）与一般性（必然性）的有机统一。

习近平总书记关于党的建设的重要思想论纲[*]

柳宝军[**]

伟大实践孕育伟大思想，伟大思想引领伟大实践，伟大实践锻造强大政党。党的十八大以来，习近平总书记站在事关强国建设和民族复兴伟业历史进程、事关党和国家前途命运、事关党的长期执政和长治久安的战略高度，在宏阔深邃的时空背景、艰巨繁重的政党使命、严峻复杂的党建形势中深入思考新时代党的建设的一系列重大理论和实践问题，围绕加强和改进新时代新征程党的建设发表了一系列重要论述。2023 年 7 月 1 日，《人民日报》发表评论员文章《深入学习贯彻习近平总书记关于党的建设的重要思想——论贯彻落实全国组织工作会议精神》，首次公开将习近平总书记关于党的建设的重要思想概括为"十三个坚持"[①]。2023 年第 8 期

---

*　本文原载《马克思主义研究》2023 年第 11 期，收入本书时有改动。

**　柳宝军，中共中央党校（国家行政学院）马克思主义学院副教授。

①　"十三个坚持"是指：坚持和加强党的全面领导，坚持以党的自我革命引领社会革命，坚持以党的政治建设统领党的建设各项工作，坚持江山就是人民、人民就是江山，坚持思想建党、理论强党，坚持严密党的组织体系，坚持造就忠诚干净担当的高素质干部队伍，坚持聚天下英才而用之，坚持之以恒正风肃纪，坚持一体推进不敢腐、不能腐、不想腐，坚持完善党和国家监督体系，坚持制度治党、依规治党，坚持落实全面从严治党政治责任。参见《深入学习贯彻习近平总书记关于党的建设的重要思想——论贯彻落实全国组织工作会议精神》，《人民日报》2023 年 7 月 1 日。

《党建研究》发表蔡奇同志的讲话，系统阐发了这一重要思想。有关部门还编辑出版了习近平总书记关于党的建设的系列重要著作①，由此形成一个内容丰富、系统完备、逻辑严密的关于党的建设思想体系。此外，习近平总书记还对党政机关、高校、国有企业、军队等领域党的建设工作作出了一系列重要指示批示，具有极强的政治性、思想性、战略性、指导性。习近平总书记关于党的建设的重要思想在指引新时代党的建设新的伟大工程纵深推进、开辟百年大党自我革命新境界的宏阔实践中焕发出强大的思想伟力和真理力量。

一　习近平总书记关于党的建设的重要思想生成和创立的时代背景

任何一项思想成果的形成，都是顺应时代发展、满足时代需要的产物。习近平总书记关于党的建设的重要思想，是以习近平同志为主要代表的中国共产党人围绕"建设什么样的长期执政的马克思主义政党、怎样建设长期执政的马克思主义政党"这一重大时代课题进行深邃理论思考、推进理论创新而形成的理论产物和思想结晶。新时代中国共产党处于新的历史方位、承担新的使命任务、面临新的风险挑战，特别是党情面对的新机遇和新挑战，构成了习近平总书记关于党的建设的重要思想得以生成和创立的宏阔时代背景。

1. 新时代中国共产党处于新的历史方位

以大历史观观之，党的十八大以来，中国特色社会主义进入新时代，社会主要矛盾转变为人民日益增长的美好生活需要和不平衡不充分的发展之间

---

① 习近平总书记关于党的建设的系列重要著作包括：《习近平关于全面从严治党论述摘编》《习近平关于全面从严治党论述摘编》《论坚持党对一切工作的领导》《习近平关于党风廉政建设和反腐败斗争论述摘编》《习近平关于力戒形式主义官僚主义重要论述选编》《习近平关于"不忘初心、牢记使命"论述摘编》《习近平关于"不忘初心、牢记使命"重要论述选编》《习近平关于严明党的纪律和规矩论述摘编》《习近平关于依规治党论述摘编》《习近平关于坚持和完善党和国家监督体系论述摘编》《论党的自我革命》等。

的矛盾，这是一个事关全局的战略性转变，为包括党的自身建设在内的治国理政伟大实践提出了一系列新任务、新挑战、新要求。我们迎来了从站起来、富起来到强起来的伟大飞跃，中华民族伟大复兴进入不可逆转的历史进程。以现代化发展史线索为准，经过新民主主义革命的浴血奋战与百折不挠，经过社会主义革命和建设时期的艰苦奋斗与深刻变革，经过改革开放和社会主义建设新时期的改革创新和跨越发展，经过新时代的守正创新和接续奋斗，特别是新时代十年发生的伟大变革、取得的伟大成就，中国式现代化得到成功推进和拓展。由此，党和国家事业站在了一个新的更高起点上，到了一个重大历史关头，新时代新征程，呼唤新担当新作为。习近平总书记强调："我们一定要深刻认识新时代中国特色社会主义对我们党自身建设提出的新要求，着眼于我们党更好担当使命，总结运用成功经验，正视解决突出问题，一刻不停歇地推动全面从严治党向纵深发展。"① 作为当代中国社会变革的核心驱动者与先锋引领者，中国共产党要始终成为时代先锋、民族脊梁，要在时代大潮中顺应潮流、引领方向、掌握主动、开辟新局，自身就必须坚强有力、始终过硬，新时代党的建设必须迈上新台阶、展现新气象，以党的自我革命引领伟大社会革命。

2. 新时代中国共产党承担新的使命任务

在中国特色政治语境下，党自身的价值导向、组织体系、治理结构与运行模式服从于、服务于党的执政使命。正如习近平总书记强调："我们党作为百年大党，要始终得到人民拥护和支持，书写中华民族千秋伟业，必须始终牢记初心和使命，坚决清除一切弱化党的先进性、损害党的纯洁性的因素，坚决割除一切滋生在党的肌体上的毒瘤，坚决防范一切违背初心和使命、动摇党的根基的危险。"② 在不同历史时期，党的使命任务具有不同的时代内涵与实践指向。近代以来，实现国家现代化和民族复兴是包括中国共产党人在内的中华儿女的共同夙愿，一代代志士仁人前赴后继、不懈探索，始终未能找到一条实现现代化、通往民族复兴的正确道路，探索中国式现代化道路、实现中华民族伟大复兴的重任，落在了中国共产党

---

① 《习近平关于全面从严治党论述摘编》（2021 年版），中央文献出版社，2021，第 28 页。
② 《习近平著作选读》第 2 卷，人民出版社，2023，第 297 页。

身上。

党的十八大以来，以习近平同志为核心的党中央站在事关中华民族复兴伟业、事关我们党长治久安的战略高度，鲜明提出了新时代新征程党的使命任务。这就是党的二十大指出的，"从现在起，中国共产党的中心任务就是团结带领全国各族人民全面建成社会主义现代化强国、实现第二个百年奋斗目标，以中国式现代化全面推进中华民族伟大复兴"①。着眼于完成新时代中国共产党新的使命任务，习近平总书记提出了一系列管党治党、兴党强党的新理念新思想新战略。他强调："实现新时代新征程的目标任务，对党领导社会主义现代化建设能力提出了新的更高要求，对各级领导干部的精神状态、能力素质、作风形象提出了新的更高要求。"② 当前，党的建设各项工作必须紧密围绕"以中国式现代化全面推进中华民族伟大复兴"这一中心任务而展开，为实现这一使命任务提供强大政治引领和政治保障。新时代党的建设新的伟大工程在社会主义现代化的宏伟目标下纵深推进，为党的建设理论创新蓬勃发展提供了新的时代契机和坚实实践基础。

3. 新时代党治国理政面临新的风险考验

随着历史方位和执政环境发生深刻变化，我们党面临的风险更加复杂，实现中华民族伟大复兴道路上必然经历风高浪急甚至惊涛骇浪的重大考验，社会主义现代化强国建设新征程上存在许多具有新的历史特点的伟大斗争。"世界进入新的动荡变革期，正在经历大调整、大分化、大重组，不确定、不稳定、难预料因素增多。"③ 进入新时代，"我们党领导人民进行伟大社会革命，涵盖领域的广泛性、触及利益格局调整的深刻性、涉及矛盾和问题的尖锐性、突破体制机制障碍的艰巨性、进行伟大斗争形势的复杂性，都是前所未有的"④。打铁还须自身硬，"应对和战胜前进道路上

---

① 习近平：《高举中国特色社会主义伟大旗帜　为全面建设社会主义现代化国家而团结奋斗——在中国共产党第二十次全国代表大会上的报告》，人民出版社，2022，第21页。
② 习近平：《为实现党的二十大确定的目标任务而团结奋斗》，《求是》2023年第1期。
③ 习近平：《团结协作谋发展　勇于担当促和平——在金砖国家领导人第十五次会晤上的讲话》，《人民日报》2023年8月24日。
④ 《习近平谈治国理政》第3卷，外文出版社，2020，第516页。

的各种风险和挑战,关键在党"①。党的十八大以来,"四大考验""四种危险"更加突出地摆在全党面前,弱化党的先进性、损害党的纯洁性的因素尚未得到有效清除,党内存在的思想不纯、政治不纯、组织不纯、作风不纯等突出问题尚未得到根本解决。经过持之以恒正风肃纪、反腐惩恶,虽然我们实现了由"反腐败压倒性态势正在形成"到"反腐败斗争压倒性态势已经形成并巩固"再到"反腐败斗争取得压倒性胜利并全面巩固"的胜利转变,但目前"腐败和反腐败较量还在激烈进行,并呈现出一些新的阶段性特征"②,依然没有取得彻底性胜利、整体性胜利,反腐败斗争的决心必须坚如磐石,须臾不可松懈动摇。"在这种情况下,有没有强烈的自我革命精神,有没有自我净化的过硬特质,能不能坚持不懈同自身存在的问题和错误作斗争,就成为决定党兴衰成败的关键因素。"③ 在新形势下推动全面从严治党向纵深发展,一方面,要始终居安思危,保持忧患意识,坚持问题导向,强大战略定力和顽强意志品质;另一方面,迫切需要适应党内状况发展演变,及时提出解决党内突出难题、化解党内矛盾的新理念、新思路、新举措,善于以系统性经验总结、规律性认识成果、原创性理论观点破解党内治理难题,引领党的建设实践,提高党的建设质量,推动新时代党的建设新的伟大工程迈上新台阶。

4. 新时代推进管党治党面临新的机遇挑战

从党情新机遇的方面来看,随着党的十八大以来全面从严治党战略的全面推进,全党在革命性锻造中变得更加坚强有力、更加团结统一,党内政治生态为之一清,党的面貌为之一新,党在新时代新征程焕发出了新的生机活力。在此过程中,我们党提出的一系列党的建设新的工作理念、一整套党的建设思想理论成果,构建的一整套党内制度法规体系,积累的一系列管党治党新鲜经验,比如"六个必须""六个相统一""九个坚持"等,为继续推进党的建设理论创新大发展、大飞跃提供了丰富素材、奠定

---

① 《习近平关于全面从严治党论述摘编》,中央文献出版社,2016,第6页。
② 《坚持严的主基调不动摇 坚持不懈把全面从严治党向纵深推进》,《人民日报》2022年1月19日。
③ 《习近平关于全面从严治党论述摘编》(2021年版),中央文献出版社,2021,第21页。

了坚实基础。进一步而言，新时代中国共产党人关于管党治党的一系列思路理念、实践举措、治理载体、实践机制等呈现模式化与体系化特征，迫切需要大力推动实践基础上的党的建设理论创新。正是在此基础上，党的领导制度体系、党的自我革命战略思想、全面从严治党体系、党的自我革命制度规范体系等一系列党的建设新理念新思想新战略渐进形成。

从党情新挑战的方面来看，走过百余年沧桑岁月的中国共产党，自身状况发生了深刻变化，政党规模、党员人数、执政时间都达到了历史新高度，"迫切要求提高党的建设质量、增强党组织的政治功能和组织功能"①。作为世界上最大的马克思主义政党，我们党面临着一系列"发展起来以后的难题"。如何在长期执政条件下始终牢记初心使命？如何始终赢得人民拥护？如何永葆先进性和纯洁性、永葆青春活力？如何巩固长期执政地位？这些难题与那些规模较小、执政时间较短的政党面临的难题是不同的。解决这些难题是完成新时代新征程党的使命任务必须迈过的一道坎，是全面从严治党适应新形势新要求必须啃下的硬骨头，是新时代中国共产党人面前的一道必答题。对此，习近平总书记有着高度的清醒和自觉。在建党百年之际，他深刻指出，我们要"时刻警惕我们这个百年大党会不会变得老态龙钟、疾病缠身"②。在党的二十大报告中，他首次提出了"保持解决大党独有难题的清醒和坚定"的重大命题。这一命题彰显了百年大党对管党治党、长期执政的深切忧患和战略清醒，不仅对深入推进新时代党的建设新的伟大工程、建设长期执政的马克思主义政党具有重大意义，而且对推进世界政党治理现代化、构建新型政党文明形态具有重要示范引领意义。

二　习近平总书记关于党的建设的重要思想的科学体系

一种思想之所以能够构成一个科学体系，不仅在于其内容的博大精深与要素健全，更在于其体系的内在统一与完备。将"十三个坚持"按照党

---

① 《习近平关于全面从严治党论述摘编》（2021 年版），中央文献出版社，2021，第 234 页。

② 《习近平著作选读》第 2 卷，人民出版社，2023，第 561 页。

的建设的基本要素和基本属性进行系统布局和整体建构,我们可以看到,习近平总书记关于党的建设的重要思想是由党的全面领导论、自我革命论、人民中心论、总体布局论、监督体系论、法规制度论、政治责任论等核心要素构成的有机整体。这七个核心要素内涵丰富、逻辑严密、内在统一、系统集成,共同支撑起习近平总书记关于党的建设的重要思想这座理论大厦的主体框架与四梁八柱。

1. 全面领导论:新时代党的建设的根本原则

全面领导论是指"十三个坚持"中的第一个坚持,即"坚持和加强党的全面领导"。党的十八大以来,以习近平同志为核心的党中央在党的领导问题上正本清源、守正创新,创造性地阐明了新时代坚持和加强党的全面领导的地位功能、制度安排、重要原则、实践要求等一系列重大理论问题。其一,在地位功能上,习近平总书记用"最本质的特征""最大优势""最大的国情"来定位党的领导的战略地位,明确"党是最高政治领导力量",强调在坚持党的领导这个根本性、方向性问题上必须旗帜鲜明、立场坚定。这就澄清了在党的领导问题上的一些模糊认识,校正了在坚持和加强党的全面领导上存在的方向性、根本性、战略性问题,将我们党对社会主义本质与党的领导、中国特色社会主义制度与党的领导的关系的认识提升到了新的高度。其二,在制度安排上,习近平总书记在党的十九届四中全会上明确提出党的领导制度体系,并将其置于中国特色社会主义制度的首位。他在十九届中纪委四次全会上进一步指出,党的领导制度是中国特色社会主义制度大厦中居于统领地位的制度。其三,在重要原则上,强调"党的领导是全面的、系统的、整体的,必须全面、系统、整体加以落实"①,凸显了坚持党的全面领导的唯一性、彻底性和无条件性。其四,在实践要求上,鲜明提出了"两个确立""两个维护""四个意识"等重大命题,制定了一系列落实党的全面领导的具体实践举措,明确了加强党的领导是党的建设的重要目标。比如,在自我革命上,既强调要以刀刃向内、刮骨疗毒的精神和勇气克服党内存在的突出问题,又强调"不

---

① 习近平:《高举中国特色社会主义伟大旗帜 为全面建设社会主义现代化国家而团结奋斗——在中国共产党第二十次全国代表大会上的报告》,人民出版社,2022,第64页。

能因为党内存在问题就削弱甚至否认党的领导，走到自断股肱、自毁长城的歪路上去"①。

2. 自我革命论：新时代党的建设的实践精髓

党的十八大以来，习近平总书记不断深化对管党治党的规律性认识，形成了党的自我革命战略思想，对马克思主义建党学说作出了重大原创性贡献。自我革命论是指"十三个坚持"中的第二个坚持，即"坚持以党的自我革命引领社会革命"，这一命题的内在原理在于通过党的自我革命维护和彰显的领导优势和政治优势，进而"以我们的政治优势来引领和推进改革，调动各方面积极性，推动社会主义市场经济体制不断完善、社会主义市场经济更好发展"②，在此基础上，推动整个政治上层建筑、社会形态朝着更高级的方向变革演进。自我革命超越了整党整风、人民监督、管党治党等传统意义上的党建范畴，创造性地阐明了党的建设的内在机理与使命担当，展现了党的建设的实践精髓与鲜明特色，深刻揭示了新时代中国共产党推进政党建设与政党治理的独特模式选择。

自我革命论的丰富意蕴具体体现在以下几点。其一，从重要地位上看，自我革命被赋予为党"最鲜明的品格""最大的优势"③，是"我们党区别于其他政党最显著的标志"，也是"我们党不断从胜利走向新的胜利的关键所在"④。这些论述深刻揭示了我们党作为百年大党之所以能长盛不衰、永葆青春、充满活力的内在奥秘，深刻揭示了我们党之所以能克服一个又一个重大风险挑战、取得一个又一个执政奇迹的制胜法宝。其二，从丰富内涵上看，习近平总书记在十九届中纪委六次全会上对自我革命的概念内涵作出明确界定。他指出："自我革命就是补钙壮骨、排毒杀菌、壮士断腕、去腐生肌，不断清除侵蚀党的健康肌体的病毒，不断提高自身免疫力，防止人亡政息。"⑤ 基于这一界定，自我革命展现出多个面向，比如

---

① 《习近平关于全面从严治党论述摘编》（2021 年版），中央文献出版社，2021，第 45 页。
② 《习近平关于全面从严治党论述摘编》（2021 年版），中央文献出版社，2021，第 55~56 页。
③ 《十八大以来重要文献选编》（下），中央文献出版社，2018，第 589 页。
④ 《习近平关于全面从严治党论述摘编》（2021 年版），中央文献出版社，2021，第 42 页。
⑤ 《习近平著作选读》第 2 卷，人民出版社，2023，第 588 页。

作为政治品格的自我革命、作为强大精神的自我革命、作为鲜明特质的自我革命、作为独特优势的自我革命、作为党内治理的自我革命等。其三，从历史视野上看，自我革命这一命题的提出包含着我们党对百余年来解决自身问题的历史经验的深刻总结与理性省思，是最能体现党的建设内在逻辑与实践精髓的科学理论表达。自人民监督之后，自我革命成为中国共产党跳出治乱兴衰的历史周期率的第二个答案，也被总结为中国共产党百余年奋斗的"十个坚持"的历史经验之一，成为新时代党的建设的标识性话语。

3. 人民中心论：新时代党的建设的价值归依

人民中心论明确了党的建设的根本价值追求，主要是指"十三个坚持"中的第四个坚持，即"坚持江山就是人民、人民就是江山"。党的十八大以来，以习近平同志为主要代表的中国共产党人继承马克思主义经典作家为绝大多数人谋利益的建党初心，发扬中国共产党人全心全意为人民服务的政党宗旨，鲜明提出"江山就是人民、人民就是江山"的重大论断，紧紧依靠人民群众解决自身问题、实现执政使命、创造历史伟业，把我们党对政党与群众、政权与群众之间关系的认识提升到新的高度，大大丰富了马克思主义群众观。党牢固树立群众观点，贯彻群众路线，尊重人民群众主体地位，尊重人民群众首创精神，坚持把以人民为中心的发展思想贯穿新时代党的建设新的伟大工程的全方位、全过程。党通过历次党内集中教育擦亮党的初心使命，通过落实落细中央八项规定精神及其实施细则赢得人民群众信任拥护，通过全面从严治党切实解决群众反映强烈的突出问题，通过雷霆万钧的反腐败斗争赢得人民群众广泛好评，大大提高了党在人民群众心目中的威信和形象，大大改善了党群干群关系，确保党的长期执政的群众基础和社会基础坚如磐石，确保革命先烈打下的红色江山永不变色。

4. 总体布局论：新时代党的建设的内容范畴

百余年来，党的建设的布局经历了一个长期的历史演变过程，到党的十九大形成了以"五加二"为主要内容的总体布局。一般而言，党的建设的内容范畴也可被理解为党的建设的客观对象，主要阐明党的建设"建什么、治什么、管什么"的基本问题。因此，总体布局论是指"十三个坚持"中的第三、第五、第六、第七、第八、第九、第十个坚持，即"坚持以党的政治建设统领党的建设各项工作""坚持思想建党、理论强党""坚持严密党的组织体系""坚持造就忠诚干净担当的高素质干部队伍""坚持聚天下英才而用之""坚持持之以恒正风肃纪""坚持一体推进不敢腐、不能腐、不想腐"。这七个坚持涵盖了党的建设总体布局中的政治建设、思想建设、组织建设、作风建设、纪律建设以及反腐败斗争，习近平总书记在每个方面都提出了许多具有原创性贡献的新理念新论断新观点。这六个方面的建设也和习近平总书记在党的十八届六中全会第二次全体会议上提出的抓思想从严、管党从严、执纪从严、治吏从严、作风从严、反腐从严的内容基本对应。除六个方面外，新时代党的建设总要求中提及的制度建设将被归入后文中的法规制度论。其原因在于总体布局论主要阐明新时代党的建设的内容范畴与客观对象，而制度建设并非客观对象意义上的党建范畴，而是作为党的建设的手段和载体贯穿各项建设的始终。

党的十八大以来，习近平总书记以系统的观念、辩证的思维、宏大的视野、治理的理念科学谋划了党的建设总体布局，厘清了党的建设的政治属性、内容范畴、实践载体等不同构成要素及其重要功能，使新时代党的建设的内容范畴朝着更加全面化、科学化的方向演进。党的十九大将党的政治建设单独列出作为党的建设的统领和根本性建设，强调"一个政党政治上犯错误往往是灾难性的，比工作上或其他任何方面犯错误危害都严重"[①]，从而将政治问题与腐败问题、经济问题相互区分，抓住了党的建设的根本和要害，确保了党的建设在根本性、方向性问题上不出问题，并将纪律建设纳入党的建设总体布局，强调"加强纪律建设是全面从严治党的治本之策"[②]。由此，新时代党的建设总体布局"不仅对传统意义上党的建设'五位一体'布局的要素结构实现了进一步优化，而且明确了其中的统领、根基、着力点、载体、目标等核心内容，为党的建设新的伟大工程明确了方向、厘清了思路、突出了重点，有利于使党的建设总体布局各个环

① 《习近平关于全面从严治党论述摘编》（2021年版），中央文献出版社，2021，第115页。
② 《习近平关于全面从严治党论述摘编》（2021年版），中央文献出版社，2021，第326页。

节系统完善、各个领域良性互动、各项举措相互促进"①。

5. 监督体系论：新时代党的建设的根本保障

监督体系论是指"十三个坚持"中的第十一个坚持，即"坚持完善党和国家监督体系"。一是从宏观角度、体系角度总体谋划党和国家监督体系，明确提出了完善党和国家监督体系的总要求，强调"做好监督体系顶层设计，既加强党的自我监督，又加强对国家机器的监督"，将行使公权力的公职人员全部纳入党和国家监督体系，坚持经常性监督和全方位管理，做到监督无死角、全覆盖，增强监督合力。二是科学界定监督的丰富内涵，将监督纳入党内治理的范畴。习近平总书记明确指出"监督是治理的内在要素"②，"党要管党、从严治党，'管'和'治'都包含监督"③。他创造性地将党内监督作为党的建设的重要内容和全面从严治党的重要保障加以强调，大大提升了监督在新时代党内治理中应有的地位和功效。三是将强化党内监督作为党的建设的重要基础性工程来抓，强调党内监督在党和国家各种监督形式中居于最根本、第一位的地位，强调只有党内监督充分发挥作用，其他监督形式才能产生应有的功效。对我们党而言，"党内监督是第一位的监督"，"外部监督是必要的，但从根本上讲，还在于强化自身监督"④。在这一点上，不同于西方政党主要依靠外部监督、合法反对与权力制衡获得合法性，中国共产党主要通过自我革命实现。四是突出监督重点，优化监督策略，增强监督实效。"推进政治监督具体化、精准化、常态化，增强对'一把手'和领导班子监督实效。"⑤ 重点探索破解"一把手"监督难题，认真执行和贯彻民主集中制，把监督检查同目标考核、责任追究有机结合起来，大大增强了党和国家监督体系的系统性、科学性和实效性。

6. 法规制度论：新时代党的建设的实践载体

法规制度论是指"十三个坚持"中的第十二个坚持，即"坚持制度治

---

① 柳宝军：《系统论视阈中的新时代党的建设总要求》，《系统科学学报》2020 年第 5 期。
② 《十九大以来重要文献选编》（中），中央文献出版社，2021，第 388 页。
③ 《习近平关于全面从严治党论述摘编》（2021 年版），中央文献出版社，2021，第 400 页。
④ 《习近平关于全面从严治党论述摘编》（2021 年版），中央文献出版社，2021，第 399 页。
⑤ 《习近平著作选读》第 1 卷，人民出版社，2023，第 54 页。

党、依规治党"。党的建设载体主要指管党治党的方式、手段及实践载体。党的十八大以来，习近平总书记高度重视运用法规制度的威力管党治党，把依规治党当作管党治党基本方式，"既使已经发生的突出矛盾和问题得到更加深入有效的解决，又有效防范新的矛盾和问题滋生蔓延、有效防范已经解决的矛盾和问题反弹复发"①。其一，在基本效度上，明确党纪严于国法的党建原理和坚持把纪律挺在前面的实践要求。大量案件表明，党员"破法"无不始于"破纪"。因此，习近平总书记多次强调"纪严于法、纪在法前"，要坚持把纪律挺在前面。同时，他强调通过发挥党章党规的规范引领作用，突出干部的先进性和示范性，"不能把干部管理标准降低到不违纪违法就行的低水平上"②。其二，在适用对象上，明确提出了党内法规制度的严格递增原理。党内法规制度体系是面向全党及全体党员的硬约束，但对不同层级、不同岗位的严格程度和标准尺度有一定的区别。"在标准尺度上，对领导机关、领导干部要有更高更严的要求，不能上下一般粗。"③ 对此，有学者提出了梯度治党论。其三，在运行机制上，要求党内法规制度与其他治理载体的协同配套，注重党内法规同国家法律的衔接和协调。制定出台中央党内法规制定工作的五年规划，党章、准则、条例、规定、办法、细则等一系列党内法规密集出台，构建起了系统完备、科学规范、运行有效的制度体系，极大丰富了党内治理的"工具箱"。同时，注重党内法规同其他治理要素的协同配合，既强调纪法分开，又注重纪法衔接，提出依规治党与以德治党紧密结合、思想建党与制度治党同向同时发力等重要思想，"把全面从严治党提升到一个新的水平"④。

7. 政治责任论：新时代党的建设的主体

政治责任论是指"十三个坚持"中的第十二个坚持，即"坚持落实全面从严治党政治责任"。习近平总书记深刻指出："不明确责任，不落实责

---

① 《习近平关于全面从严治党论述摘编》（2021 年版），中央文献出版社，2021，第 449 页。
② 《习近平关于全面从严治党论述摘编》（2021 年版），中央文献出版社，2021，第 261 页。
③ 《习近平关于坚持和完善党和国家监督体系论述摘编》，中央文献出版社、中国方正出版社，2022，第 124 页。
④ 《习近平关于全面从严治党论述摘编》（2021 年版），中央文献出版社，2021，第 453 页。

任,不追究责任,从严治党是做不到的。"党不断深化对管党治党主体责任的规律性认识,牢牢抓住管党治党责任这一"牛鼻子",突出"问责"这个要害,强调将党委的主体责任和纪委的监督责任一贯到底。2016年1月12日,习近平总书记在第十八届中央纪律检查委员会第六次会议上指出:"从党风廉政建设主体责任到全面从严治党主体责任,不只是字面上的变化,更是实践的发展、认识的深化。"① 2016年6月,中共中央政治局会议审议通过《中国共产党问责条例》,向全党进一步释放出有责必问、问责必严的强烈信号。各级党组织牢固树立"抓党建是本职、不抓党建是失职、抓不好党建是渎职"的工作理念,建立健全党建工作责任制。这就压实了党的建设的政治责任与行为主体,进一步明确界定了党委主体责任的五项重点任务,强调把抓好党建作为最大的政绩,健全责任分解、检查监督、倒查追究的完整链条,坚持守土有责、守土负责、守土尽责,推动形成一级抓一级、层层传导压力、全党动手一起抓的党建工作新格局。政治责任论有力纠正了有的地方党委在党的领导和党的建设上不抓总、不统筹的突出问题,避免了各地区各部门各单位不同程度存在的党的建设部门化、管党治党失之于宽失之于软、主体责任落实不到位等不良情形,使新时代党的建设始终行走在高质量发展轨道上。

三 习近平总书记关于党的建设的重要思想的重大理论创新

习近平总书记关于党的建设的重要思想的重大理论创新意义体现为系统的全方位创新、突出的集成性创新、鲜明的实践性创新、深邃的思想性创新的有机统一。这一重要思想以卓越的政治智慧、高度的理论自信、巨大的理论勇气和强烈的使命担当,在继承马克思主义经典作家和中国共产党人党建思想及其理论成果的基础上,创造性地阐明了新时代党的建设的战略地位、主题主线、科学体系、使命任务、基本规律以及科学方法等一系列重大理论问题,以一系列原创性成果极大丰富和发展了马克思主义建

---

① 《习近平关于全面从严治党论述摘编》(2021年版),中央文献出版社,2021,第468页。

党学说，标志着我们党对马克思主义执政党建设规律的认识达到了新的历史高度。

1. 创造性地阐明了党的建设的战略地位

在革命战争年代，毛泽东将党的建设视为党在中国革命中战胜敌人的三大法宝之一。改革开放以后，邓小平强调："没有党的领导，就没有现代中国的一切。"① 进入 21 世纪，江泽民指出，"要把中国的事情办好，关键取决于我们党"②。党的十八大以来，习近平总书记总结党的建设的历史经验和党治国理政的新鲜经验，把党的建设摆在治国理政的更加突出的地位，将全面从严治党纳入"四个全面"战略布局，强调党的建设新的伟大工程在"四个伟大"中的决定性作用，并多次使用"关键在党""决定全局""打铁必须自身硬""把抓好党建作为最大的政绩"等独创性、标识性话语，深刻揭示了党的建设在新时代治国理政伟大实践中的重要地位作用。2020 年 1 月 8 日，习近平总书记在"不忘初心、牢记使命"主题教育总结大会上的讲话中指出，"党的自身建设历来关系重大、决定全局"③。2022 年 10 月，他在党的二十大报告中进一步强调："全面建设社会主义现代化国家、全面推进中华民族伟大复兴，关键在党。"④ 习近平总书记创造性地将党的领导同社会主义本质联系起来，创造性地将党的建设同社会主义现代化国家建设和中华民族伟大复兴联系起来，把我们对党的建设战略地位的规律性认识提升到一个新的高度。

2. 创造性地阐明了党的建设的使命任务

党的组织路线为政治路线服务是党的建设的重要原理。只有聚焦于党的中心任务和执政使命，才能明确党的建设的着力点、关键点，防止党建业务"两张皮"、形式主义、脱离实际等不良倾向。党的十八大以来，以习近平同志为核心的党中央坚持马克思主义建党学说基本原理，紧紧聚焦

① 《邓小平文选》第 2 卷，人民出版社，1994，第 266 页。
② 《江泽民文选》第 3 卷，人民出版社，2006，第 1 页。
③ 习近平：《在"不忘初心、牢记使命"主题教育总结大会上的讲话》，《求是》2020 年第 13 期。
④ 习近平：《高举中国特色社会主义伟大旗帜　为全面建设社会主义现代化国家而团结奋斗——在中国共产党第二十次全国代表大会上的报告》，人民出版社，2022，第 63 页。

于我们党正在做的事情，正确处理党的领导、党的建设与党的事业的内在关联，明确了新时代党的建设承担的重要使命任务。习近平总书记明确指出："全面从严治党的目的不是要把人管死，让人瞻前顾后、畏首畏尾，搞成暮气沉沉、无所作为的一潭死水，而是要通过明方向、立规矩、正风气、强免疫，营造积极健康、干事创业的政治生态和良好环境。"① 质言之，"全面从严治党的目的是更好促进事业发展"②。在干部队伍管理上，提出了"三个区分开来"、"四种形态"、新时代好干部标准、新时代党的组织路线等原创性党建命题，激励党员干部干事创业、担当作为。在权力监督上，不是为了监督而监督，其"目的是保证公权力正确行使，更好促进干部履职尽责、干事创业"③。在调查研究上，强调要注重实效，"使调研的过程成为加深对党的创新理论领悟的过程，成为保持同人民群众血肉联系的过程，成为推动事业发展的过程"④。这一系列新理念新论断新思想指引全党在全面从严治党实践中正确处理禁止与激励、自律与他律、治标与治本等多对辩证关系，从而使党的建设新的伟大工程在新时代十年伟大变革中焕发出强大效能和实践伟力。

3. 创造性地阐明了党的建设的主题主线

2014 年 12 月 13 日，习近平总书记在江苏考察期间首次提出全面从严治党重大命题，自此围绕全面从严治党这一主题主线发表了一系列重要论述，系统阐发了全面从严治党的丰富内涵、使命承担、核心要求、精神实质、战略方针、实践举措、科学方法、战略布局等重要内容。就丰富内涵而言，习近平总书记强调，"全面从严治党，核心是加强党的领导，基础在全，关键在严，要害在治"，进一步就"全面""严""治"的丰富内涵与实践指向作出了创造性阐发。就使命承担而言，强调全面从严治党"是

---

① 习近平：《论党的自我革命》，党建读物出版社、中国方正出版社、中央文献出版社，2023，第 354~355 页。

② 《习近平关于全面从严治党论述摘编》，中央文献出版社，2021，第 294 页。

③ 《习近平关于坚持和完善党和国家监督体系论述摘编》，中央文献出版社、中国方正出版社，2022，第 208 页。

④ 习近平：《在"不忘初心、牢记使命"主题教育工作会议上的讲话》，《求是》2019 年第 13 期。

我们党在新形势下进行具有许多新的历史特点的伟大斗争的根本保证"①，"是党永葆生机活力、走好新的赶考之路的必由之路。办好中国的事情，关键在党、关键在全面从严治党"②。在科学方法上，要求全面贯彻落实全的要求、严的基调、治的理念，强调"全面从严治党，既需要全方位用劲，也需要重点发力"③。这一系列重要论述内涵丰富、相互贯通、逻辑严密、系统完备，形成了习近平总书记关于全面从严治党的丰富思想体系，极大丰富和发展了马克思主义建党学说。2016 年 10 月 24 日，习近平总书记在党的十八届六中全会上指出，"全面从严治党是党的十八大以来党中央抓党的建设的鲜明主题"④。2022 年 10 月，党的二十大报告进一步提出"健全全面从严治党体系"的战略任务。2023 年 6 月 26 日，习近平总书记在关于党的建设和组织工作的重要指示中强调，"各级党委及其组织部门深入贯彻落实党中央决策部署，紧紧围绕全面从严治党主题主线，以党的政治建设为统领，扎实做好理论武装、选贤任能、强基固本、育才聚才各项工作"⑤。从鲜明主题到主题主线，这就明确了全面从严治党这一新时代党的建设的主题主线，更加突出了全面从严治党在推进新时代党的建设新的伟大工程中的重要地位。

4. 创造性地阐明了党的建设的内容体系

历史和现实充分证明，作为一项复杂的系统工程，党的建设仅仅通过单兵突进式、零敲碎打式的思路举措是难以取得显著成效的，必须在深刻洞察党的建设的系统结构、要素构成及其耦合机理的基础上，实现党的建设各项内容范畴与核心要素的协同配合与良性耦合，使其焕发出强大治理合力和实践伟力，"使从严治党的一切努力都集中到增强党自我净化、自我完善、自我革新、自我提高能力上来，集中到提高党的领导能力和执政

① 《习近平关于全面从严治党论述摘编》，中央文献出版社，2016，第 9 页。
② 习近平：《新时代党和人民奋进的必由之路》，《求是》2023 年第 5 期。
③ 《习近平关于全面从严治党论述摘编》，中央文献出版社，2016，第 47 页。
④ 《习近平关于全面从严治党论述摘编》（2021 年版），中央文献出版社，2021，第 13 页。
⑤ 《深刻领会党中央关于党的建设的重要思想不断提高组织工作质量》，《人民日报》2023 年 6 月 30 日。

能力、保持和发展党的先进性和纯洁性上来"①。党的十八大以来，以习近平同志为核心的党中央着力优化党的建设总体布局，使得党的建设的内容体系更加系统全面，党内治理工作体系更加完善健全，管党治党实现了由单向化整治到全方位治理的升级。习近平总书记明确指出："全面从严治党是党的建设的重要组成部分，但不是全部；党风廉政建设和反腐败斗争是全面从严治党的重要组成部分，但也不是全部。"② 这就纠正了部分党组织和党员干部习惯于把防线只设置在反对腐败上的思想误区，防范了一些党组织把防线只设置在反对腐败上而忽视了其他问题的行为。习近平总书记还指出，"改进作风是从严治党的重要内容，但不是全部内容"，"党的建设必须全面从严"③，大大拓宽了党的建设的内涵外延和内容体系，显著提升了党的建设的整体质量和目标成色，切实增强了党的建设伟大工程的系统性、科学性、实效性。

5. 创造性地阐明了党的建设的科学理念和工作方法

习近平总书记关于党的建设的重要思想不仅在建设一个什么样的长期执政的马克思主义政党上提出了明确的方向指引和目标要求，而且在如何建设一个长期执政的马克思主义政党上提出了一系列科学理念与工作方法，体现了目标论与方法论的辩证统一，彰显出了鲜明的目标导向、问题导向、效果导向，丰富了马克思主义政党战略策略思想。在干部管理上，强调"要用科学办法进行管理，切实管到位、管到点子上"，"管理要全面、标准要严格、环节要衔接、措施要配套、责任要分明"④。在正风肃纪上，强调要将其"与深化改革、完善制度、促进治理贯通起来，用好'四种形态'，惩前毖后、治病救人，综合发挥惩治震慑、惩戒挽救、教育警醒的功效"。在巡视巡察上，强调"要坚持系统观念，深化上下联动、贯

---

① 《十八大以来重要文献选编》（中），中央文献出版社，2016，第102页。
② 《中国共产党第十八届中央纪律检查委员会第六次全体会议公报》，《人民日报》2016年1月15日。
③ 《习近平关于全面从严治党论述摘编》（2021年版），中央文献出版社，2021，第10、469页。
④ 《习近平关于全面从严治党论述摘编》（2021年版），中央文献出版社，2021，第295、260页。

通融合"①。在制度建设上，强调"必须做到前后衔接、左右联动、上下配套、系统集成"②。这些重要论述形成一个内涵丰富、指向明确、内在统一的关于党的建设的科学方法论体系。此外，习近平总书记还提出了全链条、全要素、组合拳、系统施治、标本兼治、靶向治疗、精准施治、抓早抓小、防微杜渐、全方位管理、全周期管理、透过现象看本质等一系列科学理念与工作方法。基于党的建设方法论的一系列重要论断形成了内容丰富的管党治党方法论体系，为在党的建设新的伟大工程中妥善处理自律与他律、思想与制度、治标与治本、当下与长远、全面推进与重点突破等多重关系指明了正确方向、提供了重要遵循。

6. 创造性地阐明了党的建设的基本规律

"深刻认识经验、深入总结经验，进而准确把握规律、自觉运用规律，是推动管党治党实践向前发展的重要前提。"③ 党的十八大以来，习近平总书记围绕党的建设规律发表了一系列重要论述，鲜明的规律意识、高度的规律自觉是习近平总书记关于党的建设的重要思想的一大突出特点。早在2013年1月22日，习近平总书记就指出，要"加强对典型案例的剖析，从中找出规律性的东西"④。2014年10月8日，习近平总书记在党的群众路线教育实践活动总结大会上明确提出深化从严治党规律认识的重要论断。他指出，"从严治党有其自身规律，对我们这样一个老党大党来说，从严治党更有其自身规律"，"通过纵向和横向的比较，进行去伪存真、由表及里的分析，正确把握掩盖在纷繁表面现象后面的事物本质，深化对从严治党规律的认识"⑤。2015年12月11日，他在全国党校工作会议上进一步指出，"经常喊看齐是我们党加强自身建设的规律和经验"⑥。2016年7月1日，习近平总书记在庆祝中国共产党成立95周年大会上强调："党和

① 《习近平关于坚持和完善党和国家监督体系论述摘编》，中央文献出版社、中国方正出版社，2022，第190、115页。
② 《习近平关于全面从严治党论述摘编》（2021年版），中央文献出版社，2021，第442页。
③ 柳宝军：《论全面从严治党十大基本经验——学习习近平关于执政党建设经验与规律的重要论述》，《新疆社会科学》2019年第5期。
④ 《习近平关于全面从严治党论述摘编》（2021年版），中央文献出版社，2021，第358页。
⑤ 《十八大以来重要文献选编》（中），中央文献出版社，2016，第101~102页。
⑥ 习近平：《在全国党校工作会议上的讲话》，人民出版社，2016，第10页。

人民事业发展到什么阶段，党的建设就要推进到什么阶段。这是加强党的建设必须把握的基本规律。"① 习近平总书记不仅大大深化了对党的建设作为一项伟大工程的整体规律的认识，而且大大深化了对党的思想建设、作风治理、干部管理、腐败治理等各个具体领域的规律性认识。比如，在反腐治理方面，他强调，"我们党强调不敢腐、不能腐、不想腐，揭示了反腐防腐的基本规律"②。这一系列规律性认识使我们党大大提高了搞好自身建设的自觉性、创造性、实效性，科学指引着党的建设新的伟大工程不断走向新的辉煌。

四 习近平总书记关于党的建设的重要思想的重大意义

作为马克思主义建党学说中国化时代化的最新成果，作为习近平新时代中国特色社会主义思想的重要组成部分，习近平总书记关于党的建设的重要思想对于兴党强党、强国建设、民族复兴等具有重大而深远的意义，具体体现为重大的政治意义、鲜活的时代意义、丰富的理论意义、深远的现实意义、深邃的历史意义、宏阔的世界意义等。在新时代党的建设新的伟大工程中，我们必须将这一重要思想坚持完善好、贯彻落实好、丰富发展好。

1. 政治意义：明确坚持和加强党中央集中统一领导这一最高原则，筑牢忠诚为党护党、全力兴党强党的坚实思想政治根基

习近平总书记强调，深入推进新时代党的建设新的伟大工程，要"以坚持和加强党中央集中统一领导为最高原则，以忠诚为党护党、全力兴党强党为根本使命，以解决大党独有难题、健全全面从严治党体系为重大任务"③。他首次鲜明提出推进新时代党的建设新的伟大工程的最高原则、根本使命和重大任务，阐明了习近平总书记关于党的建设的重要思想最关键、最突出、最鲜明的理论内核和思想精髓。其中，排在首位的是以坚持和加强党中央集中统一领导为最高原则。党的十八大以来，党团结带领人

---

① 《习近平谈治国理政》第2卷，外文出版社，2017，第157、43页。
② 《习近平关于全面从严治党论述摘编》（2021年版），中央文献出版社，2021，第380页。
③ 《深刻领会党中央关于党的建设的重要思想不断提高组织工作质量》，《人民日报》2023年6月30日。

民经受了一次又一次重大考验，应对了一次又一次重大挑战，化解了一次又一次重大风险。铁一般的事实告诉我们，党始终是风雨来袭时全体人民最可靠的主心骨。当前世界局部冲突动荡不断，百年变局加速演进，世纪疫情影响深远。实践充分表明，"两个确立"是战胜一切艰难险阻、应对一切不确定性的最大确定性、最大底气、最大保证，对新时代党和国家事业发展、推进中华民族伟大复兴历史进程具有决定性意义。在新形势下，要将党和国家事业不断推向前进，必须倍加珍惜"两个确立"重大政治成果，毫不动摇坚持和加强党中央集中统一领导，使忠诚为党护党、全力兴党强党成为全党共同而又坚定的政治自觉、思想自觉、行动自觉。

2. 时代意义：科学回答建设长期执政的马克思主义政党的重大时代课题，是推进新时代党的建设新的伟大工程的强大思想武器

主动聆听时代声音、深刻洞悉时代脉搏、主动回应时代之问、准确把握时代发展大势是马克思主义政党保持先进性的内在要求。面对新时代的新使命，"建设什么样的长期执政的马克思主义政党、如何建设长期执政的马克思主义政党"成为摆在新时代中国共产党人面前的一道重大时代课题。习近平总书记关于党的建设的重要思想正是立足新方位、着眼新形势、承担新使命，以一系列独创性的重大论断科学回答如何在长期执政条件下建设一个政治坚定、先进纯洁、民众拥护、朝气蓬勃状态的马克思主义先锋队政党的时代之问而诞生的理论精华，对我们党顺应时代潮流、锚定奋斗目标、掌握历史主动产生了重大而深远的意义。在这一重要思想科学指引下，我们党以强烈的历史担当、顽强的意志品质、空前的工作力度扎实推进新时代党的建设新的伟大工程，成功消除了影响党长治久安的一系列政治隐患，校正了党和国家发展航向，"对党、对国家、对民族都产生了不可估量的深远影响"①。党的十八大以来，党的建设领域取得的历史性成就、发生的历史性变革成为新时代党治国理政伟大实践最突出的亮点、最显著的成就、最浓墨重彩的篇章。伟大实践成就升华为科学思想理论，科学思想理论必将有力引领新的伟大实践，这一重要思想为深入推进新时代党的建设新的伟大工程提供了强大思想武器。

---

① 《习近平关于全面从严治党论述摘编》（2021年版），中央文献出版社，2021，第32页。

3. 理论意义：极大丰富马克思主义建党学说，是 21 世纪马克思主义政党建设理论

习近平总书记关于党的建设的重要思想是集马克思主义政党推进自身建设的理念创新、思想创新、制度创新、话语创新、实践创新于一体的有机整体，是马克思主义建党学说中国化时代化的最新理论成果，是以党的全面领导论、自我革命论、人民中心论、总体布局论、监督体系论、法规制度论、政治责任论为主体内容的继承性创新、集成性创新、原创性创新，为马克思主义建党学说注入新的时代内涵，极大拓展了马克思主义政党解决自身问题的新视野、新方法，极大丰富了马克思主义建党学说。这一重要思想以深刻的理论洞察力，明确了民族复兴伟业中的政党使命，明确了现代化建设中的政党角色，明确了国家治理现代化中的政党功能，明确了伟大社会革命中的政党动力，深刻揭示了治党与治国、自我革命与社会革命的内在规律，在实践中开创并形成了以政党之治开创国家之治、以政党自我革命引领伟大社会革命的马克思主义政党建设思想的中国形态，是 21 世纪马克思主义政党建设理论。正如习近平总书记指出的："现在，世人惊叹中国理论创新、实践创新、制度创新步伐之快，惊叹中国社会面貌变化之大，要看到在这些发展变化背后是我们党永不自满、永不懈怠的品格，是我们党不断自我净化、自我完善、自我革新、自我提高的精神。"[①] 这一重要论述正是对 21 世纪马克思主义政党建设理论关于治党与治国、自我革命与社会革命深刻关系的经典阐述。

4. 现实意义：初步构建全面从严治党体系，是解决大党独有难题的思想遵循与行动指南

思想理论的根本目的在于运用。始终贯穿问题导向、展现鲜明实践品格、具有重大现实意义，是习近平总书记关于党的建设的重要思想的突出特征。这一重要思想彰显着依靠刀刃向内的自我革命解决自身难题的战略清醒与深刻洞察，凝结着对我们这个肩负重大使命的马克思主义先锋队政

---

① 《习近平关于全面从严治党论述摘编》（2021 年版），中央文献出版社，2021，第 21 页。

党如何解决独有难题、实现长期执政的深切忧患和深邃思考。党的十八大以来，经过理论探索与实践探索，我们党成功"探索出一条长期执政条件下解决自身问题、跳出历史周期率的成功道路，构建起一套行之有效的权力监督制度和执纪执法体系"①。在这一重要思想指引下，新时代中国共产党人关于管党治党的一系列思路理念、实践举措、治理载体、实践机制等呈现出模式化与体系化特征。作为一项复杂系统工程，大党治理绝非一招一式的治理举措与治理模式所能解决的，为了使党永葆青春、基业长青，亟须构建系统化的政党治理体系。正因如此，党的二十大明确提出了"健全全面从严治党体系"的重大战略任务。健全全面从严治党体系既不是对原先党的建设某些领域、环节或举措的机械拼凑，也不是用党的建设总要求简单套用、取而代之，而是对全面从严治党各项举措方略进行有机整合和系统提升的过程。作为一项具有全局性、开创性的工作，全面从严治党体系的初步构建是习近平总书记关于党的建设的重要思想科学指引的产物。在新的历史起点上，通过健全全面从严治党体系解决大党独有难题，深入学习贯彻习近平总书记关于党的建设的重要思想，从理论与实践相结合的角度进一步推动构建中国特色政党治理体系，确保我们党在解决大党独有难题中展现蓬勃生命力和强大战斗力。

5. 历史意义：探索找到跳出历史周期率的"第二个答案"，是党永葆青春、长盛不衰、长治久安的科学思想指引

习近平总书记多次以中国古代封建王朝兴衰更替的历史规律、中外政治史上那些人亡政息的深刻教训来审视和镜鉴中国共产党的自身建设问题。他指出："党的十八大以来反腐力度和规模之大，在中国历史和世界历史上都没有过。"② "特别是十年下来，我们这一套自我革命的'组合拳'是载入史册的。"③ 习近平总书记就全面从严治党、自我革命、党的长期执政、解决大党独有难题等提出的一系列重大原创性思想成果，建立在

① 《习近平关于坚持和完善党和国家监督体系论述摘编》（2021年版），中央文献出版社、中国方正出版社，2022，第18页。
② 习近平：《论党的自我革命》，党建读物出版社、中国方正出版社、中央文献出版社，2023，第342页。
③ 《"虽千万人，吾往矣"》，《人民日报》2022年10月19日。

马克思主义建党学说的理论原则和思想根基之上，建立在中国共产党百余年来推进自身建设的历史逻辑和经验认知之上，建立在世界政党政治运行演变的一般规律和清醒洞察之上，更建立在中华 5000 年优秀传统文化根基和深厚文明底蕴之上，蕴藏着厚重的历史纵深和宏阔的世界视野，彰显着坚定的历史自信和高度的文化自觉。从这个意义上讲，习近平总书记关于党的建设的重要思想蕴藏着十分独特而深刻的文化逻辑、文明逻辑。一方面，这一重要思想是我们党推进马克思主义建党学说同中国共产党自身建设具体实际、同中华优秀传统文化相结合的理论成果；另一方面，要成功跳出治乱兴衰的历史周期率，实现党的长期执政、长治久安，继续推进新时代党的建设新的伟大工程，从根本上离不开纵深的历史视野、深厚的文化根基、独特的文明底蕴。在新时代新征程上加强和改进党的自身建设，只有不断深化"两个结合"，坚定历史自信，厚植文化根基，赓续文明基因，以兼收并蓄、海纳百川的开放胸襟将古今中外一切优秀文明成果为党的建设所用，我们党才能成功跳出治乱兴衰的历史周期率，永葆党的先进品格、青春活力和革命精神。

6. 世界意义：开辟新时代中国特色政党治理新境界，为世界政党治理提供中国共产党人独有的智慧与方案

环顾当今世界政党政治舞台，没有哪一个政党能够像中国共产党这样历经百年沧桑却依旧朝气蓬勃、规模巨大却依然高度团结、体系健全且始终本领高强。在习近平总书记关于党的建设的重要思想的科学指引下，党的建设取得了历史性成就、发生了历史性变革，党在革命性锻造和重塑性治理中焕发出旺盛的生命力和强大的凝聚力、战斗力，为党和国家事业取得历史性成就提供了强大政治保障。在这一伟大实践过程中形成了一系列具有独创性的理论认识和经验总结，这些重大成果不仅是新时代中国共产党自身建设的科学指引与行动指南，而且在整个世界范围内展现出广泛而深远的影响力、引领力和感召力。特别是党的二十大提出了"大党独有难题"的重大命题，这一命题体现着不同国家政党治理逻辑普遍性和特殊性的内在统一，是中国共产党对大党治理进程中出现的普遍性课题的高度关注与理性省察，体现出当代中国共产党人对世界政党治理规律的深邃思考和勇于直面自身问题矛盾的高度自觉。习近平总书记强调，要"在世界马克思主义政党命运比较和我们党长期执政面临的现实考验中深化对党的自我革命战略思想的规律性认识"①。"大党独有难题"重大命题的提出，在中国共产党历史、社会主义发展史、国际共产主义运动史乃至世界政党政治史上都具有首创性。这项重大时代课题，马克思主义经典作家没有遇到过，其他社会主义国家没解决好。中国共产党率先提出这一重大命题，并在长期实践探索中找到了成功跳出历史周期率的"两个答案"，这无疑具有世界历史意义，体现了中国共产党作为世界第一大党为世界政党治理和政治文明进步贡献智慧和方案的风范与担当。

---

①　习近平：《开辟马克思主义中国化时代化新境界》，《求是》2023 年第 20 期。

虚假的公民与生成的人民：资产阶级民众观与马克思主义民众观的对立[*]

——基于《法兰西内战》的分析

胡天娇^{**}

对马克思而言，巴黎公社的诞生是一个具有里程碑意义的政治事件。在《法兰西内战》中，马克思指出公社"实质上是工人阶级的政府"①，是"给共和国奠定了真正民主制度的基础"② 的组织形式。公社的出现，证明了在资本主义模式之外，人类还可以选择另一种不同的生活方式，并进行真正的民主实践。在这个意义上，公社所对抗的不仅是普鲁士的外敌与凡尔赛的政府军，还有它之外的资本主义世界。《法兰西内战》中所勾勒的巴黎公社与其周遭的资本主义世界间的对抗，不仅是两种经济制度、社会运行模式的对抗，其中还包含着两种民众观的对抗。

民众观勾勒了民众能掌握自己人生与命运的程度，因而决定了他们参与政治实践的可能性与限度。在不同民众观的影响下，公社内外的民主制度呈现出不同的覆盖范围和实践深度。《法兰西内战》中蕴含着马克思迥异于资产阶级民主的民众观，这是既往研究鲜少关注的问题。因此，本文

---

* 本文原载《社会主义研究》2019 年第 5 期，收入本书时有改动。
** 胡天娇，中共中央党校（国家行政学院）马克思主义学院讲师。
① 《马克思恩格斯文集》第 3 卷，人民出版社，2009，第 158 页。
② 《马克思恩格斯文集》第 3 卷，人民出版社，2009，第 157 页。

将以《法兰西内战》为中心，结合马克思其他相关文献，比对马克思的民众观与资产阶级民主的民众观，以期更好地凸显人民民主是马克思思想的题中应有之义。

一　资产阶级的民主：应然与实然的分裂叙事

马克思洞悉到，其时的资产阶级民主具有虚伪性的特质：参与政治的权利并不真正地属于人民，而是为少数团体所把持操纵，底层民众参与民主实践的通道是极其狭窄的。这一点，马克思在从书房步入社会舞台的《莱茵报》时期就有所揭露。1841 年，在莱茵省议会，就新闻出版自由和公布省等级会议辩论进行讨论时，参与辩论的成员由诸侯等级代表、骑士等级代表、城市代表与乡镇代表组成。由于拥有地产是参加省等级会议选举的基本条件，所以大部分居民实际上被直接剥夺了成为代表、提出自身利益诉求的可能性。在名义上，议会参与者扮演着省等级代表的角色，理应谋求全省共同的福祉；但实际上，绝大多数的议员只是特殊等级的代表，他们不惜以损失其他民众的利益为代价，拒绝将省议会辩论的内容向"真正的，而非想象中的民众"公开。为此，马克思犀利地批判道："这里我们看到一种也许是反映省议会本质的令人奇怪的情景，即与其说省必须通过它的代表来进行斗争，倒不如说它必须同这些代表进行斗争"，"在这种情况下，省议会的权利已不再是省的权利，而是反对省的权利，省议会本身也成为对省采取极端非法行为的体现者"。① 同年，省议会通过了普鲁士政府提交的一份关于捡拾枯枝的法案，该法案将未经林木所有者许可的捡拾枯枝的行为等同于盗窃罪。马克思认为，这项法案完全违背了"一切国家的穷人的习惯法"②，为维护林木所有者的利益而站在了最底层的、一无所有的民众的对立面。马克思讽刺地写道："这种把林木所有者的奴仆变为国家权威的逻辑，使国家权威变成林木所有者的奴仆。整个国家制度，各种行政机构的作用都应该脱离常规，以便使一切都沦为林木所有者

---

① 《马克思恩格斯全集》第 1 卷，人民出版社，1995，第 158、156 页。
② 《马克思恩格斯全集》第 1 卷，人民出版社，1995，第 248 页。

的工具，使林木所有者的利益成为左右整个机构的灵魂。一切国家机关都应成为林木所有者的耳、目、手、足，为林木所有者的利益探听、窥视、估价、守护、逮捕和奔波。"① 需要指出的是，"林木所有者"并非单纯指林木的所有者，而是代指财产的所有者，马克思在此正是通过"林木盗窃法"这一幅"风俗画"，生动地刻画了由特权阶层把持的议会是如何脱离了行政机构的"常规"。

那么，何谓"常规"？以莱茵省为例，马克思指出："从法律上说，省等级会议不仅受权代表私人利益，而且也受权代表全省的利益，同时，不管这两项任务是多么矛盾，在发生冲突时却应该毫不犹豫地为了代表全省而牺牲代表特殊利益的任务。"② 法律规定了省议会应该将全省利益放在最优先的位置，也就是说，马克思认为在"常规"上，政治机构应该代表共同体的普遍利益，而不应为私人的或特殊利益所左右。但是现实呈现了强烈反差。

在遭遇"要对所谓物质利益发表意见的难事"之后，马克思转而进入政治经济学领域研究，在这个过程中，他始终对周遭的政治动态保持关注。20多年后，当马克思将目光投射到大革命的发生地——法国时，他发现资产阶级社会的政治生态没有发生根本的改变。《法兰西内战》一文分析了法国在第一帝国之后各个时期的政治体制，其中政府都被有产阶级直接控制，成为"巨额国债和苛捐重税的温床"，并且"由于拥有令人倾心的官职、金钱和权势而变成了统治阶级中各不相让的党派和冒险家们彼此争夺的对象"③。在资产阶级的民主中，有产者是议会、政府、法庭等诸多政治领域中的主宰者，他们控制着进入政治生活的阀门，并将这些宣称为共同体服务的机构转化为争夺自身利益与维系特权的工具。大多数底层民众被摒弃在政治领域之外。

公社之外的政治生活出现了应然与实然的分裂。在法理上，行政机构代表着共同体的利益，决策应该体现人民的意志，因而广大的无产者、底层群众也理应是参与政治实践的重要主体。但在实际的政治操作中，底层

---

① 《马克思恩格斯全集》第1卷，人民出版社，1995，第267页。
② 《马克思恩格斯全集》第1卷，人民出版社，1995，第289页。
③ 《马克思恩格斯文集》第3卷，人民出版社，2009，第152页。

群众却被排挤在政治领域之外，他们无法通过这一渠道保障自身的利益，行政机构成为特权阶层、有产阶层谋利的武器。那么，面对显而易见的分裂，资本主义世界是用何种方式加以遮盖的呢？这就涉及了资产阶级的民众观的问题。

二　资产阶级的民众观：积极公民与消极公民的划分

需要承认，资本主义社会的政治观念具有历史性的进步意义，它承认人民主权的重要性，并赋予民众抽象的公民权。然而，这种民主形式终究受限于自我矛盾："当国家宣布出身、等级、文化程度、职业为非政治的差别，当它不考虑这些差别而宣告人民的每一成员都是人民主权的平等享有者……尽管如此，国家还是让私有财产、文化程度、职业以它们固有的方式，即作为私有财产、作为文化程度、作为职业来发挥作用并表现出它们的特殊本质。"① 在政治领域，这种特殊本质表现为只有达到一定标准的私有财产、文化程度，从事特定职业的公民，才能够进行政治实践，参与民主决策。这实际上将广大的底层群众排除在政治生活之外，造成了政治实践中"应然"与"实然"的分裂。

资产阶级民众观通过重新界定"人民民主"的适用条件来掩饰这一分裂。如马克思所指出的，这一方案即"把公民分为两类，即分为管理机构中的积极的、自觉的公民和作为被管理者的消极的、不自觉的公民"②。前者具有实在的参与选举决策的政治权利，而后者，包括妇女、外来者、无产者等在内，虽然在理论层面依然是人民主权的主体，但在实践上则被认为是不具备政治参与能力的群体。这种市民社会的等级划分"借助某种意识形态来严密地论证其合理性。这种意识形态来源于下述思想，即通过道德意识的觉醒和物质上的改善诸阶段来达到'文明'状态"③。广大的底层群众，被认为尚未达到"文明"状态，因此被划分为不适合参与民主实践

---

① 《马克思恩格斯文集》第 1 卷，人民出版社，2009，第 29~30 页。
② 《马克思恩格斯全集》第 1 卷，人民出版社，1995，第 374 页。
③ 〔美〕沃勒斯坦：《现代世界体系（第四卷）——中庸的自由主义的胜利：1789–1914》，吴英译，社会科学文献出版社，2013，第 42 页。

的消极主体。

在法国，虽然于 1792 年第二次革命胜利后就在宪法中取消了积极公民与消极公民的区分，但普选权从未在现实中实施过。1794 年热月政变后，普选权即被宣告取消，"1795 年制订的共和三年宪法重新恢复革命初期有财产限制的两级间接选举制，选举权成了纳税人的特权。对此，该宪法的起草人之一多努当时公开扬言：'不可能让所有的人都享有政治权利。'应当'排除一无所有的人'，因为'穷人是懒惰和迟钝者'"①。在此后的半个多世纪里，关于普选权的斗争此起彼伏。资产阶级虽然也曾以争取普选权的名义发动政变，例如路易·波拿巴，但这只是他重建帝制的手段。"1849 年 4 月 6 日，以赖德律-洛兰为首的原制宪议会的左翼代表在《改革报》上发表了一份致选民的宣言，宣言在涉及普遍选举时指出，法国人民虽已不再是国王的臣民，但仍为无知和贫困所奴役，处于这种状态的人民很难说是自由的、有主权的。如不摆脱这种状态，即便争得了普选权也无济于事，因为普选的结果仍然会违背人民自身的利益。"② 积极公民与消极公民的划分虽然在法律中被禁止了，但它依然存在于资本主义社会的意识形态里，存在于实际的政治实践中。在这套话语体系中，消极公民被视为道德与能力上的欠缺者、无能者，是未被文明启蒙的，换句话说，他们处于公民社会中的半人，乃至非人状态，理应受到能力健全的资产阶级的统治和管理。

这一公民观，与特权阶层、有产者的利益相契合，而贬抑了绝大多数社会公民的价值，使得广大的底层民众无法参与政治生活，行使选举、决策、监督等诸多权利。因此，实现共同体利益的可能性越发渺茫。而巴黎公社是这一切的反面。

三 巴黎公社的真正民主制度：一切健全成分的代表

马克思认为巴黎公社是一切健全成分的真正代表，他赞扬公社"给共

---

① 吕一民：《近现代公民权利及其观念视野中的法国普遍选举史——评罗桑瓦龙〈公民的加冕礼——法国普遍选举史〉》，《世界历史》2004 年第 5 期。

② 吕一民：《近现代公民权利及其观念视野中的法国普遍选举史——评罗桑瓦龙〈公民的加冕礼——法国普遍选举史〉》，《世界历史》2004 年第 5 期。

和国奠定了真正民主制度的基础"。在马克思对公社的分析与肯定中，蕴藏着他对理想的世界图景的构思。因此，解读公社民主能够更清晰地了解马克思思想中民主的广泛意涵。公社民主的特质可以被总结为以下三个方面。

（一）公社组织架构的实质是人民内部的"分权"

自启蒙时代以来，政府的分权被认为是一种民主政治的必要形式。区别于三权分立等政治架构，公社自身全权包揽了立法、行政、司法的工作。公社将一切城市管理与创议权都纳入自己的工作范围，并废除了常备军与警察机构的设置。马克思指出，这样的机构设置带来的成果是"公社实现了所有资产阶级革命都提出的廉价政府这一口号，因为它取消了两个最大的开支项目，即常备军和国家官吏"[①]。

问题在于，公社包含所有重要职权，是否比分权政府更容易滋生腐败？马克思认为形式上的分权并不能保证政府廉洁，统治阶级内部联合压迫其他阶级的共同利益足以打破分权，因此马克思指认资产阶级民主的分权是虚伪且无力的。以法兰西第二帝国为例，"统治阶级对生产者大众不断进行的十字军征讨，使它不仅必须赋予行政机关以越来越大的镇压之权，同时还必须把它自己的议会制堡垒——国民议会——本身在行政机关面前的一切防御手段一个一个地加以剥夺。结果，这个体现于路易·波拿巴其人之身的行政机关把国民议会一脚踢开了"[②]。司法机构亦是如此，马克思指出在公社中"法官的虚假的独立性被取消，这种独立性只是他们用来掩盖自己向历届政府奴颜谄媚的假面具，而他们对于那些政府是依次宣誓尽忠，然后又依次背叛的"[③]。在旧制度下看似分散的权力并不真正具有独立性，它们最终将协同成为资产阶级统治者抵御无产阶级革命威胁、发展资本主义经济的利益共同体。

马克思认为权力集中的公社反而实现了真正的"分权"。资产阶级政

---

① 《马克思恩格斯文集》第3卷，人民出版社，2009，第157页。
② 《马克思恩格斯文集》第3卷，人民出版社，2009，第153页。
③ 《马克思恩格斯文集》第3卷，人民出版社，2009，第155页。

府所设计的分权形式属于统治者内部的分权，而公社的"分权"则是人民内部的分权，确切地说，是公社获得了经由人民允许、分享的权力。在公社中，依靠两个策略保障执行人民的分权：第一，公社的工作人员由巴黎各区通过普选选出的市政委员组成，向人民负责，服从人民的意志，并可以随时被罢免；第二，所有公职人员的薪水都与工人的薪资水平持平，取消了一切特权与公务津贴，因此公社铲除了滋生腐败的温床。

（二）巴黎公社是中央与地方协同服务社会机体

中央与地方的关系问题，是国家治理的关键问题，也是影响民主决策的重要因素。马克思注意到，中央在与地方的博弈过程中，为推进决策可能会牺牲地方的利益，例如"第二帝国……使所有的大城市都背上了沉重的地方债务"①，中央缺乏与地方的分权会危害民主政治，而地方过度自行其是，则会给统筹决策带来困难。如何平衡中央与地方利益的矛盾冲突？公社模式为调整中央与地方的关系提供了一种思路。

按照巴黎公社未能完全实现的全国组织纲要的设想，巴黎公社这种自治的组织形式不仅应被法国的各大工业城市所效仿，也应该在最小的村落推行，公社自然带来了地方自治。马克思指出："这种地方自治已经不是用来牵制现在已被取代的国家政权的东西了。""公社体制会把靠社会供养而又阻碍社会自由发展的国家这个寄生赘瘤迄今所夺去的一切力量，归还给社会机体。"② 由此可以推导出，在公社制度下，无论是地方还是中央的组织架构，都是为了充分滋养社会机体、服务于人民而存在的，一致的目标消解了中央与地方的根本利益冲突。在纲要的设想中，地方与中央可以在共同的目标下协同合作：在全国范围内，地区性的农村公社形成专区，并在中心城镇设置代表会议统一处理此专区的公共事务，而"这些地区的各个代表会议又向设在巴黎的国民代表会议派出代表"③。由此，通过直接民主与间接民主相结合的方式，公社充分地渗透并链接了整个国家的方方

---

① 《马克思恩格斯文集》第 3 卷，人民出版社，2009，第 140 页。
② 《马克思恩格斯文集》第 3 卷，人民出版社，2009，第 157 页。
③ 《马克思恩格斯文集》第 3 卷，人民出版社，2009，第 155 页。

面面，从而公社在进行政治决策、生产生活的统筹安排时能够更好地了解、满足人民的需求。

（三）人民的自我赋权

在公社之内，人民民主得到了切实的贯彻，投票权不再受财产多寡的左右，公意成为政治决策的唯一考量。无产阶级不仅拥有投票权，还能够实际参与政治决策，成为被选举者、监督者，成为为他人也为自己负责者，而不再需要来自高处的指导。因此，公社制度是一种人民自我赋权的民主制度。人民的主体性在公社中得到充分的尊重，这与资产阶级极力将"较低阶级"排除出政治舞台的做法形成了鲜明的对比。

在这种制度下，巴黎公社内的人民面貌焕然一新，"公社简直是奇迹般地改变了巴黎的面貌！第二帝国的那个花花世界般的巴黎消失得无影无踪……尸体认领处里不再有尸体了，夜间破门入盗事件不发生了，抢劫也几乎绝迹了。事实上自从 1848 年 2 月的日子以来，巴黎街道第一次变得平安无事，而且不再有任何类型的警察"[①]。在资本主义社会，被归入消极公民的女性群体，在公社获得了与男性一样平等的地位，"真正的巴黎妇女又出现在最前列，她们像古典古代的妇女那样具有英勇、高尚和献身的精神"[②]。那么这种公社内外巨大的差异是如何形成的呢？在同一社会环境、同一文化传统中生长起来的法国人，为何一墙之隔就呈现出全然不同的面貌，这是否因为人民的性质存在巨大的差异？

四　马克思的民众观：生成的人民

公社式民主与资产阶级式民主形成了鲜明的对比，根本原因在于它们所代表的阶级利益不同，与之相伴的则是两种民众观的差异。那么究竟该如何认识民众的属性？他们是如同资产阶级统治者所划分的那样，大多数由能力不健全的消极公民构成，还是天然能完全主宰自己命运的人？马克

---

① 《马克思恩格斯文集》第 3 卷，人民出版社，2009，第 165 页。
② 《马克思恩格斯文集》第 3 卷，人民出版社，2009，第 165 页。

思自然不会同意前者，但是也不会全然赞同后者。马克思曾批评过旧派共和党人对直接普选权怀有迷信，认为他们"把全体法国人，或至少是把大多数法国人看做具有同一利益和同一观点等等的公民。这就是他们的那种人民崇拜。但是，选举所表明的并不是他们意想中的人民，而是真实的人民，即分裂成各个不同阶级的代表"①。马克思务实地了解到人民并非铁板一块，他们内部可以被细分为不同的阶级，而不同的阶级都有自己的利益，因此在政治实践中会为争取各自的利益易形成矛盾冲突。那么为什么在巴黎公社中，人民可以紧密团结、相互协作，为公社这一集体作出奉献乃至英勇地牺牲？如果马克思将巴黎公社视为具有典型意义的、在一定情况下可被复制的社会主义实践，那么他就必然不能将此仅仅归功于巴黎人民高尚的品质，而需要寻找到人民身上所具备的普遍属性。

马克思是如何理解人民的呢？当他提到公社是如何实现可能的共产主义时写道，工人阶级"并没有期望公社做出奇迹。他们不是要凭一纸人民法令去推行什么现成的乌托邦。他们知道，为了谋求自己的解放，并同时创造出现代社会在本身经济因素作用下不可遏止地向其趋归的那种更高形式，他们必须经过长期的斗争，必须经过一系列将把环境和人都加以改造的历史过程"②。马克思指出，为了使社会趋向更高的形态，环境与人本身都需要经过一段时期的改造。因此在马克思看来，人民并不是一个一成不变的概念，而是会随着历史情境的更迭而改变的存在，也是一个需要被塑造以协同社会前进发展的主体。由此观之，人民具有一个重要属性，即生成性。

既然人民是在历史中不断生成的主体，那么如何认识人民的问题就转变为如何使具有自我主宰能力的人民在历史中得以生成的问题。在《法兰西内战》中，公社所采取的方法可以被归纳为以下三点。

（一）重视教育

培育人民的重要举措首先在于重视教育。教育既是劳动力再生产中的

---

① 《马克思恩格斯文集》第 2 卷，人民出版社，2009，第 99 页。
② 《马克思恩格斯文集》第 3 卷，人民出版社，2009，第 159 页。

重要环节，也是人们获得科学知识、确立主体地位的重要途径。然而广大底层人民在寻求教育时存在两大障碍。其一为阶级障碍。底层人民的收入与社会地位使他们难以接受教育，尤其是全面、高等的教育。其二，教权性质的课程是阻碍人们接受全面教育的第二大障碍。法国兰斯有教育组织专门面向穷苦子弟开放免费教育，被马克思蔑称为"无知兄弟会"，因为"在这个团体所办的学校里，学生主要接受宗教教育，得不到其他方面的知识"①。因此这样的初等教育仅有教育的外壳，而本质则近似传教。宗教灌输不仅是人们通往理性之路的绊脚石，而且往往与政治意识形态相结合，成为统治阶级操控民众的精神武器。在寻求教育的道路上，底层人民面对着重重人为的障碍，因而缺乏教育的民众自然无法成为资产阶级民主中所需要的"文明"者，由此形成了一个恶性循环：底层人民因为不公平的社会环境而无法接受教育，而缺乏全面、高等教育的人民成为有产者口中的愚钝者、无能者，需要将命运委托于所谓专业人士。人民被排挤出政治实践领域，缺乏发声的渠道，更加无法改善自己的生存境况。可见，垄断了教育权，也就垄断了话语权、解释权，二者协同造就了这样一种错觉："以为行政和政治管理是神秘的事情，是高不可攀的职务，只能委托给一个受过训练的特殊阶层，即国家寄生虫、俸高禄厚的势利小人和领干薪的人，这些人身居高位，收罗人民群众中的知识分子，把他们放到等级制国家的低级位置上去反对人民群众自己。"②

公社首先在政权结构上祛魅。政治管理并非神秘的事务，其根本目的在于真切地为社会机体、人民服务。公社的工作人员也并非高不可攀的所谓"专业"人士，公意选拔出公社的公务员，他们为人民服务，受人民监督，并可因不称职被罢免。在政治属性上，公社委员与从事其他职业的群众并非官民之别，而同属于人民。其次，公社立即落实具体措施，移除教育上的两大障碍："摧毁作为压迫工具的精神力量，即'僧侣势力'……一切教育机构对人民免费开放，完全不受教会和国家的干涉。这样，不但

① 《马克思恩格斯文集》第3卷，人民出版社，2009，第651页。
② 《马克思恩格斯文集》第3卷，人民出版社，2009，第196页。

人人都能受教育，而且科学也摆脱了阶级偏见和政府权力的桎梏。"① 通过免费普及教育的方式，科学代替了教士的灌输，人民的精神世界得到了解放。

理性能力的培育与知识的累积是教育必不可少的环节，它们能够协助人民作出更为全面的判断，更好地参与民主实践。然而政治生活的参与不仅需要知识的领悟、原则的通晓，更需要实践中经验的累积，而公社的民主机制则进一步体现出以民主实践作为教育人民的方法的珍贵精神。

（二）参与民主实践

为了使人民适应民主，切实的政治实践是一个不可或缺的方法。人民需要在政治实践的过程中，才能成为自我主宰的主体。此处需要指出的是，在马克思的民众观中，人民具有生成性，因此民众需要在历史情境中得到锻造。在资产阶级民主的民众观中，同样认为消极公民也需要改变，然而，两种观点看似相近，却存在本质的差异。其原因在于资产阶级对社会"较低阶级"的改变要求是家长式的，"消极公民"的改造途径、改造成功的检验标准都掌握在统治者手上，人民只有先被认可为脱离了消极公民这一身份，才具备参与政治的资格。而马克思所认为的"改造"是一个在实践中自我完善的过程，人民并不预先被设定是完美契合民主机制的主体，公社民主也并非被认为是空洞、运转自如的形式，只有人民参与到政治实践中去，只有公社容纳、依靠人民进行运转，人民才可能成为替自己负责的理性者，公社才可能建成真正意义上的民主。因此，人民与民主机制是在政治实践中互相塑造的。

人民的选择自然不是始终不会犯错，但在民主进程中，一些试错是被允许的，例如谈及选择公社公职人员时，马克思写道："正如个人选择权服务于任何一个为自己企业招雇工人和管理人员的雇主一样。大家都很清楚，企业也像个人一样，在实际业务活动中一般都懂得在适当的位置上使用适当的人，万一有错立即纠正。"② 唯有在实践中才能够累积出参与政治

---

① 《马克思恩格斯文集》第 3 卷，人民出版社，2009，第 155 页。
② 《马克思恩格斯文集》第 3 卷，人民出版社，2009，第 156 页。

的能力与智慧。在这个过程中，人民完成了自我练习与完善，更好地体会如何优化民主机制，如何更好地运用民主机制来为自身的全面发展与社会机体的健康运作服务。因此，在马克思的民众观中，人民的生成是一个人民自我指导、自我纠错与自我进化的过程，最终的解释权与行动权都归于人民本身。

然而如前文所述，马克思清晰地了解到真实的人民并不是同质的，不同阶级之间存在现实的利益冲突，因此在实际的政治实践中，人民之间仍有龃龉。那么，巴黎公社是如何让不同阶层的人民摒弃私意，将公社的利益视同于自身的利益，在面临巨大的生死考验之际仍然团结一致，使得"全巴黎像一个人一样奋起自卫"呢？① 依照历史唯物主义的逻辑，其中不仅有巴黎人民高尚情操的因素，更有深刻的经济根源。

（三） 解放劳动

在改造人民的方法中，公社最为根本的做法就是解放劳动，这也是公社作为工人阶级政府的核心特征。解放劳动不应仅停留于理论中"解释世界"，而是应得到切实推行的"改变世界"的行动，在这一点上，公社与资本主义世界间的对比清晰地显露了后者的伪善。马克思写道："说来也奇怪，虽然近60年来出现了大量的关于劳动解放的高谈阔论和巨著，可是只要工人在什么地方决心由自己来做这件事，那些替以资本和雇佣奴隶为两极的现代社会（地主现在只不过是资本家的驯顺伙伴）说话的喉舌，立刻就出来大唱辩护之歌，仿佛资本主义社会还处在童贞和白璧无瑕的状态，仿佛它的对立还没有发展，它的欺人假象还没有被戳穿，它的丑恶现实还没有被揭露。"② 资本主义世界对劳动解放的提防与警惕是出于对私有权的维护，私有权是支撑这一世界运作的最深刻基石，也是特权阶层维持自身地位、进行资本累积、剥削无产者的终极秘诀。而"公社是想要消灭那种将多数人的劳动变为少数人的财富的阶级所有制。它是想要剥夺剥夺者。它是想要把现在主要用做奴役和剥削劳动的手段的生产资料，即土地

---

① 《马克思恩格斯文集》第 3 卷，人民出版社，2009，第 104 页。
② 《马克思恩格斯文集》第 3 卷，人民出版社，2009，第 158 页。

和资本完全变成自由的和联合的劳动的工具，从而使个人所有制成为现实"①。这一解放具有双重意义。其一，生产资料不再与劳动者相分离，而是与劳动者有机地结合，进行为共同体需求服务的生产与再生产。对无产者而言，在朝不保夕之际，生存尚且无法保障，更遑论参与政治实践的能力与空暇。而公社让民众在现实的物质基础之上获得真正的尊严，也为他们参与政治生活提供了必要的前提。因此，劳动解放为民主实践的主体灌注了活力。其二，一旦劳动被解放，不同阶层的群体都会转变为参与生产的工人，这消解了固化的阶级，形成政治意义与经济身份上平等的人民。因此，不同于资本主义社会，在公社中，人与人之间不存在彼此盘剥的关系，而是平等的合作关系，原则上能够规避在进行政治决策时由于不同的阶级利益而产生人民间的矛盾。

在解放劳动的实现过程中，公社针对不同阶级的具体情况采取了细致的安顿措施。针对农民，公社实现的廉价政府免除了加诸农民身上沉重的赋税，而由农民直接选举出的公职人员也能够使他们不再受到乡警、宪兵、法警的专横压迫。除此之外，公社追求合作社的生产模式，能够解决资本主义农业经营使小农不断沦为农村无产阶级的局面。而对于小资产阶级，公社颁布了一切债务可延缓三年偿付并且取消利息的法令。这项法令改善了被大金融集团诈骗剥削的小资产阶级的经济处境，而大大打击了放债的大资本家。针对工人受剥削的情形，公社关闭了当铺以保护工人占有生产资料与借贷的权利，废除面包店的夜工与无故降低工人工资的指令，最重要的是"联合起来的合作社按照共同的计划调节全国生产，从而控制全国生产，结束无时不在的无政府状态和周期性的动荡这样一些资本主义生产难以逃脱的劫难"②。通过这些细致的经济政策，不同阶级的人意识到公社能够实实在在地为自己带来解放，他们就会自然地向工人阶级领导下的公社集体靠拢。"多种多样的人把公社看成自己利益的代表者，这证明公社完全是一个具有广泛代表性的政治形式"③，这就是为什么在公社出现

① 《马克思恩格斯文集》第3卷，人民出版社，2009，第158页。
② 《马克思恩格斯文集》第3卷，人民出版社，2009，第159页。
③ 《马克思恩格斯文集》第3卷，人民出版社，2009，第157页。

前，农民和小资产者往往被好斗的资产阶级和渴望复辟的大土地所有者所迷惑统辖，而当公社出现后，他们才会意识到"公社的胜利是他们的唯一希望"①，并且是真实的希望。资本主义经济依赖剥削才能存活，凭借竞争才能发展，因此自私不得不成为生活于其中的民众所遵循的人性逻辑。而公社带来的不是阶级的分裂，而是阶级的联合，不是某一阶级利益的提升，而是全体人民幸福的实现。当人民在公社这一集体中平等地生产生活，他们就会逐渐感受到自己的福祉与其他劳动者、与公社集体的紧密连接，因而摒弃私意，形成超越阶级的政治视野，拥有公心。

五 余论

通过上文我们可以总结出，与其时的资产阶级民主将民众固化地区分为积极公民与消极公民的观点相反，马克思的民众观认为人民是生成的，在一定的制度条件下是可以进行自我塑造的，这种改变能够通过经济、政治、文化的制度来实现。在马克思的理论中，人民具有实现公心的潜能，一旦外部环境合适就能够萌蘖发芽，摒弃私意，在集体中找到个体的归宿。

依据历史唯物主义的逻辑，只有在合适的制度与环境下，人民才能真正地焕发公心，然而合适的外部环境与制度并非天然存在，那么这里隐含的问题是：哪一群体能够率先苏醒，成为开辟新世界的先驱者？在马克思的理论中，这是属于先进工人阶级的使命，这意味着在一切阶级中，工人阶级成为天然足具公心的人民群体，马克思认为这是由他们的阶级属性所决定的，对无产阶级而言，恶劣的外部环境与制度就是他们自觉摒弃私意的充分条件。马克思从现代资本主义经济发展结构出发，认为工人阶级是一个在工业运动中"被戴上彻底的锁链的阶级，一个并非市民社会阶级的市民社会阶级"，"无产阶级宣告迄今为止的世界制度的解体，只不过是揭示自己本身的存在的秘密，因为它就是这个世界制度的实际解体。无产阶级要求否定私有财产，只不过是把社会已经提升为无产阶级的原则的东西，把未经无产阶级的协助就已作为社会的否定结果而体现在它身上的东

---

① 《马克思恩格斯文集》第 3 卷，人民出版社，2009，第 160 页。

西提升为社会的原则"①。资本主义的生产方式催生了一无所有因而具有公意属性的工人阶级，而工人阶级的历史使命是通过领导斗争、扬弃私有制，经由教育、民主实践、解放劳动等一系列措施，将更广泛的人民转化为生产者，即新的工人，以完成全体公心的激活。

在马克思之后，随着无产阶级革命陷入低潮，以卢卡奇和葛兰西等为代表的西方马克思主义者，进一步在理论上探索无产阶级阶级意识的形成问题；中国的马克思主义者则在我国社会主义革命和建设进程中通过以工农联盟为核心的人民的自我塑造，积极推进秉持公意的人民的生成。从历史唯物主义的视角看，人民的生成是在具体的历史进程中逐步展开的，马克思关于生成的人民的思想对当代中国共产党人的人民民主实践仍然有着重要的启示意义。

---

① 《马克思恩格斯文集》第 1 卷，人民出版社，2009，第 16~17 页。

把握习近平文化思想的四重视角[*]

唐爱军^{**}

深入阐释习近平文化思想是当前学术界一项极其重要的理论任务，其深刻内涵和理论意蕴需要借助于一系列有效"理论接口"，才能被清晰地呈现出来。我们试图从四重视角或四对关系出发，对习近平文化思想进行学术上的考察，涉及其本体论、核心问题域、理论品格等议题。

一 文化与经济、政治的辩证关系

在《〈政治经济学批判〉序言》中，马克思对唯物史观基本原理作了"经典表达"，并指出："物质生活的生产方式制约着整个社会生活、政治生活和精神生活的过程。不是人们的意识决定人们的存在，相反，是人们的社会存在决定人们的意识。"① 唯物史观为我们阐释文化与经济、政治之间的关系提供了最根本的理论指导。中国共产党人始终立足唯物史观基本原理，把握文化的本质、作用、功能等方面。毛泽东说："一定的文化

---

　*　本文原载《马克思主义研究》2023 年第 12 期，收入本书时有改动。
　**　唐爱军，中共中央党校（国家行政学院）马克思主义学院 21 世纪马克思主义研究所所长，教授。
　①　《马克思恩格斯文集》第 2 卷，人民出版社，2009，第 591 页。

（当作观念形态的文化）是一定社会的政治和经济的反映，又给予巨大影响和作用于一定社会的政治和经济；而经济是基础，政治则是经济的集中的表现。这是我们对于文化和政治、经济的关系及政治和经济的关系的基本观点。"① 这一重要论述构成了中国共产党人文化观的基本观点。

党的十八大以来，习近平总书记遵循"决定作用—反作用"理论范式，进一步揭示了文化、意识形态与经济、政治之间的辩证关系。"我们要深刻认识经济基础对上层建筑的决定作用，深刻认识上层建筑对经济基础的反作用，既要有硬实力，也要有软实力，既要切实做好中心工作、为意识形态工作提供坚实物质基础，又要切实做好意识形态工作、为中心工作提供有力保障；既不能因为中心工作而忽视意识形态工作，也不能使意识形态工作游离于中心工作。"② 习近平文化思想是以唯物史观为理论基石的，遵循文化理论的唯物主义路线，但是并不意味着文化、意识形态完全是被动的、被决定的东西，而是有着积极的、主动的功能，在特定条件下，甚至发挥了决定性的作用。正如毛泽东指出的："生产关系、理论、上层建筑这些方面，在一定条件之下，又转过来表现其为主要的决定的作用，这也是必须承认的……当着如同列宁所说'没有革命的理论，就不会有革命的运动'的时候，革命理论的创立和提倡就起了主要的决定的作用。"③ "文化的力量，或者我们称为构成综合竞争力的文化软实力，总是'润物细无声'地融入经济力量、政治力量、社会力量之中，成为经济发展的'助推器'、政治文明的'导航灯'、社会和谐的'黏合剂'。"④

从一定意义上说，文化（以及意识形态）与经济、政治之间的辩证关系揭示了习近平文化思想的"本体论"。这一"本体论"既不是唯心论或文化决定论，也不是机械论或文化虚无论，而是辩证唯物论。立足辩证唯物论，借助对文化与经济、政治辩证关系的阐释，习近平总书记着重揭示了文化的作用，主要表现为三大功能。

一是"文化生产力"功能。文化与经济的关系不是外在的，其作用方

① 《毛泽东选集》第2卷，人民出版社，1991，第663~664页。
② 《习近平关于社会主义文化建设论述摘编》，中央文献出版社，2017，第21页。
③ 《毛泽东选集》第1卷，人民出版社，1991，第325~326页。
④ 习近平：《之江新语》，浙江人民出版社，2007，第149页。

式也不是单维的。文化是一种生产力，是综合国力的重要组成部分。在当今世界，文化与经济、政治相互交融，在综合国力竞争中的地位和作用日益凸显。文化作为一种独特的要素，可以渗入经济领域，对经济活动、经济工作、经济生活等发挥不可替代的作用。习近平同志在《之江新语》中指出："所谓文化经济是对文化经济化和经济文化化的统称，其实质是文化与经济的交融互动、融合发展。"① 这一论断揭示了文化与经济相互交融、相互作用的关系，也凸显了"文化生产力"的基本内涵。没有社会主义文化繁荣发展，就没有社会主义现代化。在全面建设社会主义现代化强国的进程中，文化是重要支点，文化在激活发展动能、优化经济结构、提升发展品质等方面具有不可替代的作用。当然，文化是具有双重属性的，在推进文化产业、促进文化生产力发展的过程中，要"把握好意识形态属性和产业属性、社会效益和经济效益的关系，始终坚持社会主义先进文化前进方向，始终把社会效益放在首位"②。

二是"政治合法性"功能。马克斯·韦伯说过："一切经验表明，没有任何一种统治自愿地满足于仅仅以物质的动机或者仅仅以情绪的动机，或者仅仅以价值合乎理性的动机，作为其继续存在的机会。勿宁说，任何统治都企图唤起并维持对它的'合法性信仰'。"③ 文化、意识形态的核心功能表现为引导民众对政治制度、政治秩序的合法性认同，起到一个"思想防线"的作用。对此，马克思的论述一语中的："如果从观念上来考察，那么一定的意识形式的解体足以使整个时代覆灭。"④ 亨廷顿也曾说过："对一个传统社会的稳定来说，构成主要威胁的，并非来自外国军队的侵略，而是来自外国观念的侵入。"⑤ 习近平总书记强调意识形态关乎旗帜、关乎道路、关乎国家政治安全，就在于其政治合法性功能："一个政权的瓦解往往是从思想领域开始的，政治动荡、政权更迭可能在一夜之间发

---

① 习近平：《之江新语》，浙江人民出版社，2007，第 232 页。
② 《习近平关于全面深化改革论述摘编》，中央文献出版社，2014，第 85 页。
③ 〔德〕马克斯·韦伯：《经济与社会》上卷，林荣远译，商务印书馆，1997，第 239 页。
④ 《马克思恩格斯文集》第 8 卷，人民出版社，2009，第 170 页。
⑤ 〔美〕塞缪尔·P. 亨廷顿：《变化社会中的政治秩序》，王冠华等译，上海人民出版社，2008，第 129 页。

生，但思想演化是个长期过程。思想防线被攻破了，其他防线就很难守住。"① 这一论述也反映了在文化与政治的辩证关系中，文化所具有的反作用。从党群关系来看，文化、意识形态的政治合法性功能就体现为巩固党的群众基础和执政基础。巩固党的群众基础和执政基础，不能说只要群众物质生活好就可以了，这个认识是不全面的。党的群众基础和执政基础包括物质和精神两方面，如果在精神上丧失群众基础，最后也会出问题。

三是"精神动力"功能。"经济上落后的国家在哲学上仍然能够演奏第一小提琴。"② 文化是一个国家、一个民族的血脉，是人民的精神家园，在特定条件下起着决定性作用。文化是民族生存和发展的重要力量，一个民族的强盛，总是以文化兴盛为支撑的。当今世界，综合国力的竞争日趋激烈，文化的地位和作用更加突出，文化日益成为民族凝聚力和创造力的重要源泉。在中华民族伟大复兴的历史进程中，文化对强国建设、民族复兴起着至关重要的精神支撑或精神动力的作用。宣传思想文化工作事关党的前途命运，事关国家长治久安，事关民族凝聚力和向心力，是一项极端重要的工作。文化或文化工作所具有的精神动力功能，集中表现为强大的凝聚力和向心力。西方马克思主义者葛兰西曾指出，文化或意识形态具有"社会水泥""社会黏合剂"作用。凝聚（Solidarity）是一个社会有序发展的前提。为了维护社会秩序，执政集团常常借助于文化或意识形态"努力将社会描绘为有凝聚力而非冲突的"③。除了社会稳定，文化的凝聚力对一个国家安全也起到关键作用。"国家安全的国内因素不仅基于武力与控制，还需要合法性和社会凝聚力。"④ 随着中国日益走近世界舞台中央，来自外部的打压遏制随时可能升级，"西方敌对势力一直把我国发展壮大视为对西方价值观和制度模式的威胁，一刻也没有停止对我国进行意识形态渗透"⑤，因此，我们必须不断增强中华民族凝聚力和向心力，才能有效应对

① 《习近平关于总体国家安全观论述摘编》，中央文献出版社，2018，第 100 页。
② 《马克思恩格斯文集》第 10 卷，人民出版社，2009，第 599 页。
③ 〔美〕大卫·麦克里兰：《意识形态》，孙兆政等译，吉林人民出版社，2005，第 17 页。
④ 〔英〕巴里·布赞、〔丹〕琳娜·汉森：《国际安全研究的演化》，余潇枫译，浙江大学出版社，2011，第 29 页。
⑤ 《习近平关于社会主义文化建设论述摘编》，中央文献出版社，2017，第 53 页。

西化分化挑战，才能真正实现民族复兴。在 5000 多年的文明史流变中，中华文化为中华民族团结一致、攻坚克难、生生不息提供了强大精神支撑。当前，中国特色社会主义文化积淀着中华民族最深沉的精神追求，代表着中华民族独特的精神标识，是激励全党全国各族人民奋勇前行、实现民族复兴的强大精神力量。

习近平总书记关于文化与经济、政治的辩证关系的重要论述，落脚点是"文化自信"。文化自信是更基础、更广泛、更深厚的自信，是一个国家、一个民族发展中最基本、最深沉、最持久的力量。坚定文化自信，是事关国运兴衰、事关文化安全、事关民族精神独立性的大问题。文化自信为中国特色社会主义道路、理论、制度提供更深厚的基础、更牢固的支撑。恩格斯曾指出："经济状况是基础，但是对历史斗争的进程发生影响并且在许多情况下主要是决定着这一斗争的形式的，还有上层建筑的各种因素。"[1] 当今世界，西方一些国家一直把我国发展壮大视为对其价值观和制度模式的威胁，想方设法误导我们发展道路和制度模式。在这样的背景下，坚定中国特色社会主义道路、理论、制度、文化自信特别重要，而文化自信则是确保道路方向、发展战略不动摇的最持久、最牢固的精神—信仰力量。

二　传统与现代的辩证关系

传统与现代之间的关系是习近平文化思想的核心问题域，也是把握其内在理论逻辑的基本视角。大体说来，习近平总书记对传统与现代之间关系的辩证分析，主要表现为对三个议题的科学回答，其蕴含的新文化观、新文明观正是在这样的阐释中得以呈现出来。

（一）如何对待传统、中华优秀传统文化

"怎样对待本国历史？怎样对待本国传统文化？这是任何国家在实现

---

① 《马克思恩格斯文集》第 10 卷，人民出版社，2009，第 591 页。

现代化过程中都必须解决好的问题。"① 过去，我们常常囿于二元论思维方式，看待传统、传统与现代之间的关系。何为传统？传统是"现代"的对立面，是现代化之外的"剩余"，凡是不属于现代的东西都被贴上了传统的标签。在性质认定上，将传统理解为落后的、愚昧的、僵化的；将现代理解为进步的、文明的、发展的。传统与现代之间的关系是什么？两者是根本对立的、相互排斥的两极。何为现代化？现代化就是"去传统"的过程，就是否定、削弱、抛弃传统的过程；就是用"先进的东西""好的东西"彻底取代"落后的东西""坏的东西"的过程。传统被视为必然阻碍现代化，实现现代化必须否定传统。这些都是二元论的基本观点。二元论还常常用传统—现代两分法阐释东方与西方之间的关系。将东方与西方的差别规制为传统与现代、落后与先进、愚昧与文明之间的关系。习近平文化思想超越了抽象的二元论，采用一个更加复杂、辩证的视角看待传统。"我们要对传统文化进行科学分析，对有益的东西、好的东西予以继承和发扬，对负面的、不好的东西加以抵御和克服，取其精华、去其糟粕，而不能采取全盘接受或者全盘抛弃的绝对主义态度。"② 对待传统，绝对主义是不可取的，我们应当采取具体问题具体分析的态度。在纪念孔子诞辰2565周年国际学术研讨会上，习近平总书记全面系统地阐释了对待传统、传统文化的基本思路："人们在学习、研究、应用传统文化时坚持古为今用、推陈出新，结合新的实践和时代要求进行正确取舍，而不能一股脑儿都拿到今天来照套照用。要坚持古为今用、以古鉴今，坚持有鉴别的对待、有扬弃的继承，而不能搞厚古薄今、以古非今，努力实现传统文化的创造性转化、创新性发展，使之与现实文化相融相通，共同服务以文化人的时代任务。"③ 一是要正确取舍。全盘接受、全盘抛弃皆不可取，取舍的原则是古为今用、推陈出新，取舍的参照系是新的实践和时代要求。二是有扬弃的继承。继承的原则是古为今用、以古鉴今，继承的结果是取其精

---

① 习近平：《论党的宣传思想工作》，中央文献出版社，2020，第89页。

② 习近平：《论党的宣传思想工作》，中央文献出版社，2020，第89~90页。

③ 习近平：《在纪念孔子诞辰2565周年国际学术研讨会暨国际儒学联合会第五届会员大会开幕会上的讲话》，人民出版社，2014，第11页。

华、去其糟粕。三是创造性转化与创新性发展。要实现传统文化的"现代化",彰显其当代价值。

如何对待传统的问题,更多地表现为如何对待中华优秀传统文化的问题。习近平文化思想重点揭示的乃是中华优秀传统文化在现代世界所具有的"积极功能"。在阐释中华优秀传统文化与中国式现代化、马克思主义之间关系时,会具体论及其积极功能,这里就宽泛意义而言,中华优秀传统文化的积极功能表现为以下几点。一是对中华民族历经数千年而绵延不绝、迭遭忧患而经久不衰起着决定性作用。二是对成功开辟中国道路起到重要作用。"如果没有中华五千年文明,哪里有什么中国特色?如果不是中国特色,哪有我们今天这么成功的中国特色社会主义道路?"① 三是对当代中国人生活方式的根本塑造起到重要作用。传统并不是消逝的东西,而是活在当代的东西。中华文明特别是中华优秀传统文化塑造了当代中国人的世界观和方法论,形成了中国人看待世界、看待社会、看待人生的独特价值体系、文化内涵和精神品格,建构了中国人的文化自信。四是对中国共产党理论创新具有重要作用。"马克思主义中国化时代化这个重大命题本身就决定,我们决不能抛弃马克思主义这个魂脉,决不能抛弃中华优秀传统文化这个根脉。坚守好这个魂和根,是理论创新的基础和前提。"② 五是对解决人类社会难题和现代性危机具有重要作用。中华优秀传统文化蕴藏着解决当代人类面临的难题的重要启示,可以为人们认识和改造世界提供有益启迪,可以为治国理政提供有益启示,也可以为道德建设提供有益启发。就连汤因比这样的西方大哲也推测道:"恐怕可以说正是中国肩负着不止给半个世界而且给整个世界带来政治统一与和平的命运。"③

(二) 如何看待中华文明与中国式现代化之间的关系

习近平文化思想不仅基于一般层面论述传统与现代之间的关系,而且

① 《习近平谈治国理政》第 4 卷,外文出版社,2022,第 315 页。
② 《习近平在中共中央政治局第六次集体学习时强调　不断深化对党的理论创新的规律性认识在新时代新征程上取得更为丰硕的理论创新成果》,《人民日报》2023 年 7 月 2 日。
③ 〔英〕阿·汤因比、〔日〕池田大作:《展望 21 世纪——汤因比与池田大作对话录》,荀春生等译,国际文化出版公司,1997,第 279 页。

更基于中国语境、当代视域阐释中华文明与中国式现代化之间的关系。关于两者关系，习近平总书记提出了一个核心论断："中国式现代化赋予中华文明以现代力量，中华文明赋予中国式现代化以深厚底蕴。"①

　　其一，现代对于传统意味着什么？中国式现代化赋予中华文明以现代力量，促进中华优秀传统文化创造性转化、创新性发展。"近代以后，创造了灿烂文明的中华民族遭遇到文明难以赓续的深重危机，呈现在世界面前的是一派衰败凋零的景象。"② 面对西方强势的现代文明，古老的中华文明节节败退。中华文明面临着能否存续的根本问题。如何救亡图存、赓续文明？中华文明必须现代化。在马克思主义这一"现代文明"的激活下，在中国共产党领导下，"具有五千多年文明历史的中华民族全面迈向现代化，让中华文明在现代化进程中焕发出新的蓬勃生机"③。在中国式现代化的"赋能"中，中华文明实现了生命更新和现代转型。"从民本到民主，从九州共贯到中华民族共同体，从万物并育到人与自然和谐共生，从富民厚生到共同富裕，中华文明别开生面，实现了从传统到现代的跨越，发展出中华文明的现代形态。"④ 传统不是一成不变的，需要根据现代化发展需求，不断自我调适、与时俱进。"传统并非某种等待着自行消亡的东西，而是具有极大的伸缩性。在既定历史条件下，它能被相当程度地改变、创造和形塑以适应当前的需求和愿望。"⑤ 在中国式现代化历史进程中，中华文明尤其中华优秀传统文化始终面临着不可或缺的"现代化任务"。从形式维度看，要推进其创造性转化，就是要按照时代特点和要求，对那些至今仍有借鉴价值的内涵和陈旧的表现形式加以改造，赋予其新的时代内涵和现代表达形式，激活其生命力；从内容维度看，要推进创新性发展，就是要按照时代的新进步新进展，对中华优秀传统文化的内涵加以补充、拓展、完善，增强其影响力和感召力。

---

① 习近平：《在文化传承发展座谈会上的讲话》，人民出版社，2023，第 7 页。
② 《〈中共中央关于党的百年奋斗重大成就和历史经验的决议〉辅导读本》，人民出版社，2021，第 72 页。
③ 习近平：《论中国共产党历史》，中央文献出版社，2021，第 118 页。
④ 习近平：《在文化传承发展座谈会上的讲话》，人民出版社，2023，第 6 页。
⑤ 〔美〕J. 古斯费尔德：《传统与现代性：社会变迁研究中误置的两极》，载谢立中、孙立平主编《20 世纪西方现代化理论文选》，上海三联书店，2002，第 324 页。

其二，传统对于现代意味着什么？中华文明赋予中国式现代化深厚底蕴，为中国特色社会主义奠定历史渊源，坚定文化自信。"中国特色社会主义道路是在马克思主义指导下走出来的，也是从五千多年中华文明史中走出来的；'第二个结合'让中国特色社会主义道路有了更加宏阔深远的历史纵深，拓展了中国特色社会主义道路的文化根基。"① 中国道路是在中华文明的深厚基础上、中华优秀传统文化的丰富滋养下成功走出来的，立足中华文明史、中华优秀文化传统，更能够理解中国道路的历史必然、文化内涵与独特优势，更能够坚定我们的道路自信。中华文明不仅筑牢了中国道路根基，而且也为中国制度提供了政治智慧。"我们党开创的人民代表大会制度、政治协商制度，与中华文明的民本思想，天下共治理念，'共和'、'商量'的施政传统，'兼容并包、求同存异'的政治智慧都有深刻关联。"② 向内凝聚、多元一体的中华民族历史逻辑，九州共贯、六合同风、四海一家的中国文化大一统传统等，对我们实行民族区域自治制度起着至关重要的作用，我们的文化传统决定了我们不可能搞联邦制、邦联制，而是确立了单一制国家形式。中国特色社会主义制度和国家治理体系也可以从中华文明传统中得到充分阐释，并进一步坚定制度自信。中华文明"坚持经世致用原则，注重发挥文以化人的教化功能，把对个人、社会的教化同对国家的治理结合起来，达到相辅相成、相互促进的目的"③。

总之，中华文明与中国式现代化之间不是相互割裂、相互否定的，而是"相互赋能"的。这种"相互赋能"也说明了，两者是接续发展的关系——中国式现代化是赓续古老文明的现代化，而不是消灭古老文明的现代化；是守正创新的关系——中国式现代化是中华民族的旧邦新命，必将推动中华文明重焕荣光。

（三）如何对待中华优秀传统文化与马克思主义之间的关系

传统与现代之间的关系，在当代中国主要表现为中华优秀传统文化与

---

① 习近平：《在文化传承发展座谈会上的讲话》，人民出版社，2023，第7页。
② 习近平：《在文化传承发展座谈会上的讲话》，人民出版社，2023，第8页。
③ 习近平：《在纪念孔子诞辰 2565 周年国际学术研讨会暨国际儒学联合会第五届会员大会开幕会上的讲话》，人民出版社，2014，第5页。

马克思主义之间的关系。"第二个结合"是习近平总书记阐述两者关系的核心命题。限于传统与现代关系论域，习近平总书记关于中华优秀传统文化与马克思主义之间关系的核心观点有两个。

其一，两者不是外在的、对立的，而是高度契合的。以往有一种观点从空间角度指出，马克思主义是产生于西方国家的外来文化，它与中华文化传统属于两种截然不同的思想谱系，两者是外在的，甚至是格格不入的关系。还有人基于传统—现代二分法指出，两者是完全割裂的、对立的。马克思主义和中华优秀传统文化尽管来源不同，却高度契合。这种高度契合性主要体现在价值观层面。习近平总书记深刻指出："中华优秀传统文化源远流长、博大精深，是中华文明的智慧结晶，其中蕴含的天下为公、民为邦本、为政以德、革故鼎新、任人唯贤、天人合一、自强不息、厚德载物、讲信修睦、亲仁善邻等，是中国人民在长期生产生活中积累的宇宙观、天下观、社会观、道德观的重要体现，同科学社会主义价值观主张具有高度契合性。"① 例如，在宇宙观上，马克思主义强调"人与自然和谐统一"，中华文化主张"天人合一"；在天下观上，马克思主义强调"自由人联合体"，中华文化主张"协和万邦"；在社会观上，马克思主义强调矛盾的同一性与差异性的辩证关系，中华文化主张"和而不同"；在道德观上，马克思主义强调在改造客观世界中改造主观世界、实现人的发展，中华文化主张"人心和善"。又如，从社会理想、政治观念、担当精神等维度看，两者也是高度契合的。正如习近平总书记指出："天下为公、讲信修睦的社会追求与共产主义、社会主义的理想信念相通，民为邦本、为政以德的治理思想与人民至上的政治观念相融，革故鼎新、自强不息的担当与共产党人的革命精神相合。"② 再如，两者都反对抽象个人论，都主张立足整体性、社会性视域把握人的本质。习近平总书记强调："马克思主义从社会关系的角度把握人的本质，中华文化也把人安放在家国天下之中，都反对把人看作孤立的个体。"③

① 习近平：《高举中国特色社会主义伟大旗帜 为全面建设社会主义现代化国家而团结奋斗——在中国共产党第二十次全国代表大会上的报告》，人民出版社，2022，第18页。
② 习近平：《在文化传承发展座谈会上的讲话》，人民出版社，2023，第5页。
③ 习近平：《在文化传承发展座谈会上的讲话》，人民出版社，2023，第6页。

　　其二，两者不是互相脱节、互相否定的，而是互相成就的。"'结合'的结果是互相成就……造就了一个有机统一的新的文化生命体……让马克思主义成为中国的，中华优秀传统文化成为现代的，让经由'结合'而形成的新文化成为中国式现代化的文化形态。"① 这一论断集中揭示了马克思主义与中华优秀传统文化互相成就的丰富内涵。第一，马克思主义以真理之光激活了中华文明的基因，推动了中华文明的生命更新和现代转型。近代以后，中华文明遭遇外来文明的严重冲击。从社会形态角度看，中华文明是传统农业文明，西方文明是现代工业文明；从社会发展水平和文明程度来看，后者是高于前者的。因此，在西方工业文明的冲击下，中华文明必然会节节败退，出现极其严峻的文明危机。十月革命之后，自从中国人接受了马克思主义作为观察国家命运的工具，通过不懈努力，不仅进行了伟大社会革命，而且也进行了伟大文化革命，用马克思主义改造了中华文明，激活了中华文明的基因，实现中华文明从传统到现代的转型，使得中华文明在现代文明中得以接续发展，再度青春化。第二，中华优秀传统文化充实了马克思主义的文化生命，使得马克思主义在中国生根发芽、枝繁叶茂，成为中华文化和中国精神的时代精华。如果第一点谈的是中华文明的"现代化"，那么这里谈的则是马克思主义的"中国化"。让马克思主义成为中国的，离不开中华优秀传统文化的支撑作用。只有植根中华民族历史文化沃土，马克思主义真理之树才能根深叶茂。让马克思主义在中国牢牢扎根，中华优秀传统文化既提供了历史基础，也提供了群众基础。并且，正是因为同中华优秀传统文化相结合，马克思主义在中国不仅"存活"下来，而且"茁壮成长"，不断形成中国化时代化的马克思主义，它们成为中华文化新的传统，接续了中华民族的文脉。第三，两者互相成就的目标指向是造就一个有机统一的新的文化生命体。习近平总书记鲜明指出："'结合'不是'拼盘'，不是简单的'物理反应'，而是深刻的'化学反应'，造就了一个有机统一的新的文化生命体。"② 何谓新的文化生命体？究其实质而言，它指的就是中国式现代化的文化形态。有学者提出，

① 习近平：《在文化传承发展座谈会上的讲话》，人民出版社，2023，第6页。
② 习近平：《在文化传承发展座谈会上的讲话》，人民出版社，2023，第6页。

"新的文化生命体"本身就是对传统与现代、中华文明与马克思主义二元对立关系的超越。"用文化生命体来定义文明，从根本上解决了现代史上的反传统与'第二个结合'对中华优秀传统文化的肯定之间存在的表面上的冲突和矛盾，可以从根本上疏通不同时期对待传统文化的矛盾态度，可以从根本上理顺并超越中华优秀传统文化与现代化之间的对立关系。"[1] 从实践角度看，中华优秀传统文化与马克思主义之间能否真正互相成就的关键标准，就是看是否能构建成中国式现代化的文化形态。

三　主体性与世界性的辩证关系

破解"古今中西之争"是习近平文化思想的基本旨趣。"古今"问题，即如何对待传统与现代之间的关系；"中西"问题，就是如何对待中国文化与西方文化、主体性与世界性之间的关系。习近平文化思想既坚守中华文明立场，又秉持开放包容的态度，实现了主体性与世界性的辩证统一。

（一）坚持文化主体性

"任何文化要立得住、行得远，要有引领力、凝聚力、塑造力、辐射力，就必须有自己的主体性。"[2] 文化主体性构成了习近平文化思想的基本立场，也是我们研究阐释习近平文化思想的核心视角之一。文化主体性既是立场，也是观点方法。对文化主体性的阐释，既彰显习近平文化思想的基本立场，也呈现其丰富的文化观点。大体而言，文化主体性具有三重逻辑。

一是历史逻辑。从历史维度看，中华文明主体性首先确证于其突出的连续性。"中华文明是世界上唯一绵延不断且以国家形态发展至今的伟大文明。这充分证明了中华文明具有自我发展、回应挑战、开创新局的文化主体性与旺盛生命力。"[3] 中华文明历经数千年而绵延不绝、迭遭忧患而经

---

① 张志强：《深刻理解"第二个结合"的首创性意义》，《哲学研究》2023 年第 8 期。
② 习近平：《在文化传承发展座谈会上的讲话》，人民出版社，2023，第 8 页。
③ 习近平：《在文化传承发展座谈会上的讲话》，人民出版社，2023，第 2 页。

久不衰，这是人类文明的奇迹，也是文化主体性最直接的确证。埃利亚斯曾指出，文明（或文明化）是一种"民族的自我意识"①。丧失文化主体性，必然会丧失民族的自我意识，其后果是极其严重的。"一个抛弃了或者背叛了自己历史文化的民族，不仅不可能发展起来，而且很可能上演一幕幕历史悲剧。"② 近代以来，中华文明虽遭受外来文明的巨大冲击，面临文明难以赓续的深重危机，但是在马克思主义的指引下，依然坚守了中华民族的根和魂，在世界文化激荡中站稳了脚跟，延续了文脉。中华五千多年文明史是我们坚守文化主体性的结果，或者说，坚守文化主体性是中华文明从未中断的关键所在。

二是实践逻辑。从实践维度看，坚守文化主体性就是坚持走自己的路。文化主体性不等同于主观性，更不能等同于主观随意性，它根源于道路的自主性。所谓"古今中西之争"，本质上就是近代以来的"道路之争"，是破解"中国向何处去"的问题，探索中国道路特别是现代化道路的问题。能否坚守文化主体性，关键就在于中国人能否成功探索一条独立自主的发展道路。毛泽东指出："自从中国人学会了马克思列宁主义以后，中国人在精神上就由被动转入主动。"③ 精神由被动转入主动的根本原因，就是中国共产党和中国人民在马克思主义指导下，成功开创了实现民族独立的革命道路。邓小平指出："走自己的道路，建设有中国特色的社会主义，这就是我们总结长期历史经验得出的基本结论。"④ 党的十八大以来，以习近平同志为核心的党中央成功推进和拓展了中国式现代化，"我国的实践向世界说明了一个道理：治理一个国家，推动一个国家实现现代化，并不只有西方制度模式这一条道，各国完全可以走出自己的道路来。可以说，我们用事实宣告了'历史终结论'的破产，宣告了各国最终都要以西方制度模式为归宿的单线式历史观的破产"⑤。中国式现代化道路的成功，

---

① 参见〔德〕诺贝特·埃利亚斯《文明的进程：文明的社会起源和心理起源的研究》第 1 卷，王佩莉译，生活·读书·新知三联书店，1998，第 61 页。
② 《习近平关于社会主义文化建设论述摘编》，中央文献出版社，2017，第 16 页。
③ 《毛泽东选集》第 4 卷，人民出版社，1991，第 1516 页。
④ 《邓小平文选》第 3 卷，人民出版社，1993，第 3 页。
⑤ 《习近平关于社会主义政治建设论述摘编》，中央文献出版社，2017，第 7 页。

破除了"西方化＝现代化"的话语霸权，在5000多年中华文明深厚基础上成功开创中国式现代化道路，这是对中华文明主体性最有力的说明。正如西方学者指出的："中国崛起为世界主要大国标志着西方普世主义的终结。"①

三是理论逻辑。文化主体性最终要体现在理论原创性、话语主体性上。近代以来，西方国家通过资本在全球扩张，逐步形成了"东方从属于西方"的世界格局。这样一个支配—从属结构，不仅体现在世界经济、国际政治等方面，而且体现在学术理论体系、叙事话语体系甚至社会价值观体系等方面。长此以往，中国学术、理论、话语表现为对西方学术、理论、话语的"学徒状态"，习惯用西方概念、话语、范式阐释中国经验、中国道路，导致"中国"成为"西方理论"的试验田。"理论上的搬运工"是提不出具有主体性、原创性理论的。丧失了文化主体性，必然会受到外来文化的冲击，危及民族独立和国家安全。"在西方价值观念鼓捣下，一些国家被折腾得不成样子了，有的四分五裂，有的战火纷飞，有的整天乱哄哄的。"② 正如有学者指出的："一种学术的真正成熟，总意味着它在特定的阶段上能够摆脱其学徒状态，并开始获得它的'自我主张'。"③ 一种文化成熟的显著标志就是从理论范式、话语体系等方面，摆脱"学徒状态"，实现真正的"自我主张"。习近平文化思想强调中国本位，主张构建有中国特色、中国风格、中国气派的学科体系、学术体系、话语体系。"立足中华民族伟大历史实践和当代实践，用中国道理总结好中国经验，把中国经验提升为中国理论，既不盲从各种教条，也不照搬外国理论，实现精神上的独立自主。"④ 面对西方文化霸权，能否有效坚守文化主体性，关键就在于能否建构中国自主的知识体系，构建中国特色哲学社会科学。习近平总书记指出："哲学社会科学的特色、风格、气派，是发展到一定

---

① 〔英〕马丁·雅克：《当中国统治世界：中国的崛起和西方世界的衰落》，张莉、刘曲译，中信出版社，2010，第343页。
② 《习近平谈治国理政》第2卷，外文出版社，2017，第327页。
③ 吴晓明：《构建中国特色哲学社会科学的时代任务》，《社会科学》2022年第5期。
④ 习近平：《在文化传承发展座谈会上的讲话》，人民出版社，2023，第10页。

阶段的产物，是成熟的标志，是实力的象征，也是自信的体现。"① 现代化强国、文化自信、文化主体性等的最终确证或显现就是提出主体性、原创性的中国理论、中国话语。

（二）坚持文化世界性

所谓文化世界性，指的是习近平文化思想超越了狭隘的民族主义叙事，在强调文化主体性的同时，秉持开放包容、胸怀天下，突出文化的开放性、包容性、多样性。其核心要义有三。

一是坚持胸怀天下、协和万邦的世界立场。天下大同、协和万邦是中华文明一贯的立场。中国共产党继承了中华文明的天下情怀。"克明俊德，以亲九族。九族既睦，平章百姓。百姓昭明，协和万邦。"② 自古以来，中华优秀传统文化讲求"天下一家"，强调民胞物与、讲信修睦、立己达人、和合共生。这些都为习近平文化思想坚持胸怀天下提供了丰富的精神滋养。马克思主义揭示了"历史向世界历史的转变"③ 的客观规律，人类社会从狭隘的、孤立的"民族历史"向"世界历史"转变是历史的必然。"各民族的原始封闭状态由于日益完善的生产方式、交往以及因交往而自然形成的不同民族之间的分工消灭得越是彻底，历史也就越是成为世界历史。"④ 中国共产党始终强调树立世界眼光，立足世界历史的高度审视人类社会发展趋势和面临的重大问题，在中国与世界的互动中，融入世界发展，不断发展壮大自身，同时又以自身发展不断推动世界发展。习近平文化思想不仅"端起历史规律的望远镜"，立足世界历史的大趋势，而且坚持为人类求解放的马克思主义立场，既为中国人民谋幸福、为中华民族谋复兴，也为人类谋进步、为世界谋大同。"旧唯物主义的立脚点是市民社会，新唯物主义的立脚点则是人类社会或社会的人类。"⑤ 习近平文化思想继承了马克思主义的"人类社会"立场，以"人类解放"或"真正的共

---

① 《习近平谈治国理政》第 2 卷，外文出版社，2017，第 338 页。
② 《尚书·虞书·尧典》，王世舜、王翠叶译注，中华书局，2012，第 5~6 页。
③ 《马克思恩格斯选集》第 1 卷，人民出版社，2012，第 169 页。
④ 《马克思恩格斯选集》第 1 卷，人民出版社，2012，第 168 页。
⑤ 《马克思恩格斯文集》第 1 卷，人民出版社，2009，第 502 页。

同体"为价值旨归。胸怀天下、协和万邦的世界立场，人类解放的价值旨归集中凝结为"人类命运共同体"理念。"人类命运共同体，顾名思义，就是每个民族、每个国家的前途命运都紧紧联系在一起，应该风雨同舟，荣辱与共，努力把我们生于斯、长于斯的这个星球建成一个和睦的大家庭，把世界各国人民对美好生活的向往变成现实。"① 人类命运共同体理念超越了民族主义叙事，以全人类共同利益为现实基石，以和平、发展、公平、正义、民主、自由的全人类共同价值为规范性基础，以高于并且大于民族国家的视野去理解当今世界，以世界为尺度去阐释文化文明的基本取向。

二是坚持开放包容、推进文明交流互鉴。习近平总书记强调："开放包容始终是文明发展的活力来源，也是文化自信的显著标志。"② 中华文明的博大气象，得益于中华文化自古以来开放的姿态和包容的胸怀。无论是历史上的佛教东传、"伊儒会通"，还是近代以来的"西学东渐"、新文化运动、马克思主义和社会主义思想传入中国，抑或改革开放以来全方位对外开放，无不说明了这一点。"秉持开放包容，就是要更加积极主动地学习借鉴人类创造的一切优秀文明成果。"③ 黑格尔曾举过这样一个例子，希腊文明之所以能开创出其独立和繁荣时期，就在于它既有自己的原有文化，又有来自东方世界的外来文化，进行了两种文化结合的锻炼。"文化结合的锻炼"的重要表现就是对外来文化的学习吸纳。中华文化的一大特色，就是善于学习他人的好东西，把他人的好东西化成自己的东西。当然，对外学习，汲取文明养分，不能全盘接受、照抄照搬，一定要实现外来文化本土化。毛泽东曾指出："我们中国人必须用我们自己的头脑进行思考，并决定什么东西能在我们自己的土壤里生长起来。"④ 习近平文化思想秉持开放包容，在文明交往上，表现为文明交流互鉴观。人类文明演进与发展是有规律的："文明因多样而交流，因交流而互鉴，因互鉴而发

① 《习近平外交演讲集》第 2 卷，中央文献出版社，2022，第 87 页。
② 习近平：《在文化传承发展座谈会上的讲话》，人民出版社，2023，第 10 页。
③ 习近平：《在文化传承发展座谈会上的讲话》，人民出版社，2023，第 11 页。
④ 《毛泽东文集》第 3 卷，人民出版社，1996，第 192 页。

展。"① 习近平文化思想提出了文明交流互鉴的中国方案："树立平等、互鉴、对话、包容的文明观，以文明交流超越文明隔阂，以文明互鉴超越文明冲突，以文明共存超越文明优越。"② 其一，以"文明交流超越文明隔阂"解答了人类文明交往的必要性问题。任何一种文明都有孤芳自赏的危险，极容易导致惰性、形成封闭、造成静止僵化。不同文明只有相互交流，才能获得丰富的滋养，整个世界也只有在不同文明的交流互动中才能不断进步。其二，以"文明互鉴超越文明冲突"解答了人类文明交往的方式方法问题。"交流互鉴是文明发展的本质要求。只有同其他文明交流互鉴、取长补短，才能保持旺盛生命活力。"③ 文明差异是客观存在的，但并不意味着文明间的敌视或冲突。"只要秉持包容精神，就不存在什么'文明冲突'，就可以实现文明和谐。"④ 其三，以"文明共存超越文明优越"解答了人类文明交往的目标问题。文明没有高下、优劣之分，只有特色、地域之别。人类文明交往，不是用一种文明取代其他文明，而是要实现文明共存。文明共存论蕴含了深厚的中华文明理念——"各美其美，美人之美，美美与共，天下大同"。

　　三是坚持文化多元主义、反对文化霸权主义。习近平文化思想的世界性维度重要表现就是主张文化多元主义。其一，以文明多样性为基础，主张多元包容和平等尊重。文化多元主义承认和尊重世界文明多样性，以多样性思维、平等包容心态看待、处理本国文明与其他文明的差异，倡导相互理解与沟通，求同存异。就连亨廷顿也不得不承认："在多文明的世界里，建设性的道路是弃绝普世主义，接受多样性和寻求共同性。"⑤ 其二，反对文化霸权主义，摒弃"文明优越论""文明冲突论""文明等级论""文明改造论"等。文化霸权主义通过"普世文明""人类文明大道"等话语伪装，进行文化渗透。"普世文明的概念有助于为西方对其他社会的

---

① 《习近平谈治国理政》第3卷，外文出版社，2020，第468页。
② 《习近平外交演讲集》第2卷，中央文献出版社，2022，第108页。
③ 《习近平外交演讲集》第2卷，中央文献出版社，2022，第197页。
④ 《习近平谈治国理政》，外文出版社，2014，第259~260页。
⑤ 〔美〕亨廷顿：《文明的冲突与世界秩序的重建》，周琪等译，新华出版社，2010，第294页。

文化统治和那些社会模仿西方的实践和体制的需要作辩护。普世主义是西方对付非西方社会的意识形态。"① 文化霸权主义把某种单一文明说成高阶文明，试图改造甚至取缔其他文明。看到别人的文明与自己的文明不同，就感到不顺眼，就要千方百计去改造、同化。这是一种强权逻辑、殖民心态，对此，要坚决反对。其三，尊重各国选择适合自己的社会制度和发展模式，反对"民主输出论""制度移植论"等。"世界上没有放之四海而皆准的发展模式，各方应该尊重世界文明多样性和发展模式多样化。"② 一些国家所推行的"民主输出""制度移植"等，都是文化霸权主义在政治领域的集中体现，要坚决抵制。其四，反对单数文明观，坚持复数文明观。文化霸权主义的深层逻辑是西方主导的单数文明观。"西方文明是建立在以理性和解放、自由和民主、工业和市场、市民社会和个人利益为核心理念的线性历史进步观和西方中心论世界史观基础上的，后者是西方文明的立足点。"③ 西方文明把自身定义为文明的唯一标准，即文明是一元的、单一的，并在此基础上，以文明—野蛮二分法看待西方文明与世界其他文明。习近平文化思想主张文化多元主义，其背后的逻辑是一种复数文明观，坚持世界文明多样性、文明标准的多元论。人类文明的发展绝不是单一文明的对外扩散，而是多中心演进的历史进程，遵循的是轴心时代的历史叙事逻辑。

四　体与用的辩证关系

如果说前文三个视角主要是从"内部视角"考察习近平文化思想本身，那么，第四个视角则是从"外部视角"考察其所呈现的理论品格。概要说来，习近平文化思想具有明体达用、体用贯通的鲜明特点，体现了体与用、理论与实践的辩证统一。

"体"与"用"是中国哲学特有的一对范畴，也是最能彰显中华文明

---

① 〔美〕亨廷顿：《文明的冲突与世界秩序的重建》，周琪等译，新华出版社，2010，第45页。

② 《习近平外交演讲集》第1卷，中央文献出版社，2022，第14页。

③ 韩庆祥：《中国式现代化的哲学逻辑》，《中国社会科学》2023年第7期。

智慧的范畴之一。在先秦典籍中，就出现了体用观念或思想，比如，《周易·系辞上》讲"神无方而《易》无体"①，《老子》讲"弱者道之用"②，《论语》讲"礼之本""礼之用"③，《荀子·富国》讲"万物同宇而异体，无宜而有用为人，数也"④。当然，直到魏晋时期，体用才成为一对重要的哲学范畴。到了宋元明清时期，体用已然成为不同流派哲学家普遍使用的范畴，宋明理学更是把体用的哲学探讨发展到一个新的高度。近代以来，面对西方强势文化的冲击，中国思想界围绕本末、体用、道器等方面的争论日趋热烈，在体用方面形成了不同的理论主张。综观整个中国哲学的发展历程、体用范畴，大体说来，主要有三个方面的含义。第一，"体"指实体、主体、形体等；"用"指作用、功能、属性等。体一般指有形的、可感知的具体事物，是独立存在的对象，用就是该事物的实际作用、功用。比如，朱熹讲："如这身是体；目视，耳听，手足运动处，便是用。如这手是体，指之运动提掇处便是用。"⑤ 第二，"体"指本质、本原等；"用"指现象、表象等。这里的"体"不再指某一个具体的有形的物质实体，而是指万事万物的共同本质，是最高本体或本原。这里的"用"则是指本体所派生出来的宇宙万物、外在现象。比如，程颐在《易传序》中提出："至微者理也，至著者象也。体用一源，显微无间。"⑥ 第三，"体"指根本原则、内在目的等；"用"指具体方法、外在手段等。比如，张之洞在《劝学篇·会通》中提出"中学为内学，西学为外学；中学治身心，西学应世事"⑦ 的观点，表达的就是"中学为体、西学为用"的主张。

体与用的关系是什么？中国哲学主导的思想就是"明体达用""体用贯通"（两者表达的内涵是一样的）。"明体达用"就其精神实质而言，反映的是体用的一致性、统一性、贯通性，类似的说法还有"体用一源"

① 《周易·系辞上》，杨天才、张善文译注，中华书局，2011，第569页。
② （春秋）老子：《道德经：全本全注全译》，陈徽译注，上海古籍出版社，2023，第149页。
③ 《论语》，刘强译注，岳麓出版社，2020，第28、8页。
④ 《荀子·富国》，叶绍钧选注，崇文书局，2014，第41页。
⑤ （宋）朱熹：《朱子语类》第1册，崇文书局，2018，第76页。
⑥ （宋）程颢、程颐：《二程集·易传序》，章培恒等主编，凤凰出版社，2020，第159页。
⑦ （清）张之洞：《劝学篇·会通第十三》，上海书店出版社，2002，第71页。

"体用一如""体用一贯""体用不二""体用相即"等。前不久，全国宣传思想文化工作会议用"明体达用、体用贯通"概括了习近平文化思想的理论品格。用"明体达用"概括一种学说的理论品格，历史上是有先例的。比如，元代张光祖《言行龟鉴》对胡瑗教育思想的评价："（胡瑗）教学者必以明体达用为本。"① 再如，元代欧阳玄概括许衡的学问："其为学也以明体达用为主。"②

用"明体达用"（或体用辩证统一）概括习近平文化思想的理论品格，意指的是什么？习近平文化思想既有宏观层面的规律性认识，也有具体层面的实践路径，是理论与实践、认识论与方法论、"治道"与"治事"的统一。

第一，习近平文化思想实现了"文化理论观点上的创新和突破"，深化了"对文化建设的规律性认识"。这便是"明体"。这里的"体"就是关于文化、文明以及文化建设的本质根据、根本原则等的内容。习近平文化思想实现了对马克思主义文化理论的原创性发展，其核心内容有：关于坚持党的文化领导权的重要论述；关于推动物质文明和精神文明协调发展的重要论述；关于"两个结合"的根本要求的重要论述；学习领会关于新的文化使命的重要论述；关于坚定文化自信的重要论述；关于培育和践行社会主义核心价值观的重要论述；关于掌握信息化条件下舆论主导权、广泛凝聚社会共识的重要论述；关于以人民为中心的工作导向的重要论述；关于保护历史文化遗产的重要论述；关于构建中国话语和中国叙事体系的重要论述；关于促进文明交流互鉴的重要论述。这11个方面鲜明体现了"文化理论观点上的创新和突破"，构成了新时代中国共产党人文化观的核心内容。

第二，习近平文化思想规定了"文化工作布局上的部署要求"，明确了"新时代文化建设的路线图和任务书"。这便是"达用"。这里的"用"涉及新时代文化建设、文化工作的实践路径、方式方法等。从实践操作层

① （元）张光祖：《言行龟鉴·卷一》，徐敏霞、文青校点，辽宁教育出版社，2001，第3页。
② （元）欧阳玄：《欧阳玄集·卷之九》，陈书良、刘娟点校，岳麓书社，2010，第98页。

面的方法论来看，就立足新的历史起点，推进社会主义文化建设，实现新的文化使命而言，习近平文化思想提出了系统完备、切实可行的战略路径：着力加强党对宣传思想文化工作的领导，着力建设具有强大凝聚力和引领力的社会主义意识形态，着力培育和践行社会主义核心价值观，着力提升新闻舆论传播力、引导力、影响力、公信力，着力赓续中华文脉、推动中华优秀传统文化创造性转化和创新性发展，着力推动文化事业和文化产业繁荣发展，着力加强国际传播能力建设、促进文明交流互鉴。这"七个着力"集中体现了习近平文化思想经世致用的特点。

第三，习近平文化思想实现了体与用、理论与实践之间的辩证统一。这便是"体用贯通"。"明体达用、体用贯通"的理论品格不仅指习近平文化思想既包括了"体"的内容，又包括了"用"的内容，而且还指两者之间相互贯通的内在关系。王阳明说："即体而言，用在体；即用而言，体在用，是谓'体用一源'。"① 这里所提的即体即用的观点，呈现的就是体用统一、体用贯通的思想。我们提出，从体用关系出发去考察习近平文化思想，也是为了强调习近平文化思想中的独具创新性和突破性的文化理论观点，与新时代文化建设的实践举措，不是割裂的、外在的关系，而是相互贯通、内在统一的。"体"（文化理论观点）决定了"用"（文化建设的实践举措），"用"体现了"体"。比如，坚持党的文化领导权是习近平文化思想中至关重要的"体"，这一认识论必然决定了方法论——着力加强党对宣传思想文化工作的领导，确立和坚持马克思主义在意识形态领域指导地位的根本制度，制定意识形态工作责任制实施办法，制定《中国共产党宣传工作条例》等一系列"用"，并且后者也集中体现了、确证着前者的根本要求。再比如，关于中国特色社会主义文化发展道路，坚定文化自信、"第二个结合"的理论观点直接决定了"着力赓续中华文脉、推动中华优秀传统文化创造性转化和创新性发展"的文化建设实践路径，当然，这一实践路径也体现了、反映了前者的基本逻辑。这类例子还可以举出很多，我们就不一一展开了。总之，习近平文化思想体现了"由体达用，由用明体"的基本特征。

---

① （明）王阳明：《传习录·卷上·薛侃录》，广东人民出版社，2021，第 72 页。

启蒙辩证法与康德二律背反辩证法[*]

张　严^{**}

　　以往关于《启蒙辩证法》与康德思想之关联的研究，主要偏重美学层面。例如，在《启蒙的结果》一书中，卡斯卡迪从现代性批判的角度对霍克海默与阿多诺的《启蒙辩证法》进行了解读，并着重探讨了《启蒙辩证法》中的现代性批判与康德判断力批判的关系。通过引入康德《判断力批判》中的审美批判理论，卡斯卡迪试图在《启蒙辩证法》的现代性批判范式中挖掘出"审美形式"的问题。^①　其实，康德对《启蒙辩证法》的影响远不止于美学层面。在美学之外，能够展现《启蒙辩证法》与康德思想之关联的，至少还有"明"和"暗"两条线。"明"线是启蒙本身，即《启蒙辩证法》所针对的主要是由康德最初界定并予以肯定的那个启蒙；"暗"线是悖反性。悖反性，似乎伴随着法兰克福学派现代性批判理论的整个历史。霍克海默的博士论文《目的论判断的自相矛盾》在题目中就体现出了一种悖反性。而《启蒙辩证法》则展现了启蒙的多种悖反，在这些悖反中能看到康德在《纯粹理性批判》中提出的二律背反辩证法的影子。正是这

---

* 本文原载《清华大学学报》（哲学社会科学版）2022 年第 6 期，收入本书时有改动。
** 张严，中共中央党校（国家行政学院）马克思主义学院国外马克思主义研究所所长，教授、博士生导师。
① 〔美〕安东尼·J. 卡斯卡迪：《启蒙的结果》，严忠志译，商务印书馆，2006。

些悖反，将启蒙的结果以令人震撼的方式展现了出来。不仅如此，霍克海默和阿多诺还通过对康德和萨德的对比，展现了康德道德学说中善恶颠倒的悖反之可能。现代性的多面性，在"明""暗"两条线的交叉点上折射出来。

一　作为"理性之训练"的康德二律背反辩证法

在《纯粹理性批判》中，康德列出了四个二律背反，即世界在时空上是否有限、事物是否可分、世界有无自由、世界有无终因这四组"正反题"。在康德看来，二律背反是纯粹理性在经验范围之外进行思辨的运用导致的。简单来说，就是纯粹理性试图去思考它能力之外的东西，也就是经验以外的东西，从而导致了二律背反。这种超出经验范围的纯粹理性的思辨运用，就是纯粹理性的僭越。例如，任何表象都在经验范围之内，是可以被经验的，但表象的总体超出了经验范围。如果纯粹理性对经验范畴进行超验的使用，将经验范畴运用于表象的总体，如"宇宙"，就会出现二律背反。二律背反本身不可怕，可怕的是它的出现是一种信号，预示着怀疑论将会动摇整个理性的大厦。一方面它使得纯粹理性半途而废，无法走得更远；另一方面，已经获得的那些理论成果也丧失了合法性，从而使得纯粹理性探索经验世界的所有努力前功尽弃："理性的思辨运用的先验假设，以及为了弥补自然根据的缺乏而不得不利用超自然根据的那种自由，都是根本不能容许的，这一方面是因为理性根本没有因此就走得更远，勿宁说反而把自己的运用的整个进程中断了，另一方面是因为这个许可证必然最终会使理性在自己所拥有的土地上即经验的基地上耕种所得的一切果实都失去了。"[①] 因此，二律背反辩证法是"作为训练"来规定纯粹理性之运用的"界限"的，是为了"防止谬误"，而不是"揭示真理"。

在《纯粹理性批判》的"先验方法论"这一部分，康德专门谈到了要对纯粹理性进行"训练"："但是在我们的可能知识的局限极为狭隘、作出判断的诱惑很大、呈现出来的幻相极带欺骗性、而由错误带来的危害又很

---

① 〔德〕康德：《纯粹理性批判》，邓晓芒译，人民出版社，2004，第592页。

显著的地方，那仅仅用来使我们免于犯错误的教训的否定作用就比某些可能使我们的知识得到增长的肯定的教导还具有更多的重要意义了。"这种使我们避免犯错，在负面意义上的"教导"，康德称为对纯粹理性的训练，目的是抑制理性的扩张倾向，防止理性的放纵和迷误："在既没有经验性的直观、又没有纯粹直观来把理性保持在一个看得见的轨道上的场合下，也就是在理性仅仅按照概念而作先验的运用时，那么理性就非常需要一个训练来对它扩展到超出可能经验的严格边界之外的倾向加以抑制，使它远离放纵和迷误，以至于甚至纯粹理性的整个哲学都只是与这种否定性的用处打交道了。"在康德看来，这种在消极意义上的"教导"比使我们增长知识、在正面意义上的"教导"更为重要。尤其是，当错觉和假象能够相互印证，似乎能够构成一个自圆其说的体系时，这种训练的否定性作用就更加凸显出来了："如同在纯粹理性中那样，在发现了那些错觉和假象有很好的结合并统一在共同的原则之下而成为一个完整的系统的地方，似乎就需要一个完全独特的、虽然是否定性的立法了，这种立法以一个出自理性的本性和理性的纯粹运用的对象的本性的训练的名义，仿佛建立起了一个预警和自检的系统，在这个系统面前没有任何虚假而玄想的幻相能够站得住脚，而是无论它有什么掩饰的理由都必然会马上暴露出来。"① 这种对理性的训练，就相当于"否定性的立法"，构建起一个预警和自检的系统，对理性可能的僭越发出警示，进行纠偏。

康德还特别以数学为例，说明为什么要对纯粹理性进行"训练"。为什么选择以数学为例呢？因为"数学提供了一个没有经验的辅助而有幸自行扩展开来的纯粹理性的最光辉的例子"②。在康德所处的启蒙时代，牛顿力学为认识世界提供了简洁明快而严密的原理，以物体、运动和因果法则构成了机械论的自然观。牛顿力学的背后是数学，这从牛顿力学的奠基性著作《自然哲学的数学原理》的书名就能看得出来。数学为其他学科树立了榜样，哲学家们试图以数学为模板建立哲学体系，以便让哲学成为科学。启蒙哲学就具有突出的哲学数学化特征。康德认为，由于受到数学成

---

① 〔德〕康德：《纯粹理性批判》，邓晓芒译，人民出版社，2004，第550~552页。
② 〔德〕康德：《纯粹理性批判》，邓晓芒译，人民出版社，2004，第552页。

功的鼓舞，纯粹理性可能把数学的方法推广到量的领域之外，"理性借助于数学而取得的巨大成功很自然地形成一种猜测，就是：即使不是理性本身，却毕竟是它的方法，在量的领域之外也会得到成功，因为理性把它的一切概念都带到直观上来，这种直观是它能够先天地给予的，而它借此就可以说成为精通自然的了"。与数学相比，哲学对自然的研究显得捉襟见肘、无能为力，"与此相反，纯粹哲学凭借种种先天的推论性概念却在自然中到处敷衍塞责，并不能使这些概念的实在性成为先天直观的并正因此而得到确证"。数学的自信和哲学的不自信对比如此鲜明，以至于数学对从事关于自然的哲学研究胸有成竹，"甚至对于数学这门技艺的大师来说，假如一旦要他们去做这方面的研究，他们似乎也根本不会缺乏对自己本身的这种信心，而对普通大众来说，似乎也完全不缺乏对他们的技巧的很高的期望"①。因此，康德提醒数学家，不要拒绝接受哲学的警告而超出经验的界限，同时，康德也告诫哲学家，不要妄自菲薄而试图去模仿数学。

二　启蒙辩证法中的悖反

康德揭示的二律背反展现了知性的有效性、理性自身的矛盾性和人的有限性。霍克海默和阿多诺在《启蒙辩证法》中指出的与启蒙相关的各种悖反，与康德在《纯粹理性批判》中提出的二律背反颇为相似，可以说是"启蒙的二律背反"，而这些"启蒙的二律背反"则"解构"了康德所定义、肯定的启蒙。

《启蒙辩证法》展现了一系列的悖反。在《自反性现代化》一书中，斯科特·拉什等人指出，"现代主义社会理论因其以一种乌托邦式的社会变革的'元叙事'（metanarrative）为先决条件而受到批评。对此，后现代分析家如福柯提出了与此相反的、似乎是反乌托邦式的进化论"。与以上两种进路不同，霍克海默和阿多诺的《启蒙辩证法》代表的是一种自反性现代性的批判进路："自反性现代性的思想……在霍克海默和阿多诺的《启蒙辩证法》（*Diatectic of Enlightment*）一书所提出的情境中可以得到最

---

① 〔德〕康德：《纯粹理性批判》，邓晓芒译，人民出版社，2004，第560页。

好的理解，在这种情境中，理性或现代化……本来是具有解放性的……却转而攻击其自身。在有组织的资本主义时代里，启蒙或现代化变成其自身的挥之不去的幽灵……政治生活中的民主个人主义变成了法律理性官僚体制的机械性非人格……经典物理学的反教权的具有解放性的潜能变成了20世纪末破坏自然的科学。"①

启蒙高举的是理性的大旗，但启蒙真正遵循和贯彻的，其实是知性原则，也就是同一性原则或无矛盾原则。在理论上，无矛盾原则表现为 A =A，非此即彼。在实践中，无矛盾原则表现为"哈姆雷特式的两难抉择"（to be or not to be）。人们必须在对立的选项中作出选择，这种抉择在极端情况下，就是"生存还是毁灭"。霍克海默指出，"启蒙的本质就是一种选择，人们总是不得不作出这种选择，要么自我臣服自然，要么自然臣服自我"②。而不管怎么选择，都是选择一种统治，要么是自然对人的统治，要么是人对自然的统治。但是随着启蒙的进行，启蒙自身出现了矛盾，这是启蒙最大的悖反，是总体的悖反、原则的悖反。也就是说，启蒙自身的矛盾与启蒙信奉的"无矛盾原则"之间出现了矛盾。在这个最大的悖反之下，是一些作为结果的悖反，具体来说，这些悖反主要包括以下几个方面。

1. 神话与启蒙的悖反

启蒙与神话本来是对立的。启蒙要唤醒世界，使人们摆脱恐惧，破除神话，但在霍克海默和阿多诺看来，启蒙和神话却有着某种同一性。在神话与启蒙的并置中，二者不再在历史长河（历时态）中有着清晰的分界线，也不再是彼此针锋相对的对立面，而是在一种共时态中展现出对立与同一的悖反。这个悖反就是：神话已经是启蒙，启蒙却倒退为神话。

一方面，神话已经是启蒙。被启蒙摧毁的神话，是启蒙自身的产物。在神话中就已经蕴含着启蒙的要素。在霍克海默和阿多诺之前，已有学者

---

① 〔德〕乌尔里希·贝克、〔英〕安东尼·吉登斯、〔英〕斯科特·拉什：《自反性现代化——现代社会中的政治、传统与美学》，赵文书译，商务印书馆，2014，第142页。

② Max Horkheimer, *Gesammelte Schriften Band* 5：*>Dialektik der Aufklärung< und Schriften* 1940-1950, Frankfurt am Main：S. Fischer, 1987, S. 55.

对神话进行了专门研究。在这些研究中，神话开始褪去原有的神秘色彩。涂尔干认为，神话的原型是社会而不是自然，神话是对人类社会生活的超越的、虚拟的再现，解读神话可以探寻出人类社会发展的某些内在规律。在《人论》中，卡西尔对神话进行了研究。他认可涂尔干关于神话的观点，① 并指出，"神话深信，神话创作功能的产物一定具有一个哲学的，亦即一个可理解的'意义'"②。霍克海默和阿多诺更进一步，把神话与启蒙联系起来。他们强调，神话表达了某种历史观，是解释历史的叙事故事，是对人的起源及其历史发展的解释："神话试图对起源进行报道、命名和叙述，即描述、确定和解释起源。在记录和收集神话的过程中，这方面不断得到加强。神话早就把叙述变成了教条。"③ 在霍克海默与阿多诺看来，《奥德赛》这个神话体现了人类社会发展的理性化趋势，展现了主体性的原则，几乎囊括了启蒙的所有因素，而奥德修斯的返乡历程是理性自身发展、人的主体性扩张的过程，就是一部启蒙自身的历史。此外，哪怕是很早的神话，也表达了尝试控制自然的观念：神灵们像人类一样有自己的居所，他们住在奥林匹亚山上，尽管他们仍代表着自然要素，如宙斯代表天空、阿波罗代表太阳，但他们不再等同于自然要素本身。霍克海默指出，启蒙思想的本质，即作为主人的精神，可以追溯到《创世纪》开头几章④。在霍克海默和阿多诺看来，神话已经蕴含着启蒙的要素，可以说，神话就是启蒙的种子或胚胎。进一步来说，神话已经开启了启蒙的进程，启蒙所反对的神话，就已经是启蒙。

另一方面，启蒙倒退成为神话。启蒙虽然获得了胜利，但此时的启蒙已经走向了它所反对的神话："被鬼魅及其概念上的派生物涤荡了的存在，在其纯粹的自然性中却呈现出古代世界归之于鬼魅的超自然特征。"在启蒙了的世界里，人处于支配地位，但是，"为这种支配付出的代价，不仅仅是人与被控制的对象之间的异化：随着精神的物化，人与人之间的关系，乃至个

① 〔德〕恩斯特·卡西尔：《人论》，甘阳译，上海译文出版社，2005，第110页。
② 〔德〕恩斯特·卡西尔：《人论》，甘阳译，上海译文出版社，2005，第102页。
③ 〔德〕霍克海默、阿多诺：《启蒙辩证法——哲学断片》，渠敬东等译，上海人民出版社，2006，第5页。
④ 参见 Max Horkheimer, *Eclipse of Reason*, New York, 1947, p.104.

体与自身的关系也被'下咒'了。"① 经过启蒙，人支配了万物，但人与物的关系走向了异化，人与人的关系乃至个体与自身的关系走向了神秘化。这和神话描绘的图景相去不远。此外，启蒙和神话本身至少还有如下的一致性。一是启蒙和神话都带来恐惧。神话代表了对自然、超自然力量和不可知之物的恐惧。启蒙是要让人们摆脱恐惧，但在启蒙了的世界里，当人们突然意识到自然的总体性时，也会陷入极度恐慌。二是启蒙和神话都是一种重复、再现乃至循环。在神话中，事件往往是过去事实的单纯重复，而科学把思想变成简单的重复，观察到的东西就是可以再现的东西。事实性的东西总被认为是对的，认识仅限于对自身的重复，思想变成了纯粹的同义反复。"存在者越是臣服于思维机器，思维机器便越是盲目地满足于这些存在者的再生产。这样，启蒙便回到了它永远也不知道如何逃出的神话中。"② 因此，启蒙和神话一样，都体现了一种严格决定论，不过神话展现的是由一种超自然力量决定的宿命论的图景，而启蒙展现的是由科学规律严格决定的机械论图景。与神话与启蒙的悖反直接相关联的，还有以下这些悖反。

一是文明与野蛮的悖反。在启蒙思想家看来，启蒙能够唤醒世界，给人类带来福音，使人类走出野蛮、走向文明。霍克海默指出："随着资产阶级商品经济的扩张，神话昏暗的地平线被计算理性的太阳照亮了，在其阴冷的光线下，新野蛮的种子成熟了。"③ 他们在《启蒙辩证法》1944/1947 年版前言中坦言，他们写作本书的初衷是探讨这个问题：何以人类没有步入真正人性的状态，而是沉沦到了新形式的野蛮？

二是进步与退步的悖反。启蒙精神是乐观进步主义的重要代表。启蒙运动之后，各门自然科学得到了长足的发展，人类在和自然的较量中取得了重大的胜利，凸显了培根的"知识就是力量"，因此一种线性的历史进步观占据了西方思想的主导地位，这种历史进步观相信人类最终会实现启蒙运动设

---

① Max Horkheimer, *Gesammelte Schriften Band 5*：>*Dialektik der Aufklärung*< *und Schriften 1940—1950*, S. 21.

② Max Horkheimer, *Gesammelte Schriften Band 5*：>*Dialektik der Aufklärung*< *und Schriften 1940—1950*, S. 49.

③ Max Horkheimer, *Gesammelte Schriften Band 5*：>*Dialektik der Aufklärung*< *und Schriften 1940—1950*, S. 55.

定的目标。英国历史学家彼得·伯克指出，"西方历史思想最重要和最明显的一个特征是强调发展或进步的观念。"① 对此，卡西尔也说道："大概没有哪一个世纪像启蒙世纪那样自始至终地信奉理智的进步的观点。"② 在霍克海默和阿多诺看来，使人们树立自主性、摆脱恐惧是进步思想最一般的原则，也是启蒙的根本目标，但是"被彻底启蒙的世界却笼罩在一片因胜利而招致的灾难之中"③。表面看来，启蒙运动之后，人类取得了前所未有的进步，但这种进步同时也是退步，"今天，人性的堕落与社会的进步是联系在一起的"④，"势不可挡的进步的厄运就是势不可挡的退步"⑤。

　　三是自由与奴役的悖反。在霍克海默和阿多诺看来，启蒙试图对一切个体进行教育，从而使尚未开化的整体获得自由。启蒙运动开启的理性化进程并没有真正地达到其目标，实现人的解放与自由，反而导致了对自然、社会、个人的更强的控制。人类对理性主义曾经抱有莫大期待，期待它能带来解放与自由，等来的却是韦伯所说的"铁笼"的束缚。"在统治的强制下，人类劳动已经摆脱了神话，但在神话的魔力下，人类劳动又一再落入统治之下。"⑥ 启蒙承诺了自由，但是在工业和抽象的同一性的支配下，获得自由的人最终变成了"群氓"。黑格尔就说过，他们是启蒙的结果。启蒙许诺了广泛的平等，"消解了旧的不平等的非正义性——无中介的君主制"，"但是同时又使得这种不平等在普遍的中介中，在所有存在者和其他存在者的关联中，得以永存"⑦。在启蒙了的世界里，人摆脱了自然的奴役，似乎成了自然的主人，但是"每一次通过打破自然来打破自然之

---

① 〔英〕彼得·伯克：《西方历史思想的十大特点》，王晴佳译，《史学理论研究》1997年第1期。
② 〔德〕E. 卡西尔：《启蒙哲学》，顾伟铭等译，山东人民出版社，2007，第3页。
③ 〔德〕霍克海默、阿多诺：《启蒙辩证法——哲学断片》，渠敬东等译，上海人民出版社，2006，第1页。
④ 〔德〕霍克海默、阿多诺：《启蒙辩证法——哲学断片》，渠敬东等译，上海人民出版社，2006，第3页。
⑤ 〔德〕霍克海默、阿多诺：《启蒙辩证法——哲学断片》，渠敬东等译，上海人民出版社，2006，第28页。
⑥ Max Horkheimer, *Gesammelte Schriften Band 5*：>*Dialektik der Aufklärung*< *und Schriften 1940-1950*, S. 55.
⑦ Max Horkheimer, *Gesammelte Schriften Band 5*：>*Dialektik der Aufklärung*< *und Schriften 1940-1950*, S. 35.

强制的尝试，都只会更深地陷入自然的强制之中。这就是欧洲文明所走的道路"①。这正如恩格斯所说的，人对自然取得的胜利，都遭到了自然的报复。

四是开化与愚昧的悖反。启蒙是要开启民智，让人们运用自身的理性脱离无知的蒙昧状态，构建一个理想的社会，但随着启蒙的深入，启蒙转向了自身的对立面，原来的"蒙"是被"启"了，但这个过程并没有带来澄明，带来"光明"，真正"照亮"世界。与之相反，原来的"蒙"变成了另一个更难识别和摆脱的"蒙"（"蒙蔽"和"欺骗"）："启蒙在为当下现实服务的过程中，转变为对大众的彻头彻尾的欺骗"②。《启蒙辩证法》中论述文化工业的文章即名为《文化工业：作为大众欺骗的启蒙》。

2. 主体性与客体性的悖反

霍克海默在《理性之蚀》一书中曾指出，启蒙思想的本质是"作为主人的精神"③。启蒙运动树立和强化了人的主体性，并将主体性建构为现代性的根本原则。这个主体性意味着理性的完全自主性："启蒙则是将语境、意义、生命完全收回主体性，而主体性实际上只是在这样的收回过程中才得以构成的。对主体性来说，理性是一种化学药剂，它吸收单个的物的实体并将其蒸发为理性本身的纯粹自主性。"④ 但是，当人凭借理性成为世界的绝对主体，作为主人统治自然和支配万物时，人对自然的支配与思维主体本身产生了矛盾，主体变得一无所有。这时主体只剩下康德的那个统觉，那个自身保持永远同一、伴随自我所有观念、为表象的综合提供统一

---

① 〔德〕霍克海默、阿多诺：《启蒙辩证法——哲学断片》，渠敬东等译，上海人民出版社，2006，第9页。译文有改动。

② Max Horkheimer, *Gesammelte Schriften Band 5*：>*Dialektik der Aufklärung*< *und Schriften 1940-1950*, S. 66；参见邓安庆《从康德的"启蒙论文"重新反思"启蒙的辩证法"》，《南京师大学报》（社会科学版）2009年第2期。

③ Max Horkheimer, *Eclipse of Reason*, 1947, p. 104.

④ Max Horkheimer, *Gesammelte Schriften Band 5*：>*Dialektik der Aufklärung*< *und Schriften 1940-1950*, S. 112.

性的"我思",而主体和客体都将"变得虚无"①。在社会必然性的幻象中,被彻底启蒙了的人类丧失了自我。在启蒙了的世界里,在工业化大生产系统和现代消费社会中,作为主体的人反过来成了客体,人的心灵被物化了。这与古代的泛灵论构成了奇特的对照,以至于让人不明白,什么才是真正的自主性:"泛灵论使物精神化,而工业化却把人的灵魂物化了。"②这就意味着,在启蒙了的世界里,主体性的树立与主体性的丧失不可分割地结合在一起。

3. 自我持存与自我毁灭的悖反

霍克海默和阿多诺认为,斯宾诺莎的"自我持存的努力是德行的首要基础"这句话,"包含了整个西方文明的真正原则"。根据启蒙运动的观点,任何人如果不是合理地按照自我持存的方式来安排自己的生活,就会倒退到史前时期。但随着启蒙的进行,"自我持存"走向了"自我毁灭":"随着经济制度的发展……由理性确定的自我持存,即资产阶级个体的对象化冲动展现为具有破坏性的自然力,该力量已无法与自我毁灭区别开来。这两种破坏性相互紧密地交织在一起。"③ 甚至启蒙自身都走向了自我毁灭,"这种唯一能够打破神话的思想最后把自己也摧毁了"④。霍克海默和阿多诺也提到,《启蒙辩证法》探讨的"第一个对象"就是启蒙的自我毁灭:"在研究过程中,我们所遇到的疑难是我们必须探讨的第一个对象:启蒙的自我毁灭。"⑤ "启蒙的不断自我毁灭,迫使思想去禁止那抵抗习俗和时代精神之方向的最后一点天真。"⑥

---

① Max Horkheimer, *Gesammelte Schriften Band 5*:>*Dialektik der Aufklärung*< *und Schriften* 1940–1950, S. 49.

② Max Horkheimer, *Gesammelte Schriften Band 5*:>*Dialektik der Aufklärung*< *und Schriften* 1940–1950, S. 51.

③ 〔德〕霍克海默、阿多诺:《启蒙辩证法——哲学断片》,渠敬东等译,上海人民出版社,2006,第79页。

④ Max Horkheimer, *Gesammelte Schriften Band 5*:>*Dialektik der Aufklärung*< *und Schriften* 1940–1950, S. 17.

⑤ Max Horkheimer, *Gesammelte Schriften Band 5*:>*Dialektik der Aufklärung*< *und Schriften* 1940–1950, S. 18.

⑥ Max Horkheimer, *Gesammelte Schriften Band 5*:>*Dialektik der Aufklärung*< *und Schriften* 1940–1950, S. 15–16.

4. 善与恶的悖反

在《启蒙辩证法》的核心论文《启蒙的概念》的附录 2《朱莉埃特或启蒙与道德》中，霍克海默和阿多诺展现了一种善与恶的辩证法。启蒙倡导宣扬的理性，应当是引导人们为善的，康德的道德绝对命令最后指向的是"至善"，即德行与幸福的完美统一。但是霍克海默和阿多诺指出，即便康德也认为，道德力量和非道德力量一样，在科学理性面前只不过是中性的冲动行为和模式。这样就存在道德力量走向其对立面即非道德力量的可能。如果康德的道德学说是一种关于道德或善的伦理学的话，那么与康德同时代的法国作家萨德，则在其作品中展现了一种与康德的道德学说刚好形成对立的"非道德"或"恶"的伦理学。霍克海默和阿多诺认为，萨德在其作品中就描述了"不经他人引导的知性"，即摆脱了监护的资产阶级主体。他们根据萨德的作品《朱莉埃特》，阐述了在该书中展现出的善与恶的悖反。这个悖反表明，理性如果纯粹被当成工具去运用，就可能被用于为恶并放大这种恶，从而使得理性从启蒙那里的善的化身转变成为恶的帮凶。

5. 理性与非理性的悖反

在一般观念看来，启蒙与神话的对立，是理性与非理性的对立。启蒙是理性的代表，神话是非理性的代表："理性与一切非理性的东西相对立，这个原则构成了神话与启蒙的真正对立的基础。"① 理性至上是启蒙精神的核心理念，也是近现代社会理性化进程中文化精神的集中体现。启蒙精神相信，理性与人的主体性是相互支撑的，人是理性世界的核心，而理性的成就将确证人的本质力量，从而进一步强化人的主体性。根据启蒙的观点，经过启蒙的人们不会再按照给定的自然法则自发地生存，或是根据神性的秩序而被动地生存，而是会以自身的理性为行为的依据。这样，理性的原则就深入个人和社会生活的各个层面，成为评判一切的最高尺度。在这样一个理性化进程中，技术理性主义开始形成并在西方现代文化精神中

① Max Horkheimer, *Gesammelte Schriften Band 5*：*>Dialektik der Aufklärung< und Schriften 1940-1950*，S. 112.

占据重要地位。但是，在霍克海默和阿多诺看来，在启蒙了的世界里，理性与非理性的界限模糊了，理性走向了自身的反面即非理性："纯粹理性变成了非理性，变成了一种完美无缺却又虚幻无实的操作方式。"① 由此，启蒙最大的支柱——理性——也倒塌了，这种倒塌不是因为外力，而是这个支柱本身存在某种内部缺陷，或者这个支柱的基础是不稳固的。

三　启蒙辩证法与康德二律背反辩证法的异同

虽然在《启蒙辩证法》中，霍克海默和阿多诺并未明确提到康德的二律背反，但从效果来说，他们所展现的启蒙的各种悖反，与康德的二律背反一样，都体现了悖反性。在一定程度上，启蒙辩证法与康德的二律背反辩证法起的是类似的作用。而他们对启蒙的批判也类似于康德那里的纯粹理性的训练，目的是指出理性的偏差和迷误，对理性提出警醒，也是对人类提出警醒。具体来说，就"悖反性"而言，启蒙辩证法与康德二律背反辩证法主要有如下两个共同之处。

1. 对理性和主体性的警示

康德的二律背反是一种警示，提醒理性不要自我膨胀和放纵，超越自身的权能范围，去做自己不应该做也没法做到的事，即对纯粹理性进行超出经验范围的思辨运用。而理性自身恰恰有着"越界"的倾向和冲动，这就需要对理性进行"告诫"，康德把这种"告诫"称为"理性的训练"。二律背反辩证法，就是对理性进行训练的一种形式。甚至整个纯粹理性批判，都可以说是这样一种训练。在康德那里，纯粹理性批判是一门单纯评判纯粹理性、它的来源和界限的科学，是纯粹理性体系的入门。就思辨方面来说，纯粹理性批判的用处实际上只是否定性的，不是用来拓展我们的理性，而只是用来澄清我们的理性，并使它避免犯错误。借用"积极自由"和"消极自由"的区分，可以说，这种训练起到的是警示、告诫、预防的作用，是另一种形式的启蒙，即消极、否定、负面意义上的启蒙。

---

① 〔德〕霍克海默、阿多诺：《启蒙辩证法——哲学断片》，渠敬东等译，上海人民出版社，2006，第79页。

霍克海默和阿多诺在《启蒙辩证法》中展现的各种悖反，与康德在《纯粹理性批判》中提出的二律背反，有着类似的初衷。神话与启蒙、文明与野蛮、进步与退步、自由与奴役、开化与愚昧、主体性与客体性、自我持存与自我毁灭、善与恶、理性与非理性，《启蒙辩证法》中的这一系列悖反，以一种极端的形式，表现了理性"不当使用"和"越界"的后果：一方面，理性成了工具理性，因为理性自身已经成为"万能经济机器"的辅助工具，成了用于制造一切其他工具的"一般工具"；另一方面，人类借助理性达到了对自然的统治，人对自然的工具性操纵不可避免地作用于人与人之间的关系，对自然的统治则以类似的方式也加到了人类的头上。但是，启蒙的目的并未达到。相反，反对神话的启蒙在启蒙之后的现实中真正地成了神话，成了它所反对的东西。相应地，启蒙所允诺的各种理想目标，在现实中走向了自身的反面。这就是启蒙的"自反"。在霍克海默和阿多诺看来，启蒙的这种"自反"很大程度上是由于理性的自负和主体性的过度膨胀造成的。因此，在《启蒙辩证法》中，他们指出，对自然的支配不应超出康德的纯粹理性批判所约束的范围："支配自然也有范围，这个范围正是纯粹理性批判所约束的思想范围。康德就把永远无限进步的学说与对其固有的缺陷性和永恒的有限性的坚持统一起来。"他们给予康德关于理性之有限性的观点极高的评价："康德给出的这一宣告是一个圣谕。"在他们看来，康德指出了理性的权力范围，就是指明了理性和科学的有限性。科学并非万能，科学也有其无法达及之处、无法解开之谜："存在就在科学所不能穿透的世界之中，而科学所能穿透的并非就是存在。"① 可见，他们对启蒙的批判，与康德所说的"理性的训练"有着相似之处，可以说，二者都属于"否定""消极"意义上的启蒙。

2. 对数学思维泛滥的担忧

在康德的时代，数学就已经取得了巨大的成功，数学思维有主导整个科学的趋势。在康德看来，数学的成功具有传染性，乃至于其他学科也跃跃欲试，"尤其对于那当然会自夸在别的领域也拥有它在某个领域所分得

---

① Max Horkheimer, *Gesammelte Schriften Band 5：>Dialektik der Aufklärung< und Schriften* 1940-1950, S. 48.

的同一种幸运的同一种能力来说是如此。因此纯粹理性在先验的运用中希望能像它在数学中成功地做到的那样同样有幸彻底地扩展自己"①。但是在康德看来，其他领域和数学领域的研究方法有着本质的区别。比如，哲学依靠概念进行思维，而数学则依靠直观进行思维。康德提醒哲学，不要因为羡慕数学取得的成功，而试图挤到"数学的骑士团"，用数学思维来研究哲学："对于哲学的本性来说，尤其在纯粹理性的领域中，是根本不适合于以独断论之路为支撑并用数学的头衔和绶带来装饰自己的，哲学不应该置身于数学的骑士团中，哪怕它有一切理由去希望与数学结成姊妹关系。那些头衔是一些永远不能兑现的虚荣的僭妄。"② 没有概念的直观是盲目的，如果用数学思维来研究哲学，得到的只能是教条，而教条或教条性的方法，是与哲学背道而驰的："如果在纯粹理性的思辨运用中按其内容也根本没有教条，那么一切教条性的方法，不论它是向数学家借来的还是应当成为一种固有的风格，自身都是不合适的。因为它只会隐藏那些缺点和错误，并且，哲学的真正意图是使理性的一切步骤都在最明亮的理性之光中被看清，而它则使哲学落空。"同时，对于试图"越界""跨界"的数学家，康德也提出了告诫，不要越出自然的边界，"就连数学家，如果他的天赋不是也许已经受到自然的限制并局限于他的专业范围内的话，就不能拒绝接受哲学的警告，还不能不在意这些警告"。如果数学家超越自然的边界，就会"从感性的领域落入纯粹概念甚至先验概念的不可靠的地盘"。③ 那里不会有他们的立足之地，他们将会寸步难行。

　　霍克海默和阿多诺对数学思维泛滥的担忧更甚于康德。他们忧虑地指出，"在量子理论形成前后，自然就被理解为是数学意义上的；甚至那些尚未论定之物，不管是不能分解的，还是非理性的，都受到了数学定理的改造。启蒙事先就把追根究底的数学世界与真理等同起来，启蒙以为这样做就能够避免返回到神话中去。启蒙把思想和数学混作一团，并且通过这种方法把数学变为一种绝对例证"。在他们看来，在启蒙精神中，数学成

---

① 〔德〕康德：《纯粹理性批判》，邓晓芒译，人民出版社，2004，第552~553页。
② 〔德〕康德：《纯粹理性批判》，邓晓芒译，人民出版社，2004，第567页。
③ 〔德〕康德：《纯粹理性批判》，邓晓芒译，人民出版社，2004，第569页。

为必然性和客观性的化身："数学步骤变成了思维仪式。尽管有着公理的自我限定，数学还是认定自身有着必然性和客观性。"① 而数学与同一性也存在某种内在的关联，这种关联在启蒙中得到了突出的体现："对于启蒙而言，那种不能还原为数字、最终不能还原为一的事物必然是幻象；现代实证主义则把这些东西划入文学领域。同一性是从巴门尼德直到罗素的口号。"由此造成的结果是，数字成为启蒙的准则，数学思维大行其道，成为各个学科的主导思维。"量"压制了"质"，"量化"成为整个社会越来越重要的衡量方法："资产阶级社会通过把不同的事物还原为抽象的量的方式使其具有了可比性。"② 这样，"必然王国与自由王国的关系便只有量化意义和机械意义了"③。

与康德一样，霍克海默和阿多诺也表达了对数学思维代替概念思维的担忧。德语概念（Begriff）一词源于动词掌握（greifen），概念就是那些能完整掌握内容的表述。因而康德认为哲学必须倚重概念。在黑格尔那里，概念式的思维保持了主客体中介的敏感性。人的自我意识，在认识过程中贯穿时间的同一性意识，无论是潜在的还是现实的，都是人的概念化能力的产物。在霍克海默和阿多诺看来，概念包括肯定性的和否定性的要素，从而具有辩证性的特征："人们通常喜欢把概念说成是所把握之物的同一性特征，然而，概念由始以来都是辩证思维的产物。在辩证思维中，每一种事物都是其所是，同时又向非其所是转化。"④ 但是，启蒙压制了概念思维："概念在启蒙运动面前的尴尬处境就像领养老金者面对工业托拉斯一样，没有一丝安全感。"⑤ 这正如尼采所指出的，科学的逻各斯逐渐取代了哲学的逻各斯。在霍克海默和阿多诺看来，启蒙在认识论上的主要趋势是

① 〔德〕霍克海默、阿多诺：《启蒙辩证法——哲学断片》，渠敬东等译，上海人民出版社，2006，第 19 页。

② Max Horkheimer, *Gesammelte Schriften Band* 5：*>Dialektik der Aufklärung< und Schriften* 1940-1950, S. 30.

③ 〔德〕霍克海默、阿多诺：《启蒙辩证法——哲学断片》，渠敬东等译，上海人民出版社，2006，第 33 页。

④ 〔德〕霍克海默、阿多诺：《启蒙辩证法——哲学断片》，渠敬东等译，上海人民出版社，2006，第 11 页。

⑤ 〔德〕霍克海默、阿多诺：《启蒙辩证法——哲学断片》，渠敬东等译，上海人民出版社，2006，第 17 页。

以数学思维取代概念思维、把数学等同于真理、以教条来代替概念，而这种教条只能停留在非辩证的直接性中。

首先，当人们完全用公式、规则、概率等抽象形式来解释世界时，人们实际上放弃了对意义的探寻、放弃了真正的思考。"在通往现代科学的道路上，人们放弃了任何对意义的探求。他们用公式替代概念，用规则和概率替代原因和动机。"① 现代西方思想家没能提供出相应的意义和价值，去充实祛魅之后宗教和神学没落所导致的精神真空。神灵退场，意义丧失，虚无主义盛行，灵魂成为无内容的东西。如韦伯所说，即便是专家，也没有灵魂。因此，思想本身也受到了冷落，而受冷落的思想以变异了的物化形式反过来报复启蒙，使得启蒙最终无法自我实现："思想用数学、机器和组织等物化形式对那些把它忘在脑后的人们实施了报复，放弃了思想，启蒙也就放弃了自我实现的可能。"②

其次，数学思维与形式逻辑描绘出的世界成了一个必然的、重复的世界。启蒙过分强调逻辑形式主义，假定所有真实的思想都倾向于以数学为前提，任何不符合可预测性和有用性衡量标准的事物都被启蒙视为值得怀疑的。形式逻辑为启蒙提供了关于世界之可预测性的模式，在启蒙那里成了统一科学的主力。这意味着启蒙保留了神话的静态的重复，由此历史成了严格决定论下的固定程序，而排除了历史发展的动态可能性。

最后，数学的量化原则被运用于等价原则之中，为资本主义的普遍交换奠定了基础。在启蒙观念中，自然是由可替换的原子构成的，这为普遍的交换提供了本体论的基础。随着现代社会中个体的原子化趋势，量化原则和基于量化的等价原则被广泛运用于资本主义社会生活的各个领域、运用于人类自身，用《启蒙辩证法》中的话来说就是，"资产阶级社会是由等价原则支配的"③，甚至如马克思关于拜物教的思想所表明的，等价物本

① 〔德〕霍克海默、阿多诺：《启蒙辩证法——哲学断片》，渠敬东等译，上海人民出版社，2006，第3页。
② 〔德〕霍克海默、阿多诺：《启蒙辩证法——哲学断片》，渠敬东等译，上海人民出版社，2006，第33页。
③ 〔德〕霍克海默、阿多诺：《启蒙辩证法——哲学断片》，渠敬东等译，上海人民出版社，2006，第4~5页。

身成了偶像。霍克海默和阿多诺认为，柏拉图在其后期著作中把理念与数字等同起来，体现了祛除神话的渴望，而同样的等式也支配着资产阶级的正义和商品交换。相应地，自然的对象化和可计算性也加到了人类的头上，改变了人与人的关系，也改变了人的行为方式。

当然，霍克海默和阿多诺在《启蒙辩证法》中对康德哲学也进行了批判。无论如何，他们所批判的启蒙，在很大程度上就是由康德所界定的启蒙。他们所批判的主体性，也就是康德的"哥白尼革命"予以高度肯定的理性和主体性。当然，他们对启蒙的批判不是直接针对康德，因为康德毕竟一再指出要对理性进行限制，防止理性的僭越，是启蒙的实施者和推进者们在很大程度上无视了康德的这些警告。但是，霍克海默和阿多诺的启蒙辩证法与康德的二律背反辩证法也有一个根本性的区别，即启蒙辩证法涉及理性运用的全部领域，而二律背反辩证法针对的只是认识领域。虽然这个区别只是范围的不同，但是它使得这两种辩证法引出的悖论有着根本性的不同，也使得这两种辩证法对理性运用的后果得出相去甚远的判断。

在霍克海默和阿多诺看来，康德虽然提出要对理性进行限制，但是只是把这种限制"局限于"认识方面，只是限制纯粹理性在经验之外进行思辨的运用，而对纯粹理性在经验之内的运用则未加以仔细的甄别、审查和规范，这样在理性的运用过程中就可能出现"漏网之鱼"，其后果主要表现在如下两个方面。

3. 自然成为理性主体的支配对象

在启蒙了的世界里，自然为启蒙所"祛魅"，主体性过度扩张，理性被用来无所顾忌地统治自然。自然被当成了纯粹的客体，成了理性主体支配的对象。在启蒙之前，人类对自然多少还存在畏惧，在启蒙之后，在理性的帮助下，当人类能力增长到一定程度以至于能够与自然平起平坐时，人类进一步运用理性反过来对自然加以控制，让自然为自己服务。人从自然中脱颖而出，成为主宰万物的高高在上的存在。此时的自然褪去了所有的神性，甚至在某种程度上成了人类任意处置的对象。霍克海默和阿多诺指出："为了逃避对自然的迷信和恐惧，理性将客观有效的同一性和形式统统转变成一种混沌物质的迷雾，把它对人性产生的影响咒骂为一种奴役，直到主体在观念中完全变成独一无二的，无拘无束的，却又空洞乏味的权威。一切自然力都变成了对主体抽象权力的不加区别的单纯抵制。"①康德固然没有主张人类应该统治自然，但是当他高举主体性的旗帜、提出人为自然立法、强调人的意志自由时，多少忽视了自然的权利。以赛亚·柏林认为，康德强调个人的自由意志，而"此种对于意志的强调，以牺牲只能在预定的思想范畴中运作的深思熟虑和知觉为代价，深深进入了德国人对道德自由的认识，由此引起了对自然的反抗而不是与它和谐相处，以及对本能倾向的克服，也引起了对强制性力量——不管它是来自人还是物的普罗米修斯式抵抗"②。这也许是高扬人的主体性导致的某种矫枉过正，也是时代对观念必然产生的限制。即便如康德这样的思想巨擘，也无法超越他所处的时代。

4. 纯粹理性在实践上被当成工具运用

康德提出的二律背反，主要针对的是纯粹理性在思辨上的运用。对于纯粹理性在实践上的运用，康德没有加以直接限制，而只是提出了"范导性"的原则。另外，理论理性和实践理性彼此独立，各司其职，互不干涉。这样就出现了一个纯粹理性运用的"法外之地"：人们也许在纯粹理性的思辨运用上遵从康德的告诫，从不胡思乱想，不去试图认识和思考那无法通过纯粹理性认识的东西，这样就不会造成二律背反，但是有可能把纯粹理性肆无忌惮地运用在实践层面，运用在社会生活中，去为非作歹，乃至伤天害理，达到邪恶的目的。也就是说，纯粹理性成了为恶的纯粹工具。理性在此非但没有支持和帮助"善良意志"，甚至还扮演了"助纣为虐"的角色。善于运用理性的人干坏事，危害要远远超过资质平庸的人。在《朱莉埃特或启蒙与道德》一文开头，霍克海默和阿多诺就引用了康德关于启蒙的定义。而这篇文章针对的正是理性在实践层面的运用可能遇到的悖反与难题。在正文中，他们着重探讨了萨德的作品《朱莉埃特》。该书主人公朱莉埃特在某种意义上是"恶"的化身，不过，她非但不是"非

---

① 〔德〕霍克海默、阿多诺：《启蒙辩证法——哲学断片》，渠敬东等译，上海人民出版社，2006，第78页。
② 〔英〕以赛亚·柏林：《反潮流：观念史论文集》，冯克利译，译林出版社，2002，第18页。

理性"的,反而是"理性思维工具的杰出运用者",有着十足的理性主义特征。她"信仰"科学,喜欢体系和推理,摆弄语义学和逻辑句法,是一名"咄咄逼人的启蒙运动之子"①,但她虚荣贪婪,无休止地追求享乐,竭力鼓吹一种"罪犯的自我律令"②,运用自己的"理性"去达到享乐的目的。这时,"善"与"恶"就颠倒了:她心中的道德律令是"享乐"的道德律令,而"理性"成为她达到"享乐"这个目的的工具。相应地,"善良和仁慈都变成了罪恶,而统治和压迫则变成了美德"③。这样,萨德的"恶"的伦理学就构成了康德的"善"的伦理学之镜像,"自由"和"理性"在其中仍然扮演至关重要的角色:"萨德和尼采比逻辑实证主义者更加明确地坚守着理性(Ratio)。"④ 把"至善"换成"至恶",康德的整个道德学说同样能够成立,并能"无缝"地转换成为萨德的非道德"理论"。由此,康德的道德学说就面临着变成一种纯粹工具论的危险,而启蒙在道德上的合法性也受到了挑战。

总而言之,康德的二律背反辩证法作为一种"认识论"上的辩证法,引出的是纯粹的自相矛盾,即逻辑上的"二律背反"。这些"背反",被用于"对理性进行训练",可以说是康德在高扬理性和主体性的同时,为防止理性的越界运用而设置的"警示线"。而霍克海默和阿多诺的启蒙辩证法作为一种总体辩证法,涵盖从认识到实践的各个领域,反思现代性的基石即理性和主体性,直指现代西方文明的根基。由启蒙辩证法引出的种种"悖反",既是"启蒙的二律背反",也可以说是霍克海默和阿多诺为抵制理性滥用和主体性过度扩张而亮起的"警示灯",展示了现代性的自反性和现代性内部的巨大张力。

---

① 〔德〕霍克海默、阿多诺:《启蒙辩证法——哲学断片》,渠敬东等译,上海人民出版社,2006,第84页。

② 〔德〕霍克海默、阿多诺:《启蒙辩证法——哲学断片》,渠敬东等译,上海人民出版社,2006,第83页。

③ 〔德〕霍克海默、阿多诺:《启蒙辩证法——哲学断片》,渠敬东等译,上海人民出版社,2006,第90页。

④ 〔德〕霍克海默、阿多诺:《启蒙辩证法——哲学断片》,渠敬东等译,上海人民出版社,2006,第103页;参见谢永康《自由与罪恶——康德、萨德与启蒙辩证法》,《现代哲学》2019年第4期。

马克思对资本主义文明观念论言说的批判与人类文明新形态[*]

李双套^{**}

何以需要在观念论批判的视角下讨论人类文明新形态的创立？这就需要回到马克思对人类文明演进的历史阐释中去，因为只有在比较中，才能明了文明的差异，才能了解到文明的意义。日本学者福泽谕吉在《文明论概略》中就认为，讨论文明问题首先需要"确定议论的标准"，而标准"由相对的思想产生"，"经过互相对比之后确定"。① 围绕着人类文明新形态与资本主义文明的"互相对比"，学界已经从不同角度展开了一些论述，如马克思的文明演变思想角度、历史唯物主义角度、人类文明新形态的中国出场角度、马克思主义基本原理与中华优秀传统文化结合角度等。② 这些角度为理解人类文明新形态的内涵、特征和价值奠定了很好的基础。但是，就与资本主义文明的比较而言，如果深入具体比较，就需要进一步探

---

* 本文原载《马克思主义与现实》2023年第3期，收入本书时有改动。
** 李双套，中共中央党校（国家行政学院）马克思主义学院21世纪马克思主义研究所副所长，教授。
① 〔日〕福泽谕吉：《文明论概略》，北京编译社译，商务印书馆，1960，第1页。
② 参见李淑梅《马克思的文明演变思想与创造人类文明新形态》，《南开学报》（哲学社会科学版）2022年第2期；侯惠勤《论人类文明新形态》，《陕西师范大学学报》（哲学社会科学版）2022年第2期；陈金龙《人类文明新形态的四重意蕴》，《广东社会科学》2021年第6期；田鹏颖、武雯婧《论人类文明新形态的生成逻辑》，《科学社会主义》2021年第6期；王正《"人"之视野下的人类文明新形态》，《哲学研究》2022年第1期；等等。

讨有哪些类型的资本主义文明言说方式、这些言说方式具有何种特点、马克思基于对资本主义文明言说方式的批判提出了何种文明论言说、马克思提供的文明论言说在何种意义上为人类文明新形态的创立提供了思想资源等一系列问题。

一　资本主义文明的观念论言说

人类文明新形态是中国特色社会主义创造的文明形态，是社会主义文明形态，对社会主义文明形态的讨论离不开对资本主义文明的认识。自资本主义文明出现以来，在如何看待资本主义文明这个问题上，主要有四种言说方式。

1. 资本主义文明的合理性言说

古典政治经济学家充分肯定"现代社会"的文明性，论证其具有永恒合理性。他们把合理性言说建立在私有财产的"事实"上。他们认为，在人类社会历史的演进中，资本主义文明是极为特殊的文明。因为自资本主义文明以来，人类社会才出现了"进步"和"发展"。马克思并不否认资本主义的"进步性"和"发展性"，一方面，资本主义时代的社会生产力大幅跃进，社会财富快速增长，在不到一百年的历史中，社会创造的生产力比过去一切世代的总和"还要多，还要大"。而且，在资本主义时代，生产力的保存有了可能。在《德意志意识形态》中，马克思恩格斯从交往角度论证了生产力的保存问题。他们认为随着交往的持续扩大，已创造出的生产力在保存上有了保障，不至于"遭到彻底的毁灭"①。另一方面，随着交往的扩大，交往从熟人交往走向了陌生人交往，而陌生人交往必须遵循自愿、平等原则，相对于封建社会的等级制、人身依附来说，这是人类文明的巨大进步。所以，资本主义文明确实具有合理性。但是，古典政治经济学家将这种合理性极端化。一方面，他们认为资本主义财富会无限增长；另一方面，他们认为交往中的自愿、平等原则符合人性。特别是基于

---

① 《马克思恩格斯文集》第 1 卷，人民出版社，2009，第 560 页。

对交往原则的美化，古典政治经济学建构了资本主义文明的永恒合理性言说。亚当·斯密认为人具有以物易物、互通有无、互相交易的天性，"一切人都要依赖交换而生活，或者说，在一定程度上，一切人都成为商人"①。古典政治经济学据此提出"经济人"假设，认为财富积累和商品消费是现世幸福的基础，经济人把追求现世幸福和自身利益最大化作为行动的目的。与之不同，在古典时代，人类追求的是建立在本性或内在本质基础上的某种高贵的东西，这种高贵的东西不是私利，而是智慧、技艺、勇气、正义、德性等。所以，在古典时代，幸福主要体现在参与政治活动上，是公民的事务；经济活动则属于私人领域，与生物性的生存需要联系在一起。资本主义社会把经济从私人领域的事务上升为公共事务和政治事务，这也成为资本主义文明不同于古典文明的一个基础特征。在资本主义社会，所有人都遵循牟利原则，并基于牟利原则行动，在牟利原则的驱动下，生长出一个超越个体意志的社会有机体。黑格尔同样认为，"在市民社会中，每个人都以自身为目的，其他一切在他看来都是虚无"②，每个人都坚持自利原则，但是最终社会整体收益会得到增加，"个人的生活和福利以及他的权利的定在，都同众人的生活、福利和权利交织在一起"③。

　　这种言说方式由经济上的自由、平等衍生出政治自由、政治平等和社会一切方面的自由、平等。所以，"自由"成为资本主义的核心价值之一，这是古典自由主义的基本观点。但是古典政治经济学根据商品交换的平等性、自由性原则，将商品交换的平等性表象推广到社会的一切领域，断言资本主义社会是人人自由平等的社会，在一切领域都实现了自由和平等，据此认为建立在资本主义社会基础上的资本主义文明具有永恒合理性。他们没有给我们说明这个事实，"把应当加以阐明的东西当做前提"④，在"现实"与"合理"之间画等号，认为"凡是现实的"都是"合理的"，"凡是合理的"都是"现实的"。

---

① 〔英〕亚当·斯密：《国民财富的性质和原因的研究》上卷，郭大力、王亚南译，商务印书馆，1972，第20页。
② 〔德〕黑格尔：《法哲学原理》，范杨、张企泰译，商务印书馆，1961，第197页。
③ 〔德〕黑格尔：《法哲学原理》，范杨、张企泰译，商务印书馆，1961，第198页。
④ 《马克思恩格斯文集》第1卷，人民出版社，2009，第155页。

2. 资本主义文明的倒退性言说

与古典政治经济学将资本主义文明永恒合理化的观点不同，在政治哲学领域，有学者认识到资本主义社会的弊端，并提出了"返归自然"的解决方案，这就是倒退性言说。卢梭从自然状态下自由的获得的视角论述了文明的倒退性方案。他将人类的生活状态区分为自然状态和社会状态。在《论人与人之间不平等的起因和基础》中，卢梭认为在自然状态下，人与人之间存在"自然的或生理的不平等"，但是不用去追问这种不平等的根源。因为这种不平等不具有道德和社会意义，它是"自然确定的"，是"由于年龄、健康状况、体力、智力或心灵的素质的差异而产生的"①。而社会意义上的"不平等现象在自然状态下是极不明显而且其影响几乎为零"②。因此，在卢梭看来，在自然状态下，人具有最大限度的平等。在《论科学与艺术的复兴是否有助于使风俗日趋纯朴》中，卢梭具体探讨了科学和艺术的发展与人类发展的关系。他认为科学和艺术并不有助于风俗的纯朴，从而进一步论证了"自然状态"的美好和人类文明退回到"自然状态"的必要性。然而，人类文明又不可能回到"自然状态"，因为虽然"自然的或生理的不平等"本身不具有社会意义，但是它会导致具有社会意义的不平等。卢梭认为人生而平等并天然享有天赋自由，私有财产的出现是人类不平等的起源，"不平等现象……得以产生和继续发展，是得助于我们的能力的发展和人类知识的进步，并最终是由私有制的出现和法律的实施而变得十分牢固和合法的"③。人类进入社会状态后，人们丧失的"乃是他的天然的自由"④，人类社会自此出现了自我异化。现代人获得自由的途径当然不是简单退回原始状态，像伏尔泰所描述的那样，退回原始森林中。卢梭认为现代人解放的路径是在完全自愿的前提下，每个人让渡

---

① 〔法〕卢梭：《论人与人之间不平等的起因和基础》，李平沤译，商务印书馆，2015，第47页。

② 〔法〕卢梭：《论人与人之间不平等的起因和基础》，李平沤译，商务印书馆，2015，第85页。

③ 〔法〕卢梭：《论人与人之间不平等的起因和基础》，李平沤译，商务印书馆，2015，第124页。

④ 〔法〕卢梭：《社会契约论》，何兆武译，商务印书馆，1963，第26页。

自己的部分权利，与其他人订立契约，通过"社会契约"，寻找人与人结合的纽带，建立一个类似于自然状态的共同体。在这个共同体中，人的自我异化得以消除。即通过契约的形式退回"自然状态"，这是具有社会意义的"自然状态"。粗陋的共产主义同样主张向"贫穷的、需求不高的人——他不仅没有超越私有财产的水平，甚至从来没有达到私有财产的水平——的非自然的简单状态的倒退"①。马克思批判这种对自然状态的崇拜"不过是私有财产的卑鄙性的一种表现形式"②。在这里，马克思既批判了粗陋的共产主义，也批判了卢梭的观点，卢梭将没有受到教育和文明触动的状态定义为"自然状态"，而马克思认为卢梭所讲的"自然状态"恰恰是"非自然"的，是违背人类文明发展趋势的状态。

在马克思看来，这种主张倒退到资本主义以前的文明形态的观点，"完全不能理解现代历史的进程"③。在《共产党宣言》中，马克思恩格斯批判了"反动的社会主义"。"反动的社会主义"所持观点就是典型的倒退性言说，"他们说，在他们的统治下并没有出现过现代的无产阶级"，因此，"他们的统治"优于"资本主义社会"，"他们的统治"所产生的文明优于"资本主义文明"，他们主张退回到"封建""工场手工业中的行会制度""宗法经济"中去。④

3. 资本主义文明的浪漫性言说

与政治哲学一样，空想社会主义者同样意识到资本主义社会的弊端，但是他们提出的解决方案不同于倒退性言说。他们主张基于"想象"建立超越资本主义社会的未来理想社会。空想社会主义者批判资本主义文明的缺陷，"那些著作家宣称（见傅立叶的著作）'进步'是不能令人满意的抽象的空洞词句；他们已推测出（见欧文及其他人的著作）文明世界的基本缺陷；因此，他们对现代社会的现实基础进行了深刻的批判"⑤。在他们看来，资本主义文明并不等同于进步，因为资本主义社会是财富增长和社

---

① 《马克思恩格斯文集》第 1 卷，人民出版社，2009，第 184 页。
② 《马克思恩格斯文集》第 1 卷，人民出版社，2009，第 185 页。
③ 《马克思恩格斯文集》第 2 卷，人民出版社，2009，第 54 页。
④ 《马克思恩格斯文集》第 2 卷，人民出版社，2009，第 54、55、57 页。
⑤ 《马克思恩格斯文集》第 1 卷，人民出版社，2009，第 290 页。

会贫困并存的社会，一方面是"物的世界的增值"，另一方面是"人的世界的贬值"，物质文明进步与精神文明退化相伴随。为了解决"文明世界的基本缺陷"，空想社会主义者构想了田园诗般的共产主义。圣西门批评了"文明的现状"，并设计了"实业制度"作为超越资本主义的理想制度和新文明形态。他认为通过他制定的实业制度，"法国的实业界即法兰西民族将以震惊全世界和它本身的速度繁荣起来"①。圣西门特别重视学者和艺术家在社会文明发展中的促进作用，"人们只有在满足自己的身心需要之后，才能成为幸福的人，而满足这些需要，正是科学、艺术和工艺的唯一宗旨或近乎直接的目的"②。尽管圣西门看到了实业对社会文明的基础性作用，但是他把文明演进的动因归结为观念体系的改进，"能对社会发生最有力影响的原因，就是一般观念、一般信仰的改变和改进"③。法国"文明的现状"之所以出现缺陷，原因就在于它不符合人类文明演进的"一般观念、一般信仰"，一旦"观念"和"信仰"确立，法国的"政治力量"就会加强，"法国的财富"会增加。傅立叶设想了被称为"法朗吉"的"和谐社会"，用以超越资本主义文明。他认为，资本主义制度带来了"囤积居奇""证券投机""寄生现象"等问题，但是资本主义文明创造了大规模的生产力、高度的科学和优美的艺术等新社会所需的"要素"，现在需要通过"劳动引力的衔接"，建立"经济的和协作的新世界"。④"新世界"标志着新文明。在新文明里，人人平等、人人劳动，城乡差别、脑体差别都被消除。他认为"情欲引力"是新世界的基础，"在新制度下情欲越多，人们所获得的力量和财产也就随之增多"⑤。相较于圣西门和傅立叶，欧文在理论和实践上更进一步。在理论上，他将资本主义文明的缺陷与私有制相连接，"私有财产过去和现在都是人们所犯的无数罪行和所遭的无数灾祸的根源"⑥。在实践上，欧文创办了新和谐公社。但是欧文将希

---

① 〔法〕圣西门：《圣西门选集》第1卷，王燕生等译，商务印书馆，1962，第200页。
② 〔法〕圣西门：《圣西门选集》第1卷，王燕生等译，商务印书馆，1962，第242页。
③ 〔法〕圣西门：《圣西门选集》第1卷，王燕生等译，商务印书馆，1962，第74页。
④ 〔法〕傅立叶：《傅立叶选集》第2卷，赵俊欣等译，商务印书馆，1981，第165页。
⑤ 〔法〕傅立叶：《傅立叶选集》第1卷，赵俊欣等译，商务印书馆，1979，第11页。
⑥ 〔英〕欧文：《欧文选集》第2卷，柯象峰等译，商务印书馆，1965，第11页。

望寄托于资产阶级的社会改革，他在资本主义文明的框架下探讨新文明的可能，却没有认识到无产阶级在文明创立中的历史主体地位。

这些浪漫性言说用"个人的发明活动"代替"社会的活动"，用"幻想的条件"代替"解放的历史条件"。在他们看来，历史"不过是宣传和实施他们的社会计划"①，他们拒绝一切政治行动和对"现存世界"的改变。他们把对资本主义文明的超越建立在乌托邦基础上，没有深入社会历史的本质，也找不到实现社会主义的正确路径。

4. 资本主义文明的静止性言说

静止性言说承认资本主义文明存在缺陷，但主张保留其好的方面，消除坏的方面。马克思恩格斯在《共产党宣言》中所批判的"保守的或资产阶级的社会主义"就属于资本主义文明的静止性言说。在《贫困的哲学》中，蒲鲁东认为，现实的社会生活是经济范畴的化身，每个经济范畴都有好坏两个方面，好的方面和坏的方面加在一起就构成了经济范畴的矛盾，"二律背反是一种具有两面性规律的概念，它既有其肯定的一面，又有其否定的一面"②，而消除二律背反的办法就是"保存好的方面，消除坏的方面"③。蒲鲁东可以信手拈来一个范畴，随心所欲地给这个范畴一个特性，"把需要清洗的范畴的缺陷消除"④。他认为这种二分法就是黑格尔的辩证法。马克思认为，蒲鲁东只是从黑格尔那里借用了"辩证法"用语，"蒲鲁东先生自己的辩证运动只不过是机械地划分出好、坏两面而已"⑤。在黑格尔那里，辩证法并不是简单的二分法。黑格尔认为绝对精神呈现为漫长的运动过程，精神的自我运动正是辩证法的核心内容，"概念的运动原则不仅消溶而且产生普遍物的特殊化，我把这个原则叫做辩证法"⑥。辩证运动就是否定之否定运动，在运动过程中，矛盾推动旧的环节走向消逝、促进新的环节生成，整个运动过程表现为旧事物被扬弃、被新生事物取代。

---

① 《马克思恩格斯文集》第 2 卷，人民出版社，2009，第 63 页。
② 〔法〕蒲鲁东：《贫困的哲学》上卷，余叔通、王雪华译，商务印书馆，2010，第 83 页。
③ 《马克思恩格斯文集》第 1 卷，人民出版社，2009，第 604 页。
④ 《马克思恩格斯文集》第 1 卷，人民出版社，2009，第 606 页。
⑤ 《马克思恩格斯文集》第 1 卷，人民出版社，2009，第 605 页。
⑥ 〔德〕黑格尔：《法哲学原理》，范扬、张企泰译，商务印书馆，1961，第 38 页。

黑格尔以植物的生长过程为例对辩证运动进行了说明：花蕾被花朵否定，花朵又被果实否定，"它们的流动本性使得它们同时成为一个有机统一体的不同环节，在这个统一体里面，各个环节不仅彼此不矛盾，而且每一个都是同样必然的，正是这个相同的必然性方才构成了整体的生命"①。在黑格尔那里，辩证法表现为"正反合"三个逐步升华的阶段，"合"是正反矛盾运动的结果，是一个更高的阶段，辩证法始终处于过程之中。蒲鲁东的辩证法却在正题和反题之间保持固定，直到在某一"平衡点"上相互调和，这个"平衡点"又是超验和先验的。这样，蒲鲁东就把辩证法演绎成了需要上帝观念来解释的问题，"社会的历史无非是一个确定上帝观念的漫长过程"②。

简而言之，合理性言说主张"现在"的文明永恒合理，立足"现在"肯定"现在"；倒退性言说主张退回到"过去"的文明，立足"过去"批判"现在"；浪漫性言说想象了"乌托邦"文明，立足虚幻的、构想的"未来"批判"现在"；静止性言说主张停留于"现在"的文明，立足静止的"现在"批判"现在"。从哲学上分析，上述四种言说方式都属于观念论的言说方式，没有切入文明的本质性维度，只是"从客体的或者直观的形式"③理解资本主义文明，基于先验的观念论，构造出某种具有终极意义的人性理解和文明言说；没有深入资本主义文明的内在矛盾，没有把文明理解为追求着自己目的的人的活动及其结果，从而基于"活动"分析文明结构及其运动规律，走向了文明的形而上学。

二 马克思对资本主义文明观念论言说的拯救性批判

不同于对文明的观念论言说和形而上学理解，马克思从"人的感性活动"出发提出了文明的实践论言说，并阐述了理解文明形态的四个原则。

---

① 〔德〕黑格尔：《精神现象学》上卷，贺麟、王玖兴译，商务印书馆，1962，第2页。
② 〔法〕蒲鲁东：《贫困的哲学》上卷，余叔通、王雪华译，商务印书馆，2010，第27页。
③ 《马克思恩格斯文集》第1卷，人民出版社，2009，第499页。

1. 实践合理性原则对资本主义文明合理性言说的拯救性批判

从"人的感性活动"出发，将文明置于"活动""历史""进程"中理解，则文明的合理性就不具有永恒性，这是文明的实践合理性原则。这种原则承认资本主义文明的合理性，但是不承认其永恒合理性，把合理性放在"现代历史的进程"中去理解。其一，资本主义文明打破了"人的依赖"，带来了政治解放，这是它的合理性，但是它又走向了"物的依赖"，没有实现人的解放，因此不具有永恒合理性。马克思根据人的发展将人类社会历史分为三个阶段，即"人的依赖""物的依赖""自由个性"，与这三个阶段相对应的是三种不同文明形态。在资本主义社会以前，人的依赖关系占据主导地位，个体从属于"自然形成的共同体"，社会文明表现为等级制文明。资本瓦解了"自然形成的共同体"，打破了人身依附，"家长制的，古代的（以及封建的）状态随着商业、奢侈、货币、交换价值的发展而没落下去"①。在资本主义社会，个人具有了独立、自由的表象。但是这种建立在"物的依赖性"基础上的社会是"虚幻的共同体"，个人仍然依附于金钱、货币、资本，在抽象的金钱、货币、资本面前，人的自由和个性被抹杀和忽视，与之相对应，社会文明表现为资本主义文明。资本主义文明作为第二阶段的文明形态，只是"为第三个阶段创造条件"，尚不是"自由个性"文明形态。其二，资本主义文明创造了巨大的生产力，这是它的合理性，但是它又无法驾驭所创造的生产力，因此，不具有永恒合理性。发展生产力是资本主义生产方式的固有要求和目的，"李嘉图把资本主义生产方式看做最有利于生产、最有利于创造财富的生产方式，对于他那个时代来说，李嘉图是完全正确的"②，只有发展生产力，才可能实现价值增值。但是，资本主义价值增值的生产目的会导致生产力中的人的要素和物的要素被扭曲和异化，致使资本主义文明无法驾驭资本主义社会发达的生产力。作为生产力中的人的要素，工人阶级劳动的现实化表现为非现实化，对象化表现为对象的丧失。作为生产力中的物的要素，自然界也只是被当作价值增殖的"客体"对待。资本主义生产的自发性导致生产相

---

① 《马克思恩格斯文集》第 8 卷，人民出版社，2009，第 52 页。
② 《马克思恩格斯全集》第 34 卷，人民出版社，2008，第 127 页。

对过剩的经济危机周期性出现，资本只能以破坏生产力的方式来暂时缓解资本主义的内在矛盾。其三，资本主义文明促进了历史向世界历史的转变，这是它的合理性，但是伴随着世界历史的是殖民和剥削的全球化，因此，资本主义文明不具有永恒合理性。马克思恩格斯认为，交往是文明传播和保存的重要基础，资本主义文明实现了人类从区域历史向世界历史的转变，在此过程中，资本主义大工业寻求产品销路，开辟了世界市场。但是在面对"以小农经济和家庭手工业为核心的……社会经济结构"① 时，资本采取的是殖民掠夺和暴力抢夺的方式，迫使东方从属于西方。

2. 实践进步论原则对资本主义文明倒退性言说的拯救性批判

从"人的感性活动"出发，将文明置于"对象世界"文明成果的保存中理解，则应当在继承与超越的双重意义上理解文明，这是文明的实践进步论原则。这种原则承认资本主义文明具有继承性，但是不承认用倒退的方式拯救文明。其一，历史是在既有的历史条件下的活动，是继承性与前进性的统一，不能用前进性否定继承性，也不能用继承性否定前进性，要在前进性中理解继承性。马克思承认在历史进程中传统所发挥的巨大历史作用，"一切已死的先辈们的传统，像梦魔一样纠缠着活人的头脑"②。但是不能因为强调传统的巨大作用而走向传统主义，也就是每当社会文明出现问题时，就主张回到传统，试图通过简单地回到传统解决现实的问题。从文明发展来说，研究传统的目的除了保存历史以外，更重要的是研究传统对当下和未来的影响。其二，资本主义文明优于资本主义以前的文明形态，不能寄希望于倒退解决资本主义文明的缺陷。滕尼斯从社会与共同体的区别出发，论证了资本主义文明较之此前文明的优越性。他对共同体（Gemein-schaft）和社会（Gesellschaft）作了界划，认为共同体包含着"真实的和有机的生命"，而社会则是抽象出的"想象的与机械的构造"。传统社会只是一种"共同体"，它是以血缘、地缘和精神为纽带建立起来

---

① 《马克思恩格斯文集》第 2 卷，人民出版社，2009，第 641 页。
② 《马克思恩格斯文集》第 2 卷，人民出版社，2009，第 471 页。

的"作为本质的统一体"①,"共同体的生活是相互的占有和享受,也是对共同财产的占有和享受"②。既然共同"占有和享受"共同体的财产,那么就不可能出现商品和市场行为。滕尼斯认为,"真正的交换"③ 违背了共同体的本质,在共同体中,"'交换'、'购买'、'契约'以及'规章'这些概念……只发挥着微弱的影响"④。与之相对,现代社会才是真正意义上的"社会",其出发点是断绝了一切自然纽带、绝对独立的个体。"社会"之所以可能,就在于个体永远希望获得比现在手头更好的东西,故而个体会同他人交换,同他人缔结契约,"一切意志统一的情形都以协议和缔结契约的方式凸显出来"。可见,只有在"社会"中,才可能出现商品和市场行为,"人的一切的权利和义务都要被追溯到纯粹财产的规定和财产的价值"⑤。按照滕尼斯所作的界划,"社会"优于"共同体",因为,"共同体"将道德和专制置于人性之上以促进共同善,这恰恰伤害了社会;"社会"不需要通过道德和政治力量,而只需要借助于人的自利本性就可以实现共同善。这就在比较视野中,揭示出资本主义文明相对于此前文明的进步性,也揭示出倒退性言说的错误。其三,文明不应该倒退不是说文明演进没有曲折,文明演进有曲折不等于说文明应该倒退。人类社会历史的发展不可能一帆风顺,经常会出现曲折,甚至暂时性的局部性的倒退,不能因此而否认人类社会的进步,人类文明的演进过程就是前进与倒退、解放与枷锁并存且相互交织的过程,"由于文明时代的基础是一个阶级对另一个阶级的剥削,所以它的全部发展都是在经常的矛盾中进行的"⑥。

---

① 〔德〕裴迪南·滕尼斯:《共同体与社会——纯粹社会学的基本概念》,张巍卓译,商务印书馆,2019,第 87 页。
② 〔德〕裴迪南·滕尼斯:《共同体与社会——纯粹社会学的基本概念》,张巍卓译,商务印书馆,2019,第 102~103 页。
③ 〔德〕裴迪南·滕尼斯:《共同体与社会——纯粹社会学的基本概念》,张巍卓译,商务印书馆,2019,第 110 页。
④ 〔德〕裴迪南·滕尼斯:《共同体与社会——纯粹社会学的基本概念》,张巍卓译,商务印书馆,2019,第 119 页。
⑤ 〔德〕裴迪南·滕尼斯:《共同体与社会——纯粹社会学的基本概念》,张巍卓译,商务印书馆,2019,第 150 页。
⑥ 《马克思恩格斯文集》第 4 卷,人民出版社,2009,第 196~197 页。

3. 实践规律论原则对资本主义文明浪漫性言说的拯救性批判

从"人的感性活动"出发，将文明置于"活动"的目的和方向中理解，则文明是具有实践基础的理想性存在，这是文明的实践规律论原则。这种原则承认共产主义是人类的美好愿望和憧憬，马克思主义的目的就在于表达对共产主义理想的追求，人类对共产主义有文明的期许，但是不承认对共产主义的浪漫主义理解。其一，马克思认为社会主义文明取代资本主义文明"不可避免"。他使用了"真正的共同体""自由人联合体""每个人的自由发展""个人全面发展""自由个性""任何人都没有特殊的活动范围""随自己的兴趣""自由而充分的发展""真正自由的劳动"等具有文学色彩的浪漫词汇表达对共产主义社会的憧憬。确实有学者据此将马克思主义理解为浪漫主义。克罗齐将马克思视为浪漫主义者，"社会主义学派……在其主要代表马克思身上采取了浪漫主义的形式"①。鲍德里亚则将马克思主义理解为"生产浪漫主义"。不能否认马克思思想中包含浪漫主义因素，但这不等于说可以将马克思的共产主义理想归属于浪漫派。其二，马克思承认理想对现实具有指引作用，但是不能基于"想象"设计一个理想，在头脑中建构一个美好社会，并代之以现实的实践。理想的深层本质在于对当下社会现实的批判、否定和超越，对现实世界的冲突和反抗构成了理想的根本意义。理想的否定性同样体现在它对现实生活的异在性上。它与现实生活分离，冲破既存现实，构筑一个彼岸世界否定此岸世界，为现实生活构筑一个"乌托邦"，为主体准备了一个新世界而不是美化、接受现存世界。马克思则为这种"乌托邦"的实现找到了现实路径："生产力的巨大增长和高度发展"和"人们的普遍交往"②。其三，马克思认为共产主义是现实的运动，而不是现实应当与之相适应的理想。所谓现实的运动，也就是说共产主义是实践的唯物主义，着眼于消灭现存状况，对现存世界进行革命化。所谓不是现实应当与之相适应的理想，也就是说不能对共产主义理想进行"意识形态化"理解，不能简单地站在现实世界之外或者说现实的对立面去"想象"一个美好社会。

---

① 〔意〕贝奈戴托·克罗齐：《历史学的理论和实际》，傅任敢译，商务印书馆，1982，第213页。

② 《马克思恩格斯文集》第1卷，人民出版社，2009，第538页。

4. 实践整体性原则对资本主义文明静止性言说的拯救性批判

从"人的感性活动"出发，将文明置于"过程的集合体"中理解，则文明是具有整体性特征的存在，这是文明的实践整体性原则。这种原则承认资本主义文明的双重作用，但是不承认基于形而上学的二分法。其一，社会是多种要素构成的集合体，不能仅从静止的角度区分出好的方面和坏的方面。马克思从社会生活的实践本质出发，认为社会不是要素的积木式组合，而是要素之间相互作用而构成的集合体。社会有机体包括社会生活中的一切要素。作为有机体，整体源于部分，但是整体浑然一体，不能从静态的角度将整体分割和还原为部分。整体本身有其独有的、部分所不具备的特征，"这些部分……只有就它们相互间有同一联系，或就它们结合起来而构成全体来说，它们才是部分"。因此，不能简单地将社会整体区分出好的方面和坏的方面。好与坏都是社会整体的一部分，只有在"感性活动"的基础上推进社会整体进步，才能消除社会发展的消极面。其二，和社会结构一样，文明结构也是多种文明构成的有机统一体。对应于社会结构，文明结构包括政治文明、经济文明、社会文明、精神文明和生态文明等。五种文明统一于人的实践活动，"文明是实践的事情"，是人的一个实践活动的不同方面，并不是五个实践活动。因此，"我们对任何一种文明形式如物质文明或生态文明等的认识，都不能离开'整体文明'的视角，只有把任何一种文明形式放置到整体文明的框架内，才能获得真正准确的认识或有效的建设"①。其三，只有社会结构的整体转型，才能扬弃资本主义文明。从表象上看，在给查苏利奇的复信中，马克思谈到了跨越卡夫丁峡谷、继承资本主义文明优秀成果的问题。需要注意的是，马克思是从社会形态更替的角度，也就是社会历史的本质论述资本主义优秀成果的保存问题，而不是简单地将资本主义文明二分为好的方面和坏的方面，试图保留好的方面，去除坏的方面。在马克思看来，"要挽救俄国公社，就必须有俄国革命……如果革命在适当的时刻发生……那么，农村公社就会很快地变为俄国社会新生的因素"②。反过来，如果没有革命（社会结构的整体转型），就不可能"不经历资本主义制度……而占有资本主

---

① 邱耕田：《整体文明论》，《北京大学学报》（哲学社会科学版）2014 年第 4 期。
② 《马克思恩格斯文集》第 3 卷，人民出版社，2009，第 582 页。

义生产使人类丰富起来的那些成果"①。

马克思对资本主义文明错误言说的批判不仅具有文献学意义,也具有当代价值。因为这些言说方式不仅存在于马克思所生活的时代,在马克思对这些言说方式予以强烈批判以后,它们仍然以各种变种出现在当今社会。同时,创立新的文明类型也仍然需要不断回到对资本主义文明错误言说方式的批判中去。

三 马克思对文明的实践论言说与人类文明新形态的创立

基于上述四种原则,马克思表达了对新文明的期待。在不同历史时期,他分别从道德和历史两个角度切入,以上述四种原则为根基,论证了作为超越资本主义文明的新文明的可能性。人类文明新形态作为中国式现代化道路所生成的文明形态,既回应了马克思的新文明期待,也回应了诸种资本主义文明错误言说方式。

1. 基于文明的实践合理性原则,人类文明新形态强调文明的交流互鉴

人类文明新形态回应了实践合理性原则,是在与资本主义文明的共存、交流过程中形成的。一方面,从外部来说,我们与资本主义文明同时并存,"我们依然处在马克思主义所指明的历史时代"②。由于历史传统、政治制度、发展模式等方面的差别,不同文明之间必然存在差异,文明差异不可避免地带来了社会纷争。中国共产党人基于人类命运共同体理念思考文明共存问题,认为构建人类文明新形态不应该把着力点放在社会主义文明与资本主义文明的对抗和冲突上,而应该以一种海纳百川、兼容并蓄的文明形态,推进人类各种文明交流互鉴。人类文明是多彩的,不同文明都有其内在的优质因素,通过交流互鉴,可以将这些优质因素整合为一体,从而实现不同文明之间的优势叠加。另一方面,从内部来说,不可否认中国特色社会主义条件下资本的在场性,但是在场不等于永恒合理,需

---

① 《马克思恩格斯文集》第 3 卷,人民出版社,2009,第 576 页。
② 《习近平谈治国理政》第 2 卷,外文出版社,2017,第 66 页。

要激发其"文明作用"。在资本主义条件下，资本运转具有自发性，这种自发性必然带来资本主义内在矛盾和经济危机，马克思所阐释的异化现象不断以新的面貌出现，最终导致资本主义文明的自我毁灭。在激发资本的"文明作用"方面，社会主义市场经济能够克服资本主义生产方式的固有矛盾和资本主义条件下的物化逻辑，为人类社会走出现代性困境提供可行性方案。当然，这种克服不是自动实现的，而是自然历史过程与追求自己目的的过程的统一。基于此，既要在承认资本主义文明合理性的基础上与资本主义文明交流互鉴，又不因为对其合理性的承认而走向永恒合理的观念论叙述。

2. 基于文明的实践进步论原则，人类文明新形态强调文明的继承性

人类文明新形态回应了实践进步论原则，人类文明新形态是在"直接碰到的、既定的、从过去承继下来的条件下创造"① 的。一方面，从中华优秀传统文化的特点来说，其有一些具有永恒价值的元素。张岱年先生就曾指出，"道德依时代而不同，随社会之物质基础之变化而变化；然在各时代之道德中，亦有一贯者在，由此而各时代之道德皆得名为道德"②。张先生这里所讲的"变化"，即道德因社会经济基础的变化而变化；所讲的"一贯者"，即不同时代中一以贯之、始终不变、具有根本意义和永恒价值的道德。那些具有永恒价值的元素不可不继承和发扬光大。在这里，张先生所述的是道德的"变"与"常"，亦可通达至文明。另一方面，从我们对待中华优秀传统文化的态度来说，要对中华优秀传统文化进行创造性转化和创新性发展。中华优秀传统文化的继承，唯有在转化和发展中，才能实现。要坚持古为今用、推陈出新，立足中国特色社会主义进入新时代的历史方位，从现实和国情出发，深入挖掘中华优秀传统文化的时代价值。基于此，既要在继承的基础上创新，又不因为对中华优秀传统文化的继承而走向文明的倒退。

3. 基于文明的实践规律论原则，人类文明新形态强调共产主义远大理想的指引作用

人类文明新形态回应了实践规律论原则，人类文明新形态是兼具理想性

① 《马克思恩格斯文集》第 2 卷，人民出版社，2009，第 470~471 页。
② 《张岱年全集》第 1 卷，河北人民出版社，1996，第 160 页。

与现实性的文明形态。共产主义理想基于人类文明新形态的意义在于，一方面，从共产主义的性质来说，共产主义远大理想具有强大指引作用。中国共产党的最高理想是实现共产主义。从道德角度来说，共产主义理想是人的本质的实现；在《1844年经济学哲学手稿》中，马克思将人的本质设定为自由自觉的活动，并认为无产阶级体现了人的本质的丧失，而共产主义就是通过对人的本质的占有，实现了人向人的本质的复归。从历史角度来说，共产主义是规律性的存在。在《德意志意识形态》中，马克思基于社会历史发展的规律探讨共产主义的实现问题，认为共产主义是社会形态更替的必然结果。在《资本论》中，马克思基于对资本主义矛盾的分析，具体论述了共产主义何以可能的问题。基于中国共产党人的初心，习近平总书记阐明了共产主义信仰对于中国共产党的深刻意义，"坚定理想信念，坚守共产党人精神追求，始终是共产党人安身立命的根本"①。另一方面，从共产主义的实现路径来说，要把"最高纲领"和"最低纲领"相结合。人类文明新形态作为对共产主义文明形态的中国式回应，还不是共产主义文明形态，共产主义文明是人类文明新形态的方向，人类文明新形态开辟了通向共产主义文明的道路。"共产主义作为一种运动，包括从世界上共产党成立到全世界最后实现共产主义的整个历史过程，我们无论在过去或现在所做的一切，都是在共产主义思想指导下，为将来实现共产主义社会制度所做的努力。"② 基于此，既要坚持共产主义远大理想，又不因为对共产主义远大理想的强调而走向"文明想象"。

4. 基于文明的实践整体性原则，人类文明新形态强调文明的整体性

人类文明新形态回应了实践整体性原则，人类文明新形态是具有协调性、整体性特征的文明形态。一方面，以整体思维破除文明的单向度。马克思批判了文明的单向度问题，指出，"资产阶级……把……诗人和学者变成了它出钱招雇的雇佣劳动者"③。也就是说，在早期资本主义时期，已经出现文化生产的商业化现象，"诗人和学者"成为雇佣劳动者，资本家

① 《习近平谈治国理政》第1卷，外文出版社，2018，第15页。
② 习近平：《知之深，爱之切》，河北人民出版社，2015，第12~13页。
③ 《马克思恩格斯文集》第2卷，人民出版社，2009，第34页。

雇用他们从事文化商品的生产。而到了晚期资本主义时期，这一现象则更为凸显。在法兰克福学派看来，晚期资本主义文化表现是大众文化，大众文化是工业化的商业文化。此时的文化生产已经完全工业化、商业化，文明、文化失去自身逻辑，遵循资本逻辑，成为为资本主义辩护的意识形态。人类文明新形态破除了文明的单向度，突破资本逻辑的单一主宰，也就是作为整体的文明，让不同的文明类型回归自身逻辑。五种文明类型之间相互独立，按照自身逻辑运转，又相互促进，无论哪一种文明类型都是作为整体文明的一部分而存在。也正是在这个意义上，习近平总书记指出，"我们……推动物质文明、政治文明、精神文明、社会文明、生态文明协调发展……创造了人类文明新形态"①。另一方面，在动态中理解文明的整体性。文明的整体性体现在过程中。恩格斯非常反对把历史唯物主义当作不研究具体历史的借口，讨厌那种"只是用历史唯物主义的套语（一切都可能被变成套语）来把自己的相当贫乏的历史知识（经济史还处在襁褓之中呢！）尽速构成体系"②的做法，在恩格斯看来，必须"钻研经济学、经济学史、商业史、工业史、农业史和社会形态发展史"③，也就是要在发展史的视野，即动态的视野中理解历史和文明。福泽谕吉同样认为，"文明并不是死的东西，而是不断变化发展着的"④。对文明的理解绝不可只从静态上将其分为若干组成部分，然后以直观的方式审视之。因此，文明割裂论、文明静止论既不可能，也不现实。基于此，既要坚持文明整体论，又不因为对文明整体的强调而走向文明静止论。

　　上述考察说明，马克思基于资本主义文明的四种观念论言说，从"人的感性活动"出发，提出了文明言说的四种原则，这四种原则表达了马克思对新文明的期待。中国式现代化道路创立了人类文明新形态，回应了马克思的文明期待，也批判了文明的观念论言说。人类文明新形态建立在马克思主义文明原则的基础上，是当今中国的马克思主义文明形态。

---

① 习近平：《在庆祝中国共产党成立 100 周年大会上的讲话》，人民出版社，2021，第 13～14 页。

② 《马克思恩格斯文集》第 10 卷，人民出版社，2009，第 587 页。

③ 《马克思恩格斯文集》第 10 卷，人民出版社，2009，第 587 页。

④ 〔日〕福泽谕吉：《文明论概略》，北京编译社译，商务印书馆，1960，第 11 页。

"第二个结合"视域中的"精神"研究*

王海滨**

在现代物质文明的高楼大厦之下，当代人的精神世界和精神生活出现了诸多问题，如意义失落、精神贬值、价值迷茫、理想缺失等。在"心理·语言·行为"的基本框架中对一些精神因素进行科学实验和实证分析的现代心理学研究，在一定程度上，对于破解现代性的精神难题显得无能为力。当我们把目光投向精神哲学时会发现，从康德、黑格尔到胡塞尔、海德格尔，西方学者"生产"出了一系列理论成果。面对"如何走出现代性的精神困境"这个时代难题，中国学者能否有自己独立的学术主张和实践追求？

挖掘马克思主义基本原理和中华优秀传统文化的相关思想资源，推动它们在对方的思想空间和话语体系中相互激活与启发，进而催生出相结合的理论果实，或许可以成为当代中国学者的学术优势。以现实的人的解放和自由全面发展为主题的马克思主义，有着丰富的关于精神的本质、结构和发展的思想资源与理论财富。"马克思的'历史唯物主义'的真正力量

---

  * 本文原载《哲学研究》2024年第3期，收入本书时有改动。
  ** 王海滨，中共中央党校（国家行政学院）马克思主义学院副教授。

和独创性，是怎样照亮现代精神生活的"①？这是一个值得深入挖掘的时代课题。与之比肩辉映的是，中华优秀传统文化内蕴着丰富的关于"内圣"的体验和智慧——注重心性修养与精神境界，这些智慧既贯穿中国传统文化的整个发展过程，又具有生机活力和现实意义，体现着中华文化的精神标识和独特价值。然而，如果不把精神问题放在以实践为基石的唯物史观的整体性框架中考虑，就容易忽视实践性、总体性和辩证法而片面拔高精神的地位或者迷失于精神世界的自我陶醉中。为此，素来重视德性和境界的中国传统文化需要更多浸润历史唯物主义的科学精神。中华优秀传统文化内蕴的注重心性修养和精神境界的智慧，在一定意义上，能够丰富唯物史观中关于人的解放的基本理论。同时，马克思主义基本原理也应该更多关注认识主体和实践主体的内在修养与精神格局。从总体上来看，马克思主义追求的人与自然、人与人以及人与社会之间的矛盾真正得以解决的共产主义理想，与中华优秀传统文化追求的天人合一境界，既彼此契合又相互成就，共同描绘了人类精神生活的理想图景。

一　主宰与受动相辅相成的精神本质论

如何把握在日常生活和学术研究中常见的"精神"？根据目前能够掌握到的资料，"精神"一词最早出现于《庄子·刻意》中，"精神四达并流"，表示精灵之气及其变化。《中国大百科全书》是这样界定"精神"的："精神"是同物质相对应的、与意识相一致的哲学范畴，是由社会存在决定的人的意识活动及其内容和成果的总称。② 在西方文化中，"精神"对应英文 spirit 和德文 geist，均来源于拉丁文 spiritus，原意是轻薄的空气、轻微的流动，引申义接近于古希腊的努斯（Nous），即基督教的圣灵、普遍灵魂或理性灵魂。在《不列颠百科全书》中，区别于"非精神"，"精神"是有目的的活动和意向性；精神事件是可以进行内省的内心事件；精

---

① 〔美〕马歇尔·伯曼：《一切坚固的东西都烟消云散了——现代性体验》，徐大建、张辑译，商务印书馆，2013，第113页。
② 《中国大百科全书》，中国大百科全书出版社，2004，第379页。

神现象大致可以分为认识的、感受的和意愿的三个方面。① 总体而言，对于"精神"的理解集中于，它是与外在世界相对应的内在世界和心灵生活，标识着人的自由自觉性、主观能动性、无限超越性，以及充沛的生机活力。在广义上，精神和意识相当；在狭义上，精神凝聚为心灵深处"求真、向善、爱美"的追求，主要体现为有限与无限、限制与自由、现实与理想、实然与应然、暂时与永恒、认知与智慧、思辨与生存、理性与激情等的综合——既在前者（有限、限制……理性）的制约中走向后者（无限、自由……激情），又在向往后者时不脱离前者。

在中国传统文化中，能够替代"精神"而被更广泛使用的概念是"心"。与天地间的其他事物相比，心是一个主宰性的存在。从孟子的"尽心知性知天""万物皆备于我"，到陆象山的"宇宙便是吾心，吾心即是宇宙"，最为虚明灵觉之"心"，始终承载着天地间万事万物的中心点。这个中心点不仅是无所不包和无所不通的绝对主体，而且成为主宰一切的最高存在。张载有言："故天地之塞，吾其体；天地之帅，吾其性。"② "帅"即主宰之意。宋儒一般以"性"为"心之体"，在这个意义上，心性互通，由此作为天地主宰的吾性可以理解为吾心。朱熹和王阳明都曾明确提出，心是天地万物的主宰。在"身之主宰便是心"③ "就其主宰处说，便谓之心"④ 等论断中，王阳明直接把"主宰"作为"心"之本质功用。在中国传统哲学思想中，"心"既是宇宙万物的主宰，又是人自身的主宰，儒家文化极为注重能够摆脱自然因果性之道德主体或道德自我的主宰地位。注重心的独立、能动与转化，对于提高人的自觉性、主动性有着永恒价值和积极意义。徐梵澄在其精神哲学研究中，生动诠释了"心灵"或"精神"的地位："而人，在生命之外，还有思想，即思维心，还有情感，即情感心或情命体。基本还有凡此所附丽的身体。但在最内中深处，还有一核心，通常称之曰心灵或性灵。是这些，哲学上乃统称之曰'精神'。但这

---

① 《不列颠百科全书：国际中文版》（修订版），中国大百科全书出版社，2007，第243~244页。

② （宋）张载：《张载集》，中华书局，1978，第62页。

③ （明）王阳明：《传习录》，叶圣陶点校，中国致公出版社，2018，第12页。

④ （明）王阳明：《传习录》，叶圣陶点校，中国致公出版社，2018，第88页。

还是就人生而说，它虽觉似是抽象，然是一真实体，在形而上学中，应当说精神是超乎宇宙为至上为不可思议又在宇宙内为最基本而可证会的一存在。研究这主题之学，方称精神哲学。"①

　　与中国传统文化对"心"的高扬类似，在马克思的早期思想中，"精神"是得到充分肯定的。作为"世界上最丰富的东西"②，"勇敢的自由的精神"的实质是"真理"和"自由"，主要表现形式是"欢乐、光明"。在以实践为基石的历史唯物主义论域中，"精神"作为一个受动性存在，被合理地安置于"关于现实的人及其历史发展的科学"之中。在实践过程中，"'精神'从一开始就很倒霉，受到物质的'纠缠'"，"物质生活的生产方式制约着整个社会生活、政治生活和精神生活的过程"。尤其在认识过程中，作为现实关系及其历史的产物，人的感觉、意识、观念、思维及其所运用的"范畴"等"精神上的现实丰富性"，取决于"现实关系的丰富性"③。人的内在世界映照着现实，呈现明显的被决定性。当然，"精神"不是机械地受制于自然存在和社会现实，而主要是受到鲜活而具体的实践活动的制约。这体现在马克思的一系列相关论述中，如人是一个受动的存在物，自然存在是人的精神的无机界，社会创造着具有丰富的、全面而深刻的感觉的人，意识的一切形式和产物的改变都离不开现实的社会关系的改造，从物质实践出发来解释各种观念形态，思维是人们物质关系的直接产物，范畴是社会关系的抽象的观念的表现和历史的暂时的产物，等等。在阐明精神受动性的同时，马克思还高度肯定了精神的重要性，既明确要求"工人必须有时间满足精神需要"④，又揭示"选举促进了精神力量的觉醒"⑤，并深入阐释和系统论证"物质暴力对精神力量的迫不得已的重视"⑥。实际上，从青年时期开始，马克思就一直在思考"精神原则和肉体原则"⑦的关系问题，到《资本论》时期探索从"必然王国"到

① 徐梵澄：《陆王学述——一系精神哲学》，上海远东出版社，1994，第13页。
② 《马克思恩格斯全集》第1卷，人民出版社，1956，第7页。
③ 《马克思恩格斯文集》第1卷，人民出版社，2009，第541页。
④ 《马克思恩格斯文集》第5卷，人民出版社，2009，第269页。
⑤ 《马克思恩格斯全集》第16卷，人民出版社，1964，第424页。
⑥ 《马克思恩格斯全集》第18卷，人民出版社，1964，第147页。
⑦ 《马克思恩格斯全集》第40卷，人民出版社，1982，第5页。

"自由王国"① 的飞跃，马克思一以贯之地关注着人的解放及其自由全面发展中的精神维度。

比较而言，马克思主义基本原理尽管提出了人的能动性和受动性的统一，并充分肯定了社会历史发展过程中精神因素的动力作用，然而主要还是在以实践为基石的历史唯物主义框架中界定精神世界的被制约性。与之有所不同的是，中华优秀传统文化虽然提倡"心物一体""情景交融"等，但是集中阐释了"心之本质即为主宰"。总而言之，马克思主义基本原理和中华优秀传统文化对于精神本质及其地位的认识，既有深深的契合之处，又相互补充。从"主宰"看精神的本质，有利于否定外在束缚和打破一切执着，并在破除传统和现实的权威之中，真正挺立人的自由、尊严和价值。然而，这容易滋生建立和虚构"自我"的中心权威与无限力量，进而为内在主体性所束缚，陷入主观主义的泥淖，否定任何外在的科学标准和客观有效性。从"受动"把握精神的本质，在一定程度上可以有效避免上述问题，却可能会导致贬低人的主体性和自觉性。马克思主义基本原理和中华优秀传统文化相结合的视域，把"主宰"与"受动"有机统一起来，相辅相成地阐释精神的本质，既肯定具体过程中精神文化的"能动性"，又坚持实践活动中精神世界归根结底的"受动性"，是一个现实且合理的研究理路。

二　整体性与层次性协调统一的精神结构论

在中国传统文化中，"心"是一个包括知情意等意识活动和精神现象在内的综合概念，兼有体与用、形上与形下的无所不包、无所不在的整体性存在。这尤为鲜明地体现于宋儒常言的"心统性情"中。程颐说过："心一也，有指体而言者，有指用而言者，惟观其所见如何耳。"② 对于一些精神要素之间的关系，如性与习、性与情、性与才、意与志、情与欲、见闻与思虑等，中国传统思想家们进行过分析。当然，中国传统思想家们不像西方哲学家们那样善于把"心"拆分为各个部分或不同方面进行所谓

① 《马克思恩格斯文集》第 7 卷，人民出版社，2009，第 929 页。
② （宋）程颢、程颐：《二程集》，王孝鱼点校，中华书局，1981，第 609 页。

的结构分析和逻辑推演。

需要进一步指出的是，在整体性把握的基础上，中国传统哲学从形上与形下、体与用等层面对"心"作了一些功能性的区分，如孟子的"本心"与"欲心"、庄子的"真心"与"成心"、佛教的"清净心""自然心"与"染心"、理学家的"道心"与"人心"，等等。需要注意的是，这里的区分不是平列的、横向的，而是上下的、纵向的，实际上"统是一心"。例如，作为道德之心的"道心"就存在于作为欲望之心的"人心"之中，其他区分也是如此。对于中国传统哲学把握"心"的方式，蒙培元曾经说过："心体本来是'浑然一体'的存在，不能分主客、内外，如果要分主客、内外，反而破坏了它的普遍绝对性和整体性。这是中国哲学的基本特点。"① 中国传统哲学对于"心"的这种研究方式，就形上之域而言，是要为人的精神追求和生命意义提供根据；就形下之域而言，则是要通过精神修养的方式方法，将精神追求和生命意义落实到人的现实精神生活之中。

与之有所不同的是，西方精神哲学注重对精神世界的结构分析。比较典型的有：依据对精神存在的观察和研究，柏拉图提出了理智、情感、欲望的精神结构；依据对精神能力的逻辑分析，康德划分了知、情、意的精神结构；依据对精神外化及其回归的过程分析，黑格尔提出了主观精神、客观精神和绝对精神的分析框架。在注重改变世界的实践视野和历史唯物主义的整体性框架之中，马克思提出精神"用它所专有的方式掌握世界"②，并具体划分了精神结构的三个不同层次。

居于第一层次的是感觉、意识、观念、思维及其载体"范畴"等受动性因素。人的感觉和意识同"人的本质和自然界的本质的全部丰富性"③相适应。自然存在物"是人的意识的一部分，是人的精神的无机界"④，而社会"创造着具有丰富的、全面而深刻的感觉的人"⑤。对观念和思维而

---

① 蒙培元：《心灵超越与境界》，人民出版社，1998，第297页。
② 《马克思恩格斯选集》第2卷，人民出版社，2009，第701页。
③ 《马克思恩格斯文集》第1卷，人民出版社，2009，第192页。
④ 《马克思恩格斯文集》第1卷，人民出版社，2009，第161页。
⑤ 《马克思恩格斯文集》第1卷，人民出版社，2009，第192页。

言，思维"是人们物质关系的直接产物"①，并随着现实的改变而改变，因此"不是从观念出发来解释实践，而是从物质实践出发来解释各种观念形态"②。人们所创设和运用的范畴主要是"社会关系的抽象的、观念的表现"和"历史的和暂时的产物"③。

居于第二层次的是情感、目的、意志、觉悟等能动性因素。情感成为一种本质性力量，"激情、热情是人强烈追求自己的对象的本质力量"④。目的之重要作用体现在社会历史和人的劳动过程之中。"历史不过是追求着自己目的的人的活动而已"⑤，而劳动者主要"在自然物中实现自己的目的"⑥，并且这个目的"是作为规律决定着他的活动的方式和方法的"⑦。意志和生产劳动紧密相关。"除了从事劳动的那些器官紧张之外，在整个劳动时间内还需要有作为注意力表现出来的有目的的意志，而且，劳动的内容及其方式和方法越是不能吸引劳动者，劳动者越是不能把劳动当作他自己体力和智力的活动来享受，就越需要这种意志。"⑧ 觉悟关联着共产主义意识的产生和共产主义的实现。从无产阶级中"产生出必须实行彻底革命的意识，即共产主义的意识"⑨。基于这种意识的"共产主义觉悟"是"资本主义生产方式的产物"⑩，也是"为这种生产方式送葬的丧钟"⑪。

居于第三层次的主要是"最高的精神生产"和"自由的精神生产"等超越性因素。精神生产既和物质生产紧密关联又具有一定的相对独立性。在批判沉迷于物质财富占有的资产者和"以物质生产为中心，以精神生产为依附"的古典政治经济学时，马克思提出"最高的精神生产"这一论断，用以标识精神生产的某种最高价值。"连最高的精神生产，也只是由

---

① 《马克思恩格斯全集》第3卷，人民出版社，1960，第29页。
② 《马克思恩格斯选集》第1卷，人民出版社，2012，第172页。
③ 《马克思恩格斯全集》第27卷，人民出版社，1972，第484页。
④ 《马克思恩格斯全集》第42卷，人民出版社，1979，第169页。
⑤ 《马克思恩格斯文集》第1卷，人民出版社，2009，第295页。
⑥ 《马克思恩格斯全集》第23卷，人民出版社，1972，第202页。
⑦ 《马克思恩格斯全集》第23卷，人民出版社，1972，第202页。
⑧ 《马克思恩格斯全集》第23卷，人民出版社，1972，第202页。
⑨ 《马克思恩格斯选集》第1卷，人民出版社，2012，第170页。
⑩ 《马克思恩格斯全集》第48卷，人民出版社，1985，第100页。
⑪ 《马克思恩格斯全集》第48卷，人民出版社，1985，第100页。

于被描绘为、被错误地解释为物质财富的直接生产者，才得到承认，在资产者眼中才成为可以原谅的。"① 马克思明确区分了遮蔽物质利益的具有一定虚假性的意识形态生产和自由的精神生产，并且具体分析了"一定社会形态下自由的精神生产"②。此外，马克思还用"社会的物质生产和精神生产的物质变换"③ 的经典论断，揭示了一定层次上精神生产与物质生产之间辩证的互动关系。

整体与结构本来就是密不可分的，结构与层次也往往是相互关联的。在马克思主义基本原理和中华优秀传统文化相结合的研究视角中，基于精神整体性中的结构分析和层次推演，我们能够展开对诸多精神因素及其关联互动的细致研究，进而不断走向精神世界的深处；基于精神结构性之上的整体把握和总体体验，我们能够驾驭内在精神世界的综合运行、功能地位及其与外在世界的循环，进而不断开拓精神生活在现实生活世界中的领域并彰显其现实意义。

三 精神修养与精神解放彼此呼应的精神发展观

精神发展是人的自由全面发展的基本内容之一。如何从精神的现有状态达至精神的理想状态，是精神发展的基本问题。在现代性的物质文明和制度文明建构的基础上，推进现代性的精神文明发展，成为真正完成现代化建设的一个不可或缺的维度。西方学术界建构的"人的现代化指标体系"和"快乐指数"，显得实用性有余而深刻性不足。把中华优秀传统文化中关于人的精神发展深厚思想资源和智慧洞察，与马克思主义基本原理对人的精神发展的学术探索和理论思考结合起来，可以为中国学者推进人的精神发展问题研究提供优势。建构中国理论在现代性的精神文化发展上的"学术自我"与"思想自我"，成为当代中国学者的一项学术使命。

在总体性的生命体验中，持续深化精神修养，拓宽心性空间，不断拓

① 《马克思恩格斯全集》第26卷第1册，人民出版社，1972，第298页。
② 《马克思恩格斯全集》第26卷第1册，人民出版社，1972，第296页。
③ 《马克思恩格斯全集》第44卷，人民出版社，1982，第162页。

展精神生活的厚度与深度，进而追求精神上真正的快乐和幸福，是中华优秀传统文化追求的精神发展路向。从孟子的"养浩然之气"，庄子的"与天地精神往来"，到陆九渊的"宇宙便是吾心，吾心即是宇宙"，再到王阳明的"心物一体""心即理""致良知"，中华优秀传统文化在欲求与精神的矛盾中，以精神"大我"主宰欲求"小我"，经由情感和德性的培育与积淀，升华精神格局。深厚的心性修养，可以带来持续的精神快乐。儒家提倡的"学是学此乐"、道家提倡的"至乐"、佛家提倡的"极乐"等，都是在不离感性之乐中追求精神上的真正快乐。从孔子的"从心所欲不逾矩"，孟子的"万物皆备于我矣，反身而诚，乐莫大焉"，到程颢的"学而至于乐则成矣"，我们可以汲取追求精神享受的丰富智慧资源和生命体验。尤其作为中华优秀传统文化精华的王阳明心学，明确以"乐"为"心之本体"，而且说清楚了"乐"之"不难得"与"如何得"。"乐是心之本体，虽不同于七情之乐，而亦不外于七情之乐。虽则圣贤别有真乐，而亦常人之所同有。但常人有之而不自知，反自求许多忧苦，自加迷弃。虽在忧苦迷弃之中，而此乐又未尝不存。但一念开明，反身而诚，则即此而在矣。"① "乐是心之本体。仁人之心，以天地万物为一体，祈合和畅，原无间隔……时习者，求复此心之本体也。悦则本体渐复矣。"②

马克思主义基本原理把对于精神发展问题的研究放置于历史唯物主义的整体性框架之中，以精神解放为基本路向，深入探索了制约精神发展的根本问题和现实条件。马克思不满足于康德和黑格尔等哲学家对精神发展的理性批判和哲学思辨，在深刻揭示资本主义时代的感性至上与注重占有、嵌入精神领域的"抽象统治"、人的内在本质的"空虚化"等精神问题的基础上，注重"改造世界"的理路，以追求精神的真正解放。首先，基于生产力的发展追求人的精神解放。马克思批判康德"把这个善良意志的实现以及它与个人的需要和欲望之间的协调都推到彼岸世界"③，认为"人们每次都不是在他们关于人的理想所决定和所容许的范围之内，而是

---

① 《王阳明全集》，吴光等编校，上海古籍出版社，2011，第79页。
② 《王阳明全集》，吴光等编校，上海古籍出版社，2011，第216页。
③ 《马克思恩格斯全集》第3卷，人民出版社，1960，第212页。

在现有的生产力所决定和所容许的范围之内取得自由的"①。其次，把精神解放置于改造社会关系的框架之中。作为自然性、社会性和精神性相统一的主体，人生活在一定的社会历史关系中。"社会关系实际上决定着一个人能够发展到什么程度。"② 最后，以自由时间为精神解放的重要条件。如果忙忙碌碌于衣食住行而没有一定的自由时间，就无法奢谈人的精神发展。马克思说过："时间实际上是人的积极存在，它不仅是人的生命的尺度，而且是人的发展的空间。"③ 对自由时间的运用，为人的发展和精神解放提供了可能性空间，"整个人类的发展，就其超出对人的自然存在直接需要的发展来说，无非是对这种自由时间的运用，并且整个人类发展的前提就是把这种自由时间的运用作为必要的基础"④。

精神修养与精神解放可以在互相激活和丰富中相互成就。从总体上来看，马克思主义基本原理关于精神解放和中华优秀传统文化关于精神修养的发展路向，都指向主客统一或天人合一的价值追求。精神解放是精神修养的基石，精神修养是精神解放的深化。缺乏精神修养的精神解放，对精神的厚度和深度皆有所忽视。精神修养离不开精神解放所创造的基本条件，离开了现实的社会历史条件的精神修养缺乏坚实的生活根基。马克思强调过德性修养的重要性，认为"道德的基础是人类精神的自律"⑤。当然，在历史唯物主义的视域中，德性不可能脱离社会历史条件。人们总是"从他们进行生产和交换的经济关系中，获得自己的伦理观念"⑥，"道德、宗教、形而上学和其他意识形态"无法保留"独立性的外观"⑦。马克思追求的是解放全人类这个最大、最根本的道德。关于摆脱自然整体的束缚以及社会关系对个人自由的妨碍，以空灵逍遥、解脱无执为意义追求的修养方式，从历史唯物主义的维度来看，不能脱离一定的社会关系和现实的物

---

① 《马克思恩格斯全集》第3卷，人民出版社，1960，第507页。
② 《马克思恩格斯全集》第3卷，人民出版社，1960，第295页。
③ 《马克思恩格斯全集》第47卷，人民出版社，1979，第532页。
④ 《马克思恩格斯全集》第47卷，人民出版社，1979，第216页。
⑤ 《马克思恩格斯全集》第1卷，人民出版社，1956，第15页。
⑥ 《马克思恩格斯选集》第3卷，人民出版社，2012，第470页。
⑦ 《马克思恩格斯文集》第1卷，人民出版社，2009，第525页。

质生活条件，也不能无视历史的积淀。马克思认为，作为"无精神活力的制度的精神"① 的宗教信仰，实际上贬低了人的主体性和创造性。在批判作为"那些还没有获得自己或是再度丧失了自己的人的自我意识和自我感觉"② 的宗教的基础上，马克思追求的是在把握历史发展趋势的基础之上，依靠主体的能动性在实践活动中建构人的现实性。"对宗教的批判使人不抱幻想，使人能够作为不抱幻想而具有理智的人来思考，来行动，来建立自己的现实；使他能够围绕着自身和自己现实的太阳转动。"③

四　内向超越与实践创造相互包容的精神境界观

在精神问题的研究领域中，提升精神境界是发挥精神的功能与作用、体现精神力量的一个重要方面。精神境界不仅标识着一个人的气象格局、个性尊严及生命价值，还可以源源不断地向心灵空间注入强大的"精神力"，尤其在个体陷入困境或面对逆境之时。在西方文化中，关于精神境界的相关问题，主要是和宗教信仰、终极关怀关联在一起的。中华优秀传统文化和马克思主义基本原理对于精神境界有着独特的思考方向和研究理路。

不同于心灵的外向超越（超出自身的限制，达到某种普遍的实在或实体），中国传统文化追求内向超越的精神境界，即在自身之内实现心灵超越，达到内外合一、主客合一、天人合一的精神境界。若向心灵深处用力，有了深厚和高远的精神境界，面对同样的现实生活世界，便可以产生不同的格局和体验。冯友兰讲过："有一公共底世界。但因人对之有不同底觉解，所以此公共底世界，对于各个人亦有不同底意义，因此，在此公共底世界中，各个人各有一不同底境界。"④ 牟宗三也说过："主观上的心境修养到什么程度，所看到的一切东西都往上升，就达到什么程度，这就

---

① 《马克思恩格斯文集》第1卷，人民出版社，2009，第4页。
② 《马克思恩格斯全集》第1卷，人民出版社，1956，第452页。
③ 《马克思恩格斯文集》第1卷，人民出版社，2009，第4页。
④ 冯友兰：《贞元六书》下，中华书局，2014，第599页。

是境界。"① 冯友兰把精神和境界联系起来，提出"精神境界"这一说法，并用以说明中国传统哲学的重要作用。他说过："用中国的一句老话说，哲学可以给人一个'安身立命之地'。就是说，哲学可以给人一种精神境界，人可以在其中'心安理得'地生活下去。他的生活可以是按部就班的和平，也可以是枪林弹雨的战斗。无论是在和风细雨之下，或是在惊涛骇浪之中，他都可以安然自若的生活下去。这就是他的'安身立命之地'。这个'地'就是人的精神境界。"② 张岱年曾这样概括中国哲学："中国哲学有一根本观念，即'天人合一'。认为天人本来合一，而人生最高理想，是自觉地达到天人合一之境界。物我本属一体，内外原无判隔。但为私欲所昏蔽，妄分彼此。应该去此昏蔽，而得到天人一体之自觉。"③ 内向超越的精神境界观，基于生命存在之有限与无限的矛盾，在不断地实现精神提升和超越的过程中，追求道德理想和精神自由。人除了本能性的物质需求之外，还有更高的精神追求。人能自觉到自己是一种有限的存在，因而更为迫切地力图超越有限去追求无限。

在马克思主义基本原理的视域中，从"实践·需要·精神"的结构框架出发，融合中华优秀传统文化关于内向超越的精神智慧，建构一个包容"内向超越"和"外向超越"的新精神境界体系，显得更为整体和周全。在人的现实生活世界中，以实践为基石，需要与精神构成一对基本的矛盾关系。马克思认为需要是人的本性，"他们的需要即他们的本性"④，"任何人如果不同时为了自己的某种需要和为了这种需要的器官而做事，他就什么也不能做"⑤。也就是说，离开需要，无法谈及人的生存和发展。人的需要是社会历史发展的一个动力源，也是人类取得物质文明建设成就的主要推动力。然而，如果任由物质需要无序膨胀，人就会成为欲望的奴隶。马

① 牟宗三：《中国哲学十九讲》，贵州人民出版社，2020，第 114 页。
② 冯友兰：《中国哲学史新编》第 1 册（修订本），人民出版社，1982，第 27~28 页。
③ 张岱年：《中国哲学大纲——中国哲学问题史》，商务印书馆，2015，第 27 页。
④ 《马克思恩格斯全集》第 3 卷，人民出版社，1960，第 514 页。
⑤ 《马克思恩格斯全集》第 3 卷，人民出版社，1960，第 286 页。

克思曾用"人是消费和生产的机器"①"一种纯粹动物式的意识"② 等论断揭示"欲望主宰"的精神状态的局限性。与需要并立且形成一定牵制的精神，既是人的现实生活中不可或缺的一部分，也是人的内在世界的一种基本动力和平衡力量。"精神"及其自由在马克思的思想深处居于价值系统的高处。马克思认为，自由不仅是"人类精神的特权"③，而且是"全部精神存在的类的本质"④。当然，精神自由的实现离不开物质需要的满足这一前提性条件，它依赖于"以财富为唯一的最终目的的那个历程的终结"⑤，"自由王国"只能存在于"物质生产领域的彼岸"⑥。我们既不能够任由"欲望主宰"，也不应该主张"精神至上"。需要和精神以合适的比例汇聚在现代化实践中，这既可以让精神与心灵获得"实现"，又可以激发现代化的持续创新和勃勃生机。

通过内向超越走向天人合一与在实践创造中实现共产主义，是可以相互包容的，同时也是相互需要的。精神境界的建构和提升，离不开内心与外境的相互激荡。王国维曾经这样界定"境界"："境，非独谓景物也。喜怒哀乐，亦人心中之一境界。故能写真景物、真感情者，谓之有境界。否则谓之无境界。"⑦ 对于提升精神生活品质、打破外在束缚的自我主宰，以及超脱物欲和名利的精神舒适而言，内向超越的精神境界观具有极其重要的积极意义。精神超越、精神逍遥和精神自足对于消解主客体之间以及主体之间的矛盾有着明显的价值。与此同时，对于推动自然科学技术的发展、建立客观有效的社会制度和法治秩序，以及探索宇宙人生的终极关怀，内向超越的精神境界观显示出一定的局限性。局限于内向超越，尽管可以建立一个超越的精神境界，供自己"受用"，却无力将其转化为现实，改造世界。当然，若局限于物质实践，虽可以不断改善和优化生存环境与

---

① 《马克思恩格斯全集》第 42 卷，人民出版社，1979，第 72 页。
② 《马克思恩格斯选集》第 1 卷，人民出版社，2012，第 161 页。
③ 《马克思恩格斯全集》第 1 卷，人民出版社，1956，第 63 页。
④ 《马克思恩格斯全集》第 1 卷，人民出版社，1956，第 67 页。
⑤ 《马克思恩格斯全集》第 45 卷，人民出版社，1985，第 398 页。
⑥ 《马克思恩格斯文集》第 7 卷，人民出版社，2009，第 928 页。
⑦ 王国维：《中国人的境界》，中国工人出版社，2016，第 65 页。

社会秩序，却难以满足心灵不断超越有限并最终找到生命皈依的精神追求。综合马克思主义基本原理和中华优秀传统文化的相关智慧，建构内向超越与实践创造相互包容的精神境界观，相信可以成为精神问题研究中一个值得期待的内容。这也正如马克思所言："人双重地存在着：从主体上说作为他自身而存在着，从客体上说又存在于自己生存的这些自然无机条件之中。"①

① 《马克思恩格斯文集》第8卷，人民出版社，2009，第142页。

新时代党的宣传工作中议题设置的逻辑进路[*]

张丽丝[**]

自中国共产党成立以来，宣传工作一直是党的革命、建设和改革伟大实践中的重要组成部分。党的十八大以来，习近平总书记"把宣传思想工作摆在全局工作的重要位置，作出一系列重大决策，实施一系列重大举措"[①]，并在党的第二十次全国代表大会上指出，新时代新征程，必须"建设具有强大凝聚力和引领力的社会主义意识形态"，"加强全媒体传播体系建设，塑造主流舆论新格局"，"巩固壮大奋进新时代的主流思想舆论"[②]。这无疑又将党的宣传工作的重要性提升到了一个新的高度，也指明了宣传工作的方向。在党的宣传工作中，议题设置尤为关键，这不仅涉及舆论引导的传播规律，还直接关系到筑牢中华民族伟大复兴的共同思想基础。在新时代新征程上，建设传播新体系与塑造舆论新格局迫切需要增强"议程设置能力、舆论宣传能力"[③]。本文将对议题设置的本质规律、历史逻辑与

---

[*] 本文原载《四川师范大学学报》（社会科学版）2023年第2期，收入本书时有改动。

[**] 张丽丝，中共中央党校（国家行政学院）马克思主义学院讲师。

[①] 《习近平谈治国理政》第3卷，外文出版社，2020，第310页。

[②] 习近平：《高举中国特色社会主义伟大旗帜　为全面建设社会主义现代化国家而团结奋斗——在中国共产党第二十次全国代表大会上的报告》，人民出版社，2022，第43、44页。

[③] 《习近平谈治国理政》第2卷，外文出版社，2017，第450页。

新征程的基本遵循进行具体探讨，以期增强和提高宣传工作的针对性与有效性，更好地引导舆论、掌握意识形态话语权和参与全球治理。

一　科学把握新时代党的宣传工作中议题设置的本质属性

把握宣传工作议题设置的科学内涵或本质规定，是新时代做好党的宣传工作的必然要求。议题设置（Agenda Setting），又称议程设置，是一种客观的传播功能，是传播者主动选择的客观过程与结果。"新闻媒介在告诉人们'怎么想'这方面可能并不成功，但是它们在告诉人们'想什么'的方面则异常成功。"① 大众传媒的议题设置功能，便是立足客观的传播条件，充分把握公众的心理诉求，最终对公众判断"该想些什么"或"什么是重要的"产生影响。在以上意义上，我们将立足唯物史观，结合宣传工作的客观情况，来揭示新时代党的宣传工作议题设置的基本属性与本质规定。

在根本属性层面②，以政治议题引导社会舆论是新时代党的宣传工作议题设置的本质规定。时代召唤出新技术，赋予新时代党的宣传工作新任务新要求，这也决定了议题设置的根本属性。新旧媒介的更迭，凸显了政治议题作为党的宣传工作议题设置的本质构成和集中体现。在印刷传媒向第二传媒（网络）转变的过程中，新旧媒体文化发生迁移，"必然要发生动荡"③。互联网时代，新媒体的碎片化特质消解着民族国家引导社会主流价值观的权威，甚至"技术已经走到了公然蔑视现代政府权力特性

---

① 〔美〕马克斯韦尔·麦库姆斯：《议程设置：大众媒介与舆论》，郭镇之等译，北京大学出版社，2018，第5~6页。
② 20世纪60年代末期之后，"议题设置的研究对象从'议题'转向'属性'，深入第二层面（如候选人属性）的议程设置效果"。第一个层面的议题设置是关注客体显要性转移，即获取注意；而第二个层面的议题设置则是属性显要性转移，即获取理解。参见〔美〕马克斯韦尔·麦库姆斯《议程设置：大众媒介与舆论》，郭镇之等译，北京大学出版社，2018，第4、60页。
③ 〔加拿大〕哈罗德·伊尼斯：《传播的偏向》，何道宽译，中国人民大学出版社，2003，第119页。

这一步"①。因此,重塑公共权威成为互联网时代宣传工作的重要任务,这也"与全球对于政治传播的重视的现实相符合"②。互联网背景下,政治传播也是新时代党的宣传工作的根本要求,设置政治议题是必然选择。新时代党的宣传工作政治议题设置的根本规定,是"坚持马克思主义在意识形态领域指导地位"③。身处形形色色的信息流中,主流媒体要坚守马克思主义的根本方向,增强正面政治议题的引导力,加强与社会媒体、新媒体受众的对接,提升受众对政治议题的认同感,引导全社会的舆论方向。

在基本原则层面,新时代党的宣传工作议题设置必须遵循受众的主体性原则。宣传工作的首要任务是获得受众的注意,议题设置的根本目的在于引导公众的认知与价值判断,从而引导社会舆论。"引导社会舆论走向,要善于设置议题,让该热的热起来,该冷的冷下去,该说的说到位。"④ 而议题"热度与受众的参与度密切相关"⑤,这就要求宣传工作者洞察社会热点,因为热点话题反映着大量受众关注的即时内容。因此,进行议题设置首先要关注受众心理,坚持受众的主体性原则,要贴近热点。热点问题是经过人们一个时期内广泛讨论的话题,设置与热点相关的议题有利于实现宣传的高互动性、广覆盖率与深拓展度。当然宣传工作者要主动设置热点议题,主导舆论方向。主动设置能够形成社会焦点的议题,能够迅速实现议题的发酵,拉近宣传内容与受众的距离,推动社会舆论的形成。

在宣传形式层面,新时代党的宣传工作议题设置要提升艺术性。在宣传工作中,舆论的引导不能背离传播的艺术规律,要达到内容与形式的统一、思想性与趣味性的统一。议题设置的艺术性首先体现在语言风格的选

---

① 〔美〕马克·波斯特:《第二媒介时代》,范静哗译,南京大学出版社,2000,第40页。

② Lynda Lee Kaid, Handbookof Political Communication Research (Mahwah: Lawrence Erlbaum Associates, 2004), p.507.

③ 习近平:《高举中国特色社会主义伟大旗帜 为全面建设社会主义现代化国家而团结奋斗——在中国共产党第二十次全国代表大会上的报告》,人民出版社,2022,第43页。

④ 李捷:《坚持政治家办报确保党刊始终姓党》,人民网,http://media.people.cn/n1/2017/0216/c14677-29086052.html。

⑤ 耿雪梅:《试析主动设置议题对舆论引领工作的意义》,《中国广播电视学刊》2016年第12期。

择上，优质的议题内容要匹配符合传播艺术的表现技巧与方式。提升议题设置的艺术性，关键在于宣传工作者要发挥主动性，把握宣传工作特点，在语言风格上不断创新，提升议题设置呈现方式的灵活性与活泼性。不可否认，部分宣传语言存在八股习气，过度使用官话、套话、老话，这在一定程度上削弱了宣传的力度。实际上，宣传工作对文风的要求极高，议题的语言表述需要贴近生活，言之有物，生动鲜活，要"上接天线，下接地气"，使用人们"喜闻乐见"的表达方式。

在宣传效果层面，新时代党的宣传工作议题设置要遵从传播规律，讲究原则与方法。① 设置议题要运用效果导向思维，以求议题酝酿范围与传播效果的最大化。首先，党的宣传工作议题设置以统一思想为目的，因为真正成功的议题设置不仅需要获得受众关注，还要达成深度的价值共识。达成深度共识需要言之有物、晓之以理、动之以情的议题设置，也就需要符合人的心理规律。② 使用强制性手段难以达成宣传目的，正如恩格斯所言，"我们不知道有任何一种力量能够强制处在健康清醒状态的每一个人接受某种思想"③。再者，党的宣传工作要把握好议题设置的时、效、度，统揽全局，设置具有中国元素的议题，把中国故事讲好、传播开，多维度及时、有度地提升议题的感染力、穿透力与影响力。

总体上，议题设置具有一定的规律，一般包含一定的理论与现实依据，需要定期进行理性研判，凝练重大主题，并经过一定的议题讨论，最终引导社会舆论的方向。新时代党的宣传工作议题设置的整个过程是一个统筹各方面情况的过程，需要根据新的现实要求不断丰富设置路径，科学凝练符合社会本质要求、现实生活需要、时代发展趋势与群众话语风格的议题，将主流媒体主动设置的正向议题与新媒体自下而上设置的反向议题相结合，科学把握议题酝酿、设置、讨论的时、效、度，并关注后期评估

---

① 崔玉英：《增强议题设置能力 向世界讲好中国故事》，《求是》2014 年第 23 期。
② 美国传播学者哈罗德·D. 拉斯韦尔指出，国际战争宣传在第一次世界大战期间之所以"扩大到了如此令人震惊的范围，是因为战争蔓延到了如此广阔的地区，它使得动员人员情绪成为必要"。参见〔美〕哈罗德·D. 拉斯韦尔《世界大战中的宣传技巧》，张洁等译，中国人民大学出版社，2003，第 22 页。
③ 《马克思恩格斯文集》第 9 卷，人民出版社，2009，第 91 页。

反馈意见，进一步提升议题的统摄力、穿透力与影响力，及时有效地应对负面议题与言论，把握住中国故事的阐释权与话语权，牢牢抓住党的意识形态工作领导权，夯实实现中华民族伟大复兴的共同思想基础。

二　党的宣传工作中议题设置的系统性趋向

做好新时代党的宣传工作的议题设置工作不仅应该充分把握议题设置的科学内涵，还应该充分把握党的宣传工作议题设置的发展历程及蕴含的规律，这是做好新时代党的宣传工作议题设置的关键环节。在党的宣传工作历史上，进行议题设置是重要手段，相关工作呈现出鲜明的阶段性特征。①

（一）制造鲜活舆论议题阶段

新民主主义革命时期，毛泽东主张革命话语大众化。在这个阶段，政治宣传议题成为宣传工作的主要内容②，并且，"毛泽东倡导对新民主主义革命理论进行更为通俗易懂的话语加工，形成为普通劳动群众所喜闻乐见的大众化革命话语"③。这在 1923 年制定的《教育宣传问题议决案》中也有体现，比如"向工人开展宣传要'使用口语，求其通俗化'"④ 等。因

---

① 议题设置在 2008 年胡锦涛视察人民日报社时第一次被提及。党的十八大以来，习近平总书记多次强调党的新闻舆论工作涉及议题设置问题，议题设置近些年来成为我国宣传工作的热点话题。虽然我们党提出议题设置的概念是近年来的事情，但宣传工作中议题设置的客观历史远远早于此。

② 20 世纪 20 年代初期，毛泽东便指出政治宣传的重要性，"政治宣传和鼓动，乃是党调动群众、领导群众兼以训练党员之必需条件"（《中央通告第四号——关于宣传鼓动工作》（1928 年 10 月 1 日），载中国社会科学院新闻研究所《中国共产党新闻工作文件汇编》上，新华出版社，1980，第 35 页）。1927 年，毛泽东在《湖南农民运动考察报告》中提到"普及政治宣传"（毛泽东：《湖南农民运动考察报告》（1927 年 3 月），载中国社会科学院新闻研究所《中国共产党新闻工作文件汇编》上，第 35 页）。抗日战争时期，"我们党的宣传鼓动工作的任务，是在宣传党的马列主义的理论，党的纲领与主张，党的战略与策略"（《中央宣传部关于党的宣传鼓动工作提纲》（1941 年 6 月 20 日），载中共中央宣传部办公厅编《中国共产党宣传工作文献选编（1937－1949）》，学习出版社，1996，第 250 页）。

③ 罗永宽、蓝天：《中国共产党百年革命话语的建构与拓新》，《四川师范大学学报》（社会科学版）2021 年第 3 期。

④ 中共中央宣传部编《中国共产党宣传工作简史》上册，人民出版社，2022，第 31 页。

此，党主动制定了许多传播度与认可度都很高的议题，比如"打倒列强，除军阀""星星之火，可以燎原""没有调查，就没有发言权""打土豪，分土地""三项纪律八大注意""枪杆子里出政权""一切反对派都是纸老虎""将革命进行到底""实事求是"等。以"打土豪，分土地"为例，该议题的成功设置吹响了反封建的号角，生动地概括了土地革命的核心内容，实现了广大农民在政治、经济上的翻身与解放，极大地解放了农村生产力，激发了农民的革命积极性。

新中国成立之后，毛泽东明确提出制造舆论议题。首先，制造舆论议题符合客观规律。1950 年，毛泽东提出："首先制造舆论，夺取政权，然后解决所有制问题，再大大发展生产力，这是一般规律。"① 1962 年，他再次指出："凡是要推翻一个政权，总要先造成舆论，总要先搞意识形态方面的工作。"② 其次，制造议题要坚持党性原则与群众路线原则相结合。毛泽东多次强调要"政治家办报"，"通过报纸加强党和群众的联系"③。"人民民主专政""百花齐放、百家争鸣""向科学进军""向雷锋同志学习"等议题的设置凸显了党在制造议题、讨论研判、凝练重大主题等方面的成功，赢得了社会各界对党对新中国政治制度与政策的高度认可。

（二）设置澄清性议题阶段

改革开放初期，面对盘根错节的复杂问题，宣传工作首要的任务是设置澄清性议题。首先，议题设置以团结稳定为核心任务。改革开放初期，稳定成了压倒一切工作的首要政治任务，邓小平提出宣传工作要"对安定团结的必要性进行更多的思想理论上的解释"④。其次，党的舆论宣传议题设置要实事求是，用事实消除人们对改革方针的思想顾虑。邓小平认为，"我们不能拿空话而是要拿事实来解除他们的这个忧虑，并且回答那些希望我们变成资本主义的人。我们的报刊、电视和所有的宣传工作都要注意

---

① 《毛泽东文集》第 8 卷，人民出版社，1999，第 132 页。
② 《毛泽东年谱（1949—1976）》第 5 卷，中央文献出版社，2013，第 153 页。
③ 《毛泽东选集》第 4 卷，人民出版社，1991，第 1319 页。
④ 《邓小平文选》第 2 卷，人民出版社，1994，第 255 页。

这个问题"①。基于以上认识，宣传工作善抓典型，制造了不少对比议题，比如"贫穷不是社会主义"。邓小平早就指出，"报纸搞批评，要抓住典型，有头有尾，向积极方面诱导，有时还要有意识地作好坏对比"②。

在这个阶段，宣传工作者设置了诸多具有澄清性质的议题。具体而言，"解放思想"议题便是破除"两个凡是"的有力武器，"实践是检验真理的唯一标准"议题实际上起到了对真理标准问题讨论的引导作用，在全党进行了一场思想大解放，给社会政治、经济和文化带来了新发展。"三个有利于""中国特色社会主义"等议题消除了一些人对中国是否坚持社会主义的怀疑，"社会主义初级阶段""社会主义市场经济""为人民服务、为社会主义服务""摸着石头过河""科学技术是第一生产力""黑猫白猫论""让一部分人先富起来"等议题解决了思想僵化等问题，推动党的工作重心转移到经济发展上，切实地推进现代化建设。

（三）设置对内导向性议题阶段

20世纪90年代，为了有效应对复杂的国内国际政治思想生态，以江泽民同志为主要代表的中国共产党人主抓"舆论导向"议题设置问题。首先，"祸福论"议题的设置是对党的宣传工作正确舆论导向重要性的基本认识与判断。1989年，江泽民指出，一些"新闻单位在舆论导向上发生了严重的错误"③。1996年，江泽民在考察人民日报社工作时指出："历史经验反复证明……舆论导向正确，是党和人民之福；舆论导向错误，是党和人民之祸。"④ 其次，设置正确舆论导向的议题要提升舆论工作者引导艺术创新的能力。"在坚持正确的舆论导向的前提下，要讲求宣传艺术，提高引导水平"⑤，建立一支政治强、业务精、纪律严、作风正的舆论工作队伍。具体而言，"三个代表"重要思想议题，在世纪之交有力地应对了西方和平演变策略，回答了"建设一个什么样的党，怎么建设党"的问题，

---

① 《邓小平文选》第3卷，人民出版社，1993，第111页。
② 《邓小平文选》第1卷，人民出版社，1994，第150页。
③ 《十三大以来重要文献选编》（中），人民出版社，1991，第768页。
④ 《江泽民文选》第1卷，人民出版社，2006，第563~564页。
⑤ 《江泽民文选》第1卷，人民出版社，2006，第565页。

对内引导社会舆论，稳定民心，打赢了舆论战。"科教兴国"这一战略性议题，指明了国家的繁荣强盛在于科技与教育，提高全民族的科技文化素质，引导全社会服务于现代化建设。

党的十六大以来，以胡锦涛同志为主要代表的中国共产党人，顺应媒介发展趋势，进一步完善了"舆论引导"议题设置思想。第一，主动设置舆论引导议题极为重要，有利于构建社会主义和谐社会。2006 年，党的十六届六中全会指出，"正确的思想舆论导向是促进社会和谐的重要因素"①。第二，设置舆论引导议题要以人为本。2008 年，胡锦涛指出，议题设置"必须坚持以人为本，增强新闻报道的亲和力、吸引力、感染力"，"坚持贴近实际、贴近生活、贴近群众"②。第三，设置舆论引导议题要遵循新闻传播规律，顺应媒介发展趋势，加强人才队伍建设。宣传工作需要"认真研究新闻传播的现状和趋势……加强舆情分析，主动设置议题，善于因势利导"③。"和谐社会"与社会主义荣辱观是关于社会主义发展战略目标的议题设置，旨在倡导构建和睦、融洽的社会状态，充分调动一切积极因素，推进社会协调发展。"科学发展观""西部大开发""中部崛起"等议题是党的十七大提出的重大战略思想议题，将人民的利益作为引导社会舆论的重要抓手，引导人们形成全面、协调、可持续的发展观念，把全社会的积极性引导到科学发展上来。

（四）设置全媒全域统筹型议题阶段

"拜金主义、享乐主义、极端个人主义和历史虚无主义等错误思潮不时出现，网络舆论乱象丛生，严重影响人们思想和社会舆论环境"④。复杂形势之下，"意识形态决定文化前进方向和发展道路"⑤，增强意识形态工作主动权和话语权成为宣传工作议题设置的核心内容。习近平总书记站在

---

① 《十六大以来重要文献选编》（下），中央文献出版社，2008，第 661 页。
② 胡锦涛：《在人民日报社考察工作时的讲话》，《人民日报》2008 年 6 月 21 日。
③ 胡锦涛：《在人民日报社考察工作时的讲话》，《人民日报》2008 年 6 月 21 日。
④ 习近平：《高举中国特色社会主义伟大旗帜　为全面建设社会主义现代化国家而团结奋斗——在中国共产党第二十次全国代表大会上的报告》，人民出版社，2022，第 5 页。
⑤ 《十九大以来重要文献选编》（上），中央文献出版社，2019，第 29 页。

两个大局的高度，就新形势、新任务对宣传工作提出了许多新思想、新观点与新要求，指出"把握大势、区分对象、精准施策"①，这为议题设置提供了重要遵循、指明了前进方向。

第一，把握大局，统筹谋划外宣议题。在党的十八届三中全会上，习近平总书记提出"讲好中国故事"，指出"要精心做好对外宣传工作，创新对外宣传方式，着力打造融通中外的新概念新范畴新表述，讲好中国故事，传播好中国声音"②，传播中国声音成为新时代宣传工作议题设置的突出亮点。比如，"人类命运共同体"议题的设置，是基于人类社会发展的客观规律，提出的超越种族、文化、国家与意识形态的界限，推动世界和平发展理性可行的行动方案，为全球人类未来发展提供了全新的议题视角，参与建构了全球话语体系。"一带一路"等议题的设置，反映了重大时代主题，是我们党透过局部看全局的总体布局，透过现象看本质，综合社会各方面需要的整体筹划。正因为如上议题的成功设置，党的十八大以来，"我国国际影响力、感召力、塑造力进一步提高，为世界和平与发展作出新的重大贡献"③。

第二，抓住要害，主动设置正面宣传议题。党的十八大以来，党的宣传工作在正面议题设置方面，体现出以下几个特征。其一，始终坚持以马克思主义为议题设置的核心内容，牢牢抓住意识形态领导权。比如，"伟大建党精神"议题将中国共产党人的初心与使命凝聚起来，是马克思主义基本原理与中国具体实际相结合的精神典范。其二，把人民当作宣传工作的实践主体、认识主体、价值主体与历史主体，当作艺术创作的主旋律与根本遵循。"以人民为中心"议题的设置符合历史唯物主义的基本立场与观点，是党的根本政治立场的系统总结，既坚持了人民至上、生命至上的立场，也调动了人民精神的主动性。其三，立足中国实际，加强议题策划与设置，主动讲好党治国理政的故事、中国人民奋斗圆梦的故事、坚持和平发展合作共赢的故事。例如，"伟大复兴中国梦""中国道路""中国精

① 《习近平谈治国理政》第3卷，外文出版社，2020，第314页。
② 《习近平谈治国理政》，外文出版社，2014，第156页。
③ 《习近平著作选读》第2卷，人民出版社，2023，第6页。

神""中国力量""中国式现代化"等议题的设置既正面阐释了国家重大战略，阐明了中国价值、理念、制度、体制的科学内涵与特色，同时也牢牢掌握了中国发展的阐释权与话语权。

第三，正本清源，驳斥、反击负面议题。面对频出的别有用心的负面议题，党的宣传工作积极开展正面交锋，本着实事求是的精神，讲清楚事实真相，驳斥污名化、妖魔化我国和我国人民的言论与"历史虚无主义"观点。比如，针对西方设置的"中国病毒""强迫劳动""种族灭绝""普世价值"等负面议题，我们设置了一系列反制性议题来应对质疑或抹黑，以事实说话，用真相讲理，坚定维护自身的价值观念却不强加给他国，保持持续开放合作共赢的状态。例如，"社会主义核心价值观"议题的设置对所谓"普世价值"议题的超阶级、超国家、超时空的虚假性进行驳斥，揭露其话语陷阱，打破了西方的话语霸权，实现了对各种纷繁复杂社会思潮和舆论杂音的正本清源。

第四，有效出击，遵循议题设置的宣传规律。党的十八大以来，在互联网时代与全球化背景下，党的宣传工作议题设置在把握舆论引导规律的基础之上进入传播渠道与格局建构的新阶段，体现出全媒和全域传播的新特色。其一，善用新媒体是宣传工作议题设置的创新引擎，议题设置进入全媒体和融媒体阶段。在新的社会环境下，"做好宣传思想工作，就要推动各类宣传力量向网上聚集、在网上发声，打通传统媒体、网络媒体两大舆论场"①。比如，"互联网+"议题的设置生动地阐明了互联网与传统行业的联系，推动了互联网新业态的发展。其二，党的宣传工作议题设置遵循宣传的阈值规律，明确传播的区间范围，着重提升中国话语的国际影响力，进入了统筹国内国际两个大局的新阶段。"两个大局"议题的设置体现了宣传工作的战略思维，准确地把握了新时代中国发展的历史方位和时代坐标，具有重大的理论与现实意义，把握住了议题设置的最佳时机与传播的火候、分寸，有效地进行了对外传播。

综观百年党史，党的宣传工作取得了巨大成就，议题设置也逐渐从早

---

① 李伟：《牢牢把握宣传思想工作的主动权》，《求是》2013年第18期。

期制造舆论议题阶段迈向系统化全媒全域的统筹阶段。① 尤其是近十年来，"新时代党的创新理论深入人心，社会主义核心价值观广泛传播，中华优秀传统文化得到创造性转化、创新性发展，文化事业日益繁荣，网络生态持续向好，意识形态领域形势发生全局性、根本性转变"②。这跟宣传工作的巨大推进有很大关系，尤其是设置全媒全域统筹型议题。党的十八大以来，党的宣传工作立足社会发展需要，从全局大局出发，统筹谋划设置议题，坚持媒体中心论、受众主体论与政策主导论相结合，形成"媒体议题—受众议题—政府议题"集合设置模式，打造出许多融通中外的新概念、新范畴、新表述。当然，在制定正面议题与反制性议题上，宣传工作还须把握好时机，打好应对突发议题"遭遇战"，打好久久为功制定长期议题"持久战"；在应对形形色色的负面议题方面，还要敏锐鉴别，从国家全局核心利益的高度出发积极开展正面交锋，搞清源头本质，讲清事实真相，找出破绽软肋并克服之。以往的这些议题设置的经验与教训，是新时期宣传工作迈向新征程的基石。

三 新时代新征程党的宣传工作议题设置的基本遵循

新时代新征程，中国共产党的使命任务是以中国式现代化全面推进中华民族伟大复兴。精神贫乏不是社会主义，中国式现代化是物质文明和精神文明相协调的现代化。大力发展社会主义先进文化，推进文化自信自强，铸就社会主义新辉煌，是新时代新征程宣传工作的核心任务。坚持历史唯物主义，把握时代脉搏，是做好宣传工作的必然要求，新时代新征程的社会环境新变化与新使命、新任务，使得宣传工作议题设置理念与方式创新势在必行，党的宣传工作议题设置需要多方面系统推进，实现议题设

---

① 根据唯物史观，议题设置的阶段性变迁源自宣传工作历史任务的嬗变，而这根源于由社会存在决定的社会意识的变迁。故不同时期的生产力水平的变化，决定了不同时期宣传工作议题设置功能与目的的变化。

② 习近平：《高举中国特色社会主义伟大旗帜 为全面建设社会主义现代化国家而团结奋斗——在中国共产党第二十次全国代表大会上的报告》，人民出版社，2022，第10页。

置到议题融合的转换。①

首先，把握大局大势统筹谋划议题属性设置，寻求价值共识汇聚伟大复兴正能量。习近平总书记指出，"党的新闻舆论工作是党的一项重要工作……要适应国内外形势发展，从党的工作全局出发把握定位"②。新时代，我们党进行宣传工作的大局就是以寻求价值共识为出发点和落脚点，"必须将意识形态思维的重心由对'多'的承认转向对正在发生甚至已经发生的'一'，即价值共识的追寻"③。新时代新征程做好党的宣传工作议题设置，寻求政治价值共识成为必要选择。这是由我国当前全面深化改革的现实要求决定的，也是随着全面深化改革深层利益矛盾凸显，社会利益、传播载体、社会观念多元化和增强"四个自信"以及凝聚全国人民同心共筑中国梦的现实需要。在寻求政治价值共识的议题设置中，要系统性地推进，目的是构建全国各族人民对伟大复兴中国梦的深度认同。

其次，主动科学地设置政治议题，把握方向牢牢抓住意识形态领导权。明确政治宣传的根本职责是做好新时代新征程党的宣传工作议题设置的基本前提，要抓住舆论场主导权，占据信息的策源地、舆论的生成地、观念的集散地、热点的评论地，解构西方对议题设置的霸权，扭转西方动动嘴皮就让我国疲于自辩的劣势。新时代新征程党的宣传工作议题设置要定位清楚，传播马克思主义理论和习近平新时代中国特色社会主义思想是根本职责、灵魂与支点所在。马克思主义理论是宣传工作议

① 1972年，麦库姆斯（McCombs）和肖（Shaw）在《大众传播的议题设置功能》一文中，提出议题设置猜想的成立。参见McCombs, M. E. , & Shaw, D. L. , "The Agenda-Setting Function of Mass Media", The Public Opinion Quarterly 36, No. 2（Summer 1972）: 176-187。1999年，二人根据传播环境的新变化，在《个体、团体和议题融合：社会分歧论》中，基于议题设置提出了"议题融合论"。"议题融合论"的立足点是社会大众，着重阐明社会大众为何使用各类传播媒介以及使用传播媒介达到的效果，从大众选择接受议题的过程与传播效果角度把传播分为多个阶段，关注受众议题、媒介议题、团体议程与公共议题的融合，提倡媒介、公众与政府三方的融通。参见Shaw, D. L. , McCombs M. , Weaver, D. H. and Hamm, B. J. , "Individuals, Groups, and Agenda Melding: A Theory of Social Dissonance," International Journalof Public Opinion Research 11, No. 1（Spring 1999）: 2-24。
② 《习近平谈治国理政》第2卷，外文出版社，2017，第331页。
③ 樊浩：《中国社会价值共识的意识形态期待》，《中国社会科学》2014年第7期。

题设置的必要支点①，因为马克思主义具有批判的力量，是人民的理论、科学的理论、实践的理论和发展的理论。同时，做好党的宣传工作，必须围绕习近平新时代中国特色社会主义思想进行有效传播，通过科学有效的议题设置，增进全国亿万民众的认同，凝聚起亿万人民同心共筑中国梦的磅礴力量。

再次，坚持历史唯物主义方法，把握议题传播的时、效、度规律。早在 1942 年，中共中央宣传部就指出，宣传工作"不要离开当时当地的实际问题去空空洞洞的宣传"②，因为"仅凭空洞的说教，哪怕是很高明的权威的说教"③，也不能使人们产生信念。对于宣传工作而言，议题设置不能背离实际问题，也不能脱离人民生活的轨道。并且，马克思主义大众化要求宣传工作者坚持历史唯物主义，脚踏实地地以人民喜闻乐见的形式设置鲜活的属性议题，"既包括实质属性又包含情感语气"④，才能使人们产生政治共识和思想共鸣。因此，新时代新征程党的宣传工作议题设置，需要党的宣传工作者更好地立足实践，把握社会实际情况，要"俯下身、沉下心，察实情、说实话、动真情，努力推出有思想、有温度、有品质的作品"⑤。同时，议题设置者也要不断提高自身素养，把握传播规律，重视议题设置的原则和方法，做到科学筹划、长远打算、精细设计、精准实施，正面宣传，将典型故事化，将概念具象化，将数据可视化。特别是在互联网背景下，议题设置要扭转主流媒体被动跟进互联网热点事件的情况，善用"三微一端"等新媒体平台，迅速精准定位社会舆论的发端与发酵，逐渐形成统一的价值体系、多变的话语风格、规范的宣传方式，在最佳的时机争夺最初阐释权与最终定性权，审时度势把握分寸火候，在舆论的触发期、形成期与激变期化解舆情危机，增强议题的吸引力、感染力、穿透

---

① 在无产阶级政党宣传工作的早期，恩格斯指出："目前首先需要我们做的，就是写出几本较大的著作，以便给许许多多非常愿意干但自己又干不好的一知半解的人以一个必要的支点。"《马克思恩格斯全集》第 27 卷，人民出版社，1972，第 18 页。

② 《建党以来重要文献选编（1921—1949）》第 19 册，中央文献出版社，2011，第 83 页。

③ 《马克思恩格斯全集》第 42 卷，人民出版社，1979，第 277 页。

④ 〔美〕马克斯韦尔·麦库姆斯：《议程设置：大众媒介与舆论》，郭镇之等译，北京大学出版社，2018，第 141 页。

⑤ 《习近平谈治国理政》第 2 卷，外文出版社，2017，第 333 页。

力、公信力与影响力，更好地聚民心、暖人心、汇共识。

最后，增强话语力量，从根本上破除议题设置的西方话语霸权。对于负面舆论，最为有效的反驳模式是国家硬实力与软实力的联动。影响宣传工作议题设置实效的关键因素在于增强话语力量与掌握话语权威，尤其在互联网时代，"权威基于信息控制，高地位角色通常依赖于对当时主要信息渠道的接触和控制"①。掌握宣传工作议题设置话语权必然需要控制信息权，尤其是网络空间舆论的主导权，而信息权背后是科技的支撑。② 在全球化背景下，新时代新征程党的宣传工作斗争的背后是话语力量的较量，争夺舆论话语权的关键在于增强话语力量，也在于在深化对外开放的背景下更好地讲好中国故事和传播好中国声音。话语力量由一个国家的发展水平和综合国力决定，从根本上决定国家对内的凝聚力和对外的吸引力。近些年来，随着我国综合国力的提升，我国在制定国际重大议题时掌握了一定的主动权，今后更要提升国家的科技水平，为外宣工作提供物质基础与技术支持，以中国的道路、制度、价值观和人民幸福美好生活为议题，争取参与全球治理的议题设置权与话语主导权。

---

① 〔美〕约书亚·梅罗维茨：《消失的地域：电子媒介对社会行为的影响》，肖志军译，清华大学出版社，2002，第 151~152 页。

② 谢岳指出，在互联网上 100 个网络访问量最大的站点中，有 94 个在美国境内。世界性的大型数据库在全球有近 3000 个，其中 70% 设在美国。负责全球域名管理的 13 个服务器有 10 个在美国。全球互联网管理中几乎所有的重大决定都由美国主导。参见谢岳《大众传媒与民主政治》，上海交通大学出版社，2005，第 72 页。协同研究小组（Synergy Research Group）调查显示，截至 2020 年底，全球 20 家主要云和互联网服务公司运营的超大规模数据中心总数已增至 597 个，是 2015 年的两倍。在区域分布方面，美国占比达 40%，中国以 10% 位居第二，日本、德国、英国和澳大利亚共计占 19%。参见 RENO, NV, "Microsoft, Amazon and Google Account for Over Half of Today's 600 Hyperscale Data Centers," January 26, 2021, http://www.srgresearch.com/articles/microsoft-amazon-and-google-account-for-over-half-of-todays-600-hyperscale-data-centers。

试论资本无序扩张的意识形态风险及其应对[*]

薛　睿[**]

合理规范并引导资本在意识形态领域的发展是亟待厘清并解决的重大理论和现实问题，资本的有序发展有助于推动我国思想文化领域的繁荣发展。习近平总书记在中央政治局第三十八次集体学习等重要会议上多次对资本与意识形态建设的问题作出重要指示，指出："要培育文明健康、向上向善的诚信文化，教育引导资本主体践行社会主义核心价值观，讲信用信义、重社会责任，走人间正道。"[①] 改革开放以来，资本成为我国文化产业、文化事业发展的关键要素，有助于满足人民群众日益增长的精神文化需求。然而，资本固有的逐利性决定了其发展的无序性。无序扩张的资本一旦进入思想文化领域，便可能对我国意识形态领域造成诸多现实挑战，如不加以规范，甚至可能威胁我国的意识形态安全乃至国家安全。在新发展阶段，"防止资本无序扩张"不仅是经济学问题，也是意识形态安全问题。因此，要厘清资本无序扩张在我国意识形态领域的风险挑战并有效应对之。

　＊　本文原载《云南行政学院学报》2024 年第 2 期，收入本书时有改动。

　＊＊　薛睿，中共中央党校（国家行政学院）马克思主义学院讲师。

① 《习近平谈治国理政》第 4 卷，外文出版社，2022，第 220 页。

一　资本与意识形态关系问题的理论逻辑

资本与意识形态的关系问题是马克思主义意识形态理论的重要内容，相关讨论也为中国共产党处理资本与意识形态的关系提供了理论借鉴和方法论指导。

（一）　马克思主义经典作家关于资本与意识形态关系的主要观点

马克思恩格斯出于论战需要，主要从批判维度看待资本与意识形态的关系。具体而言，他们揭示了资本逻辑操控下资本主义生产关系对"人支配人、物支配人"的社会现实的掩盖，发现了意识形态存在的现实基础及其本质，揭露了资产阶级意识形态家如何通过意识形态论证使无产阶级从主观维度上接受并认同不平等的社会关系。

第一，资本与资产阶级意识形态的虚假性与操纵性。在《莱茵报》时期，马克思认识到国家和法律已经沦落为私人资本牟利的工具。也正是在对政治意识形态和法律意识形态的批判中，马克思"第一次遇到要对所谓物质利益发表意见的难事"①，这成为马克思研究资本与意识形态关系的最初动因。意识形态具有鲜明的阶级性，马克思恩格斯在《德意志意识形态》中指出，"统治阶级的思想在每一时代都是占统治地位的思想"②。在资本操控下，意识形态家成为统治阶级的辩护士，并通过理论论证将对无产阶级的剥削合法化与合理化。一是虚假性。主要表现为意识形态论证资本主义生产关系及其社会关系的合法性。具体而言，资产阶级意识形态家试图通过辩护经济学论证资本主义生产关系的永恒性以及资本主义分配关系的历史性，并进而论证资本家对工人盘剥的合理性与合法性，甚至美化资本家夺取工人剩余价值的残酷性。二是操纵性。主要表现为意识形态使工人从主观维度上丧失革命性。马克思指出，政治经济学从来不是单纯地研究物与物之间的关系，"而是人和人之间的关系，归根到底是阶级和阶

---

① 《马克思恩格斯全集》第 31 卷，人民出版社，1998，第 411 页。
② 《马克思恩格斯文集》第 1 卷，人民出版社，2009，第 550 页。

级之间的关系"①。在《资本论》中，马克思基于拜物教分析，发现在资产阶级意识形态家宣传鼓动下，工人阶级从主观维度上认同了资产阶级在资本主义生产、分配、交换与消费等诸多环节中的盘剥，揭示了为何部分工人阶级甘愿被资本操纵并异化为资本增殖的手段，沦为资产阶级意识形态的附庸，从而逐渐失去主动性和革命性。

第二，资本与资产阶级的道德滑坡和无产阶级的思想贫困。一是资产阶级的道德滑坡。马克思强调，"道德始终是阶级的道德；它或者为统治阶级的统治和利益辩护"②。实际上，在资本操纵下，资产阶级存在美化自我道德和实际道德沦丧的悖论。比如，资产阶级鼓吹"节欲论"并将之包装为资产阶级的高尚品格。对此，马克思批判道，"禁欲的却又进行重利盘剥的吝啬鬼和禁欲的却又进行生产的奴隶"③。实际上，"节欲论"实为金钱至上的拜金主义，它将资本增殖视为唯一目标。为了实现资本积累，资本家将工人的生产、生存条件降低到最低限度，"甚至要人们节约对新鲜空气或身体运动的需要"④。讽刺的是，在"节欲"的宣传口号下，资本家却在无休止地纵欲，并将其日常挥霍、炫耀视为经营的必要交际手段，而相关"投入"皆来源于工人的剩余价值。二是无产阶级的思想贫困。马克思强调，工人阶级虽然为资产阶级创造了财富，却没有在物质和精神层面得到解放，反而更加陷入了物质和精神的异化状态。在《1844年经济学哲学手稿》中，马克思指出："劳动生产了智慧，但是给工人生产了愚钝和痴呆。"⑤ 在资本的逐利逻辑下，随着资本有机构成的提高，工人逐渐"工具化"，从"自有"转变为"他有"，从而失去了独立性与自主性；在此过程中，经济依附变成了人身依附甚至精神依附，造成了无产阶级精神的被奴役状态，无产阶级同时承受着资产阶级对其在物质和精神层面的双重折磨，并在所谓平等、自由的意识形态口号中协助资产阶级完成了剥削过程。

---

① 《马克思恩格斯文集》第2卷，人民出版社，2009，第604页。
② 《马克思恩格斯文集》第9卷，人民出版社，2009，第100页。
③ 《马克思恩格斯文集》第1卷，人民出版社，2009，第226页。
④ 《马克思恩格斯文集》第1卷，人民出版社，2009，第226页。
⑤ 《马克思恩格斯文集》第1卷，人民出版社，2009，第159页。

（二）　国外马克思主义关于资本与意识形态关系的主要观点

国外马克思主义主要基于后工业社会的现实背景探讨资本与意识形态的关系。很多国外马克思主义者认为，资本在后工业社会对人的宰制不再仅仅局限于生产领域，而是蔓延到整个微观社会领域；基于此，他们试图以意识革命（或文化革命）取代马克思的现实革命来实现对资本逻辑的消解。

第一，产业论视阈下的资本与意识形态。从产业论维度讨论资本与意识形态的关系主要涉及资本操控下的社会文化工业与文化产业异化等问题，代表性理论是法兰克福学派的大众文化批判理论。一是资本与文化工业。文化工业主要指在科技与大众传媒催化下，文化进入了批量化、标准化工业生产模式，"文化工业抛弃了艺术原来那种粗鲁而又天真的特征，把艺术提升为一种商品类型"①，工业化的文化充斥着社会的各个领域，"一个人只要有了闲暇时间，就不得不接受文化制造商提供给他的产品"②。法兰克福学派认为，文化工业成为麻木人的统治工具，人成为文化工业产业链的一部分。二是资本与大众文化。大众文化是资本操控下的文化工业普遍化的必然产物。大众文化是一种肯定性文化，它因受到文化工业标准宰制而逐渐失去反思性、批判性与超越性，并降格为为现实秩序辩护的肯定文化。就此而言，大众文化失去了文化与生俱来的个性、活力与自由，成为一种肯定现存秩序的反启蒙文化与意识形态。三是资本与文化异化。文化的异化是文化工业化与大众文化发展的必然逻辑，是一种更深层次的人的异化。文化异化主要指：人作为塑造文化的主体变为被文化塑造的客体，成为文化的奴隶，文化控制深入人的生存结构层面。在此意义上，异化的文化成为一种新的控制系统，它在娱乐人的同时也消解了人的创造性，创造了失去否定与批判能力的"单向度的人"，造就了反抗无效的人类生活局面。

---

① 〔德〕马克斯·霍克海默、西奥多·阿道尔诺：《启蒙辩证法——哲学断片》，渠敬东等译，上海人民出版社，2006，第121页。
② 〔德〕马克斯·霍克海默、西奥多·阿道尔诺：《启蒙辩证法——哲学断片》，渠敬东等译，上海人民出版社，2006，第111页。

第二，权力论视阈下的资本与意识形态。从权力论维度讨论资本与意识形态的关系主要涉及在资本逻辑下，学校、监狱等社会机器如何变成灌输资本主义意识形态、实现权力再生产的工具。一是资本与权力构建。布迪厄的文化资本理论聚焦于市场经济条件下文化的权力属性，布迪厄强调，文化资本参与了社会权力的构建以及社会意识形态的构建，并与经济资本共同对社会场域产生作用，发挥着意识形态的形塑作用，甚至成为形塑社会形态的力量。在文化资本同作为知识生产机器的大众教育密谋下，权力也实现了从"事实权力"到"应得权力"的转变。二是资本与权力规训。在布迪厄之后，福柯进一步从权力本体论的维度并基于"规训"等概念讨论了资本与意识形态的关系。福柯认为，规训实际上是一种"知识—权力"技术，它的目的就是资本借助医院、学校、监狱等具体意识形态机构对人进行驯化教育。在"规训权力"操纵下，整个人类社会发展成规训社会，人们陷入"知识—权力"编织的网络中无处遁逃，统治阶级也因此获得驯服而又实用的"身体"。随着规训逻辑的普遍化，任何凸显劳动力商品主体性和意志的行为都被纳入惩戒体系，从而使工人彻底沦为资本主义生产要素且无力反抗。

第三，消费论视阈下的资本与意识形态。消费论认为，在后工业社会，消费逻辑取代了生产逻辑，成为资本主义社会发展的主导范式，并据此展开对资本理论的多维阐释。一是资本景观论。资本景观论以德波的理论为代表。所谓景观，通俗来讲就是资本影像媒介通过对影像的客体生产所制造的"视觉的影像化"。在资本景观中，电子影像通过广告宣传诱导人们购物，并不断诱发人的消费欲望，即景观欲望；它的出现使人陷入了对景观追寻的无限循环中，为景观控制提供了源源不竭的动力。在景观逻辑布局中，景观控制逐渐内化为人的一种生活方式，内化为人的生活性格并以强大的控制逻辑操纵着人类社会的运行发展。二是资本符号论。以鲍德里亚为代表的资本符号论可视为对资本景观论的激进化呈现。资本符号论认为，在消费社会符号已经成为具有自身发展逻辑的符号文化系统，在该系统的统摄下，人们通过符号消费来表征和凸显具有差异性的社会身份，人的命运被抽象符号系统所主导。换言之，符号消费成为后工业社会中人们构建身份和地位的重要维度，成为一种"绝对意识形态"。据此，该理论认为在发达资本主义社会，符号化的资本作为一种意识形态已经深入人类社会的各个角落，以至于整个社会都陷入符号拜物教中。

（三）中国共产党对资本与意识形态关系的探索历程

中国共产党对待资本与意识形态的关系同党在经济社会领域对待资本的态度呈正相关性。在某种程度上，党在经济社会领域对待资本的方式决定了其在意识形态领域对待资本的态度。

第一，在新民主主义革命时期以及社会主义革命和建设时期，中国共产党主要继承了马克思主义经典作家对待资本的立场，即更多从批判维度把握资本，限制资本在意识形态领域的存在空间。究其原因，一是由"高度公有制"的社会经济基础决定。在"高度公有制"的经济基础下，作为上层建筑的意识形态也必然对资本持谨慎态度。二是由意识形态领域的历史任务决定。一方面，由意识形态领域反帝反封建的历史任务决定。中国共产党在意识形态领域承担着反帝反封建的重要任务。该时期，"资本"多被抽象为概念性存在，并在同资本主义的概念链接中被赋予"资产阶级""腐朽思想"等负面内涵。另一方面，由意识形态领域文化普及的历史任务决定。尤其在新中国成立后，中国共产党面临着文化普及、扫盲以及改造知识分子等任务。对此，毛泽东指出："领导全国人民克服一切困难，进行大规模的经济建设和文化建设，扫除旧中国所留下来的贫困和愚昧，逐步地改善人民的物质生活和提高人民的文化生活。"① 总体来看，在这两个历史时期，党虽然较少直接讨论资本与意识形态的关系问题，但为之后探索处理资本与意识形态的关系奠定了基础。

第二，在改革开放和社会主义现代化建设新时期，党逐步探索利用资本推进意识形态建设。一是工作重心的转移为资本与意识形态建设的结合创造了条件。邓小平指出："在工作重心转到经济建设以后，全党要研究如何适应新的条件，加强党的思想工作，防止埋头经济工作、忽视思想工

---

① 《建党以来重要文献选编（1921-1949）》第26册，中央文献出版社，2011，第771页。

作的倾向。"① 党的十一届三中全会后，党的中心工作从以阶级斗争为纲转移到经济建设，尤其伴随着经济领域所有制束缚的打破，意识形态领域的"资本恐慌"状态逐渐消解，此后资本作为重要生产要素参与到我国精神文明建设中，着力于满足人们日益增长的物质文化需求。二是强调资本在推动经济建设与意识形态建设中的作用，尤其强调在利用资本的基础上推动我国文化产业的建立与发展。面对我国思想文化领域的落后状态，党逐步将资本作为推动我国思想文化发展的重要生产要素。对此，江泽民指出："发展文化产业是市场经济条件下繁荣社会主义文化、满足人民群众精神文化需求的重要途径。"② 三是强调在社会主义市场经济条件下协调资本与意识形态的关系。随着我国社会主义市场经济的建立，引导意识形态建设与资本市场协调发展，逐步提高文化市场在我国 GDP 中所占比重，充分发挥文化生产力的经济效益与社会效益，成为党重点关注的问题。对此，胡锦涛强调："要加快开拓文化市场，建立健全门类齐全的文化产品市场和文化要素市场，繁荣城乡文化市场。"③ 毫无疑问，资本在思想文化领域的介入，一方面极大推动了我国文化产业发展，另一方面则造成了资产阶级自由化等思潮的蔓延，这凸显了党的十八大以来在意识形态领域为资本"设置红绿灯"的必要性。

第三，在中国特色社会主义新时代，党强调在意识形态领域为资本"设置红绿灯"。随着中国特色社会主义进入新时代，我国社会的主要矛盾发生了变化，我国思想文化领域也实现了从"增量发展"到"提质发展"的跨越式转变。与此同时，资本在思想文化领域的无序扩张对我国意识形态建设带来了诸多挑战。对此，习近平总书记强调："规范资本行为，趋利避害，既不让'资本大鳄'恣意妄为，又要发挥资本作为生产要素的功能。"④ 一是在思想文化领域为资本设置红绿灯。习近平总书记指出："文艺不能当市场的奴隶，不要沾满了铜臭气。"⑤ 在资本逐利逻辑下，文化产

① 《改革开放三十年重要文献选编》（上），中央文献出版社，2008，第317页。
② 《改革开放三十年重要文献选编》（下），中央文献出版社，2008，第1261页。
③ 《十七大以来重要文献选编》（中），中央文献出版社，2011，第466~467页。
④ 《习近平谈治国理政》第4卷，外文出版社，2022，第211页。
⑤ 《十八大以来重要文献选编》（中），中央文献出版社，2016，第132页。

品的旨归由"价值追求"逐渐转向"利益追求"，无序扩张的资本容易成
为影响国家安全和社会稳定的因素。因此，要尤其关注资本的逐利性，规
范和引导资本发展，"坚决打击以权力为依托的资本逐利行为，着力查处
资本无序扩张、平台垄断等背后的腐败行为"[①]。二是合理利用资本推动满
足人民群众日益增长的文化诉求。习近平总书记指出，"不断深化对资本
的认识，不断探索规范和引导资本健康发展的方针政策"[②]。新时代，我国
社会主要矛盾发生了变化，这在思想文化领域直接体现为人民群众更加旺
盛的精神文化需求，尤其体现在以网络文化消费为代表的文化新业态的发
展上，因此党强调要进一步在合理规范资本的基础上进行文化供给调整和
文化产业调整，满足人民群众的美好生活需要。

二　资本在意识形态领域无序扩张的主要表现及其风险

资本在思想文化领域的无序扩张源于其固有的逐利性。在无序资本驱
动下，文化的自我发展逻辑被文化资本的增殖逻辑所取代，文化发展权力
服从并服务于资本增殖权力。显然，资本作为生产要素推动了我国文化市
场的发展，但其无序性也导致了我国思想文化领域的诸多乱象，为我国意
识形态安全带来了风险挑战。

（一）资本在意识形态领域无序扩张的主要表现

第一，无序资本与市场的合谋。无序资本同市场的合谋主要表现为文
化产业的过度商业化以及泛娱乐化。一是文化产业的过度商业化。文化产
业具有商业属性和社会属性两个向度，两者保持着动态平衡关系，一旦被
无序扩张的资本介入，文化产业的商业属性便会被无限夸大，与此同时其
社会属性则被进一步消解，甚至出现了将关系国计民生的公益性文化事业
无序商业化的情况。二是文化产业的泛娱乐化。在无序资本推动下，文化
产出内容的娱乐功能被过度放大，不断超越其边界。

---

① 《习近平谈治国理政》第 4 卷，外文出版社，2022，第 221 页。
② 《习近平谈治国理政》第 4 卷，外文出版社，2022，第 217 页。

第二，无序资本与权力的合谋。一是无序资本向文化管理部门的僭越。在此过程中，资本试图通过对个别公职人员腐蚀渗透，摆脱政府监管、躲避处罚，甚至实现对文化市场的垄断。二是无序资本向文化宣传机构的僭越。在市场经济推动下，无序资本也逐渐蔓延到新闻舆论机构内部，直接对意识形态传播工具进行操控。比如，部分无序资本试图对相关媒体的负责人进行"围猎"，裹挟相关人员在专业立场乃至政治立场上为资本站台。此外，部分资本（尤其国外资本）通过参股持股新闻媒体的方式实现对新闻采编等项目的影响，其无序发展性可能消解我国新闻媒体的客观中立性，甚至对我国官方主流舆论宣传带来冲击，影响主流意识形态的传播效能。

第三，无序资本与技术的合谋。随着数字时代的到来，无序资本同人工智能、大数据、云计算的深度结合对人类社会思想文化发展的裹挟程度前所未有。一是无序资本对信息流的控制。具体而言，无序资本在数字技术加持下可以通过对大数据的垄断权来控制信息流并进而操控舆论话题，使"资本选定的舆论"而非"反映国计民生的舆论"长期成为民众的关注焦点，以此塑造民众的思维偏好。在资本催化下，一些涉及国家舆情以及意识形态安全的内容和事件很容易被资本利用并在互联网平台上掀起波澜。此外，在无序资本裹挟下，一些机器人网络账号不断散布转发代表资本利益的"非真实化信息"，从而影响塑造民众的社会心态。二是无序资本对"信息茧房"的塑造。随着大数据技术的发展，某些资本团体依托大数据算法，致力于给民众推送"选定信息"，迫使民众接收"茧房化"的社会信息，造成民众的认知窄化并进而影响民众的价值判断甚至政治判断。三是无序资本对美西方意识形态渗透的助力。资本推动了新媒体的野蛮生长，相关媒体也成为美西方对华意识形态渗透的阵地。在部分新媒体平台，一些所谓"娱乐内容""科普内容"以夹带私货的方式展开意识形态渗透，其可分辨性逐渐"隐性化"，其影响力逐渐"常态化"，其存在样态逐渐"生活化"。显然，无序资本在技术加持下，实现了对意识形态生产权和传播权的裹挟，并进而垄断了民众的文化思考权，这也是数字时代意识形态建设面临的重大课题。

（二） 资本无序扩张的意识形态风险

第一，在主流意识形态领域。一是削弱党对意识形态工作的领导权。坚持党对意识形态工作的领导权是规范和引导资本在意识形态领域有序发展的根本政治保障。在无序资本推动下，以逐利性为主要特征的文化资本权力试图谋求社会文化发展的主导权，这可能削弱党对意识形态工作的领导权，导致文化发展以资本利润为中心而非以人民为中心。此外，部分无序资本推动的文化实践可能同国家意识形态政策背道而驰，甚至出现僭越我国法律法规的情况。二是削弱马克思主义作为社会主流意识形态的凝聚力和引领力。坚持马克思主义在意识形态领域指导地位是一种根本的制度性规定。具体而言，马克思主义作为我国的社会主流意识形态着眼于广大人民群众利益，这同无序资本的逐利逻辑背道而驰。在此背景下，无序资本试图通过歪曲抹黑的手段将"马克思主义"贴上负面标签，以此消解马克思主义的科学性和真理性。三是对我国社会主义核心价值观的消解。在市场经济条件下，资本逻辑作为一种强势文化范式介入我国社会主义市场经济领域，这使得市场的固有弱点被无限放大，导致部分民众社会公德和职业道德的弱化，违反社会公德、突破道德底线的事情多发，从而对我国社会主义核心价值观的构建产生了消解作用。

第二，在社会思想舆论领域。一是导致社会民意的分裂与分化，影响社会团结进步。马克思主义认为，资本并非一种纯粹的、具体化的实体性存在，而是一种社会关系性存在，其背后隐藏着复杂的社会利益指向。就此不难理解，代表特定利益指向的资本的无序扩张很容易导致社会文化层面的分裂与分化问题。具体而言，当前意识形态博弈的焦点逐渐转移到对社会热点问题的价值观较量上。在无序资本推动下，一些境外势力试图将我国社会问题扩大化、激进化，并将之归结为社会主义制度的弊端，甚至对中国共产党的执政合法性进行质疑。显然，这容易在我国思想文化领域制造混乱、撕裂民意，甚至激化社会矛盾。二是造成我国舆论场的分裂与分化。当前中国主要有两个重要舆论场——"民间舆论场"和"官方舆论场"，前者的宣传渠道主要是微信、微博、知乎、论坛、百度贴吧等，后者的宣传渠道主要是主流媒体、广播和报纸等，两个舆论场在舆论议题、舆论观点、舆论受众、舆论目标等方面并不完全一致。显然，资本的无序扩张容易导致两个舆论场的分裂，并进而导致我国社会舆论的对立，阻碍我国意识形态战略的有效实施。当前，在经济下行等多重压力作用下，我国民众的社会心理和社会情绪逐渐焦虑化，在无序资本催化下，一些微小的社会民生事件可能发展为舆情爆发点和发泄口，如若不加以有效规范，将会对我国的意识形态安全带来挑战。

第三，在民众精神生活领域。民众的精神贫困问题是资本无序扩张在文化生活领域的直接呈现。同物质剥削导致的物质财富的贫困不同，资本的文化剥削表现为民众在一种享受状态中协助资本完成了剥削行为。一是文化产业的泛娱乐化。具体而言，在泛娱乐文化，尤其是在"流量文化""饭圈文化"等的影响下，民众的生活方式、思维方式、消费习惯、认知路径等都被资本以潜移默化的方式塑造，这容易导致社会理性思想被社会感性思想乃至盲目的社会感性思想取代，造成社会情绪和社会思想的非理性化，甚至可能导致国民思想审美的低级趣味化。二是文化产业的虚假繁荣。文化的虚假繁荣主要表现为：部分文化产业虽然呈现外化的繁荣发展态势，但是相关产业的发展缺乏合理性、缺乏思想营养，其繁荣发展同人民群众精神生活的满足呈逆相关性，比如色情文化、抗日神剧、流量文化，等等。相关文化可以视为以资本为导向的文化的低水平重复。进一步而言，文化产业的虚假繁荣实际上是一种文化产业的异化现象，在此过程中，异化的文化产业成为一种资本化存在，实现资本增殖成为文化产业的偏执追求，这容易造成整个社会风气的逐利性与功利性增长。三是文化发展的不平衡不充分问题。在资本逐利本性推动下，资本更多涌入门槛低、见效快、回报高的文化产业中（如"短平快"的娱乐传媒），这导致部分公益性、回报低的文化产业因缺乏资本投入而发展滞缓。一些西部边远落后地区往往因资本投入不足而存在文化基础设施落后等现象，导致留守儿童、失独老人等社会群体的精神文化需要长期得不到满足。

三　资本无序扩张意识形态风险的应对策略

在社会主义意识形态建设中充分发挥资本的积极作用是当前的重大理论和现实问题。习近平总书记指出："我们要探索如何在社会主义市场经济条件下发挥资本的积极作用，同时有效控制资本的消极作用。"① 为此，要辩证把握资本逻辑的"双重效应"，充分发挥资本作为文化产业发展生产要素的正向效应，为推进中国式现代化建设提供坚实思想文化保障。

（一）始终坚持党的领导，为文化资本合理设置红绿灯

习近平总书记强调："党政军民学，东西南北中，党是领导一切的。"② 中国共产党是中国特色社会主义事业的领导者，党能够有力引导资本发挥一般增殖属性、规避特殊剥削属性的根本原因在于其不代表任何特殊利益，这是资本在我国充分发挥生产要素功能的根本保障。在文化资本领域坚持党的领导集中体现为：为资本合理"设置红绿灯"，科学规范资本有序发展。具体而言，为资本在意识形态领域设置红绿灯的目的在于"绿灯行"，保障在于"红灯停"，旨在厘清资本助推思想文化发展边界及其所发挥效用，更好地推动我国的意识形态建设。

坚持在党的领导下为资本"设置红绿灯"主要表现为以下几点。一是对一般性文化事业和文化产业合理设置"绿灯"，提高文化资本的资源配置效率。习近平总书记指出："在社会主义市场经济体制下，资本是带动各类生产要素集聚配置的重要纽带。"③ 为此，要清醒地认识到资本并不专属于资本主义社会，社会主义社会同样可以合理有效利用资本推动精神文明建设，实现克服资本固有逻辑与发挥社会主义制度优越性的辩证结合，为资本推动一般性文化产业发展提供支持。二是对义务教育等关乎我国文化安全和意识形态安全的行业合理设置"红灯"，坚决抵御资本无序扩张

---

① 《习近平谈治国理政》第4卷，外文出版社，2022，第211页。
② 《习近平谈治国理政》第3卷，外文出版社，2020，第16页。
③ 《习近平谈治国理政》第4卷，外文出版社，2022，第219页。

的负面影响。文化资本的逐利性必然导致其在我国思想文化领域发展的无序性，甚至可能为我国的意识形态安全带来隐患。近年来，"毒教材""选秀节目低龄化""世俗文化低俗化"等现象也凸显了在关键领域设置"红灯"的必要性。此外，还要在文化产业领域探索建立资本准入和退出审核机制，建立资本"黑白清单"，加大对资本失范行为的惩戒力度，进一步加强对文化资本的监督规范、审查机制与法律法规建设。三是合理规范公有资本和非公有资本的布局。我国的文化资本可以进一步细化为公有文化资本和非公有文化资本。在此分类的基础上，要基于文化资本的不同类型来引导其在公有经济和非公有经济中的合理布局，构建多层次、高水平的文化经济结构。具体而言，在涉及我国思想文化安全的关键领域，要确保公有文化资本的绝对主导地位；与此同时，还要充分发挥非公有文化资本的活力，实现两者的辩证发展与优势互补，推动我国意识形态领域的健康发展。

（二）完善我国社会主义文化市场，塑造高标准文化产业体系

完善我国社会主义文化市场，塑造高标准文化产业体系，要把握好文化发展的"逆戈森规律"。"逆戈森规律"主要指文化发展中的"逆边际效用"现象，也即人们对文化产品需求的满足并不会随着文化生产的发展而减少，而是相反。① 因此，要把握好文化在资本推动下的"逆戈森规律"，立足文化产业这一独特文化经济形态，着力发挥其持续高效的意识形态教育效能。

一是着力推动文化的产品化进程。资本是推动文化产品化的重要因素，文化产品化是文化生产和发展的一般规律。马克思曾指出："法、道德、科学、艺术等等，都不过是生产的一些特殊的方式，并且受生产的普遍规律的支配。"② 进一步而言，文化产品化有利于推动我国文化市场在规模和质量上的发展，有助于为我国经济社会发展提供有力的文化支撑和思想保障。实践证明，当前我国生产力与生产关系的现状以及我国文化产业

---

① 皇甫晓涛：《文化资本论》，人民日报出版社，2009，第87页。
② 《马克思恩格斯文集》第1卷，人民出版社，2009，第186页。

和文化事业发展的现状，决定了我国思想文化领域的繁荣离不开资本的嵌入及其作用的发挥。因此，要在充分利用资本推动我国文化产品化的过程中实现文化消费升级，以文化消费升级带动文化产业升级，形成消费带动发展的良性促进效应。二是着力推动我国文化产业的结构升级，打造具有全球影响力的文化品牌。实践证明，文化产业有助于避免以"宏大叙事"为特征的机械化思想宣传路径，对于形塑"日用而不自觉"的总体化意识形态宣传环境具有重要意义。在此过程中，要进一步加强对我国文化产业的政策性扶持力度，进一步推进传统文化在文化创意、数字传播等领域的发展进程，在合理利用资本的基础上充分释放中华优秀传统文化所蕴含的社会价值和商业价值，组建具有全球影响力的高质量文化产业集团，进一步提高文化产业在 GDP 中的比重，打造具有全球影响力的文化品牌与品牌文化。三是正确区分文化产业和文化事业的共性与区别，坚持文化发展的社会主义导向。虽然两者都是中国特色社会主义文化建设的重要组成部分，但是两者之间的辩证关系不能混淆。要厘清文化事业和文化产业之间的界限，不能无条件地将文化事业产业化、商业化。

（三）引导资本服务于社会主义文化建设，满足人民群众日益增长的精神文化需要

引导资本服务于社会主义文化建设，满足人民日益增长的文化需要，是解决我国的社会主要矛盾的必然要求。对资本的有序利用，有助于推动资本服务于国家文化发展战略，解决我国文化发展"不平衡不充分"的问题，解决我国不同领域、不同行业以及不同地区人群的精神贫困问题，推动建设社会主义文化强国。

一是充分利用资本助推中华优秀传统文化创造性转化和创新性发展，破除我国文化发展的"李约瑟难题"。我国是一个有着 5000 多年悠久文化历史的大国，具有丰富的文化资源。然而，我国利用资本发展文化产业的时间较短，这导致我国传统文化的丰富资源未能及时转化为文化产业发展动能。因此，要合理利用资本推动我国传统文化的创新性转化。在此过程中，要防止中国传统文化在资本裹挟下的同质化、庸俗化发展，防止一些

资本项目打着弘扬传统文化的名义"圈钱",甚至制造"伪传统文化"。二是充分利用资本解决文化发展不均衡不充分的问题。当前,我国的文化资本更多集聚于东部沿海发达城市地区,这导致偏远落后地区的思想文化建设尤其是文化基础设施建设相对薄弱。因此,可以尝试从国家层面协调,一方面进行资本再分配,坚持利用公有资本推动落后地区的文化基础设施建设,另一方面则通过一系列招商引资政策吸引非公有资本投入其中并充分释放活力,促进相关地区人群的文化消费升级,着力满足我国边远地区人民群众日益增长的精神文化需要。三是提高文化产业的社会责任意识,促进文化协同发展。毫无疑问,赢者通吃的资本逻辑并不适用于思想文化领域,尤其是一家独大的文化市场的垄断更不利于形成"百家争鸣、百花齐放"的良性文化发展格局。因此要推动资本服务于国家文化发展战略,增强文化生产和分配的社会公益属性。此外,还要增加高质量公益性文化产品的产出,基于文艺、影视等具体文化产业形态进行社会舆论宣传与社会价值观塑造,构建"润物细无声"的意识形态宣传机制与精神文化丰富机制。

深化文明交流互鉴　共创人类美好未来[*]

——读习近平《文明因交流而多彩，文明因互鉴而丰富》

张楠楠[**]

《文明因交流而多彩，文明因互鉴而丰富》是 2014 年 3 月 27 日习近平主席在法国巴黎联合国教科文组织总部演讲的一部分，收录在《习近平著作选读》第一卷。这篇重要文献深刻揭示了人类文明发展演进的规律，提出"文明因交流而多彩，文明因互鉴而丰富"的重要论断，只有秉持正确的文明交流态度与原则，才能共同应对各种全球性挑战，谱写人类文明发展新华章，在文明交流互鉴中构建人类命运共同体。

一　深刻阐释交流互鉴是人类文明发展的本质要求

文明具有多样性、平等性、包容性特质。在这篇重要文献中，习近平深刻把握文明发展演进规律，强调交流互鉴是文明发展的本质要求。[①]

多样性是人类文明的基本特征，人类文明因多样才有交流互鉴的价值。不同地域环境、文化传统、语言特点、价值观念造就了不同文明样态。世界上不存在不与其他文明交往的文明，任何文明在漫长的历史中都会因文化传播、商业往来、战争冲突等发生调整、兴衰、合并、分裂。综观中华文明及世界其他文明演进史：文明跨区域、跨族群的交流互鉴古已

---

[*]　本文原载《学习时报》2024 年 2 月 21 日，收入本书时有改动。

[**]　张楠楠，中共中央党校（国家行政学院）马克思主义学院。

[①]　《习近平外交演讲集》第 2 卷，中央文献出版社，2022，第 197 页。

有之。因此不同文明既属于某个地区、某个国家和某个民族，也属于整个世界和全人类，既是某个国家和某个民族为主体的创造，也是整个世界和全人类共同创造的文明成果。多元文明是人类社会发展的客观常态，推动文明交流互鉴，可以丰富人类文明的色彩，让各国人民享受更富内涵的精神生活、开创更有选择的未来。

平等性是人类文明的重要特点，人类文明因平等才有交流互鉴的前提。不同文明扎根于不同国家和民族的土壤中，凝聚着不同的智慧与集体记忆，同一地区内存在不同文明，不同地区也有相同文明，即便同一种文明受内在与外在历史条件的制约也会表现出不同特征，文明虽然有差异，但是不存在高低、优劣之分。习近平强调："各种人类文明在价值上是平等的，都各有千秋，也各有不足。"① 任何一种文明都有其存在的历史合理性，体现了人类解决自身生存困境、追求美好生活的智慧，代表着人类前行的独特进路，都各有所长也有所短。因此，不同文明之间具有强烈的互补性质，具有互学互鉴的内在要求，历史和现实都表明，傲慢和偏见是文明交流最大的障碍，要了解各种文明的真谛，必须秉持平等谦虚的态度。

包容性是人类文明的内在诉求，人类文明因包容才有交流互鉴的动力。不同文明之所以可以实现包容、融通，是因为不同文明的核心思想、哲学观念、价值行为的"同"远大于"异"。正所谓"东海西海，心理攸同"，比如中华文明追求真善美，伊斯兰文明主张敬主爱人，基督教文明倡导爱人如己，全世界对美与善的认知具有一致性；再比如享誉全球的诗歌、绘画、音乐、雕塑等伟大艺术作品能震撼全人类的灵魂，具有穿透古今中西促进全世界持久和平发展的力量。文明的包容性是文明发展自身的先天基因，文明如果不具备包容性，其命运要么是固守成规，走向自我重复僵化甚至衰败，要么就是生搬硬套、削足适履，产生混乱与动荡。在保持民族特色的同时包容、借鉴、吸收各种不同文明，是文明生命力与世界繁荣的基础。

---

① 《习近平外交演讲集》第 2 卷，中央文献出版社，2022，第 98 页。

二 坚持问题导向，为深化文明交流互鉴指明方向

当前，世界之变、时代之变、历史之变正以前所未有的方式展开，世界的不稳定性不确定性更加突出。在这样的大背景下，"文明优越论""文明冲突论""文明终结论"沉渣泛起。面对文明交流互鉴的障碍，习近平主张以文明交流超越文明隔阂，以文明互鉴超越文明冲突，以文明共存超越文明优越。

是交流往来还是隔阂猜忌？2019 年，习近平主席在亚洲文明对话大会开幕式上的主旨演讲中指出："每一种文明都扎根于自己的生存土壤，凝聚着一个国家、一个民族非凡的智慧和精神追求。"① 要避免在文明接触以前和不甚了解、理解的前提下就主观臆断、凭空猜测，给其他文明贴上"落后""专制"等各类标签。不同文明应当共建交流的"桥梁"，而不是树立起阻碍交流的"城墙"。文献指出，中华文明就是同其他文明不断交流互鉴而形成的，公元前 100 年中国就开辟了丝绸之路，盛唐时与中国交好的国家多达 70 多个，此后中外文明交流互鉴更是频繁展开，其中有冲突、矛盾、疑惑、拒绝，但更多的是学习、消化、融合、创新。历史告诉我们，只有交流互鉴，一种文明才能充满生命力。

是取长补短还是斗争对抗？文明自身价值是文明存在、传播、演变、发展乃至衰亡的根源，一旦某种文明自身价值无法满足一定时期、一定区域人们在生产生活中的需求，这种文明就会随时代发展而消失、被替代或融合演变成为另一种文明。习近平指出："我们应该从不同文明中寻求智慧、汲取营养，为人们提供精神支撑和心灵慰藉，携手解决人类共同面临的各种挑战。"② 文明互鉴的正向作用在现代化进程中表现得尤为明显，现代化后发国家可以从他者文明的成功经验与失败教训中汲取跨越式发展的后发优势，从而实现与时俱进、推陈出新，使文明以较小的代价实现向前发展。文献指出，对待不同文明不能只满足于欣赏，而要吸纳外来文明的

---

① 《习近平外交演讲集》第 2 卷，中央文献出版社，2022，第 196 页。
② 《习近平外交演讲集》第 1 卷，中央文献出版社，2022，第 102 页。

优长，通过积极发展教育事业、科技事业、文化事业，让不同文明的精神鲜活起来，从不同文明中寻求解决人类共同面临的各种挑战的智慧。

是共生共荣还是唯我独尊？共存意味着在责任、利益、发展、民族命运、世界命运等方面有更深刻的绑定，其最终形式是实现和谐共生的人类命运共同体。国际社会越来越认识到"文明优越论""文明冲突论""文明终结论"必将给世界和平和人类文明带来灾难，如果只想千方百计去改造、同化，甚至企图以自己的文明取而代之，就永远无法从人类命运共同体的通盘考虑、世界文明的历史高度、人类普遍关怀的宽容视角推动世界和平。只有遵循共商、共建、共享原则，多做增信释疑工作，充分照顾彼此利益关切与价值理念，做到文明成果彼此共享，才能使各文明相互增辉。

三 推动形成新型文明交往观

文明交流互鉴是中国共产党在百年未有之大变局背景下对"中华文明如何发展""世界文明如何交往""人类命运向何处去"等时代命题的文化应答，对推动全球形成新型文明交往观具有重要意义。

推动中华文明走出去。文明交流互鉴是创新发展中华民族现代文明的题中应有之义。推动文明交流互鉴既需对内坚持中国特色社会主义文化发展道路，增强文化自信，不断提升国家文化软实力和中华文化影响力，助力中华民族现代文明的永续发展。更需要对外增强中华文明传播力和影响力，提炼展示中华文明的精神标识和文化精髓，加快构建中国话语和中国叙事体系，加强国际传播能力建设，讲好中国故事，传播好中国声音，展现可信可爱可敬的中国形象。

塑造人类共同价值观。从历史和当代大量事实看，不同文明国家之间交流互鉴越频繁越深入，彼此之间也就越认同越尊重，误解矛盾也就越少。不同于西方普世价值观的文化霸权主义倾向，文明交流互鉴蕴含文化自我与文化他者的平等承认关系，意味着和平、发展、合作、共赢，日益成为各国处理国际关系的基本共识，不同文明平等对话、相互阐释的过程，也是孕育全人类共同价值观念和思维理念的过程，人类共同价值观的生成是推动人类新文明诞生的基石。

为重塑国际秩序注入强大动力。当前全球秩序是一个具有西方中心主义色彩和霸权主导特征的不平等秩序，美国在国际政治权力结构，国际规则、规范、价值等方面都有控制性话语主导权。这种不平等性既损害联合国宪章所规定的主权国家平等原则，又无法解决日益严峻的全球性危机。积极推进文明交流互鉴，有利于促进国际社会团结合作与协商共治，通过加强国际统筹协调合作，扩大全球统一行动，增进各国参与全球治理的积极性，从而提升全球治理有效性，为推动人类文明进步凝聚精神力量。

当前人类不同文明和谐共生的局面远未形成，在一个挑战层出不穷、风险日益增多的时代，只有秉持以文明交流超越文明隔阂、以文明互鉴超越文明冲突、以文明共存超越文明优越的原则与态度，才能弘扬全人类共同价值，落实全球文明倡议，共同为世界文明发展添砖加瓦。

"两个结合"的几个问题[*]

邓 佳　陈曙光[**]

　　"两个结合"是中国共产党百年奋斗的历史经验，是推进马克思主义中国化时代化的根本途径。党的二十大报告指出，"中国共产党为什么能，中国特色社会主义为什么好，归根到底是马克思主义行，是中国化时代化的马克思主义行"①。马克思主义之所以行，关键在于我们党在百年奋斗的历史征程中，始终坚持"两个结合"的根本途径，不断推进马克思主义中国化时代化。所谓"两个结合"，即"把马克思主义基本原理同中国具体实际相结合、同中华优秀传统文化相结合"。"第一个结合"与"第二个结合"的内涵不同，其"结合"的对象各不相同，解决的问题也各有侧重。那么，在马克思主义中国化的历史进程中，"第一个结合"与"第二个结合"是如何形成并确立的？这两方面的"结合"分别解决了什么问题？"两个结合"的形成发展是如何推动马克思主义中国化创新发展的？这些都是有待深入厘清的基本理论问题。

---

　　*　本文原载《科学社会主义》2023 年第 2 期，收入本书时有改动。

　　**　邓佳，中共中央党校（国家行政学院）马克思主义学院讲师；陈曙光，中共中央党校（国家行政学院）科研部主任，教授、博士生导师。

　　①　习近平：《高举中国特色社会主义伟大旗帜　为全面建设社会主义现代化国家而团结奋斗——在中国共产党第二十次全国代表大会上的报告》，人民出版社，2022，第 16 页。

一 从"三个结合"到"两个结合"

"两个结合"思想的形成并非一蹴而就，而是在中国共产党人探索实现马克思主义中国化的历史进程中逐步形成的。最初，毛泽东提出"三个结合"，即把马列主义与"中国革命实践、中国历史、中国文化"相结合，这是"两个结合"的理论雏形；后来，"三个结合"被并作"一个结合"写入党章，即马列主义基本原理"同中国革命具体实践结合"；今天，以习近平同志为核心的党中央在"一个结合"的基础上提出把马克思主义基本原理"同中华优秀传统文化相结合"的新表述，形成了"两个结合"的重大理论命题。从"三个结合""一个结合"到"两个结合"的理论发展过程，就是"两个结合"思想的形成过程，它与马克思主义中国化的历史进程相一致。

（一）"三个结合"的提出

毛泽东第一次提出"三个结合"思想，树立了活用马克思主义解决中国具体问题、指导中华文明传承发展的科学典范。从历史上看，把马克思主义基本原理同中国具体实际相结合、同中华优秀传统文化相结合，既是中国共产党百年奋斗得出的历史经验，也是取得百年辉煌成就的关键。1938年，毛泽东首次提出"马克思主义中国化"的重大命题，并指出，"马克思主义必须和我国的具体特点相结合并通过一定的民族形式才能实现"[①]。这里所说的"一定的民族形式"主要指区别于他国的具体情况和特殊条件，是马克思主义在中国社会产生作用的特定方式。1943年，毛泽东对马克思主义中国化的"民族形式"问题作出了更为具体的阐释，首次提出了"三个结合"的理论命题，即把马克思列宁主义与中国革命实践相结合、与中国历史相结合、与中国文化相结合，"中国共产党近年来所进行的反主观主义、反宗派主义、反党八股的整风运动就是要使得马克思列宁主义这一革命科学更进一步地和中国革命实践、中国历史、中国文化相结

---

① 《毛泽东选集》第2卷，人民出版社，1991，第534页。

合起来。"① 其中，尤其强调这样两点，其一，"灵活地运用和发挥马克思列宁主义"，其二，"中国共产党人是我们民族一切文化、思想、道德的最优秀传统的继承者，把这一切优秀传统看成和自己血肉相连的东西，而且将继续加以发扬光大"②。

"三个结合"的提出是马克思主义中国化的内在要求，是中国共产党运用马克思主义对传统文化进行科学分析、实现马克思主义同中华优秀传统文化融会贯通的初步尝试。毛泽东以马克思主义战略家的宏韬伟略，创造性地提出了"使马克思主义从欧洲形式变为中国形式"这一重大课题，历史性地开创了将马克思主义普遍真理与半殖民地半封建的中国具体实际相结合的伟大传统，从理论高度提升了把马克思主义基本原理与中华优秀传统文化相结合的主动性，初步地体现出中国共产党在把握中国具体实践中不断丰富发展马克思主义、全面推进马克思主义中国化的历史主动和理论自觉。正是在将马克思列宁主义与中国革命实践、中国历史、中国文化深度结合的过程中，以毛泽东同志为主要代表的中国共产党人创造性地回答了"什么是中国民主革命、怎样进行中国民主革命"的基本问题，成功探索出适合中国国情的革命道路，指引中国革命不断走向胜利。

（二）"三个结合"的本质：归根结底是"一个结合"

把马克思主义基本原理与中国革命实践、中国历史、中国文化相结合，归根结底是将其与中国具体实际相结合。"三个结合"重大论断的提出，强调赋予马克思主义普遍规律以特定的"民族形式"，正是这一"民族形式"决定了马克思主义普遍规律在中国社会的实现方式。强调特定的"民族形式"是马克思主义理论发展的必然要求。马克思主义本质上是一种源于实践又不断回到实践的理论，尤为注重实践的发展变化及其同实践相结合的具体条件。正如马克思恩格斯多次强调，其思想学说与社会理想的实现必定要以不同国家的特殊国情与社会历史条件为前提。"共产主义

---

① 《建党以来重要文献选编（1921-1949）》第 20 册，中央文献出版社，2011，第 318 页。
② 《建党以来重要文献选编（1921-1949）》第 20 册，中央文献出版社，2011，第 318 页。

不是教义，而是运动。它不是从原则出发，而是从事实出发。共产主义者不是把某种哲学作为前提，而是把迄今为止的全部历史，特别是这一历史目前在文明各国造成的实际结果作为前提。"①

中国革命实践、中国历史、中国文化是中国具体实际的组成部分。把马克思主义基本原理与"特殊国情与社会历史条件"相结合，就是要将其与中国具体实际相结合。中国具体实际是马克思主义普遍原理在中国得以产生作用的特殊语境，主要包括中国革命实践、中国历史和中国文化，这三者是马克思主义需要结合的具体内容。首先，中国革命实践是推动近代中国社会发展的动力，是理解近代中国社会的基本依据。正是中国革命实践决定了近代中国社会的性质和面貌，推动了中国社会状况的发展变化，提出了中国社会发展的重大问题。其次，中国历史指的是中华民族数千年的历史积淀，塑造了中国社会发展的特殊国情。历史是一个民族的记忆，记录着中国社会和中国文化发展的脉络。中国的历史传统不仅构成中国国情的重要组成部分，而且是中华民族选择自身发展道路的出发点。最后，中国文化是中华民族思想观念与民族精神的集中表达，涵盖了中国具体实际的精神土壤。文化积淀着一个民族深层次的精神追求。中国人民对于马克思主义的选择、理解和运用都离不开中国文化的影响，深深植根于中国文化的凝聚力和创造力之中。总的来说，把马克思主义基本原理与中国具体实际相结合，就是要实现其与中国革命实践、中国历史、中国文化的深度结合。

（三）"两个结合"的确立：新时代理论创新创造的新要求

进入新时代，以习近平同志为主要代表的中国共产党人一以贯之推进马克思主义中国化时代化，提出了"两个结合"的新论断，实现了马克思主义中国化时代化新的飞跃。随着中国特色社会主义事业的全面发展，中国具体实际展现出许多新的历史特点，这就决定了中国马克思主义也必然具有新的形式和内容。在庆祝中国共产党成立100周年大会上的讲话中，习近平总书记提出"两个结合"的重要论断："坚持把马克思主义基本原

---

① 《马克思恩格斯选集》第1卷，人民出版社，2012，第291页。

理同中国具体实际相结合、同中华优秀传统文化相结合，用马克思主义观察时代、把握时代、引领时代，继续发展当代中国马克思主义、21 世纪马克思主义！"① 在党的二十大报告中，习近平总书记强调，"中国共产党人深刻认识到，只有把马克思主义基本原理同中国具体实际相结合、同中华优秀传统文化相结合，坚持运用辩证唯物主义和历史唯物主义，才能正确回答时代和实践提出的重大问题，才能始终保持马克思主义的蓬勃生机和旺盛活力"②。正是通过坚持贯彻"两个结合"，以习近平同志为主要代表的中国共产党人，系统回答了新时代坚持和发展什么样的中国特色社会主义、怎样坚持和发展中国特色社会主义等重大时代课题，创立了习近平新时代中国特色社会主义思想，实现了马克思主义中国化时代化新的飞跃。

"第二个结合"重要论断是兼具首创性、原创性与开创性的新提法，本质上是对"第一个结合"的丰富发展。在马克思主义中国化时代化的历史命题中，"第一个结合"强调坚持以马克思主义为指导，运用其科学的世界观和方法论解决中国的具体问题；"第二个结合"强调植根于本民族的历史文化沃土，实现马克思主义同中华优秀传统文化的融合融通。从结合对象来看，文化既是一种社会意识，也是一种社会现象，而广义的中国文化是包含在中国具体实际之中的。就此而言，马克思主义所结合的中国具体"实际"包含两层意蕴。其一是指社会历史的现实状况，包括中国的历史文化传统，涵盖历史、地域、阶级以及经济、政治、社会等不同方面；其二是中国人民的生产与生活实践，是推动中国社会历史不断发展的基础。这两层意蕴表明，自马克思主义传入中国，"第二个结合"便蕴含于"第一个结合"之中，中华优秀传统文化的创造性转化、创新性发展都在马克思主义深度融入中国具体实际的历史进程中。

"两个结合"的确立，是新时代发展中国马克思主义新的要求。"两个结合"是习近平总书记提出的原创性理论观点，是我们党对坚持和发展马克思主义规律性认识的深化。只有坚持"两个结合"的根本途径，才能实

---

① 习近平：《在庆祝中国共产党成立 100 周年大会上的讲话》，人民出版社，2021，第 13 页。

② 习近平：《高举中国特色社会主义伟大旗帜　为全面建设社会主义现代化国家而团结奋斗——在中国共产党第二十次全国代表大会上的报告》，人民出版社，2022，第 17 页。

现马克思主义新的理论创造。这是由"两个结合"的重大意义所决定的。首先,"两个结合"是对马克思主义中国化时代化理论内涵的丰富发展。"两个结合"反映了新时代中国共产党人对马克思主义发展规律的深刻把握,拓展了马克思主义中国化时代化的内涵和途径,为中国马克思主义的发展注入新的理论内涵。其次,"两个结合"是对"马克思主义中国化"文化意蕴的科学揭示。"两个结合"揭示了本民族文化传统在马克思主义中国化命题中的重要地位,注重从中华优秀文化中汲取智慧和力量,为发展中国马克思主义注入源源不断的文化涵养。最后,"两个结合"是对中国共产党文化自信与文化自觉的全面彰显。我们党通过发展马克思主义坚定文化自信,实现党性、民族性和人民性的内在统一。

二　"两个结合"的内在逻辑

"第一个结合"与"第二个结合"是我们党在解决具体问题的实践中提出的,这不是两个概念的简单组合,而是蕴含着马克思主义中国化的思想内涵和逻辑意蕴。作为一种理论,马克思主义传入中国是要解决"中国革命向何处去"的重大问题;同时,马克思主义要想解决中国问题,首先要融入中国的文化,只有先实现文化的结合,才能更好地解决中国问题,才能在中国大地深深扎根。因此,从"第一个结合"到"第二个结合"的理论发展并非偶然,而是在指导并运用于中国实践中逐步实现,二者之间是一脉相承、内在贯通的。

(一)"第一个结合"的价值至上性

近代以来,中国大地上各种理论思潮风起云涌,自由主义、保守主义、无政府主义、改良主义、民粹主义、社会达尔文主义、工团主义等不同主张之间的论战此起彼伏。这些理论思潮在不同程度上推动了近代中国救亡图存运动的发展,但都无可避免地走向失败。这表明,上述理论思潮都无法解决近代以来中国"向何处去"的根本问题。为了推翻帝国主义、封建主义、官僚资本主义的"三座大山",争取民族独立和人民解放，挽救中华民族于危急存亡之际，中国迫切需要新的思想来指明革命出路。这一时期，中国社会存在诸多现实问题，需要以科学的理论予以认识把握，诸如什么是近代中国社会的主要矛盾、社会性质，如何看待中国革命的性质、革命的发展阶段，中国革命的道路究竟何在……这些问题的出现迫切需要科学的理论予以回答。正是在这样的历史背景下，十月革命一声炮响，给中国送来了马克思主义，指引中国人民找到了一条新的民族解放道路。

马克思主义中国化贯穿中国共产党的全部奋斗历程始终，是关乎马克思主义自身命脉、关乎中华民族发展命脉、关乎中国人民前途命运的伟大理论传统，也构成了社会主义中国行稳致远的伟大道统。随着马克思主义的传播日益广泛深入，一批先进的知识分子接受了马克思主义的科学理论，创立了中国共产党，并将党的指导思想确立为马克思主义。在马克思主义的指导下，中国共产党人不断以唯物史观的科学观点方法，形成对中国社会存在基础及其上层结构的本质性理解，解放思想、实事求是，以历史视野与辩证思维分析把握中国的社会现实，将马克思主义创造性地运用于分析、解决中国问题，为"中国向何处去"的历史之问找到了科学解答。这表明，马克思主义传入中国并生根发芽，本质上并不是一种经院式的理论对话或思想融合，而是有着特定的实践指向，是以解决中国革命的重大现实问题为目的的。

（二）"第二个结合"的时间先在性

来自异国他乡的马克思主义传入中国，首先要实现第二个结合，才能适应中国社会的文化土壤。马克思主义是在西方社会文化环境中产生发展起来的思想理论，其要在中国发展传播，必须具备与中国的历史文化传统相契合的某种联结，这种联结是融入中国社会文化土壤的关键。从马克思主义在中国的传入和传播来看，其能在中国大地落地、生根、茁壮成长，且没有产生强烈的"排异反应"，并非历史偶然。关键在于，其发展传播找到了适应中国社会文化土壤的途径，这就是与中华传统文化的内在结合。如果马克思主义与中国的文化土壤不匹配、不相容，就很难有效融入中国实践，不仅无法全面把握中国实践的具体特点，也无法有效解决中国实践的诸多具体问题。因此，从时间上看，"第二个结合"的发生要先于"第一个结合"。如果没有"第二个结合"，马克思主义不可能在中国扎根生长，更难以长成参天大树。具体而言，"第二个结合"的作用与文化的内涵及其功能密切相关。

首先，"第二个结合"为马克思主义在中国的落地扎根提供了思想前提。马克思主义要想在中国落地扎根，需要适应中国的文化土壤。习近平总书记指出："马克思主义传入中国后，科学社会主义的主张受到中国人民热烈欢迎，并最终扎根中国大地、开花结果，决不是偶然的，而是同我国传承了几千年的优秀历史文化和广大人民日用而不觉的价值观念融通的。"① 马克思主义与中华传统文化之间是内在共通的，这为马克思主义在中国的发展传播提供了思想契机，成为马克思主义与中国实际有效结合的思想前提。

其次，"第二个结合"为马克思主义融入中国历史传统创造了社会条件。文化是人类实践活动的产物，具有鲜明的历史性特征。中国社会的发展有其自身独特性，是在中华民族的文化历史传统中塑造的。马克思主义要想在中国实现发展，就需要把握中国社会发展的独特性。融入中国传统文化，读懂中华文明的历史变迁，才能把握中国社会的历史变迁，把握中国社会发展的独特文化传承，实现与中国社会的深度融合。

最后，"第二个结合"为马克思主义在中国的接受和传播奠定了群众基础。文化塑造着人的思想意识，能够引导和规范人的行为方式，在社会发展的进程中发挥着思想引领的作用。马克思主义要想被中国人民理解和掌握，迫切需要融入广大人民群众的意识、观念和行为方式。中华优秀传统文化是中华民族共有的精神血脉和精神家园，潜移默化地影响着中国人民的思想观念与行为活动，为马克思主义融入人民大众提供了精神桥梁，能够将人民大众团结凝聚起来，为马克思主义的接受和传播准备群众土壤。

---

① 《习近平谈治国理政》第 3 卷，外文出版社，2020，第 120 页。

（三）"两个结合"统一于中国特色社会主义伟大实践

"两个结合"是内在一致的，统一于中国共产党领导的中国特色社会主义的伟大实践。"如果没有中华五千年文明，哪里有什么中国特色？如果不是中国特色，哪有我们今天这么成功的中国特色社会主义道路？"① 在推进"两个结合"的过程中，中国共产党不断运用马克思主义基本原理解决中国问题、以马克思主义的真理力量激活中华优秀传统文化，实现了马克思主义与中华传统文化的良性互动、共同发展。

第一，通过推进马克思主义中国化时代化深入挖掘中华传统文化的思想智慧。马克思主义是把握世界和社会发展规律的科学思维与方法，蕴含着哲学、经济学、政治学等不同方面的思想智慧。马克思主义在中国的发展传播是在这两种思想的交流交融中展开的，这促使中华传统文化所蕴含的丰富思想智慧，尤其是那些跨越时空、超越国度、富有永恒魅力、具有当代价值的文化精神被重新挖掘，并在促进马克思主义发展传播过程中充分发挥其应有价值。

第二，以马克思主义的科学理论为中华传统文化注入新的时代内涵。在历史长河中积淀形成的中华优秀传统文化并非一成不变，而是开放的、包容的、发展的，其内涵总是随着时代的发展而丰富发展。马克思主义的传入为中华文化的发展带来了新思想、新观念，对中华传统文化的现代变革产生了深刻的推动作用。通过与马克思主义的对话融通，中华文化不断扬弃旧的思想内容与表现形式，吸收了科学社会主义的先进理论成果，实现了其思想内容与表现形式的现代转化，获得了新的时代内涵与表现形式。

第三，通过发展中国马克思主义不断激发中华传统文化的生机活力。中华优秀传统文化蕴藏着丰富的思想智慧，具有永恒魅力和时代价值，对于解决当代人类面临的共同问题具有重要启示。在推进马克思主义中国化时代化进程中，我们党坚持古为今用、推陈出新，赋予中华传统文化以新的思想内涵，为其融入了新的理论观点，运用这些观点有效回应新的问题，使其在新时代彰显出现代性、世界性，焕发出新的生机活力。

---

① 《习近平谈治国理政》第 4 卷，外文出版社，2022，第 315 页。

三　"两个结合" 的侧重点和地位

马克思主义基本原理同中国具体实际相结合、同中华优秀传统文化相结合，这两方面既有区别，又密切联系、不可分割。从内涵来看，"第一个结合" 侧重于解决主观与客观、理论与实践的关系问题，聚焦于如何将马克思主义科学理论有效运用于解决中国的现实问题。"第二个结合" 侧重于解决古与今、中与西的先进思想理论与文化价值观念的关系问题，聚焦于如何让马克思主义的理论观点、思维方式更好地融入中国社会的历史文化传统。① 就此而言，"第一个结合" 与 "第二个结合" 是相互区别、各有侧重，又相互贯通、互为条件的关系。

首先，从条件来看，"第一个结合" 与 "第二个结合" 所侧重的对象各有不同，发挥的作用也各有不同。马克思主义作为外来文明，传入各民族必先图存活、再图发展。存活的关键在于能否契入各民族的传统之中，而发展的关键在于能否解决各民族需要解决的问题，特别是关乎前途和命运的大问题。一方面，"第二个结合" 是 "第一个结合" 的文化前提，是 "两个结合" 得以实现的文化背景。正是中国独一无二的传统文化沃土，构成了马克思主义扎根中国的首要因素，构成了马克思主义与中国实际成功结合的首要前提。另一方面，"第一个结合" 是 "第二个结合" 的价值导向，是 "两个结合" 的根本目的。马克思主义是实践的理论，其面向现实的理论品格决定了，马克思主义需要在不断指导人们认识和改造世界的实践活动中才能实现新的发展，需要通过指导科学社会主义的革命和建设事业、不断解决人们在实践中提出的新问题，才能保持自身的生命力。坚持马克思主义基本原理同中国具体实际相结合，正是因为马克思主义对指导中国特色社会主义事业、满足中国社会发展需要、解决中国社会主要矛盾和根本问题具有至关重要的指导作用。

其次，从过程来看，"两个结合" 的地位是不一样的，实现 "第一个

① 陈培永：《马克思主义中国化 "两个相结合" 的深层意蕴》，《高校马克思主义理论研究》2021 年第 3 期。

结合"有赖于坚持"第二个结合"。马克思主义在中国"活"得越来越好，"活"出了高品质、达到了新高度，关键就在于做好了"结合"这篇大文章。马克思主义自西方来到中国，在中国社会不仅没有产生排异反应，反而落地生根，究其根源，恰恰是因为马克思主义的基本精神与中华民族的文化基因、文化精神存在某种同构性，因为"中国民族和它的优秀传统中本来早就有着马克思主义的种子"[①]。二者之间文化精神的融通契合是"两个结合"的首要前提。

最后，从结果来看，"第二个结合"是开创性论断，凸显了"第一个结合"的文化底蕴。尽管马克思主义中国化这一过程的不断展开始终内含着马克思主义与中华优秀传统文化的结合，但是，习近平总书记第一次将其作为一个科学的理论命题正式提出，这标志着我们党对马克思主义的生存逻辑、对马克思主义中国化时代化的规律、对马克思主义与中华优秀传统文化的关系有了更深刻的认识，实现了中国共产党人思想认识上的重大突破与创新。其一，为马克思主义中国化时代化厚植文化根基。习近平总书记对中华优秀传统文化十分重视和关心，曾多次谈到中华优秀传统文化与马克思主义的内在契合。相较于"第一个结合"，"第二个结合"更为凸显中华民族深厚文化传统，注重把实现中华优秀传统文化的现代转化与推进马克思主义中国化时代化结合起来，坚持古为今用、推陈出新，为发展马克思主义坚定文化自信，赓续中华民族的文化命脉。其二，促进马克思主义与中国特色社会主义的文化融通。在党的二十大报告中，习近平同志注重阐述社会主义现代化的"中国特色"，同时强调传承中华文明，立足中华民族的文明传统探索开创中国式现代化道路，从历史文化的深层维度揭示了马克思主义与中国特色社会主义的内在融通，凸显了中国式现代化道路的文化渊源。其三，为发展 21 世纪马克思主义奠定文化滋养。"把坚持马克思主义和发展马克思主义统一起来，结合新的实践不断作出新的理论创造，这是马克思主义永葆生机活力的奥妙所在。"[②] 新时代新征程，以习近平同志为核心的党中央注重从中华优秀传统文化中汲取思想资源，为

---

① 《艾思奇全书》第 2 卷，人民出版社，2006，第 682 页。
② 《习近平关于社会主义文化建设论述摘编》，中央文献出版社，2017，第 79 页。

中华民族的信仰追求、价值取向、道德观念等被注入了新的时代内涵，促进了中华传统文化在新时代的创造性转化、创新性发展，使其成为 21 世纪马克思主义的重要组成部分，让 21 世纪马克思主义牢牢扎根于中华民族历史文化沃土，从中汲取丰富的民族文化滋养。

四 完整准确理解和推进"两个结合"

站在历史新起点上，中国共产党须更加自觉地坚持"两个结合"，完整准确理解和推进"两个结合"。"两个结合"深刻总结了中国共产党100 多年来推进理论创新的基本经验。从历史上看，我们党在推进"两个结合"的过程中也常常存在一些错误认识和态度。实现"两个结合"的过程同时也是与主观主义、教条主义等各种非马克思主义错误思想进行坚决斗争并不断纠正和克服其影响的过程。如果不坚持用马克思主义基本原理进行理论创新，不结合时代特征和实践需要推进理论创新，就会使马克思主义"固化""僵化"，最终会全面曲解甚至彻底背离马克思主义。

其一，反对教条主义。教条主义本质上是一种形而上学的思维方式，它把马克思主义看作"一般历史哲学"，将其作为一成不变的万能公式进行随意裁剪、套用，从而导致主观与客观、理论与现实、普遍与特殊的二元对立。教条主义主要表现为两种错误倾向：一种是把理论当作认识的出发点，从抽象的书本结论出发，忽视中国实际，一切照抄本本、照搬教条；另一种是机械地套用马克思主义的科学理论，把部分观点结论当作普遍的历史公式，并以此来套用具体现实。党的二十大报告指出："我们坚持以马克思主义为指导，是要运用其科学的世界观和方法论解决中国的问题，而不是要背诵和重复其具体结论和词句，更不能把马克思主义当成一成不变的教条。"① 以历史为鉴，必须防止把马克思主义理解为抽象空洞的理论教条，防止在运用发展马克思主义的过程中走向背离马克思主义的道

---

① 习近平：《高举中国特色社会主义伟大旗帜 为全面建设社会主义现代化国家而团结奋斗——在中国共产党第二十次全国代表大会上的报告》，人民出版社，2022，第 17 页。

路。应全面理解马克思主义的思想精髓，坚持实事求是，一切从实际出发，以发展的眼光看待理论与实践，直面国内外形势新变化和实践新要求，把握中国经济社会发展呈现出的新特点新趋势，用马克思主义之"矢"去射新时代中国之"的"。

其二，反对庸俗结合论。马克思主义与中华文化相结合，不是简单的语词复制或概念套用，不是复活传统的一切方面，更不是推动传统重回王座。当前，传统文化受到高度重视，但并不意味着不加选择地推动传统文化的复兴和复活。如果缺乏正确的判断力和辨别力，将使封建沉渣一并泛起。应当注重与传统文化思想精髓和价值观念的深度结合。树立开放的辩证的文化观，是马克思主义思想精髓的体现。在经济全球化和世界多元文化背景下，马克思主义与传统文化相结合，不仅包含批判地吸收传统文化，也包含借鉴外来的进步文化。传统文化有积极和消极之分，而今天要结合的是积极内容，是优秀传统文化，不是封建糟粕，后者与时代和社会的发展不相符，因而是需要被摒弃的。同时，应该以开放的胸怀、兼容并蓄的态度，吸收借鉴西方文化的优秀文化成果，在中西文明交流互鉴中推动马克思主义的丰富发展，推动人类文明健康发展。

其三，反对文化复古主义。关于如何对待中华传统文化，须反对这样一种观点，即认为在中国就应该讲中国的哲学、中国的文化，只需发展中国传统文化就能解决当前中国社会和人类社会一切问题。这一观点本质上是文化复古主义，它强调传统文化是一切理论创新的出发点，并把马克思主义作为西方的思想，反对以这种外来思想作为理论指导，将其视为以西方学说为圭臬。其最大问题在于过度推崇传统文化，拒绝中西方文化之间的有益对话，陷入民族主义的窠臼。坚持"两个结合"，应当把发展当代中国马克思主义作为出发点和落脚点。这并不意味着排除外来智慧、思想资源和文化。马克思主义正是诞生于西方，却又超越西方、走向世界的先进科学理论。但须注意，作为党和国家指导思想的马克思主义，已不完全是19世纪欧洲的思想，而是在实践的不断发展中获得了新的时代内涵，吸收了古今中外不同理论思潮合理成分的理论产物，是中西文明相互融合而形成的智慧结晶。在新时代，我们强调马克思主义与中华传统文化的结合，其目的是推进马克思主义中国化，创造当代中国先进文化，而非一味地复活传统文化。此两种不同理论的地位应当是平等的，不能偏重其中一方而贬低另一方，也不能以其中一方来兼容另一方；而应该保持双向互动，使两种理论都与时俱进、发展完善，在新的实践中相互促进、共同发展。

中国式现代化的哲学逻辑[*]

韩庆祥^{**}

近代以来的人文社会科学的学术问题，很多是围绕现代化、人类文明和人类命运展开的。如何理解中国式现代化、人类文明新形态和人类命运共同体及其内在逻辑？"西方中心论"理论体系和话语体系是如何建构的？本文的核心观点是："西方中心论"理论体系和话语体系本质上是从对现代化和文明的解释开始的；中国式现代化是新时代我党全部理论和实践的立足点，是人类文明新形态的本源和生成基础，可开创出人类文明新形态，人类文明新形态是构建人类命运共同体的人文基础，三者是递进且彼此理解的逻辑关系；中国式现代化的理论体系和话语体系可基于这三者的逻辑关系建构起来。

一　在世界现代化进程中开创中国式现代化

现代化与现代性密切相关而又有区别。现代化是现代社会的客观社会历史运动，是现代性问题的社会历史背景，侧重于"历史维度"及其描述

---

　*　本文原载《中国社会科学》2023 年第 7 期，收入本书时有改动。

　**　韩庆祥，中共中央党校（国家行政学院）原校委委员、副教育长，国家哲学社会科学一级教授、博士生导师。

性，相对强调历史发展的连续性，主要是"历史学话语叙事"，是历史过程概念；现代性则是对现代化发展历程的根本属性、本质特征、呈现状态、价值理念、深远意义的哲学反思和规范评价，旨在对西方现代社会变迁予以引导，侧重于"价值维度"及其价值评价，相对注重历史发展的"断裂性"，展示社会的结构转型和文化转型，是"哲学话语叙事"，具有规范性和反思性。① 可基于现代化发展历程，从现代性维度揭示文艺复兴、启蒙运动开启的西方现代化之旅。

西方现代化主要是从启蒙运动开始的，工业革命和政治民主等，是西方开启现代化运动的标志。西方现代化从启蒙现代性开启，之后演进的逻辑，便是从经典现代性经资本现代性批判和反思现代性，走向后现代主义。现代化运动是一种世界潮流，把世界各国卷入其中，实现现代化是世界各国的共同命运。西方现代化潮流对清朝末年的中国产生强烈冲击，中国开始一次次回应。洋务运动是晚清内部部分官僚在"器物"层面的回应；戊戌变法和辛亥革命是资产阶级在"制度"层面的回应；五四运动是先进知识分子在"文化"层面的回应。五四运动表明，解决中国现代化问题之关键，是必须有科学思想引领，必须有强有力的领导组织。在现代化起飞阶段，需要"出现一个政治力量强大的团体，它将经济现代化视为严肃、高度有序的政治事务"②。

中国共产党应运而生。我们党围绕"民族复兴"主题，首先在思想理论上推进马克思主义中国化，把马克思列宁主义基本原理同中国具体实际相结合，拥有先进思想引领；在领导组织上，将马克思列宁主义同中国工人运动相结合而产生，是先进组织领导；还建立起马克思主义中国化同中国道路的本质联系，探索解决中国问题、实现民族复兴的中国道路。中国共产党的诞生一改中国对西方现代化潮流的被动防御而转为主动应对，对中国实现现代化具有决定性意义，从指导思想、领导力量、中国道路三方面掌握历史主动。中国共产党百年奋斗彰显出对实现社会主义现代化的不

---

① 任剑涛：《现代性、历史断裂与中国社会文化转型》，《厦门大学学报》2001年第1期。
② 〔澳〕布雷特·鲍登：《文明的帝国——帝国观念的演化》，杜富祥等译，社会科学文献出版社，2020，第87页。

懈追求,从国家工业化推进到"四个现代化",经社会主义现代化,到国家治理体系和治理能力现代化,体现了从生产力现代化,到社会主义全面现代化,再到国家治理体系和治理能力现代化的历史演进。

在这种演进中,道路问题是贯穿我们党在革命、建设、改革各个历史时期的根本问题。2021年以来,习近平总书记先后提出"走自己的路""中国特色社会主义道路""创造了中国式现代化新道路""中国式现代化"四个重要范畴。学术界较少关注这四者间的逻辑关系,有学者把中国式现代化新道路看作改革开放开创的中国特色社会主义道路的同义表达。若精准研读相关重要文献便会发现,这四个重要范畴是沿着历史逻辑、理论逻辑、实践逻辑逐一出场的,是历史逻辑步步递进提升、理论逻辑和实践逻辑不断推进拓展的关系,既在历史逻辑上一脉相承,不能割裂,也在理论逻辑和实践逻辑上与时俱进地,不能完全等同。

最早提出的是"走自己的路",它是中国特色社会主义道路、中国式现代化新道路、中国式现代化的共有特征。其有两层意蕴:一是在"破"上,破除对西方式现代化道路和传统"苏联模式"的路径依赖,是开启走"自己的路"的前提;二是在"立"上,确立实现现代化"道路"问题的中国"自主性",是走"自己的"路的基础。这是一种前提性、基础性突破,用学术话语讲就是推进中国实现现代化的"自主性成长"。

中国特色社会主义道路,是"走自己的路"在改革开放和社会主义现代化建设新时期的体现,它源于且创造性拓展了"走自己的路",赋予"走自己的路"以新的内涵。一是把"自己的"转换为"中国特色社会主义"。既走的是"中国特色"之路,又是"社会主义"道路。二是确定其基本内涵,即坚持"一个中心、两个基本点",坚持自主自立。三是坚持中国特色社会主义道路既要坚定不移又要守正创新。用学术话语讲,就是中国特色社会主义道路推进中国实现现代化的"内涵式成长"。

其后,我们又提出中国式现代化新道路。它源于并进一步拓展了中国特色社会主义道路。"源于"是指中国特色社会主义道路本质上就是实现社会主义现代化道路,中国式现代化新道路是从中国特色社会主义道路中走出来的。"拓展"则有以下几个含义。

　　首先，把"中国特色"创造性地提升为"中国式"。"中国特色"蕴含中华文化、体现中国国情、具有中国特点，"中国式"则把这种中华文化、中国特色、中国特点提升为一种中国范式，是相对于西方现代化范式而言的。这是一种更为规范的表述，表达的是世界现代化的另一种类型，具有类型学意义；它可以与西方现代化在同一主题上进行对话，具有对话和传播意义；它表明在世界现代化进程中"有我"的存在及其世界意义，增强了我们在现代化问题上的自信。

　　其次，把"社会主义"凝练为"现代化"。中国特色社会主义道路本质上就是实现社会主义现代化的根本道路。可直接用"中国式现代化"这一话语，建立起"中国式现代化"与社会主义现代化的本质联系。这表明：中国式现代化首要是社会主义现代化，它既区别又高于西方资本主义现代化，也遵循现代化的一般规律。

　　最后，"新"在一定场景有其独立存在的意义。多数人认为中国式现代化新道路是相对于西方式现代化道路而言的。这是主要的，但不止于此。中国式现代化新道路的"新"是相对于三方面而言的。一是相对于西方式现代化而言的新，它为人类实现现代化开辟出一种新的范式。对此，学界基本达成共识。二是相对于我国改革开放之初"中国式的现代化道路"而言与时俱进意义上的新。这一点却被一些人忽视了。一些学者认为中国式现代化新道路就是中国式现代化道路，不必突出"新"。其实，这里的"新"确有特指和意义。改革开放之初，邓小平在比较西方现代化发展成就、总结我国社会主义建设经验教训后提出："现在搞建设，也要适合中国情况，走出一条中国式的现代化道路。"① 习近平总书记讲的"中国式现代化新道路"，是在邓小平提出的"中国式的现代化道路"基础上推进拓展出来的，是明确对接"新时代"的，目标是指向全面建成社会主义现代化强国、全面推进中华民族伟大复兴。这表明我们党对中国式现代化发展道路的探索和实践是逐步深化的。"中国式现代化新道路"从五方面推进拓展了中国式现代化道路。其一，改革开放之初，我国总体上还处于"欠发展"时期，社会生产力不发达，综合国力不强，相对强调"让一部

————————

① 《邓小平文选》第2卷，人民出版社，1994，第163页。

分人通过诚实劳动、合法经营先富起来，先富带动后富"，新时代的现代化是全体人民共同富裕的现代化，要在推动全体人民共同富裕方面取得更为明显的实质性进展，它发展了改革开放之初所讲的"让一部分人先富起来"；其二，改革开放之初，由于历史发展的必然性，我们在实践上相对注重人民基本需求满足与物质生产、经济增长，发展的不协调性问题相对突出，新时代的现代化是物质文明和精神文明相协调的现代化，更加注重发展的全面性协调性，这是一种推进；其三，新时代的现代化是人与自然和谐共生的现代化，超越了以牺牲环境为代价的发展模式；其四，新时代的现代化是走和平发展道路的现代化，强调以中国的新发展为世界提供新机遇，注入新动力，更加强调参与全球治理体系改革和建设，以求以中国发展贡献于世界，这对改革开放之初相对注重在"维护世界和平中谋求国内发展"来说，是一种推进；其五，新时代的现代化致力于解决"强起来"问题，这对改革开放之初相对注重解决"富起来"问题，是一种推进。三是相对于中国现代化发展在世界现代化发展进程中的地位而言的新。在世界现代化发展进程中，过去我国曾存在邓小平所说的"被开除球籍的危险"。在总结社会主义现代化建设经验教训的基础上，我们在中国实现现代化问题上具有了自主性，坚定不移走中国特色社会主义道路，这条路走得通、走得稳、走得好，使中国大踏步赶上了时代。中国特色社会主义进入新时代，进一步创造了中国式现代化新道路，拓展了发展中国家走向现代化的途径，为人类实现现代化提供了新的选择，为世界实现现代化开辟了一条具有光明前景的新路。这表明，中国式现代化新道路打破了世界现代化问题上的"话语霸权"，中国式现代化新道路在世界现代化发展历程中不断彰显其步步提升的新地位，用学术话语来讲，也就是推进中国实现现代化的"世界性成长"。

党的二十大报告又提出"中国式现代化"，进一步推进、拓展和提升了中国式现代化新道路。党的十八大以来，我们党在理论和实践上的创新突破，成功推进和拓展了中国式现代化。既体现在它跳出仅从道路来谈中国式现代化的局限，拓展为从更为广阔的道路、理论、制度、文化等维度把握中国式现代化发展进程；又体现在它把新中国成立、改革开放，尤其是党的十八大以来中国实现现代化的实践经验上升到理论建构，从创新突破、中心任务、性质方向、共同特征、中国特色、本质要求、重大原则等方面，总体上建构起中国式现代化的理论体系和话语体系；也体现在我国在现代化问题上从过去的"话语依赖"走向新时代的"话语自主"，掌握中国在实现现代化方面的话语权。这一系列的创造性推进和拓展，就集中体现为中国共产党成功创造和推进了中国式现代化。

二　中国式现代化开创出人类文明新形态

现代化与文明直接且本质相关，当讲到西方现代化时就会直接涉及西方文明。中国式现代化能创造出"人类文明"新形态，具有生成人类文明新形态的基因，这是人类文明新形态的生成基础。中国式现代化的根本意义是全面推进中华民族伟大复兴，就世界而言的最高成果就是创造人类文明新形态，它把"中国式现代化"提升到"人类文明"高度。

（一）　文明观的理论阐释

文明，是一个较难把握的概念。相关论著有所涉及，如鲍登的《文明的帝国——帝国观念的演化》对文明概念及其内涵、起源和意义作了较为详细的语言学、解释学考察。[①] 但这些著作对文明并未给出一个明确界定和确切解释，或是回避文明概念，或是泛化文明概念。沃尔夫·舍费尔（Wolf Schafer）指出："社会学家、人类学家和历史学家都学会了规避'文明'一词，并以'文化'为参照来分析一切问题。""文明"这个概念有时承载太多的意义，为数众多的社会分析被归入文明范畴，以至于它往往缺失任何具体的或容易理解的含义。克服国内学者对文明研究的不足，全面深入推进"文明研究"，对文明概念和文明观给出明确界定、确切解释，是首要解决的具有重要学术价值的前提性问题。

尽管人们对文明概念未给出明确界定、确切解释，但其基本含义还是

---

① 〔澳〕布雷特·鲍登：《文明的帝国——帝国观念的演化》，杜富祥等译，社会科学文献出版社，2020，第16页。

清晰的，即文明是整个人类追求发展进步从而走向"真善美"的过程及其积累起的积极成果。哲学是文明活的灵魂，对文明首先应从哲学上理解，确定其文明观。由于对发展进步与"真善美"的解释不同，存在两种不同的文明观。

一种是侧重于把文明解释为"事实判断"的描述性概念，认为文明即事实，描述的是整个人类发展进步的事实；发展进步是各个国家、民族为改变其现状而向前迈进的自我超越、自我完善、自我发展、自我进步的过程；它具有多样性、包容性、互鉴性、平等性和普惠性，是一种"复数"多元文明；对文明的"价值判断"应建立在"文明事实"的基础上；其哲学基础是"多样统一""主主平等"的哲学观。

另一种是侧重于把文明解释为"价值判断"的规范性概念，认为文明即价值，强调任何国家、民族都应沿着确定的"同一道路"，朝着确定的具有"同一性的至善至美的理想目标"迈进；具有文明优越感的"高尚民族"站在人类文明发展的制高点上，既掌握解释世界如何运转、历史如何进步的话语权，也应当以文明开化"野蛮、愚昧的非文明民族"，这是"他我"民族、国家裁定、改变"非文明国家、民族"的"教化"过程。这样的文明具有一元性、评判性、改变性和统治性，是具有同一性标准的普遍文明，是"单数"一元文明。这种对文明的解释具有意识形态性质，哲学基础是"主统治客"的哲学范式和线性史观。依据这种文明观，就会认为文明只属于欧洲民族，欧洲之外都处于"蒙昧、野蛮状态"。

本文主张第一种文明观。基于这种对文明和文明观的总体理解，可主要从原体、关系、过程三个维度展开对文明之理论内涵的具体阐释。从原体维度理解文明，它是一个具有本源意义的范畴。人是万物的尺度，万物为人而存在才有意义，"人"是理解一切与人有关的事物和对象的坐标。文明是为整个人类发展进步而存在的，需要以"人"为坐标或还原到"人"这个原点来理解本源意义上的文明。从哲学上讲，人作为人的最高、最核心的"元"追求，就是"真善美"，"人类对真善美的追求"对理解文明具有本源意义。这样，文明就是针对愚昧、野蛮、丑恶而言的，是整个人类、社会与国家、民族超越蒙昧、野蛮、丑恶，对至真至善至美境界的不懈追求及其积累起的积极成果，这就是人性的进步，即对人之愚昧的开化（真），对人之野蛮的规制（善），对人性之丑恶的教化（美），进而推动整个人类、社会与国家、民族的历史进步。基佐强调，文明的基本含义就是事物的发展进步过程，包括人的发展和社会的发展，文明的根源是秩序的必要性。亨廷顿认为，文明的概念由18世纪法国思想家相对于"野蛮状态"提出，文明化为善，非文明化为恶。就此而言，文明的本质是"化人为善"并"利他（它）"，注重集体、德性（善）、仁和，实质是构建基于"主主平等、和合普惠"的秩序。这种文明之结果，是自我完善、民为邦本、天下为公、世界大同、协和共生、普惠共赢。文明与否的根本评判标准，要看是否有利于促进人性进步及人的发展（包括类、群体、个人）、世界各国或民族的发展，是促使前进且使人得到自我完善，还是促使倒退且引人走上邪恶。亚里士多德说，美好的生活是文明的终点或目的。伯里也指出，文明是人们最终将享受一种普遍幸福的状态，而这将证明整个文明进程的合理性。文明从"根"和"元"的意义上描述的是整个人类"化人为善"的利他性发展进步的客观事实。从关系维度理解文明，它具有关系规定，需要在与文化的关系中加以理解。这里着重谈文明与文化的区别。其中一个重要区别在于：文化相对于未经人的活动外化的原始"自然"，侧重于人和物的关系框架中的"人化"事物（人的内在本质力量的对象化），也相对注重"做事""理性""知识""技艺"框架中的"外化于物"和"人化为物"；文明则相对于未经开化的"野蛮""丑恶"，侧重于人和人的关系框架中的"化人"，即使人成其为人的积极成果，相对注重"做人""德性""善治"框架中的"内化于人""化人为善""德行天下"，即人类"开化"性的自我约束、自我完善、自我进步。从过程维度理解文明，它具有过程规定。从哲学理解文明发展过程，侧重于人类交往范式的变迁，即由前资本主义社会"主客混体"的文明范式，经资本主义工业社会"主客二分"的文明范式，再走向社会主义、共产主义社会基于"每个人自由全面发展"的"主主平等"的文明范式。

（二）西方式现代化开创不出人类新文明

西方式现代化以理性、自由、资本主导、西方中心论为支柱，只能生长出西方资本型文化、单向度文化、殖民扩张式文化。应当肯定，西方文化对推进人类进步和人类文明具有重要历史贡献。然而，正是基于这种贡献，西方国家在西方文化演进中，逐渐将其转化为帝国"文明"，并建构起"西方中心论"的理论体系和话语体系；① 在这种建构中，蕴含着使帝国"文明"异化为野蛮的基因和逻辑。西方中心论理论体系和话语体系的逻辑起点是西方现代化道路，其建构逻辑包括步步递进的几个环节。

线性道路——强调西方现代化道路及其现代性具有强烈的历史意识和时间意识，内蕴历史的连续性、进步性与时间的不可逆性，以及历史发展道路的单线性；西方通过宗教批判削弱教会权威获得解放，通过政治批判削弱贵族和君主权威获得解放，通过经济学批判确立了市民社会中平民的地位，一些平民通过从事工商业且拥有土地等私有财产成为资本家，资本家经营需要"市场""自由"，资本家之间需要平等相处且维护私有财产，由此要求"民主"；西方现代化道路蕴含的理性和解放、自由和民主、工业和市场、市民社会和个人利益等，是现代化历史和文明史上最大的进步，西方现代化道路及其蕴含的文明观具有唯一性、标准性和普遍性，因而有人把"西方现代化道路"解释成"世界现代化的唯一道路"，把"地域文明"解释成"普遍文明"，否认后发国家之道路和文明的独特性，强调后发国家须完全遵循西方设定的"现代化道路"和"文明模式"。马泰·卡林内斯库说："只有在一种特定的时间意识，即线性、不可逆的、

---

① "西方中心论"是伴随近代西方工业化、现代化、全球化与殖民扩张而提出的一个概念，是西方文艺复兴后资本主义凭借其经济、政治、文化优势向全球扩张的产物，它建立在种族、文化、文明、宗教、环境等所谓优越性基础之上；它以古希腊罗马哲学、基督教普世价值论和文艺复兴为思想来源，以工业化、现代化、全球化与殖民扩张为现实支柱，是近代西欧通过文艺复兴、宗教改革、工业革命与殖民主义扩张而形成的思想体系；它萌发于古希腊罗马哲学、基督教普世价值论和文艺复兴，产生于18世纪中后期，发展于19世纪；黑格尔、兰克、孔德、韦伯等是西方中心论的倡导者，黑格尔哲学为西方中心论作了最为精致的哲学论证，使其成为一种完备的哲学理论形态，他将历史视为人类自由意识的进步，把普鲁士帝国看作真正自由与文化的代表；西方中心论的理论基础主要是现代化理论、种族主义、地理环境决定论、文明一元论、线性历史进步观、整体世界史观和形而上学一元本体论，主要有四种表现形式，即普世价值论、文明冲突论、殖民主义、霸权主义强权政治，实质是为西方资产阶级主宰世界制造历史合法性的意识形态论证。

无法阻止地流逝的历史性时间意识的框架中，现代性这个概念才能被构想出来。"① 这实质上是推崇线性历史进步观和唯"西"世界史观，是西方中心论的"道路存在"。

单数文明——西方文明是建立在以理性和解放、自由和民主、工业和市场、市民社会和个人利益为核心理念的线性历史进步观和西方中心论世界史观基础上的，后者是西方文明的立足点。西方坚持"单数"一元文明观，常常罔顾事实，由他们作为单一主体来解释文明，② 把他们所解释的文明当作最高的、绝对的"唯一"，其实质是"西方中心论"的帝国"文明"观，具有把"文明"异化为野蛮的基因和逻辑，是西方中心论的"文明存在"。

民族优越——既然西方的理性和解放、自由和民主、工业和市场是世界文明史上的最大进步，就会进一步认为作为西方文明主体承担者的西方民族就是世界上最文明、最先进、最优秀的民族，③ 具有充分的文明"优越感"，高于非西方民族，由此推行"西方中心论"，把世界划分为西方世界和非西方世界，认为西方世界的民族是"主"，非西方世界的民族是"客"，后者属于蒙昧、野蛮、未开化的民族，"主"必须统治"客"。借此，以求确立西方在整个世界体系中的主宰地位。这实质上是唯"西"民族优越观，是西方中心论的"民族存在"。

天赋人权——把理性和解放、自由和民主、工业和市场视为世界文明史上的最大进步，进一步为此提供人性论证，强调人之实体是个人；实体个人的本性就是追求个人为我的物质利益与自由、民主，这是天赋人权，符合自然秩序，也最符合人性，私有财产是神圣不可侵犯的；个人作为实体性、主体性的为我存在，在追求物质财富中，在私有财产占有中，能找到自我价值，因而应确立为我的物质利益与个人自由、民主的至高无上性。于是，关于人的本性是"自私""自保"等的理论就纷纷出场。这可称为"天赋人权观"，是西方中心论的"人性存在"。

社会进化——认为自由民主是普遍适用的治理原则，西方现代性模式

① 〔美〕马泰·卡林内斯库：《现代性的五副面孔：现代主义、先锋派、颓废、媚俗艺术、后现代主义》，顾爱彬、李瑞华译，商务印书馆，2002，第18页。
② 〔日〕福泽谕吉：《文明论概略》，北京编译社译，商务印书馆，1995，第11~12页。
③ 〔日〕福泽谕吉：《文明论概略》，北京编译社译，商务印书馆，1995，第9~12页。

作为文明理念，需全面贯彻到社会领域和世俗化进程中。在工业化过程中，经济领域是自由市场经济（或资本）；政治领域是世俗政治权力的确立及其合法化，以及民主的存在；文化领域是宗教衰微与功利、自由文化的兴起；社会领域是世俗化、城市化。这可称为"社会进化观"，是西方中心论的"社会存在"。

理性标准——西方中心论强调的个人主体性、自由、民主都要聚焦到理性上，认为理性是统一社会模式和秩序的维护者，缺乏理性，其他都无从实现。强调理性是最高尺度，一切都要到理性的审判台加以评判。理性具有本质性、逻辑性、同一性、唯一性、普遍性、至上性、永恒性、绝对性、主体性、否定性，① 西方国家可依据理性制定具有控制世界最高权力的"世界标准"，如现代性标准、人权标准、价值标准等，并用这些世界标准来裁量其他国家和民族，非西方国家、民族唯有实行西方文明模式才能实现现代化。这是把现代化、文明化等于西方化，可称为"理性尺度观"，是西方中心论的"理性存在"。

开化使命——否定非西方国家、民族，认为西方文明就是世界最先进的文明，具有普遍性，非西方国家、民族要么蒙昧，要么野蛮，要么半开化，西方世界需要行使上帝旨意，承担"文明开化使命"，② 如输出普世价值，实行殖民扩张，甚至诉诸暴力或战争，③ 认为这些行为具有合法性即"正当性"。④ "文明开化"，"一直是欧洲国家体系扩张的首选武器"⑤，数个世纪以来，西方一直狂妄自大，用文明和野蛮等强制性话语来为自身帝

① 〔法〕让-弗·利奥塔等：《后现代主义》，赵一凡等译，社会科学文献出版社，1999，第46~48、123~127页。
② 〔澳〕布雷特·鲍登：《文明的帝国——帝国观念的演化》，杜富祥等译，社会科学文献出版社，2020，第95~96页。
③ 〔澳〕布雷特·鲍登：《文明的帝国——帝国观念的演化》，杜富祥等译，社会科学文献出版社，2020，第180页。
④ 〔澳〕布雷特·鲍登：《文明的帝国——帝国观念的演化》，杜富祥等译，社会科学文献出版社，2020，第57页。
⑤ 〔澳〕布雷特·鲍登：《文明的帝国——帝国观念的演化》，杜富祥等译，社会科学文献出版社，2020，第100页。

国式的"文明开化"辩护。① 这称为"开化使命观",② 是西方中心论的"合法存在"。

美丽神话——西方的"自由民主""单数文明""民族优越""西方中心""唯西独尊""天赋人权""资本主导""理性尺度""世界主宰""开化使命"等,一定意义上蕴含着利己、对立、扩张和冲突的基因,由此西方的帝国"文明"已异化为"野蛮"。为遮蔽这种"野蛮",西方就制造出诸多"美丽神话",为"西方中心论"提供意识形态辩护,即把自己的利益说成普遍利益,认为西方所做的一切都是世界上最文明的,其所作所为都是在行使"文明开化使命",是为了普遍的利益。这可称为"意识形态神话观",是西方中心论的"意识形态存在"。

哲学唯"一"——进一步为西方中心论提供哲学根基。从古希腊哲学到德国古典哲学,都注重用思维法则为现实物质世界建构"同质性"的秩序,确定作为最后本源、最高权威、最高目的的形而上学的最高的"一",用"一"解释"多",这就是近代西方哲学所强调的"万能理性"或"绝对精神",认为它具有最高的"普遍性",是同化"多"的最高"同一性"、主宰"多"的最权威的"主宰者",是统治现实世界的绝对的"终极存在",具有操控一切并使一切发生变化的魔力,决定着社会生活的基本面貌,主导着现实物质世界。其实质,就是证明"同一性"的"目的"和"意义"。"同一性思维"的特质,就是强调一高于多、独断高于宽容、独白高于对话、强力高于平等、控制高于自由、专制高于民主,③ 因而,西方传统的理性形而上学大都是为"西方中心论"做哲学论证的。这可称为唯"一"哲学观或理性形而上学世界观,是西方中心论的"哲学存在"。

以上几个环节的总逻辑:把世界唯"西"化→把西方唯"一"化→把唯一"统一"化→把统一"统治"化→若不服从统治就"打压"。其实质就

---

① 〔澳〕布雷特·鲍登:《文明的帝国——帝国观念的演化》,杜富祥等译,社会科学文献出版社,2020,第288页。

② 〔澳〕布雷特·鲍登:《文明的帝国——帝国观念的演化》,杜富祥等译,社会科学文献出版社,2020,第288页。

③ 白刚:《瓦解资本的逻辑——马克思辩证法的批判本质》,中国社会科学出版社,2009,第76页。

是把进步化为中心、把特殊说成普遍、把西方当成世界、把文化等同文明、把现代化等于西方化，这就是西方所谓的"基于规则的秩序"。由上可见，以近代西方工业化、市场化、资本化为基石，以理性和解放、自由和民主、市民社会和个人利益为核心理念的西方式现代化从基因上只能内生出"物化文化""资本型文化""单向度文化""殖民扩张式文化"，这种"文化"在结果上因注重绝对一元又内生出为我、单赢、掠夺、扩张、冲突和暴力，并异化为"野蛮"，最后就是以"恶"护"恶"。对此，威廉斯提出，欧洲殖民国家和殖民扩张的衍生国家背后都有一个中心思想作支撑，即西方世界的文明、知识比非西方民族优越。这种优越感让西方世界产生救赎的使命感，一厢情愿地将自我理解的事实强加给非西方民族。斯塔罗宾指出，一旦文明一词不再表示有待判断的事实，而成为一种颠扑不破的价值，它就把以文明之名要求做出至高牺牲变成一件合情合理的事情。这意味着在某些情况下促进文明或捍卫文明可以成为诉诸暴力的理由。于是，就出现了某些"文明的"民族或国家时常以"文明"之名对所谓"不文明"的民族或国家采取极端措施，做出令人发指之事，如殖民扩张或暴力。① 而这，在结果及其实质上就是反文明的野蛮，是远离"至善"的恶。

（三）中国式现代化内生人类文明新形态

现代文明发源于现代化进程，中国式现代化的世界意义就是创造人类文明新形态这样一种文明范式。从哲学上讲，这意味着需要把中国式现代化提升到人类文明新形态层面加以探究。中国特色社会主义"扬弃"传统中西文明，所创造的中国式现代化能内生人类文明新形态。

首先，中国式现代化体现了人类文明演进的一般规律，具有历史逻辑。其中具有总体性的规律，就是马克思讲的人的发展"三形态"，即在前资本主义社会，人的发展呈现为"人的依赖关系"；在资本主义社会，人的发展呈现为"以物的依赖性为基础的人的独立性"；在未来理想社会，人的发展呈现为社会生产力全面发展和人的全面发展基础上的"自由个

---

① 〔澳〕布雷特·鲍登：《文明的帝国——帝国观念的演化》，杜富祥等译，社会科学文献出版社，2020，第56页。

性"。马克思毕生批判资本主义社会的总问题，即资本占有劳动并控制社会的逻辑，旨在实现人类解放、无产阶级解放和每个人自由全面发展。这一总问题既涉及社会主义文明取代资本主义文明的历史必然性，也是不同历史时期马克思主义者致力解决的带有规律性的问题——人类文明的走向。马克思从理论上为解决这一问题提供了根本路径，仍需要后人从实践上破解。中国特色社会主义进入新时代，我们党致力于从总体和实践上破解这一问题，这主要是通过创造中国式现代化实现的。中国式现代化既超越了中国传统以家庭伦理为基点的伦理型文明，也超越了西方立足市民社会的"物的依赖性"基础上的"资本文明"，开创了立足社会生产力全面发展和人的全面发展的社会主义的"人本文明"。

其次，中国式现代化是开创人类文明新形态的基础，具有现实逻辑。习近平总书记指出："我们坚持和发展中国特色社会主义，推动物质文明、政治文明、精神文明、社会文明、生态文明协调发展，创造了中国式现代化新道路，创造了人类文明新形态。"① 这段重要论述的逻辑是："坚持和发展中国特色社会主义→推动物质文明、政治文明、精神文明、社会文明、生态文明协调发展→创造中国式现代化新道路，创造人类文明新形态。"这实际上体现的是"因果关系"的现实逻辑：坚持和发展中国特色社会主义的创新成果就是成功推进和拓展了中国式现代化→中国式现代化推动着物质文明、政治文明、精神文明、社会文明、生态文明协调发展→推动物质文明、政治文明、精神文明、社会文明、生态文明协调发展，便直接创造了人类文明新形态。这里，中国式现代化具有内生人类文明新形态的基因，不宜离开中国现代化进程来谈论人类文明新形态。之后，习近平总书记所讲的中国式现代化是"全体人民共同富裕的现代化""物质文明和精神文明相协调的现代化""人与自然和谐共生的现代化""走和平发展道路的现代化"，② 从哲理上讲，也超越了以"主客二分"为哲学范式的所谓"资本文明"，确立了以"主主平等、和合普惠"为哲学范式的新文明。

---

① 习近平：《在庆祝中国共产党成立 100 周年大会上的讲话》，人民出版社，2021，第 13 ~ 14 页。
② 习近平：《高举中国特色社会主义伟大旗帜　为全面建设社会主义现代化国家而团结奋斗——在中国共产党第二十次全国代表大会上的报告》，人民出版社，2022，第 22~23 页。

最后，现代化发展从根本上就是人类文明形态演进的过程，是文明发展和转型的过程，具有生成逻辑。从学理上讲，中国式现代化是人类文明新形态的一种实现方式。一般通过特殊实现，特殊蕴含一般。走向人类新文明的方式是多样的，中国式现代化可理解为创造人类文明新形态的中国方式，对走向人类新文明能作出具有世界意义的贡献，甚至在一定意义上引领人类新文明的走向。基于学理分析，中国式现代化能创造具有世界意义和人类文明意义的中国特色社会主义的"民本文明"。上述所讲的文明，在从应然走向实然的意义上，从本质上区别并高于资本文明，充分彰显了人类文明新元素，属于"人类文明新形态"。

中国式现代化为创造人类文明新形态作出了独特贡献。

从哲学维度讲，创造了以"主主平等、和合普惠"为哲学范式的多元共赢文明，区别于西方那种一元主导文明。中国式现代化的哲学基础是坚持"多样统一""主主平等、和合普惠"，强调世界现代化和人类文明的多样性、独特性、平等性、普惠性，强调世界各国要遵循现代化发展和人类文明发展一般规律，注重世界各国在现代化道路选择和人类文明发展问题上的平等性和互鉴性。这是人类文明新形态在哲学范式上的体现，关乎人类存在和交往方式，属于本源性的人类文明新形态。

从历史维度讲，创造了以新发展理念为指导原则来全面建成社会主义现代化强国，进而注重物质文明、政治文明、精神文明、社会文明、生态文明相协调的全要素文明。即以实现高质量发展为核心的物质文明、以发展全过程人民民主为核心的政治文明、以丰富人民精神世界为核心的精神文明、以实现全体人民共同富裕为核心的社会文明、以促进人与自然和谐共生为核心的生态文明，它区别于西方工业化进程中那种物质主义膨胀的单向度文明。这是人类文明新形态在历史维度上体现出的全要素文明。

从关系维度讲，创造了坚持人民至上的民本文明。它区别于资本主义社会资本至上、两极分化的资本文明。这是人类文明新形态在关系维度上体现出的社会主义民本文明。

从空间维度讲，创造了坚持走和平发展道路，高举和平、发展、合作、共赢旗帜，携手共建人类命运共同体的类本文明（人类和合文明），区别于西方中心论、狭隘民族主义、殖民扩张的地域性文明。中国式现代化是中国在与世界交织互动中开创出来的，也会进一步推动中国与世界的交织互动，能彰显出人类文明元素。当今世界正经历百年未有之大变局，也遭遇前所未有的困境。习近平总书记为寻求人类发展的未来之路，坚持走和平发展道路，秉持构建人类命运共同体理念。话语的背后是道理。从道理学理哲理来讲，它可以看作以人类为主体，以世界多样性统一为现实根基，以坚持系统观念、坚持胸怀天下为世界观方法论，以和平、发展、公平、正义、民主、自由为全人类共同价值，以建设利益共同体、价值共同体、安全共同体、合作共同体等为核心内容，着力建设以人类命运共同体为标识的类本文明。这是人类文明新形态在空间维度或人类维度上的体现。

总之，既要从人类文明新形态来把握中国式现代化及其世界意义，也应基于中国式现代化来理解人类文明新形态的根基。

三　余论

人类文明新形态可为构建人类命运共同体提供人文基础。人类文明新形态的实践诉求是构建人类命运共同体，后者是人类文明新形态的总体实践形式。西方式现代化以一元主导文明观为根基的"文明冲突论"与人类命运共同体理念是相悖的，缺乏构建人类命运共同体的文明根基；人类文明新形态注重不同文明的多样统一、平等相待、包容交流、互学互鉴，既为构建人类命运共同体提供了前提，又为推动构建人类命运共同体注入了动力，也增强了世界各国构建人类命运共同体的责任担当。

人类文明新形态注重的"人类""共同性""共同体"是构建人类命运共同体的人文基础。习近平明确把"文明"交流互鉴看作构建"人类命运共同体"的人文基础："文明因多样而交流，因交流而互鉴，因互鉴而发展。我们要加强世界上不同国家、不同民族、不同文化的交流互鉴，夯实共建亚洲命运共同体、人类命运共同体的人文基础。"[1]

_____

① 《习近平谈治国理政》第3卷，外文出版社，2020，第468页。

第一，人类文明新形态与人类发展进步本质相关，与人类命运直接相连，与人类共同体息息相通，适合整个人类共用，为构建人类命运共同体奠定了"人类"基础。作为"事实判断"的文明描述的是整个"人类"发展进步的事实，是任何追求"人类"共同发展进步的国家、民族都坚持的文明观。人类文明新形态本质上追求的是整个"人类"的发展进步，它注重人类的统一性、平等性、包容性、互鉴性、普惠性，强调民族或地域文明所具有的人类意义。

第二，人类文明新形态注重"你中有我、我中有你"，为构建人类命运共同体奠定了"共同命运"基础。人类文明新形态注重人类的共同性，即共同利益、共同价值、共同安全、共同合作、共建共享。它秉持人类主义立场，坚持多边主义行为准则，注重实现全人类共同利益，超越了西方中心主义、单边主义、霸权主义和文明冲突论，与追求全人类的共同利益、共同安全具有本质一致性；它是走和平发展道路并强调世界大同、和平发展、合作共赢的类本文明，是实现全体人民共同富裕、促进人的全面发展的民本文明，是注重"多样统一""主主平等、和合普惠"的多元共赢文明，是注重物质文明、政治文明、精神文明、社会文明、生态文明相协调的全要素文明，与和平、发展、公平、正义、民主、自由等全人类共同价值，与追求全人类的共同繁荣、共同合作具有本质一致性。

第三，人类文明新形态主张世界多样的世界观、国家平等的国家观、互学互鉴的文明观、包容发展的发展观、合作共赢的义利观，与构建人类命运共同体具有本质一致性，为构建人类命运共同体奠定了"共同体"基础。人类文明新形态在人类实践上追求的是"共同体"，旨在通过构建人类命运共同体来避免"文明冲突论"。[①] 人类与国家、民族的共同命运需要通过构建"共同体"来实现，这种"共同体"是实现"共同命运"的路径、平台。构建这种共同体需以对话协商、共建共享、合作共赢、交流互鉴为基础，以共同利益、共同价值、共同繁荣、共同安全、共同行动为支撑，[②] 人类文明新形态为构建这种共同体提供了人文支撑。

---

① 安维复：《人类文明新形态的学理性考察》，《人民论坛·学术前沿》2022 年第 Z1 期。
② 习近平：《共同构建人类命运共同体》，《求是》2021 年第 1 期。

　　人类文明新形态注重寻求世界各国间的共同点，是构建人类命运共同体的直接依据。马克思所讲的"真正共同体"是在消灭阶级对立前提下以实现每个人自由全面发展为基本原则的社会形态，与此既联系又区别的人类命运共同体，则是在"两制并存"格局中世界各国追求和平发展、合作共赢、利益共享、和谐共处的时代理念和中国方案，它在承认各国差异乃至根本差异前提下更注重寻求共同之处，人类文明新形态有助于削弱人类命运共同体中的差异并彰显其共同性，既有助于构建人类命运共同体，也有助于推动人类命运共同体逐步走向"真正共同体"。

　　综上所述，可基于中国式现代化、人类文明新形态和人类命运共同体，来构建中国式现代化的理论体系和话语体系，并创新发展 21 世纪马克思主义。

新时代"中华民族伟大复兴论"[*]

王虎学[**]

实现中华民族伟大复兴，是中国人民和中华民族近代以来的伟大梦想。党的十八大以来，在习近平新时代中国特色社会主义思想的科学指引下，中华民族迎来了从站起来、富起来到强起来的伟大飞跃，中华民族伟大复兴已经进入不可逆转的历史进程。习近平总书记关于中华民族伟大复兴中国梦的一系列重要论述，以"中华民族向何处去"的高度深刻回答了"实现什么样的中华民族伟大复兴，怎样实现中华民族伟大复兴"这一具有总体性、目标性、引领性的重大时代课题，堪称新时代"中华民族伟大复兴论"，从根本上界定了中华民族伟大复兴的科学内涵，指明了中华民族伟大复兴的实现路径，明确了中华民族伟大复兴的领导力量，擘画了中华民族伟大复兴的宏伟蓝图。

一 界定了中华民族伟大复兴的科学内涵

2012 年 11 月 29 日，在国家博物馆参观《复兴之路》展览时，习近平总书记首次提出"中国梦"，并强调"实现中华民族伟大复兴，就是中华

———————————
[*] 本文原载《北京师范大学学报》（社会科学版）2023 年第 2 期，收入本书时有改动。

[**] 王虎学，中共中央党校（国家行政学院）马克思主义学院副院长，教授、博士生导师。

民族近代以来最伟大的梦想",因为这个梦想凝聚和寄托了几代中国人的夙愿,体现了中华民族和中国人民的整体利益,是每一个中华儿女共同的期盼。"中国梦"生动形象地表达了实现中华民族伟大复兴的"伟大梦想",一经提出便引发热烈反响,有人说中国梦说出了中华民族的千年夙愿,有人说中国梦道出了中华儿女的共同心声,有人说中国梦揭示了世界逐梦的话语潮流,等等。无论怎么看,中国梦已经远远超出了其字面含义,深刻回答了新时代"中国向何处去""中华民族向何处去"的中国之问、时代之问,明确标注了新时代坚持和发展中国特色社会主义的目标方向,成为引领中国社会发展进步的主导话语。

实现中华民族伟大复兴的中国梦,就是要实现国家富强、民族振兴、人民幸福。习近平总书记关于中华民族伟大复兴中国梦的一系列重要论述,明确界定了中华民族伟大复兴的科学内涵,完整清晰地描绘了实现国家富强、民族振兴和人民幸福的美好愿景。中国梦体现了中华民族和中国人民的整体利益,是每一个中华儿女的共同期盼,给人以希望、给人以信心、给人以力量。概括起来讲,中国梦的基本内涵可以从一个核心、两个层面、三个维度来完整准确地理解和把握。一个核心,即实现中华民族伟大复兴,这是中国梦最基本、最确定、最明晰的内涵。两个层面,即从整体层面来看,中国梦体现的是国家富强之梦、民族振兴之梦;从个体层面来看,中国梦体现的是每一个人的生活幸福、人生出彩之梦。三个维度,即从国家维度来说,中国梦就是要实现国家富强;从民族维度来说,就是要实现民族振兴;从人民维度来说,就是要实现人民幸福。换言之,中国梦内在地包含着国家富强之梦、民族振兴之梦和人民幸福之梦。国家富强、民族振兴、人民幸福集中体现了中华民族伟大复兴的"三重含义",共同勾勒并描绘出伟大梦想——中国梦"三位一体"的整体图景。

国家富强是指全面建成小康社会、实现第一个百年奋斗目标,进而全面建成富强民主文明和谐美丽的社会主义现代化强国,实现第二个百年奋斗目标。只有国家富强,民族振兴才有坚实基础,人民幸福才有根本指望。实现中华民族伟大复兴,国家富强是题中应有之义,也是前提和基础。如果没有发展,没有富裕,"那就只会有贫穷、极端贫困的普遍化;

而在极端贫困的情况下，必须重新开始争取必需品的斗争，全部陈腐污浊的东西又要死灰复燃"①。毛泽东在中华人民共和国成立初期就提出了"富""强"的要求，并明确指出："这个富，是共同的富，这个强，是共同的强，大家都有份"②。邓小平在改革开放的实践中更是强调指出："社会主义不是少数人富起来、大多数人穷，不是那个样子。社会主义最大的优越性就是共同富裕，这是体现社会主义本质的一个东西。"③ 很显然，这里的"富强"是一个综合评价指标，强调又富又强。这里的"富"是全面的"富"而不是片面的"富"，既包含物质层面的"富"，也包含精神层面的"富"，是物质富足和精神富有相统一的"富"，而且，这里的"富"是共同的"富"而不是个别的"富"，是全体人民共同的"富"而不是少数个别人的"富"，是先富带后富、最终实现共同富裕的"富"；这里的"强"是全面的"强"而不是片面的"强"，是整体的"强"而不是部分的"强"，是包含着经济、政治、文化、社会、生态等方方面面的整体的、全面的"强"，就此而论，"国家富强"意味着"健康中国""富强中国""民主中国""文明中国""和谐中国""美丽中国"的有机统一。

民族振兴是指中华民族既能够更加坚强有力地自立于世界民族之林，同时又能够为人类社会和全球发展作出新的更大的贡献。诚如恩格斯所说，一个民族"只有当它作为一个独立的民族重新掌握自己的命运的时候，它的内部发展过程才会重新开始"④。在民族自立自强的基础上进一步来谈民族振兴，我们可以参照古代中国关于"盛世"的两个显著标识：一是疆域版图辽阔（比如唐代 1000 多万平方公里、元代达 1500 多万平方公里、清康熙年间 1300 多万平方公里，等等）；二是对人类文明的贡献大（统计显示，16 世纪以前，影响人类生活的重大科技发明约 300 项，其中175 项是中国人的发明。直到 18 世纪末期，中国的经济规模仍然是世界上

---

① 《马克思恩格斯选集》第 1 卷，人民出版社，2012，第 166 页。
② 《毛泽东文集》第 6 卷，人民出版社，1999，第 495 页。
③ 《邓小平文选》第 3 卷，人民出版社，1993，第 364 页。
④ 《马克思恩格斯全集》第 18 卷，人民出版社，1964，第 630 页。

最大的,全世界 50 万以上人口的大城市当时共有 10 个,中国有 6 个)。①
那么,我们今天所强调的"民族振兴"绝不是也不可能是回到过去,我
们所重申的"伟大复兴"绝不是也不可能是回归或重温所谓"汉唐盛世"
"康乾盛世",更不是要恢复"中华帝国",而是应该在自立自强基础上
的"兼济天下"、在坚持中国道路基础上的"胸怀天下",为人类社会和
全球发展作出更大的贡献、贡献更多的中国智慧、提供更优质的中国方
案。在这方面,我们不仅大有可为,而且大有作为。党的十八大以来,
面对世界"百年未有之大变局"、面对"世界怎么了,我们怎么办"的世
界之问,无论是我们呼吁弘扬的"和平、发展、公平、正义、民主、自
由"的"全人类共同价值",还是基于此推动构建的"人类命运共同
体",抑或中国共产党百年奋斗所开辟的中国式现代化道路,以及创造的
人类文明新形态,都表明中华民族不仅有能力自立自强于世界民族之林,
而且有能力为全球发展和人类文明作出更多、更大的贡献。诚然,中华
民族伟大复兴必然包含着中华文明的复兴,但这并不意味着中国要在世
界上称王称霸!事实上,中国一再强调并以实际行动向世界表明:不管
现在还是将来,中国永远不称霸。从根本上而言,中华民族的伟大复兴,
走的不是战争道路而是和平发展道路,不是资本主义道路而是中国特色
社会主义道路,不是用中华文明取代其他文明,而是要实现文明的交流
互鉴、和谐共生,不是要取代其他国家的地位,而是要与世界各国同心
协力,构建人类命运共同体,建设持久和平、普遍安全、共同繁荣、开
放包容、清洁美丽的世界。

人民幸福是指始终坚持以人民为中心,为人民造福,增进人民福祉,
在实现共同富裕过程中不断促进人的自由全面发展。"以人民为中心的发
展思想,不是一个抽象的、玄奥的概念,不能只停留在口头上、止步于思
想环节,而要体现在经济社会发展各个环节。"② 人民幸福是国家富强、民
族振兴的必然要求和最终指向。中华民族伟大复兴,最终要体现在千千万

---

① 参见石仲泉《中国共产党与民族复兴的"中国梦"》,《中国延安干部学院学报》2013 年
  第 3 期。
② 《习近平谈治国理政》第 2 卷,外文出版社,2017,第 213~214 页。

万个家庭的幸福美满，体现在亿万人民生活不断改善上，体现在每一个中国人的获得感、安全感、幸福感的稳步提升上。列宁指出，资产阶级覆灭的必然性就在于"资产者忘记了微不足道的人物，忘记了人民，忘记了千千万万的工人和农民，可这些工人和农民却用自己的劳动为资产阶级创造了全部财富"①。因此，中国共产党人在任何时候都不能忘记人民是创造历史的动力这一历史唯物主义最基本的道理。毛泽东指出，"人民，只有人民，才是创造世界历史的动力"②，并充满深情地发出"人民万岁"的历史最强音。习近平总书记强调："我们的人民热爱生活，期盼有更好的教育、更稳定的工作、更满意的收入、更可靠的社会保障、更高水平的医疗卫生服务、更舒适的居住条件、更优美的环境，期盼孩子们能成长得更好、工作得更好、生活得更好。人民对美好生活的向往，就是我们的奋斗目标。"③ 中国梦归根结底是人民的梦，是中国人民追求人生幸福和生命意义、实现人的全面发展的梦。"人，本质上就是文化的人，而不是'物化'的人；是能动的、全面的人，而不是僵化的、'单向度'的人。人类不仅追求物质条件、经济指标，还要追求'幸福指数'；不仅追求自然生态的和谐，还要追求'精神生态'的和谐；不仅追求效率和公平，还要追求人际关系的和谐与精神生活的充实，追求生命的意义。"④ 如果说没有人民富裕，发展就不算成功，那么，没有人民幸福，复兴就不算完成。

二　指明了中华民族伟大复兴的实现路径

梦想就在前方，道路就在脚下。新时代"中华民族伟大复兴论"不仅提出了实现中华民族伟大复兴的伟大梦想"中国梦"，解决了"过河"的使命任务问题，而且指明了实现梦想的路径问题，解决了"桥或船"的问

---

① 《列宁全集》第 11 卷，人民出版社，1987，第 149 页。
② 《毛泽东选集》第 3 卷，人民出版社，1991，第 1031 页。
③ 《习近平谈治国理政》，外文出版社，2014，第 4 页。
④ 习近平：《之江新语》，浙江人民出版社，2007，第 150 页。

题。如果"不解决桥或船的问题,过河就是一句空话"①。中华民族伟大复兴不是轻轻松松、敲锣打鼓就能实现的,圆梦的道路注定不可能是一马平川、一帆风顺的,我们必须时刻准备付出更为艰巨、更为艰苦的努力。新时代新征程,实现中国梦,必须走中国道路、弘扬中国精神、凝聚中国力量。

实现中国梦,必须走中国道路,坚持以中国式现代化全面推进中华民族伟大复兴。方向决定道路,道路决定命运。道路就是党的生命,道路问题是关系党的事业兴衰成败第一位的问题。而一个国家究竟坚持什么主义,走什么路,实行什么样的制度,归根结底取决于这个国家最广大人民的意志,取决于这个国家的具体国情和历史文化条件。中国特色社会主义道路是从我国国情出发,探索并形成的符合中国实际的正确道路,是创造人民美好生活的人间正道,是实现中华民族伟大复兴的必由之路。中国特色社会主义道路是在改革开放40多年的伟大实践中走出来的,是在中华人民共和国成立70多年的持续探索中走出来的,是在对近代以来180多年中华民族发展历程的深刻总结中走出来的,是在对中华民族5000多年悠久文明的传承中走出来的,具有深厚的历史渊源和广泛的现实基础。今天,脚踏中华大地,传承中华文明,走符合中国国情的正确道路,党和人民就具有无比广阔的舞台,具有无比深厚的历史底蕴,具有无比强大的前进定力。历史和实践已经证明,只要我们既不走封闭僵化的老路,也不走改旗易帜的邪路,坚定不移走中国特色社会主义道路,就一定能够实现中华民族伟大复兴的中国梦。梦想不同,圆梦的道路也各不相同。实现中国梦,必须而且只能走中国特色社会主义道路。"我们只有在社会主义的基础上才能实现中华民族的伟大复兴,同时在中华民族复兴的过程中使社会主义再造辉煌。"② 从一定意义上讲,中国特色社会主义道路也就是中国式现代化道路。改革开放初期,邓小平明确强调,"我们要实现的四个现代化,

---

① 《毛泽东著作专题摘编》(上),中央文献出版社,2003,第310页。
② 杨耕:《东方的崛起:关于中国式现代化的哲学反思》,北京师范大学出版社,2009,第21页。

是中国式的四个现代化"①，"中国搞现代化，只能靠社会主义，不能靠资本主义"②。说到底，"中国式现代化，是中国共产党领导的社会主义现代化"③，是"无产阶级干的现代化"而不是"资产阶级干的现代化"④，是以社会主义方式而不是以资本主义方式实现现代化的一条新路。现代化是世界发展的历史潮流，实现现代化是世界各国发展普遍面临的历史任务。在中华人民共和国成立以来特别是改革开放以来的长期探索和实践基础上，经过党的十八大以来在理论和实践上的创新突破，我们成功推进和拓展了中国式现代化，中国式现代化是强国建设、民族复兴的唯一正确道路。

实现中国梦，必须弘扬中国精神，坚持以爱国主义为核心的民族精神和以改革创新为核心的时代精神全面助力中华民族伟大复兴。人无精神不立，国无精神不兴。1893 年 10 月 12 日，晚年的恩格斯在给德国社会民主党的领袖奥古斯特·倍倍尔的信中曾语重心长地指出："一个知道自己的目的，也知道怎样达到这个目的的政党，一个真正想达到这个目的并且具有达到这个目的所必不可缺的顽强精神的政党，——这样的政党将是不可战胜的。"⑤ 毫无疑问，中国共产党就是具有这种"顽强精神"的政党。精神是一个民族赖以生存的灵魂，唯有精神上达到一定的高度，这个民族才能在历史的洪流中屹立不倒、奋勇向前。国家强盛、民族复兴需要物质力量的强盛，更需要精神力量的升华。越是伟大的事业，越是需要精神力量的滋养，一个没有精神力量支撑的民族难以自立自强。中国人民是伟大的人民，素来有着深沉厚重的精神追求，具有伟大的梦想精神，即使近代以来饱尝屈辱和磨难，也绝不自甘沉沦，而是始终怀揣民族复兴的梦想，追求光明美好的未来。毛泽东深刻地指出："已经复兴了并正在复兴着伟大

---

① 《邓小平文选》第 2 卷，人民出版社，1994，第 237 页。
② 《邓小平文选》第 3 卷，人民出版社，1993，第 229 页。
③ 习近平：《高举中国特色社会主义伟大旗帜　为全面建设社会主义现代化国家而团结奋斗——在中国共产党第二十次全国代表大会上的报告》，人民出版社，2022，第 22 页。
④ 《邓小平文选》第 2 卷，人民出版社，1994，第 40 页。
⑤ 《马克思恩格斯全集》第 39 卷，人民出版社，1974，第 139 页。

的中国人民的文化……就其精神方面来说,已经超过了整个资本主义的世界。"① 所谓中国精神,就是指以爱国主义为核心的民族精神和以改革创新为核心的时代精神。在实现中华民族伟大复兴中国梦的征程上,只有弘扬伟大的民族精神和时代精神,才能为坚持和发展中国特色社会主义提供强大的精神支撑,才能为全民族凝心聚力、团结奋斗提供精神纽带和精神动力。而真正把我国56个民族、14亿多人紧紧凝聚在一起的,是我们共同经历的非凡奋斗,是我们共同创造的美好家园,是我们共同培育的以爱国主义为核心的民族精神,是我们共同铸就的以改革创新为核心的时代精神,贯穿其中的、更为重要的是我们共同坚守的理想信念。今天,中国人民更加自信、自立、自强,积极性、主动性、创造性进一步激发,做中国人的志气、骨气、底气空前增强,在新时代十年的伟大实践中焕发出前所未有的历史主动精神、历史创造精神,正以饱满昂扬的精神状态朝着实现中华民族伟大复兴的目标阔步前进。

实现中国梦,必须凝聚中国力量,坚持以全国各族人民大团结的人民伟力全面推进中华民族伟大复兴。唯物史观认为,社会发展、历史变迁,"与其说是个别人物,即使是非常杰出的人物的动机,不如说是使广大群众、使整个整个的民族,并且在每一民族中间又是使整个整个阶级行动起来的动机"②。唯物史观所揭示的基本原理就在于,人民是历史的主体,是创造并推动历史前进的动力。在《1844年经济学哲学手稿》中,马克思指出,在历史发展的无限过程中,"人始终是主体"③,"整个所谓世界历史不外是人通过人的劳动而诞生的过程"④;在《神圣家族》中,马克思和恩格斯认为:"历史不过是追求着自己目的的人的活动而已"⑤,"历史活动是群众的活动,随着历史活动的深入,必将是群众队伍的扩大"⑥。人民是历史的创造者,是决定党和国家前途命运的根本力量。毛泽东曾豪迈地指出:

---

① 《毛泽东选集》第4卷,人民出版社,1991,第1516页。
② 《马克思恩格斯选集》第4卷,人民出版社,2012,第255~256页。
③ 〔德〕马克思:《1844年经济学哲学手稿》,人民出版社,2000,第91页。
④ 〔德〕马克思:《1844年经济学哲学手稿》,人民出版社,2000,第92页。
⑤ 《马克思恩格斯文集》第1卷,人民出版社,2009,第295页。
⑥ 《马克思恩格斯文集》第1卷,人民出版社,2009,第287页。

"中国人民将会看见，中国的命运一经操在人民自己的手里，中国就将如太阳升起在东方那样，以自己的辉煌的光焰普照大地。"① 实现中华民族伟大复兴的中国梦，必须坚持以人民为中心。人民既是中国梦的创造者，也是中国梦的享有者，中国梦的根基力量在人民。实现中国梦，必须紧紧依靠中国人民。人民群众身上潜藏着无穷的伟力、无尽的智慧、无限的激情，人民群众对美好生活的向往、对人生出彩机会的渴望、对梦想成真的追求，蕴含着无穷的奋斗潜力和创造活力。实现中国梦，必须凝聚全国各族人民大团结的中国力量。所谓中国力量，就是指全国 14 亿多、56 个民族人民大团结的磅礴力量。尽管"每个人的力量是有限的，但只要我们万众一心、众志成城，就没有克服不了的困难"②。新时代，我们都是追梦人，我们都是"中国梦"梦之队的一员，全国各族人民必须紧紧地团结在党中央周围，铸牢中华民族共同体意识，才能为实现中华民族伟大复兴中国梦凝聚起不可战胜的中国力量。实干兴邦，空谈误国。幸福不会从天而降，梦想不会自动实现，只有实干才能成就中国梦。新时代新征程，我们遭遇的风险挑战风高浪急，有时甚至是惊涛骇浪，但越是这个时候，我们就越是需要把个人的梦想和人生理想融入国家和民族的伟大梦想之中，把小我融入大我，坚定信心、迎难而上，心往一处想、劲往一处使，共担民族复兴的责任，共享民族复兴的荣耀，同心共圆中国梦。

三　明确了中华民族伟大复兴的领导力量

没有共产党，就没有新中国，就没有中华民族伟大复兴。"中国产生了共产党，这是开天辟地的大事变。"③ 历史和实践告诉我们，办好中国的事情，关键在党。党的二十大报告进一步明确指出："全面建设社会主义现代化国家、全面推进中华民族伟大复兴，关键在党。"④ 共产党为什么

---

① 《毛泽东选集》第 4 卷，人民出版社，1991，第 1467 页。
② 《习近平谈治国理政》，外文出版社，2014，第 5 页。
③ 习近平：《在庆祝中国共产党成立 100 周年大会上的讲话》，人民出版社，2021，第 3 页。
④ 习近平：《高举中国特色社会主义伟大旗帜　为全面建设社会主义现代化国家而团结奋斗——在中国共产党第二十次全国代表大会上的报告》，人民出版社，2022，第 63 页。

能？马克思和恩格斯早在《共产党宣言》中就已指出："他们没有任何同整个无产阶级的利益不同的利益……在实践方面，共产党人是各国工人政党中最坚决的、始终起推动作用的部分；在理论方面，他们胜过其余无产阶级群众的地方在于他们了解无产阶级运动的条件、进程和一般结果。"① 中国共产党是中华民族伟大复兴的领导力量，是领导我们伟大事业的主体力量，这个领导力量和主体力量，就是"成为伟大中华民族的一部分而和这个民族血肉相联的共产党员"②。回顾历史不难发现，在中国这样一个人口众多、情况复杂的大国，如果没有一个坚强的领导力量把全国人民组织起来、发动起来，实现社会主义现代化、实现中华民族伟大复兴就只能是一句空话。近代以来，中国人民和中华民族之所以能够扭转历史命运、铸就历史伟业，最根本的是有中国共产党的坚强领导。习近平总书记深刻指出："没有中国共产党，哪有社会主义中国？哪有中国特色社会主义？哪有中华民族伟大复兴？"③ 历史一再证明，中国共产党是伟大、光荣、正确的党，是唯一能够引领中华民族走向伟大复兴的党。我们坚信："有中国共产党的坚强领导，有全国各族人民的紧密团结，全面建成社会主义现代化强国的目标一定能够实现，中华民族伟大复兴的中国梦一定能够实现。"④

实现中华民族伟大复兴是中国共产党百年团结奋斗一以贯之的最鲜明、最根本的主题。历史地看，中国共产党人对实现中华民族伟大复兴的认知，经历了由百年前的"奋斗目标"到百年进程中的"历史使命"，再到百年华诞的"一个主题"的演进过程。其实，早在中国共产党第十三次全国代表大会的报告中，"实现中华民族伟大复兴"一词就已经出现，成为中国共产党人坚定、明确、清晰的奋斗目标。新时代，中国共产党明确把为人民谋幸福、为民族谋复兴确立为自己的初心和使命。习近平总书记在中国共产党成立100周年的重要历史节点深刻指出："一百年来，中国共产党团结带领中国人民进行的一切奋斗、一切牺牲、一切创造，

① 《马克思恩格斯文集》第4卷，人民出版社，2009，第3~4页。
② 《毛泽东选集》第2卷，人民出版社，1991，第534页。
③ 习近平：《推进党的建设新的伟大工程要一以贯之》，《求是》2019年第19期。
④ 习近平：《在庆祝中国共产党成立100周年大会上的讲话》，人民出版社，2021，第22~23页。

归结起来就是一个主题：实现中华民族伟大复兴。"① 为了实现中华民族伟大复兴，党领导人民不懈奋斗、不断进取，成功开辟了实现中华民族伟大复兴的正确道路，使中华民族的精神面貌焕然一新，实现了从"衰败凋零"到"欣欣向荣"的根本性转变。近代以后，创造了灿烂文明的中华民族遭受了前所未有的沉重劫难，遭遇文明难以赓续的深重危机，呈现在世界面前的是一派衰败凋零的景象。经过党和人民的百年奋斗，中国从四分五裂、一盘散沙到高度统一、民族团结，从积贫积弱、一穷二白到全面小康、繁荣富强，从被动挨打、饱受欺凌到独立自主、坚定自信，仅用几十年时间就走完发达国家几百年走过的工业化历程，创造了经济快速发展和社会长期稳定两大奇迹。今天，中华民族向世界展现的是一派欣欣向荣的气象，"社会主义中国巍然屹立在世界东方，没有任何力量能够撼动我们伟大祖国的地位，没有任何力量能够阻挡中国人民和中华民族的前进步伐"②。

党和人民的百年团结奋斗，书写了中华民族几千年历史上最恢宏的史诗，为实现中华民族伟大复兴创造了良好条件、奠定了坚实基础、提供了重要保障。总的来说，百年奋斗经历了"四个历史时期"，创造了"四个伟大成就"。新民主主义革命时期，党领导人民浴血奋战、百折不挠，创造了新民主主义革命的伟大成就。这一时期，党面临的主要任务是，反对帝国主义、封建主义、官僚资本主义，争取民族独立、人民解放，为实现中华民族伟大复兴创造根本社会条件。社会主义革命和建设时期，党领导人民自力更生、发愤图强，创造了社会主义革命和建设的伟大成就。这一时期，党面临的主要任务是，实现从新民主主义到社会主义的转变，进行社会主义革命，推进社会主义建设，为实现中华民族伟大复兴奠定根本政治前提和制度基础。改革开放和社会主义现代化建设新时期，党领导人民解放思想、锐意进取，创造了改革开放和社会主义现代化建设的伟大成就。这一时期，党面临的主要任务是，继续探索中国建设社会

---

① 习近平：《在庆祝中国共产党成立100周年大会上的讲话》，人民出版社，2021，第3页。
② 习近平：《在庆祝中华人民共和国成立70周年大会上的讲话》，《人民日报》2019年10月2日。

主义的正确道路，解放和发展社会生产力，使人民摆脱贫困、尽快富裕起来，为实现中华民族伟大复兴提供充满新的活力的体制保证和快速发展的物质条件。

党的十八大以来，中国特色社会主义进入新时代，党领导人民自信自强、守正创新，创造了新时代中国特色社会主义的伟大成就。这一时期，党面临的主要任务是，实现第一个百年奋斗目标，开启实现第二个百年奋斗目标新征程，朝着实现中华民族伟大复兴的宏伟目标继续前进。以习近平同志为核心的党中央统筹把握中华民族伟大复兴战略全局和世界百年未有之大变局，强调中国特色社会主义新时代是全体中华儿女勠力同心、奋力实现中华民族伟大复兴中国梦的时代。新时代，以习近平同志为主要代表的中国共产党人，面对国内外形势新变化和实践新要求，勇于进行理论创新和探索，始终坚持守正创新，既一脉相承地坚持马克思主义，又与时俱进地发展马克思主义，强调坚持把马克思主义基本原理同中国具体实际相结合、同中华优秀传统文化相结合，打开了理论创新的新天地，开创了理论创造的新格局，从理论和实践的结合上深入回答了关系党和国家事业发展的一系列重大时代课题，以全新的视野深化了对共产党执政规律、社会主义建设规律、人类社会发展规律的认识，创立了习近平新时代中国特色社会主义思想。这一科学理论进一步明确坚持和发展中国特色社会主义，其总任务是实现社会主义现代化和中华民族伟大复兴，在全面建成小康社会的基础上，全面建成社会主义现代化强国，以中国式现代化推进中华民族伟大复兴；明确中国特色大国外交要服务民族复兴、促进人类进步，推动建设新型国际关系，推动构建人类命运共同体，等等。新时代，以习近平同志为核心的党中央领导全党全军全国各族人民砥砺前行，全面建成小康社会目标如期实现，党和国家事业取得历史性成就、发生历史性变革，彰显了中国特色社会主义的强大生机活力，党心军心民心空前凝聚振奋，为实现中华民族伟大复兴提供了更为完善的制度保证、更为坚实的物质基础、更为主动的精神力量。新时代十年的伟大变革充分证明，党确立习近平同志党中央的核心、全党的核心地位，确立习近平新时代中国特色社会主义思想的指导地位，反映了全党全军全国各族人民共同心

愿，对新时代党和国家事业发展、对推进中华民族伟大复兴历史进程具有
决定性意义。

四 擘画了中华民族伟大复兴的宏伟蓝图

中国共产党立志于中华民族千秋伟业，致力于人类和平与发展崇高事
业。不谋全局者，不足以谋一域；不谋万世者，不足以谋一时。新时代新
征程，我们必须"胸怀两个大局，一个是中华民族伟大复兴的战略全局，
一个是世界百年未有之大变局，这是我们谋划工作的基本出发点"①。基于
此，党的二十大报告强调："我们对新时代党和国家事业发展作出科学完
整的战略部署，提出实现中华民族伟大复兴的中国梦，以中国式现代化推
进中华民族伟大复兴，统揽伟大斗争、伟大工程、伟大事业、伟大梦
想。"② 以此为战略目标，进一步明确了"两大布局"，即经济建设、政治
建设、文化建设、社会建设、生态文明建设"五位一体"总体布局和全面
建设社会主义现代化国家、全面深化改革、全面依法治国、全面从严治党
"四个全面"战略布局，从而全面擘画了中华民族伟大复兴的宏伟蓝图。

关于实现中华民族伟大复兴的"中国梦"，习近平总书记站在新时代
的历史高度曾经用三句脍炙人口的经典诗句概括并揭示了中华民族的历
史、现实和未来。回顾历史，中华民族的昨天可以说是"雄关漫道真如
铁"；立足现实，中华民族的今天真可谓"人间正道是沧桑"；展望未来，
中华民族的明天正可谓"长风破浪会有时"。其字里行间无不在表明走中
国特色社会主义道路的坚强决心，无不在表达以中国式现代化全面推进中
华民族伟大复兴的坚定信心。百余年来，在中国共产党团结带领中国人民
的接续奋斗中，中华民族从开天辟地，到改天换地、翻天覆地，再到惊天
动地，取得历史性成就、发生历史性变革。今天，实现中华民族伟大复兴
的中国梦，正引领着承载了十四亿多中国人民的"中国号"巍巍巨轮以不

---

① 《习近平谈治国理政》第 3 卷，外文出版社，2020，第 77 页。
② 习近平：《高举中国特色社会主义伟大旗帜　为全面建设社会主义现代化国家而团结奋
斗——在中国共产党第二十次全国代表大会上的报告》，人民出版社，2022，第 7 页。

可逆转、不可阻挡之势劈波斩浪、扬帆远航。习近平总书记也曾用这样惊天动地、气吞山河的话语来描述中华民族的伟大复兴,"一百年前,中华民族呈现在世界面前的是一派衰败凋零的景象。今天,中华民族向世界展现的是一派欣欣向荣的气象,正以不可阻挡的步伐迈向伟大复兴"①。新时代新征程,"中国共产党和中国人民以英勇顽强的奋斗向世界庄严宣告,中华民族迎来了从站起来、富起来到强起来的伟大飞跃,实现中华民族伟大复兴进入了不可逆转的历史进程"②! 在这里,"不可阻挡""不可逆转"彰显的正是中国共产党团结带领中国人民实现中华民族伟大复兴的坚强决心和坚定信心、深厚底气和厚重力量。

从大历史观来看,新时代是全面擘画中华民族伟大复兴的宏伟蓝图的新时代。恩格斯曾深刻指出:"只要进一步发挥我们的唯物主义论点,并且把它应用于现时代,一个强大的、一切时代中最强大的革命远景就会立即展现在我们面前。"③ 新时代十年的伟大变革,在党史、新中国史、改革开放史、社会主义发展史、中华民族发展史上具有里程碑意义,已经并将继续对中华民族的未来发展产生深远影响。只有创造过辉煌的民族,才懂得复兴的深意;只有经历过苦难的民族,才对复兴有深切的渴望。中华民族是世界上伟大的民族,有着5000多年源远流长的文明历史,中国共产党领导和团结全国各族人民经过百年奋斗,书写了中华民族几千年历史上最恢宏的史诗。新时代新征程,我们又踏上了实现第二个百年奋斗目标新的赶考之路、新的长征之路。党的二十大报告明确指出:"从现在起,中国共产党的中心任务就是团结带领全国各族人民全面建成社会主义现代化强国、实现第二个百年奋斗目标,以中国式现代化全面推进中华民族伟大复兴。"④ 今天,在习近平新时代中国特色社会主义思想的科学指引下,中华民族伟大复兴的光明前景越来越清晰地展现在我们眼前,中华民族伟大复

---

① 习近平:《在庆祝中国共产党成立100周年大会上的讲话》,人民出版社,2021,第21~22页。
② 习近平:《在庆祝中国共产党成立100周年大会上的讲话》,人民出版社,2021,第7页。
③ 《马克思恩格斯文集》第2卷,人民出版社,2009,第597~598页。
④ 习近平:《高举中国特色社会主义伟大旗帜 为全面建设社会主义现代化国家而团结奋斗——在中国共产党第二十次全国代表大会上的报告》,人民出版社,2022,第21页。

兴的中国梦必将不断变为现实。

新时代"中华民族伟大复兴论"不仅揭示了实现中华民族伟大复兴的历史必然，更进一步指明了实现中华民族伟大复兴愿景目标的"时间表"和"路线图"。处在"两个一百年"奋斗目标的历史交汇期，党的十九大对全面建成社会主义现代化强国作出"两步走"的战略安排，对实现第二个百年奋斗目标作出分两个阶段推进的战略安排，即从基本实现社会主义现代化到建成"社会主义现代化强国"。基于此，党的二十大报告进一步重申了全面建成社会主义现代化强国的总战略安排分两步走："从二〇二〇年到二〇三五年基本实现社会主义现代化；从二〇三五年到本世纪中叶把我国建成富强民主文明和谐美丽的社会主义现代化强国。"① 关于第一步到 2035 年基本实现社会主义现代化这个阶段的愿景目标，党的二十大报告在党的十九届五中全会的基础上作了新的总体概括，指出这个阶段我国发展的总体目标是："经济实力、科技实力、综合国力大幅跃升，人均国内生产总值迈上新的大台阶，达到中等发达国家水平；实现高水平科技自立自强，进入创新型国家前列；建成现代化经济体系，形成新发展格局，基本实现新型工业化、信息化、城镇化、农业现代化；基本实现国家治理体系和治理能力现代化，全过程人民民主制度更加健全，基本建成法治国家、法治政府、法治社会；建成教育强国、科技强国、人才强国、文化强国、体育强国、健康中国，国家文化软实力显著增强；人民生活更加幸福美好，居民人均可支配收入再上新台阶，中等收入群体比重明显提高，基本公共服务实现均等化，农村基本具备现代生活条件，社会保持长期稳定，人的全面发展、全体人民共同富裕取得更为明显的实质性进展；广泛形成绿色生产生活方式，碳排放达峰后稳中有降，生态环境根本好转，美丽中国目标基本实现；国家安全体系和能力全面加强，基本实现国防和军队现代化。"② 关于第二步，即从 2035 年到 21 世纪中叶把我国建成社会主义现代化强国这个阶段，就是说，在基本实现现代化的基础上，我们要继

---

① 习近平：《高举中国特色社会主义伟大旗帜　为全面建设社会主义现代化国家而团结奋斗——在中国共产党第二十次全国代表大会上的报告》，人民出版社，2022，第 24 页。

② 《习近平著作选读》第 1 卷，人民出版社，2023，第 20 页。

续奋斗，到 21 世纪中叶，我国物质文明、政治文明、精神文明、社会文明、生态文明将全面提升，全体人民共同富裕基本实现，我国人民将享有更加幸福安康的生活，实现国家治理体系和治理能力现代化，我国将成为综合国力和国际影响力领先的社会主义现代化强国，到那时，中华民族将以更加昂扬的姿态屹立于世界民族之林。

当前，世界百年未有之大变局加速演进，中华民族伟大复兴进入关键时期。我们比历史上任何时期都更加接近、更有信心和能力实现中华民族伟大复兴的目标。越是这样的时期，越是这样的时刻，我们越是需要时刻保持并发扬积极的斗争精神："为了谋求自己的解放，并同时创造出现代社会在本身经济因素作用下不可遏止地向其趋归的那种更高形式，他们必须经过长期的斗争，必须经过一系列将把环境和人都加以改造的历史过程。"① 新时代新征程，中华民族伟大复兴的历史车轮滚滚向前，我们坚信，党用伟大奋斗创造了百年伟业，也一定能用新的伟大奋斗创造新的伟业；在习近平新时代中国特色社会主义思想的正确指引下，中华民族伟大复兴的中国梦一定要实现，也一定能够实现。

---

① 《马克思恩格斯文集》第 3 卷，人民出版社，2009，第 159 页。

从理论、历史与实践的统一把握中国式现代化的重要原则[*]

赵　培[**]

　　党的二十大明确了在全面建成社会主义现代化强国的新征程上，必须牢牢把握五个方面的重要原则，即坚持和加强党的全面领导，坚持中国特色社会主义道路，坚持以人民为中心的发展思想，坚持深化改革开放，坚持发扬斗争精神。从理论、历史与实践的统一出发，全面准确把握"五个坚持"实践原则的科学内涵，对于推进中国式现代化，全面建成社会主义现代化强国，完成新时代新征程党的使命任务具有重大意义。

一　马克思主义关于现代化的三阶段理论

　　现代社会从何而起？中外学界对此并未形成统一认识。思想、文化、生产、交往、政治、宗教等领域中许多重要的历史事件，诸如文艺复兴与启蒙运动、工业革命、城市化、市场经济、全球贸易、资产阶级革命和宗教改革等，似乎都能作为现代社会的起点，但是，从人类社会发展一般规律着眼，这些标志性历史事件，与资本主义社会的形成和发展有密切联

　　* 本文原载《特区理论与实践》2023 年第 4 期，收入本书时有改动。
　　** 赵培，中共中央党校（国家行政学院）马克思主义学院教学秘书，副教授。

系，所以，在马克思主义的语境中，现代社会是资本主义社会的同义语。正如马克思在《哥达纲领批判》中指出："'现代社会'就是存在于一切文明国度中的资本主义社会，它或多或少地摆脱了中世纪的杂质，或多或少地由于每个国度的特殊的历史发展而改变了形态，或多或少地有了发展。"① 根据马克思主义关于现代社会的基本认识，人类社会的现代化进程可以合逻辑地划分为三个阶段：一是现代社会的生成阶段；二是以资本逻辑为主导的现代化阶段；三是未来社会的现代化发展阶段。

现代社会的生成阶段，就是资本主义社会的形成阶段。在历史上，这一过程集中表现为西欧各国，特别是英、法等国，从封建社会向资本主义社会的转变。在这一阶段，资本主义社会尚处于形成之中，尚未获得统治地位。因此，现代化的核心问题，表现为资本的生成问题。马克思在《1857—1858年经济学手稿》中说："资本生成，产生的条件和前提恰好预示着，资本还不存在，而只是在生成。"② 在现代社会的生成阶段，处于生成中的资本，特别是中世纪就已经存在的商人阶级，发挥了重要作用。对此，马克思恩格斯在《德意志意识形态》中作了详细论述，不断发展的商业，将分散的农村副业转移到城市，吸纳失地农民到工场手工业工作等。生产力的发展推动了分工的发展，进而改变了封建所有制结构，使资本主义所有制关系得以形成；分工的发展促进了商业的繁荣，引起生产方式、社会结构、阶级关系和国家职能等发生深刻变革。这些变革又进一步促进生产力发展，为资本生成创造了条件。生产关系的变革，创造了资本得以产生的具体条件。例如，劳动者与生产资料彻底分离，市场、劳动力成为商品、以交换为目的的生产等。最后，封建统治者和资产阶级运用暴力实现阶级利益，促进了现代社会的形成。正如马克思指出："暴力是每一个孕育着新社会的旧社会的助产婆。暴力本身就是一种经济力。"③

现代化的第二阶段，是资本逻辑主导的现代化阶段。马克思认为，不论在哪一种社会形态中，都有一种生产部门占主导地位，起着决定作用。

---

① 《马克思恩格斯文集》第3卷，人民出版社，2009，第444页。
② 《马克思恩格斯全集》第30卷，人民出版社，1995，第451页。
③ 《马克思恩格斯全集》第44卷，人民出版社，2001，第861页。

在《〈政治经济学批判〉导言》中，马克思指出："在一切社会形式中都有一种一定的生产决定其他一切生产的地位和影响，因而它的关系也决定其他一切关系的地位和影响。"① 马克思恩格斯所处的时代，资本主义社会已经形成，并获得统治地位。资本"是一种特殊的以太，它决定着它里面显露出来的一切存在的比重"②。资本，是社会生产的主导，决定并制约着其他一切生产和生产关系。在以资本逻辑为主导的现代化阶段，其核心问题是资本逻辑主导的资本增殖。一方面，以资本逻辑为主导的现代化进程，表现为资本的增殖过程，蕴含着生产力与生产关系的辩证运动。在《共产党宣言》中，马克思恩格斯指出："资产阶级除非对生产工具，从而对生产关系，从而对全部社会关系不断地进行革命，否则就不能生存下去。"③ 另一方面，资本逻辑自身的矛盾，是资本增殖和现代化进一步发展的制约。资本增殖以占有剩余价值为前提，也是贫困积累和社会分化的根源。资本主义生产关系的内在矛盾，是生产的社会化与资本主义私有制之间的矛盾，它导致周期性经济危机，阻碍生产力的发展，所以，马克思指出："资本不可遏止地追求的普遍性，在资本本身的性质上遇到了限制，这些限制在资本发展到一定阶段时，会使人们认识到资本本身就是这种趋势的最大限制。"④

当资本主义生产关系从促进生产力发展的因素逐渐变为阻碍力量，"资产阶级的关系已经太狭窄了，再容纳不了它本身所造成的财富了"⑤，资本主义生产关系就会走向灭亡，以资本逻辑主导的现代化也随之终结。到那时，人类社会的现代化将进入第三个发展阶段，即社会主义和共产主义的现代化阶段。当然，马克思也强调，从资本主义社会向共产主义社会过渡，要经历一个过渡阶段，即"从前者变为后者的革命转变时期"⑥。在这一阶段，现代化的核心问题，是持续变革生产关系，进一步解放生产

---

① 《马克思恩格斯全集》第30卷，人民出版社，1995，第48页。
② 《马克思恩格斯全集》第30卷，人民出版社，1995，第48页。
③ 《马克思恩格斯选集》第1卷，人民出版社，2012，第403页。
④ 《马克思恩格斯全集》第30卷，人民出版社，1995，第390页。
⑤ 《马克思恩格斯选集》第1卷，人民出版社，2012，第406页。
⑥ 《马克思恩格斯文集》第3卷，人民出版社，2009，第445页。

力。在所有制上，未来社会消灭了资本主义私有制，劳动与生产资料分离的状态消失了。社会生产，是在集体的、生产资料公有为基础的所有制关系中进行。所有制关系的变革，带来一系列社会关系的变革。劳动"不表现为这些产品的价值，不表现为这些产品所具有的某种物的属性"，"不再经过迂回曲折的道路，而是直接作为总劳动的组成部分存在着"[①]。在分配上，必然产生"一种和现在不同的消费资料的分配"[②]；在国家层面，随着资本主义消亡，"现代国家制度"也随之消亡，在资本主义社会向未来社会的革命转变时期，"国家只能是无产阶级的革命专政"[③]。

总之，马克思恩格斯立足特定时代，根据人类社会发展规律和资本主义运行规律，着眼于生产力与生产关系、经济基础与上层建筑的辩证运动，揭示了从封建社会到资本主义社会的现代化进程，科学描述了未来社会现代化进程的任务和特点，是科学把握现代化一般规律的重要理论资源。

二　苏俄社会主义现代化的历史经验

20世纪初，资本主义发展到帝国主义阶段，"战争与革命"逐渐成为时代主题。帝国主义战争积累着世界社会主义革命因素，处于帝国主义统治薄弱链条的俄国，社会主义革命条件迅速成熟。1917年十月革命胜利，布尔什维克夺取政权。没有经历资本主义充分发展的苏俄，率先完成社会主义革命，走上社会主义道路。但当时战争与革命的时代主题仍没有改变，加上苏俄经济文化相对落后的国情，使苏俄的现代化表现出既不同于西欧各国也不同于马克思恩格斯设想的社会主义现代化特征。对此，列宁有明确的认识，他在《论我国革命》中说："毫无出路的处境十倍地增强了工农的力量，使我们能够用与西欧其他一切国家不同的方法来创造发展文明的根本前提。"[④]

---

① 《马克思恩格斯文集》第3卷，人民出版社，2009，第434页。
② 《马克思恩格斯文集》第3卷，人民出版社，2009，第436页。
③ 《马克思恩格斯文集》第3卷，人民出版社，2009，第445页。
④ 《列宁选集》第4卷，人民出版社，2012，第777页。

第一，苏俄现代化的特殊性在于，取得社会主义革命胜利，是实现现代化的前提。帝国主义战争在俄国造成的局面，"是饥荒，经济失调，即将临头的崩溃，战争的惨祸，以及战争给人类带来的惨痛的创伤"①。列宁指出："经济破坏和战争造成的危机愈深，就愈需要最完善的政治形式。"②所以，通过社会主义革命，实现无产阶级专政，是苏俄走向现代化的前提。第二，苏俄的现代化，仅靠政治上的变革，是不够的。在苏俄社会经济成分中，小农经济占主导，农民是社会主体。因此，苏俄现代化的特殊性还在于，如何在无产阶级政党的领导下，迅速解放和发展生产力。列宁指出："共产主义就是苏维埃政权加全国电气化。"③"只有当国家实现了电气化，为工业、农业和运输业打下了现代大工业的技术基础的时候，我们才能得到最后的胜利。"④ 第三，苏俄生产力落后，旧生产关系的物质基础依然存在。因此，向新的经济关系过渡，是一个漫长的过程，需要渐进的方式，逐步实现从小生产向社会主义社会化大生产过渡。列宁强调，如果"采用急躁轻率的行政手段和立法手段，只会延缓这种过渡，给这种过渡造成困难"⑤。第四，在马克思恩格斯看来，社会主义现代化，以资产阶级社会消亡为前提，是现代化的新阶段。但着眼于当时的时代特点，苏俄的现代化，只能在两制共存格局下进行，必然面临着与资本主义的关系问题。

第一，苏俄社会主义现代化不仅有特殊性，也遵循现代化一般规律。列宁在《论我国革命》中指出："世界历史发展的一般规律，不仅丝毫不排斥个别发展阶段在发展的形式或顺序上表现出特殊性，反而是以此为前提的。"⑥ 从一般规律看，苏俄社会主义现代化的首要任务，是恢复社会经济，促进生产力发展，建构社会主义的经济基础。列宁指出："我们的直接任务并不是'实施'社会主义，而只是立刻过渡到由工人代表苏维埃监

---

① 《列宁全集》第 29 卷，人民出版社，2017，第 148 页。
② 《列宁全集》第 29 卷，人民出版社，2017，第 162 页。
③ 《列宁全集》第 40 卷，人民出版社，2017，第 30 页。
④ 《列宁全集》第 40 卷，人民出版社，2017，第 159 页。
⑤ 《列宁选集》第 4 卷，人民出版社，2012，第 64 页。
⑥ 《列宁全集》第 43 卷，人民出版社，2017，第 374 页。

督社会的产品生产和分配。"① 第二，苏俄社会主义现代化，需要根据生产力的发展状况，不断调整生产关系，使两者相适应。列宁清醒地认识到，在生产力发展落后的俄国，不能用政权或人为的手段强行建立社会主义制度。至于应采取哪些具体措施，列宁认为："凡是在经济现实中和在绝大多数人民的意识中还没有绝对成熟的改革，公社即工农代表苏维埃都没有'实施'，也不打算'实施'，而且也不应当'实施'。"② 第三，苏俄现代化建设，要遵循扩大开放的原则。特别是在两制共存的格局下，苏俄必须改善与资本主义国家的关系，才能更好地推动经济发展。列宁指出："社会主义共和国不同世界发生联系是不能生存下去的，在目前情况下应当把自己的生存同资本主义的关系联系起来。"③ 第四，苏俄的现代化，要关注执政党的建设问题。刚刚获得执政地位的苏共，作为社会主义现代化的领导力量，自身能力不足，缺乏文化领导力的问题十分突出。正如列宁所说："我们所缺少的主要的东西是文化，是管理的本领……问题'只'在于无产阶级及其先锋队的文化力量。"④ 第五，苏俄的现代化进程，需要团结全体人民，朝共同目标接续奋斗。列宁强调："只靠共产党员的双手来建立共产主义社会，这是幼稚的、十分幼稚的想法。"⑤ "先锋队只有当它不脱离自己领导的群众并真正引导全体群众前进时，才能完成其先锋队的任务。"⑥

俄国十月革命的胜利，使科学社会主义从理论变为实践。苏俄社会主义建设，结束了现代化只有资本主义道路的历史，开启了人类社会现代化进程的新纪元。苏俄社会主义现代化，既反映了现代化一般规律，也彰显着经济文化落后国家现代化的新特征，是科学把握中国式现代化一般性与特殊性的历史参照。

---

① 《列宁全集》第 29 卷，人民出版社，2017，第 110 页。
② 《列宁全集》第 29 卷，人民出版社，2017，第 162 页。
③ 《列宁全集》第 41 卷，人民出版社，2017，第 167 页。
④ 《列宁全集》第 43 卷，人民出版社，2017，第 67 页。
⑤ 《列宁全集》第 43 卷，人民出版社，2017，第 100 页。
⑥ 《列宁全集》第 43 卷，人民出版社，2017，第 23 页。

三　人类社会现代化进程的同一性

从人类社会现代化历史看，不同时代、不同民族和国家的现代化进程具有不同特征。例如，有的民族国家，现代化是自发，而文明落后的民族和国家，是在世界历史的潮流中被卷入现代化的。从现代化的道路看，既有资本主义现代化，也有社会主义现代化。不同的现代化道路，决定了领导和推进现代化的不同主导力量。但是，着眼于现代化实践面临的共同问题，人类社会现代化进程又表现出鲜明的同一性，它们从如下五个方面体现。

第一，现代化的根本动力，是生产力发展。只有代表先进生产力发展方向的阶级或政党，才能承担领导和推进现代化进程的历史使命。从西欧各国现代化历史看，资产阶级极大地促进了社会生产力的发展，成为现代化的主导力量。马克思恩格斯指出："资产阶级在它的不到一百年的阶级统治中所创造的生产力，比过去一切世代创造的全部生产力还要多，还要大。"① 同样，从苏俄现代化实践看，在列宁主政时期，俄共（布）适时调整经济发展战略，实施新经济政策，使苏俄社会迅速从经济崩溃中恢复。1930 年，苏联第一个五年计划开始实施，1936 年，苏联宣布建成社会主义。苏联共产党通过其组织优势，集中力量，加速了工业化、现代化的进程。此时的苏联共产党，由于保持着较强的组织性和纪律性，代表着先进生产力的发展方向，有效实施了新经济政策，创立了苏联模式，对激活经济、解放和发展生产力发挥了重要作用。

第二，现代化进程，需要生产关系持续变革。从西欧各国现代化经验看，现代化转型反映在所有制上，是劳动者和生产资料的彻底分离；在交往关系上，是普遍的商品交换，即市场的形成；在生产目的上，是使用价值向交换价值的转换等；在国家职能上，是一系列具有现代性的制度生成等。马克思指出："殖民制度、国债、重税、保护关税制度、商业战争等等——所有这些真正工场手工业时期的嫩芽，在大工业的幼年

---

① 《马克思恩格斯选集》第 1 卷，人民出版社，2012，第 405 页。

时期都大大地成长起来了。"① 从苏俄现代化实践看，苏俄社会生产力发展，社会经济从崩溃中迅速恢复，是在深刻变革生产关系中实现的。从"军事共产主义"到新经济政策，核心是允许非公有制经济在一定程度上发展，承认市场经济作用，适时转变国家职能。正如列宁在谈到新经济政策时期苏俄国家职能时所说："现在我们的任务，与其说是剥夺剥夺者，不如说是计算、监督、提高劳动生产率和加强纪律。"② 同样，从新经济政策到苏联模式的转型，是要解决新经济政策无法克服的粮食价格双轨制问题。正是通过政策上的持续改革与调整，苏联工业化、现代化进程显著加速。

第三，现代化的主体，是人民群众。不论是现代工人阶级，还是广大农奴、人民群众，都是推进现代化进程的主体力量。西欧各国的现代化，将分散的农民聚集到城市，通过工业生产吸收农村人口。虽然这一进程充满暴力，十分残酷，但极大地改变了农奴在小农经济下的分散和懒散状态，使他们逐渐适应现代工业生产要求的纪律，为现代化发展创造条件。现代化进程，还推动着农奴的解放进程。马克思恩格斯指出："一切封建的、宗法的和田园诗般的关系都破坏了。"③ 与封建时代相比，人的解放和自由程度更高了。从苏俄现代化的实践看，列宁执政时期的俄共（布），具有良好的群众基础；作为执政党，布尔什维克兑现了让人民拥有土地和实现和平的承诺。在新经济政策时期，充分照顾广大中小农、中小生产者的切身利益，调动了生产积极性。在苏联模式的早期，克服了新经济政策时期少数富商利用市场盘剥农民的问题，又通过集中的方式，充分调动了社会整体的创造力；由此可见，充分调动人民群众的主体性、积极性和创造性，是推进现代化必须遵循的一般规律。

第四，现代化是民族国家从地方性走向世界性的过程。西欧各国的现代化，开创了人类社会的世界历史。马克思恩格斯指出："随着资产阶级的发展，随着贸易自由的实现和世界市场的建立，随着工业生产以

---

① 《马克思恩格斯全集》第23卷，人民出版社，1972，第826页。
② 《列宁选集》第4卷，人民出版社，2012，第598页。
③ 《马克思恩格斯选集》第1卷，人民出版社，2012，第402~403页。

及与之相适应的生活条件的趋于一致，各国人民之间的民族分隔和对立日益消失。"① 西欧各国的现代化，使它们在文明上成为先进的民族。先进的文明国家，用最野蛮的方式，即殖民，将一切古老文明和民族卷入现代化进程。当历史发展到世界历史阶段，人类社会进一步解放的条件也逐渐形成。马克思恩格斯指出，无产阶级"联合的行动，至少是各文明国家的联合的行动，是无产阶级获得解放的首要条件之一"②。苏俄社会主义建设，拓宽了人类社会的现代化道路，现代化路径从一元走向多元。资本主义与社会主义共存的局面，更需要无产阶级从民族性走向世界性。列宁曾多次强调，无产阶级政党不能将自己封闭起来，要将无产阶级政权的生存、社会主义经济的发展，同资本主义国家的交往联系起来。

第五，推进现代化，要克服各种逆现代化的因素和潮流。马克思在《资本论》第一卷中指出，从中世纪就已存在的商人阶级看，他们的发展一直受到封建农村制度和城市行会制度的限制。为了消除限制，革命在所难免。当然，"革命不是靠法律来实行的"③，而是依靠暴力。推进革命，消除阻碍现代化因素，需要领导现代化的阶级和政党发挥斗争精神。正如马克思所说："工业骑士之所以能够排挤掉佩剑骑士，只是因为他们利用了与自己毫不相干的事件。"④ 同样，在苏俄的现代化实践中，帝国主义的武装干涉，来自政权内部的权力集中、党内不团结的因素，甚至思想观念的落后、保守与僵化等，在不同程度上制约着现代化进程。因此，现代化绝不是一帆风顺的，当资本逻辑仍主导着现代化进程和趋势时，"资本本身就是这种趋势的最大限制"⑤。规范、限制、约束资本逻辑，甚至"利用资本本身来消灭资本"⑥，同样具有现代化的意蕴。

---

① 《马克思恩格斯选集》第 1 卷，人民出版社，2012，第 419 页。
② 《马克思恩格斯选集》第 1 卷，人民出版社，2012，第 419 页。
③ 《马克思恩格斯全集》第 44 卷，人民出版社，2001，第 860 页。
④ 《马克思恩格斯全集》第 44 卷，人民出版社，2001，第 822 页。
⑤ 《马克思恩格斯全集》第 30 卷，人民出版社，1995，第 390 页。
⑥ 《马克思恩格斯全集》第 46 卷上册，人民出版社，1979，第 394 页。

四　中国式现代化实践原则的合规律性与合目的性

习近平总书记强调："一个国家走向现代化，既要遵循现代化一般规律，更要立足本国国情，具有本国特色。"① 中国式现代化既有各国现代化的共同特征，更有基于自己国情的鲜明特色，推进中国式现代化，要从合规律性与合目的性的同一着眼。党的二十大为全面建成社会主义现代化强国制定了"五个坚持"的科学实践原则，体现了对现代化一般规律的基本遵循，彰显着中国式现代化的中国特色。

第一，坚持和加强党的全面领导。从现代化一般规律着眼，承担现代化历史使命的阶级和政党，必须代表先进生产力的发展方向。回顾党的百年奋斗历史，中国共产党自成立以来，始终代表着先进生产力的发展方向。因此，在推进中国式现代化的实践中，必须坚持和加强党的领导。中国式现代化在本质上是中国共产党领导的社会主义现代化。只有坚持和加强党的全面领导，才能保证中国式现代化的社会主义性质，才能在复杂的现代化进程中，彰显中国特色社会主义的制度优势。

第二，坚持中国特色社会主义道路。从本质上看，人类社会的现代化进程，是生产力与生产关系的辩证运动，其中，保持生产力与生产关系相协调、相适应、相互促进，是推进现代化进程的关键。改革开放以来，中国特色社会主义事业取得了举世瞩目的伟大成就，关键在于成功开辟了中国特色社会主义道路。中国特色社会主义道路，是深植国情、完全符合中国实际的正确道路，既坚持了科学社会主义的基本原则，又根据中国实际和时代特征赋予其鲜明的中国特色。中国特色社会主义道路，在不断深化改革、打破体制机制障碍的进程中，促进了生产力与生产关系协调发展。中国特色社会主义道路的重要优势就是能够从根本上解决利益藩篱问题，为实现广大人民群众的利益找到可靠的路径。因此，全面建成社会主义现代化强国，必须坚持中国特色社会主义道路。

---

① 习近平：《携手同行现代化之路——在中国共产党与世界政党高层对话会上的主旨讲话》，人民出版社，2023，第3页。

第三，坚持以人民为中心的发展思想。历史唯物主义认为，人民是历史的创造者。人类社会现代化进程，反映了人民作为历史创造者的主体作用。在中国式现代化的实践中，坚持以人民为中心的发展思想，深刻阐释了发展"为了谁""依靠谁"，发展成果"由谁共享"的问题。回顾人类社会现代化历史，不论是西欧各国，还是苏俄社会主义现代化，虽然在一定程度上尊重了人民的主体性作用，但是始终没有解决好让全体人民共享现代化成果的问题。中国共产党领导的社会主义现代化，既要发挥人民在现代化进程中的主体力量，更要实现全体人民的现代化，实现全体人民共同富裕。

第四，坚持深化改革开放。改革开放开辟了中国特色社会主义道路，开启了中国的现代化新进程。党的十八大以来，我们顺应经济全球化大势，坚定不移实行高水平对外开放，积极融入世界经济，全方位、全领域开放格局愈加明显。习近平总书记多次强调："改革开放是决定当代中国命运的关键一招，也是决定实现'两个一百年'奋斗目标、实现中华民族伟大复兴的关键一招。"① 中国式现代化，既是不断深化改革的进程，也是不断扩大开放的进程。深化改革，扩大开放，统筹国内国际两个大局，进一步解放和发展生产力，是其内在要求。

第五，坚持发扬斗争精神。人类社会现代化进程，始终不是一帆风顺的，充满各种艰难险阻。党的二十大报告指出："全面建设社会主义现代化国家，是一项伟大而艰巨的事业，前途光明，任重道远。"② 当前，世界进入新的动荡变革期，改革发展稳定面临不少深层次矛盾，党的建设特别是党风廉政建设和反腐败斗争依然面临诸多问题，推进中国式现代化，可谓机遇与挑战并存。因此，在前进道路上，必须坚持发扬斗争精神，增强志气、骨气、底气，不信邪、不怕鬼、不怕压，知难而进、迎难而上，统筹发展和安全，全力战胜前进道路上各种困难和挑战，依靠顽强斗争打开事业发展新天地。

---

① 《习近平著作选读》第1卷，人民出版社，2023，第65页。
② 习近平：《高举中国特色社会主义伟大旗帜　为全面建设社会主义现代化国家而团结奋斗——在中国共产党第二十次全国代表大会上的报告》，人民出版社，2022，第26页。

完善新时代意识形态建设制度机制的思考[*]

王　慧[**]

习近平同志在党的二十大报告中强调："意识形态工作是为国家立心、为民族立魂的工作。牢牢掌握党对意识形态工作领导权，全面落实意识形态工作责任制，巩固壮大奋进新时代的主流思想舆论。"[①] 这进一步明确了构建新时代意识形态建设制度机制的根本方向。

一　完善新时代意识形态建设制度机制的必要性

意识形态工作肩负着为党举旗、为国立本、为民族铸魂的重要使命，是党和国家事业的重要组成部分。新时代意识形态制度建设对于坚持党对意识形态工作的领导权、话语权、管理权，坚持和发展中国特色社会主义，实现中华民族伟大复兴具有极端重要的现实意义。

---

[*] 本文原载《理论视野》2023 年第 2 期，收入本书时有改动。

[**] 王慧，中共中央党校（国家行政学院）马克思主义学院意识形态研究所副所长，副教授。

[①] 习近平：《高举中国特色社会主义伟大旗帜　为全面建设社会主义现代化国家而团结奋斗——在中国共产党第二十次全国代表大会上的报告》，人民出版社，2022，第 43 页。

(一) 全面实现中华民族伟大复兴的必然选择

党的十九届四中全会首次将马克思主义在意识形态领域指导地位确立为根本制度，党的二十大进一步强调要坚持这一根本制度。这既是我们党对现实问题的有效回应，也是谋求长治久安的治本之策。进入新时代，我国发展进入各种风险挑战不断暴露和集中凸显的时期。虽然我国在经济社会发展上取得了举世瞩目的成就，但在文化发展等方面仍存在不足，意识形态领域面临的斗争和压力有增无减。这就亟须进一步发挥社会主义意识形态凝聚各方共识的作用，适时提出能有效解决现实问题的新见解、新思路、新办法。在此过程中，需要加快构建和完善意识形态领域制度体系，促进马克思主义指导下的社会主义文化发挥更加强大的文化凝聚力和国际影响力，为实现国家长治久安、凝聚中华民族精神力量、实现中华民族伟大复兴提供重要支撑。

(二) 坚持和发展当代马克思主义的重要保障

回顾百年党史，在推动马克思主义中国化时代化的实践中，正反两方面的经验教训深刻启示我们：马克思主义不是封闭僵化的体系，而是在革命和建设实践中不断丰富和发展的科学理论。我们党正是在将马克思主义基本原理同中国具体实际相结合的过程中，探索和把握了社会主义的本质和建设规律，创造了中国化时代化的马克思主义，使马克思主义永葆生机活力。从制度体系建设的角度坚持马克思主义在意识形态领域指导地位的根本制度，既体现了马克思主义与时俱进的理论品格，也有利于有效反驳西方国家对马克思主义意识形态的攻击，进一步彰显中国共产党人的文化自信和理论自信。

(三) 坚持和完善中国特色社会主义制度的内在要求

马克思在《政治经济学批判（1857—1858年草稿）》中深刻指出："如果从观念上来考察，那么一定的意识形式的解体足以使整个时代覆灭。"[1] 中

---

[1] 《马克思恩格斯文集》第8卷，人民出版社，2009，第170页。

国共产党借助马克思主义意识形态凝聚起中华民族伟大复兴的力量，最终成功开辟了中国特色社会主义道路，促使中国特色社会主义各项制度愈发成熟、定型，且日益彰显其独特优势。当今世界正处于百年未有之大变局，我国意识形态工作面临诸多新挑战。在此形势下，加快构建新时代意识形态建设的制度机制，将直接为意识形态工作提供有力支撑，进而更好地发挥意识形态的组织动员、思想整合和政治认同功能，确保广大人民群众坚定不移地走中国特色社会主义道路。

（四）提高意识形态工作水平的应有之义

面对新形势、新挑战和新任务，我国意识形态工作制度体系建设存在的问题较为突出，如制度零散、缺乏系统性等。在制度实践层面，执行监督和保障体系仍不完善。因此，加快构建覆盖全面、内容科学、上下贯通的意识形态工作制度体系，成为提升新时代意识形态工作水平的重要切入点。在制度内容方面，我们党在长期实践中探索积累的各项相关制度，在新的形势下日益暴露出内容有待完善、举措不够具体、规范不够明确、监督不够有力等弊端。为更好地开展新时代意识形态工作，必须对这些不合时宜的内容进行破旧立新或创新发展。所以，积极构建新时代意识形态建设制度机制，成为适时完善意识形态领域制度、切实解决新时代意识形态领域具体问题、大力提升新时代意识形态工作水平的必然选择。

二　完善新时代意识形态建设制度机制的制约因素

当前，我国意识形态领域形势已发生全局性、根本性转变。总体来看，我国意识形态建设在新时代取得了历史性成就，但我国社会主义意识形态建设仍面临复杂形势，在构建和完善新时代意识形态建设制度机制方面存在诸多制约因素。

（一）社会主义意识形态话语机制亟待加强

随着社会生活的持续变化，意识形态话语建设被赋予新内涵，也面临新挑战。在此过程中，传统话语的表达形式和内容首当其冲。一些传统话语需要重塑和创新运用，以更好地融入人民群众的现实生活，更有效地传递时代声音。例如，从中华优秀传统文化、社会主义历史实践以及现代哲学社会科学发展的最新成果中，提炼出更多新的范畴、概念和话语，不断丰富社会主义意识形态话语内容体系，持续增强传统话语的亲和力。

在新时代意识形态工作中，意识形态话语表达机制亟须创新发展。随着人民群众个人意识不断增强，人们的思维习惯发生了巨大变化。在此情形下，意识形态传播呈现出差异化趋势，以往长期采用的行政命令式话语表达已难以被受众接受。所以，能否采用社会大众普遍认可的话语表达方式和表达符号，在很大程度上直接决定了新时代意识形态工作的成效。在意识形态话语表达机制创新方面，必须不断转变话语方式，注重用大众话语取代文件话语、通知话语、命令话语，用日常话语替代理论话语、学术话语、抽象概念，最终以平等对话的方式传播意识形态理论，深入浅出地讲出群众想听、愿听且能听懂的话，从而实现意识形态工作内化于心、外化于行的目标。尤其要结合互联网的新特点，掌握网络话语表达的新形式，全方位将网络话语表达与意识形态传播相结合，在拉近与广大人民群众"社交"距离的同时，及时回应人民群众"急难愁盼"的现实问题，进一步发挥新时代意识形态工作的突出作用。

（二）社会主义意识形态传播机制尚不健全

互联网的飞速发展使人类进入信息大爆炸时代。在此形势下，相较于已经成熟定型的传统意识形态传播工作，依托互联网兴起的意识形态新阵地、新主体不仅尚未受到科学、全面、有效的体制机制约束，相应的意识形态传播体系、组织架构、传播渠道和队伍建设等方面也存在不足。因此，为进一步做好新时代意识形态工作，必须结合互联网的新特点，有针对性地制定切实可行的传播机制，推动新时代意识形态传播机制加速优化升级。

新时代也是互联网时代，人民群众获取信息、传播信息的渠道和方式不断拓展，思想得到空前解放，认知水平和意识主动性进一步提高。在此情况下，原本纷繁复杂、让人应接不暇的信息在广大群众间频繁交互，诸如群体性事件、突发性事件等敏感信息更是瞬间造成情绪渲染，这无疑给社会治理和意识形态工作带来了较大挑战和压力。由此可见，单纯依靠传统意识形态传播机制已难以适应时代变化，迫切需要优化意识形态协同传播机制，综合运用各种新兴传播载体，打造意识形态传播交互平台。所以，要加快形成各类媒体的联动传播机制，充分发挥各类媒体的独特传播优势，推动各种媒体在意识形态传播中形成深度融合、资源共享的全新格局。

（三）社会主义意识形态认同机制还需完善

在百年意识形态工作实践中，我们党积累了丰富的意识形态工作经验，有力确保了社会主义意识形态凝聚人心、推动社会发展作用的有效发挥。然而，在新媒体迅猛发展和境外意识形态势力持续渗透的双重影响下，意识形态传播工作正面临严峻挑战。例如，部分党员、干部存在信仰不坚定、信念不牢固等问题，对意识形态的认同仅停留在表面。"我们大多数干部理想信念是坚定的，政治上是可靠的。同时，在我们的干部队伍中，也有的对共产主义心存怀疑，认为那是虚无缥缈、难以企及的幻想；有的不信马列信鬼神，从封建迷信中寻找精神寄托。"[1] 对此，需要根据受教育者的不同情况，统筹创新新时代意识形态认同机制，采用不同的教育方式方法，切实增强受教育者对社会主义意识形态的理解和认同。这就要求在意识形态工作中，创新意识形态认同引领的方式方法与载体，顺应发展形势，适时适度转变话语方式，注重沟通民心民意，努力通过通俗化、大众化的传播活动，实现教育群众、服务群众、引领群众、提高群众的目标。把服务群众同教育引导群众结合起来，把满足需求同提高素养结合起来，不断扩大党的意识形态工作覆盖面，打通联系群众的"最后一公里"[2]，确保意识形态传播内容与广大人民群众普遍关注的现实问题相契合，进而增强人民群众对意识形态认同感。

---

① 《习近平著作选读》第 1 卷，人民出版社，2023，第 132 页。
② 王慧：《提高党的意识形态工作能力》，《解放军报》2021 年 12 月 24 日。

（四） 社会主义意识形态领导体制有待强化

中国特色社会主义进入新时代，中国特色社会主义制度的优越性在世界范围内得到充分显现。与此同时，各种敌对势力对我国根本制度、发展道路和内外政策的攻讦之声此起彼伏，一些西方国家颠覆中国特色社会主义的企图昭然若揭，意识形态领域的斗争变得异常激烈。面对严峻的内外形势，社会主义意识形态工作需要做出相应调整，新时代党管意识形态工作的体制机制需加以完善。高度重视发挥意识形态在凝心聚力、引领事业发展中的重要作用，是我们党干事创业的宝贵经验。各级党组织在具体的意识形态工作中，必须落实好党中央关于意识形态工作的相关决策，坚持齐抓共管，注重过程，抓出实效，加强完善新时代意识形态工作领导管理机制，确保意识形态工作能够环环相扣、抓铁有痕、循序推进，为做好新时代意识形态工作提供强有力的保证。

三 完善新时代意识形态建设的制度机制路径

推动新时代意识形态建设制度机制的不断完善，要不断健全制度框架，筑牢根本制度，创新重要制度，完善基本制度，切实加强意识形态管理。筑牢马克思主义在意识形态领域指导地位的根本制度，在守正上下功夫，确保党的全面领导、实现党的初心使命；创新新闻舆论引导制度、思想政治教育育人制度，创新方式方法，建设具有强大凝聚力和引领力的社会主义意识形态；完善全面落实意识形态工作责任制，全面落实党管意识形态的原则，明确党委（党组）、领导干部的意识形态工作责任。这些我国新时代意识形态建设的根本制度、重要制度、基本制度构成了相互联系、相辅相成的统一体。

（一） 确立和坚持马克思主义在意识形态领域指导地位的根本制度

将马克思主义在意识形态领域的指导地位明确作为一项根本制度提出

来，是以习近平同志为核心的党中央的伟大创举。这一举措集中体现了我们党在长期领导思想文化建设实践中积累的成功经验以及形成的方针原则，充分反映出以习近平同志为核心的党中央对意识形态建设规律的认识与把握上升到了一个全新境界。

其一，以贯彻落实党的创新理论为基本遵循。党的十八届六中全会确立了习近平同志党中央的核心、全党的核心地位，党的十九大确立了习近平新时代中国特色社会主义思想的指导地位。在新时代坚持马克思主义在意识形态领域的指导地位，必须始终以习近平新时代中国特色社会主义思想为指引，采用人民群众喜闻乐见的方式广泛宣传这一最新理论成果，从全方位、多维度涵养社会主义意识形态。推动全党全社会全面贯彻习近平新时代中国特色社会主义思想，要将学习领会习近平新时代中国特色社会主义思想与学习马克思列宁主义、毛泽东思想、中国特色社会主义理论体系贯通起来，深刻把握这一伟大思想的理论逻辑；与学习党史、新中国史、改革开放史、社会主义发展史贯通起来，深刻把握其历史逻辑；与新时代坚持和发展中国特色社会主义的伟大实践紧密联系起来，深刻把握其实践逻辑。

其二，强化学科体系、学术体系、话语体系建设。加快构建以马克思主义为指导的当代中国哲学社会科学学科体系、学术体系和话语体系，是新时代赋予我国广大哲学社会科学工作者的特殊使命，是增强我国国际影响力与国际话语权的重要保障，也是建立健全马克思主义在意识形态领域指导地位根本制度的内在要求。要科学运用马克思主义指导中国特色哲学社会科学的构建与完善。正如恩格斯所言："马克思的整个世界观不是教义，而是方法。它提供的不是现成的教条，而是进一步研究的出发点和供这种研究使用的方法。"① 在构建与完善中国特色哲学社会科学体系的过程中，需运用发展的眼光、辩证的态度，具体且历史地理解中国经验、中国方案、中国道路等一系列现实问题，进而逐步形成科学的话语体系，更好地向世界传递中国声音。

其三，深入推进马克思主义理论研究和建设工程。马克思主义理论研

---

① 《马克思恩格斯文集》第 10 卷，人民出版社，2009，第 691 页。

究和建设工程是巩固马克思主义在意识形态领域指导地位的基础工程，也是一项重大的理论创新工程。在新时代，要精准把握时代新要求，把深入推进马克思主义理论研究和建设工程作为一项重要的制度安排，与时俱进推动党的理论创新，运用创新理论武装头脑，着力解答重大理论和现实问题，为坚持和发展中国特色社会主义提供坚实的理论支撑与学理保障。大力开展全局性、前瞻性、战略性问题研究，持续推动马克思主义理论研究和实践工作，为党和国家战略决策提供高水平、高价值的参考。全方位推进马克思主义中国化最新成果进教材、进课堂、进师生头脑，使广大青年成为马克思主义的忠诚信奉者、积极传播者、坚定践行者。

其四，建立健全思想理论学习制度。党的性质和所担负的使命，要求我们党始终重视学习、善于学习且不断学习。其一，持续完善党委（党组）理论学习中心组学习制度。增强学习本领，在全党营造善于学习、勇于实践的浓厚氛围，建设马克思主义学习型政党，推动建设学习大国。其二，推动党内集中学习教育和全社会宣传教育常态化、制度化。从具体落实层面来看，一要建立健全学习教育组织机制；二要建立健全学习教育规划机制；三要建立健全学习教育交流机制；四要建立健全学习教育成果转化机制。其三，加强重大思想理论问题的辨析引导，并使其不断制度化、规范化，这有助于全党和全社会在思想上正本清源。在健全思想理论学习制度的过程中，我们既要科学坚持马克思主义基本原理和方法论，又要在实践基础上对其加以丰富和发展，始终以科学的系统思维、历史思维和战略眼光审视重大思想理论问题。

（二）创新新闻舆论引导制度

党的十九届四中全会审议通过的《中共中央关于坚持和完善中国特色社会主义制度 推进国家治理体系和治理能力现代化若干重大问题的决定》（以下简称《决定》）强调要"完善坚持正确导向的舆论引导工作机制"①，充分体现了以习近平同志为核心的党中央对完善新时代新闻舆论工

---

① 《中共中央关于坚持和完善中国特色社会主义制度 推进国家治理体系和治理能力现代化若干重大问题的决定》，《人民日报》2019 年 11 月 6 日。

作的高度重视和对意识形态制度建设规律的科学把握。

第一，坚持团结稳定鼓劲、正面宣传为主。《决定》强调新闻舆论工作要"坚持团结稳定鼓劲、正面宣传为主，唱响主旋律、弘扬正能量"①的基本方针，这是客观反映当代中国社会主流思想和文化的需要，也是激发全党全社会团结奋进的强大力量的现实需要。其一是旗帜鲜明讲政治，壮大主流舆论。聚焦中国道路、中国理论、中国制度、中国精神、中国力量等主题，准确、科学、全面阐释习近平新时代中国特色社会主义思想，精准、及时、系统宣传党中央重大决策部署。其二是广泛关注人民群众关心的热点、难点、焦点问题。多反映人民群众的真实工作生活，切实将党和政府所办与群众所盼统一起来，不断推出有思想、有温度、有品质的新闻作品，增强新闻舆论工作的吸引力和感染力。其三是创新方式方法，提高传播力、引导力、影响力、公信力。充分运用以互联网为代表的信息技术，提供差异化、分众化的新闻信息服务，构建舆论宣传新格局。其四是统筹好正面宣传与舆论监督。新闻媒体要直面工作中存在的问题，直面社会丑恶现象和阴暗面，激浊扬清，针砭时弊。

第二，推进网络治理规范化制度化建设。没有网络安全就没有国家安全，没有信息化就没有现代化。加快建立新时代网络空间综合治理体系，全面推进新时代网络空间治理现代化。其一是推进网络空间治理的法治建设。加快建立健全网络空间治理法治体系，形成上位法与下位法、专门法与援引法以及法律与部门规章、规范性文件等法源之间协调统一的格局，实现"网络无边界、法律无死角"。其二是发挥多元网络主体力量。政府、社会团体和组织在正确引导社会舆论和提供网络服务方面应积极发挥作用，形成协同效应。其三是加强多维治理。发挥对社交媒体的宏观调控和组织协调的主导作用，加强信息基础设施网络安全防护，加强网络安全信息统筹机制、手段、平台建设，加强网络安全事件应急指挥能力建设，做到关口前移，防患于未然。

第三，建立全媒体传播体系。在移动互联网、大数据、人工智能、媒

---

① 《中共中央关于坚持和完善中国特色社会主义制度 推进国家治理体系和治理能力现代化若干重大问题的决定》，《人民日报》2019 年 11 月 6 日。

体融合的助力下，全媒体应运而生，并以其强渗透与场景附着、社交增能及传受时空关系重构等传播特点，深刻改变了我国的媒体生态与传播格局。习近平总书记特别指出："推动媒体融合发展，要形成资源集约、结构合理、差异发展、协同高效的全媒体传播体系。"① 这已成为我国媒体行业转型必须面对的重要议题，成为国家治理现代化的重要组成部分，明确了我国全媒体传播体系建设中的三个着力点和未来发展目标。一是以内容建设为根本，构建全媒体传播内容体系。二是以先进技术为支撑，构建全媒体传播技术体系。三是以创新管理为保障，构建全媒体传播的管理体系。统筹处理好传统媒体和新兴媒体、中央媒体和地方媒体、主流媒体和商业平台、大众化媒体和专业性媒体的关系。

第四，构建具有鲜明中国特色的战略传播体系。站在世界百年未有之大变局与中华民族伟大复兴的历史交汇期，加强顶层设计和研究布局，构建具有鲜明中国特色的战略传播体系，既能有力反击西方舆论攻击和恶意抹黑，也能塑造可信、可爱、可敬的中国形象。第一，加强顶层设计和总体规划。制定国家总体对外战略和国际传播总体规划，明确总体发展思路，确定中长期和短期目标。第二，调整力量布局和拓展渠道平台。强化国际传播主体的多元协调，打造政府部门、媒体平台、社会大众三位一体的多元国际传播主体格局，推动舆论传播更加适应全球治理新变化。第三，构建中国话语体系和叙事体系。打通和融合中国传统文化和西方先进文化，充分了解国外受众的历史传统、文化风俗以及语言表达习惯，寻找双方对话的最大公约数，求同存异，努力形成中国表达、中国修辞、中国语意。

（三）创新思想政治教育育人制度

习近平总书记强调："把思想政治工作贯穿教育教学全过程，实现全程育人、全方位育人。"② 构建思想政治教育育人制度，以立德树人为主线，增强育人实效，培养担当民族复兴大任的时代新人，筑牢意识形态主

---

① 《习近平谈治国理政》第 3 卷，外文出版社，2020，第 318 页。
② 《习近平谈治国理政》第 2 卷，外文出版社，2017，第 376 页。

阵地。

第一，深化理想信念教育。党的二十大报告指出，"推动理想信念教育常态化制度化"①。百年党史深刻表明，筑牢信仰之基，补足精神之钙，是我们党在壮阔征程中把稳思想之舵的重要保障，也是在新时代进行伟大斗争、建设伟大工程、推进伟大事业、实现伟大梦想的动力之源。其一，坚定马克思主义信仰。始终坚持把充满科学性和真理性的马克思主义作为立党立国的根本指导思想，坚持不懈推进马克思主义中国化时代化。其二，利用红色教育资源。将红色资源有效运用于广大干部群众的宣传教育中，加深其对红色文化内涵、党史的深刻理解，引导其坚持爱国和爱党、爱社会主义相统一，增强其国家意识和家国情怀。其三，健全党员干部理想信念教育长效机制。把"不忘初心、牢记使命"的主题作为加强党的建设的永恒课题和全体党员干部的终身课题，让全体党员始终牢记党的性质宗旨、理想信念和奋斗目标，让"为中国人民谋幸福、为中华民族谋复兴"的初心和使命内化为理论信仰，外化为行为习惯、实践遵循。

第二，培育和践行社会主义核心价值观。培育和践行社会主义核心价值观，为在尊重差异、包容多样的基础上保持全社会共同的理想信念和道德规范，形成全民族奋发向上的精神力量。其一，将社会主义核心价值观融入法治建设全过程。即将社会主义核心价值观细化为各项法律条文，进而转化为广大人民群众的行为操守和行为习惯。其二，将社会主义核心价值观融入道德建设全过程。充分结合各地域、各行业、各单位、各人群的特点，将其全面融入乡规民约、社会公约、行业准则建设，使之成为广泛影响人民群众生产生活的公共法则。其三，将社会主义核心价值观融入国民教育全过程，坚持面向基层、面向群众，尤其是要面向青年学生；同时注重社会实践的养成路径，让书本知识与社会实践紧密结合起来。

第三，加强新时代公民道德建设。加强公民道德建设，是一项长期而紧迫、艰巨而复杂的工作。其一，弘扬民族精神和时代精神。大力弘扬中国人民伟大创造精神、伟大奋斗精神、伟大团结精神、伟大梦想精神，大

---

① 习近平：《高举中国特色社会主义伟大旗帜　为全面建设社会主义现代化国家而团结奋斗——在中国共产党第二十次全国代表大会上的报告》，人民出版社，2022，第44页。

力弘扬改革开放精神、劳动精神、劳模精神、工匠精神、优秀企业家精神、科学家精神，使之成为人民精神生活、道德实践的鲜明标识。其二，面向全体公民展开。一是塑造先进典型，以先进模范为引领；二是以主流声音引领新时代主流价值取向，彰显社会道德制高点；三是将道德建设融入群众生活，增强宣传教育的感染力和说服力。其三，体现到法治建设全过程。发挥法治对道德建设的促进和保障作用，将"最大公约数"体现到法治建设全过程，在法律法规中鲜明呈现道德取向。

第四，加强和改进学校思想政治教育。面向未来，务必将加强和改进学校思想政治工作作为一项战略工程、固本工程、铸魂工程抓实抓好。一是强化政治责任。明确办学方向，从战略高度认识和把握思想政治教育的重要性，落实立德树人根本任务，把牢培养什么样的人、如何培养人以及为谁培养人这个根本问题，把人才培养作为第一要务，努力为党和人民培养一大批时代新人。二是优化教育教学。统筹教师和学生思想政治工作，一方面教育引导学生坚定不移感党恩、听党话、跟党走，另一方面引导广大教师正确处理学术自由与政治正确的关系，积极宣传党的路线方针政策和政治主张。三是完善保障机制。把思想政治教育摆在更加突出位置，形成党委统一领导、宣传部门牵头、群团主抓、部门联动的多管齐下、全员参与工作格局。同时，强化相关学科建设，深化思想政治理论课改革，优化思想政治教育骨干队伍，切实解决学校思想政治教育的后顾之忧。

（四）完善全面落实意识形态工作责任制

完善全面落实意识形态工作责任制，是党牢牢掌握意识形态工作领导权的重要手段，是推进全面从严治党、落实党管意识形态、做好新时代意识形态工作的重大举措。

第一，坚持和加强党对意识形态工作的全面领导。在全面建设社会主义现代化国家新征程上，我们始终坚持和加强党对意识形态工作的全面领导。一是健全党管意识形态工作的体制机制，明确"谁负责""如何负责""为何负责"等基本要求。抓住"关键少数"，在党管意识形态工作过程中真正实现各级领导干部守好"责任田"的目标。二是增强意识形态领域主导权和话语权。意识形态战线旗帜鲜明坚持党管宣传、党管意识形态、党管媒体原则，理直气壮弘扬新风正气，推动相关单位和部门做到守土有责、守土负责、守土尽责。三是构建大宣传工作格局。加快形成上下互通、横向联动、齐抓共管的大宣传工作新局面。各级党组织加强对重大问题的研判，切实推动意识形态工作重大部署、重大任务的统筹和落实。

第二，健全意识形态阵地建设和管理制度。加强意识形态阵地建设和管理是完善国家治理和社会治理的一项重要任务。其一，强化阵地意识，守住守好意识形态阵地。始终坚持守土有责、守土负责、守土尽责，落实和强化主管主办和属地管理原则。其二，提高意识形态管理工作的信息化水平。紧密结合科学技术发展，善于将现代通信技术和互联网技术运用到舆情发现、分析研判、应对处置、评估反馈全过程和各环节。其三，提升意识形态管理的制度化水平。各级党委宣传部门要从战略层面予以高度重视，树立全局观念、系统观念，坚持把意识形态阵地建设和管理制度化、法治化作为保障意识形态各项工作有序开展的制度支撑点，稳步推进、力求实效。

第三，健全意识形态（舆情）分析研判和通报制度。我们需要准确把握广大干部群众对精神文化生活的需求变化、互联网新技术新应用发展及其对舆论生态的深刻影响，不断提高对意识形态领域情况的发现力、研判力、处置力。其一，建立健全意识形态安全预警监测体系。即全面加强对重点领域、重要节点、重大事项的监测监管，及时排查风险隐患，及时掌握各种苗头性、倾向性问题，下好先手棋。其二，建立信息共享的合作机制。综合运用各方面掌握的信息数据资源，加强大数据挖掘分析，构建全国信息资源共享体系。其三，强化联动工作协调机制。坚持资源整合、优势互补、密切联系、互相协调的原则，强化应急联动，统筹调度管理，加强"情景式"的应急演练和培训。

第四，完善意识形态工作责任制落实情况检查考核制度。落实意识形态工作责任制，我们需要把握意识形态工作规律，总结意识形态工作经验，紧扣新时代意识形态工作新变化，确保全面建设社会主义现代化国家始终沿着正确方向前进。一是始终坚持正确政治导向，自觉把坚持正确政治方向和政治立场放在首位，坚持服务大局、服务决策。二是加强意识形态工作责任制日常监督检查。各级党委（党组）把意识形态工作主体责任落实到日常工作当中，并在此基础上建立健全考核机制，明确检查考核的内容方法程序。三是在巡视巡察中开展意识形态工作责任制专项检查。通过严格的巡视巡察，各级党委（党组）落实意识形态工作责任制的思想自觉、责任自觉、行动自觉得到显著提升，许多长期困扰意识形态工作的问题和难题得到及时发现和有效解决。

以物质文明和精神文明相协调 推进中国式现代化[*]

田书为[**]

习近平同志在党的二十大报告中指出："中国式现代化是物质文明和精神文明相协调的现代化。"[①] 要想不断推进和拓展中国式现代化道路，必须立足新阶段、适应新形势、把握新需要，深刻理解中国式现代化的根本精神要求，厘清"两个文明"协调发展对中国式现代化的重大意义，探寻以"两个文明"协调发展推进中国式现代化的实践路径。

一 中国式现代化的根本精神要求

党的二十大报告指出："物质富足、精神富有是社会主义现代化的根本要求。物质贫困不是社会主义，精神贫乏也不是社会主义。"[②] 在物质文明高质量发展的基础上，推动精神文明建设的稳步前进，形成强大的意识

* 本文原载《理论视野》2022 年第 10 期，收入本书时有改动。

** 田书为，中共中央党校（国家行政学院）马克思主义学院讲师。

① 习近平：《高举中国特色社会主义伟大旗帜　为全面建设社会主义现代化国家而团结奋斗——在中国共产党第二十次全国代表大会上的报告》，人民出版社，2022，第 22 页。

② 习近平：《高举中国特色社会主义伟大旗帜　为全面建设社会主义现代化国家而团结奋斗——在中国共产党第二十次全国代表大会上的报告》，人民出版社，2022，第 22 页。

形态引领力与高度发达的精神生产力，实现文化类型的多样性发展，凝聚起更为主动的精神力量，是中国式现代化的题中应有之义和根本精神要求。

（一）强大的意识形态引领力

强大的意识形态引领力是中国式现代化的精神内核。意识形态既是统治阶级物质利益的精神表达，也是维护统治阶级物质利益的思想工具，决定着社会文化的前进方向和发展道路。党的二十大报告指出："意识形态工作是为国家立心、为民族立魂的工作。"[①] 中国式现代化之所以区别于西方资本主义国家的现代化，没有在剥削和压迫的基础上造成严重的两极分化与阶级对立，坚持推动全体人民共同富裕，走和平发展的道路，归根结底在于中国式现代化本质上是中国特色社会主义道路的时代产物，是社会主义意识形态指引下的现代化模式。可以说，中国式现代化的意识形态属性，是认知中国式现代化精神本质的核心关键，强大的意识形态凝聚力和引领力，是中国式现代化深入发展的必然要求。

（二）发达的精神生产力

发达的精神生产力是中国式现代化的精神前提。马克思指出："支配着物质生产资料的阶级，同时也支配着精神生产资料，因此，那些没有精神生产资料的人的思想，一般地是隶属于这个阶级的。"[②] 精神生产不是个人主观任意的抽象精神活动，而是以统治阶级思想实践为基础的意识形态生产，存在于哲学、宗教、艺术等社会各个领域。[③] 精神生产规定意识形态的本质，意识形态是精神生产的表现，二者彼此统一、不可分割。党的二十大报告指出："只有把马克思主义基本原理同中国具体实际相结合、同中华优秀传统文化相结合，坚持运用辩证唯物主义和历史唯物主义，才能正确回答时代和实践提出的重大问题，才能始终保持马克思主

---

① 习近平：《高举中国特色社会主义伟大旗帜　为全面建设社会主义现代化国家而团结奋斗——在中国共产党第二十次全国代表大会上的报告》，人民出版社，2022，第43页。

② 《马克思恩格斯文集》第1卷，人民出版社，2009，第550页。

③ 参见俞吾金《意识形态论》，上海人民出版社，2014，第71~73页。

义的蓬勃生机和旺盛活力。"① 可见，在新时代背景下发达的精神生产力就是坚持以"两个结合"推动党的理论创新能力高度发展的体现。立足人民的创造性实践，始终坚持"两个结合"，是提升社会主义意识形态凝聚力、引领力的必然要求，是中国式现代化不断推进的精神前提。

（三）丰富的文化类型

丰富的文化类型是中国式现代化的精神保障。当代中国社会的文化可以划分为不同类型。② 主流文化是意识形态的集中体现，有着较高的普遍性和抽象性；知识文化是指在人民群众文化实践基础上由知识分子创造的文化，承担着继承中华文脉、发展主流文化、引领社会思潮等重要职责；大众文化则是在社会主义市场经济作用下经文化产业化后供广大市民消费的文化。主流文化指引并规定着知识文化与大众文化的社会功能与发展方向，知识文化与大众文化表达着主流文化的价值诉求与精神期盼。如果没有强有力的主流文化，知识文化则容易脱离社会发展，大众文化则容易被资本左右。如果没有知识文化和大众文化，主流文化很难真正贴近生活、慰藉心灵、愉悦精神，很难使自身充满凝聚力与号召力。在新的发展阶段，任何文化类型，都在围绕主流文化发挥不同作用，主流文化与不同类型文化始终处于相互塑造、共同繁荣的过程中。丰富多样的文化类型能够给人民提供丰富的精神食粮，促进精神生活共同富裕，实现人的全面发展，是中国式现代化的重要精神保障。

（四）主动的精神力量

主动的精神力量是中国式现代化的精神动力。主动的精神力量源于具有历史超越性和时代吸引力的精神诉求与价值渴望。它一方面增强着文化自信，凝聚着道路认同，另一方面引领着生产实践，激发着昂扬斗志。在

---

① 习近平：《高举中国特色社会主义伟大旗帜　为全面建设社会主义现代化国家而团结奋斗——在中国共产党第二十次全国代表大会上的报告》，人民出版社，2022，第 17 页。

② 邹广文等：《中国当代语境下的文化矛盾与文化走向》，首都师范大学出版社，2019，第 238 页。

认同与超越、理想与现实的张力中，在理论与历史、事实与价值的对话中，人们坚定不移、勠力同心，以昂扬姿态和崭新面貌不断超越现阶段社会的主要矛盾，为整个民族的进步积聚物质力量。党的二十大报告指出："从现在起，中国共产党的中心任务就是团结带领全国各族人民全面建成社会主义现代化强国、实现第二个百年奋斗目标，以中国式现代化全面推进中华民族伟大复兴。"① 能够发现，不断推进和拓展中国式现代化已然成为全体中国人民自觉的精神追求，这种追求将激发强大的主动精神力量，为中国式现代化道路的不断发展注入不竭的精神动力、智力支持与思想保障。

二 "两个文明"相协调对中国式现代化的重要意义

物质文明和精神文明相协调，能够增强历史自信、文化自信，巩固马克思主义在意识形态领域的指导地位，抵御西方文化的侵略和渗透；能够推动贯彻新发展理念，满足人民对美好生活的需要，实现人类文明新形态的深度构建，为中国式现代化的推进和拓展，提供文化和价值引领。

（一）使中国式现代化成功抵御西方的文化挑战

物质主义的膨胀和价值观念的堕落是当代资本主义文化的基本特征。马克思在《共产党宣言》中指出，现代社会把"宗教虔诚、骑士热忱、小市民伤感这些情感的神圣发作，淹没在利己主义打算的冰水之中。它把人的尊严变成了交换价值"②。当代资本主义社会一方面使人类社会的生产力水平空前高涨，创造出了以往所有时代不可比拟的物质财富，另一方面却引发人类社会精神生活的普遍空虚与信仰体系的彻底坍塌。进入 20 世纪以后，这种文化问题日益严重，如霍克海默和阿道尔诺所言，"人性的

---

① 习近平：《高举中国特色社会主义伟大旗帜　为全面建设社会主义现代化国家而团结奋斗——在中国共产党第二十次全国代表大会上的报告》，人民出版社，2022，第 21 页。
② 《马克思恩格斯文集》第 2 卷，人民出版社，2009，第 34 页。

堕落与社会的进步是联系在一起的"①。交换价值成了衡量伦理道德是否合法的唯一标尺，"旧的尊严方式并没有死亡；相反，它们并入了市场，贴上了价格标签，获得了一种作为商品的新的生命"②，物质主义彻底主宰了人的精神世界。

　　改革开放以后，西方资本主义世界的文化侵略，给我国文化建设带来了负面影响。第一，使人们的价值诉求较为混乱。资本主义文化的渗透，引发了拜金主义、极端利己主义等错误思潮，影响着人们的信仰体系和文化认同，败坏了社会风气。第二，使党的意识形态领导相对弱化。人们价值诉求的混乱，必然不利于"四个自信"的培育，不利于坚持马克思主义在意识形态领域的指导地位，弱化党的意识形态领导。第三，降低了中国的文化软实力。遭受西方的文化侵略与渗透，缺乏对本民族文化的深刻理解与自觉认同，必然导致中国文化在国际舞台上的相对失语，面临"挨骂"的窘境，无法实现文化软实力与经济硬实力的协调发展。

　　促进"两个文明"协调发展，对抵御西方国家的文化侵略具有重要现实意义。第一，能够使中华民族摆脱对西方文化的精神依附，实现精神独立，摒弃崇洋媚外的文化心态，在实践与反思中深刻体认中国特色社会主义文化的凝聚力与感召力，增强中华民族的历史自信、文化自信，推动当代中国文化的繁荣发展，为中国式现代化的推进凝聚精神力量、提供精神动力。第二，能够使广大人民群众提升自身的精神境界与价值追求，认清当代西方资本主义文化的意识形态本质，进一步理解和把握马克思主义的先进性、科学性与革命性，巩固马克思主义在意识形态领域的指导地位，从而建设具有强大引领力的社会主义意识形态，巩固党长期执政的精神根基，筑牢意识形态领域的安全防线，为中国式现代化的拓展指明前进方向、提供价值标尺。第三，能够促进社会的精神生产，开辟中国特色哲学社会科学新境界，提升国家文化软实力，在国际对话与博弈中，讲好中国

---

① 〔德〕霍克海默、阿道尔诺：《启蒙辩证法——哲学断片》，渠敬东等译，上海人民出版社，2006，前言第3页。
② 〔美〕马歇尔·伯曼：《一切坚固的东西都烟消云散了——现代性体验》，徐大建等译，商务印书馆，2013，第143页。

故事、贡献中国智慧，提高当代中国文化的国际传播能力，提升中国文化的国际话语权，逐步打破西方世界的话语垄断，为中国式现代化的推进营造良好的国际舆论环境。

（二）为中国式现代化提供积极的文化引领

促进"两个文明"相协调，有利于把握新发展阶段、贯彻新发展理念、构建新发展格局，推动物质文明的深入发展。在新发展阶段，我们面临一系列极为复杂的风险挑战。世界局势动荡不安，地缘政治冲突不断加剧，经济发展也面临"三期叠加"的复杂局面。在这样的时代背景下，党的二十大报告指出："全面建设社会主义现代化国家，是一项伟大而艰巨的事业，前途光明，任重道远。当前，世界百年未有之大变局加速演进，新一轮科技革命和产业变革深入发展，国际力量对比深刻调整，我国发展面临新的战略机遇。"① 促进"两个文明"相协调，能够加强理论指引、完善顶层设计，提高党员干部与广大人民群众的精神境界、思想觉悟与认知水平，实现对新发展阶段的科学理解，对新发展理念的深入贯彻，从而为统筹两个大局、构建新发展格局、推动经济高质量发展与中国式现代化的不断推进，提供坚实保障。

促进"两个文明"相协调，有利于满足人民日益增长的美好生活需要，从而实现精神生活共同富裕，推动精神文明的深入发展。改革开放 40 多年来，社会的物质财富不断积累，人民的生活水平显著提高，广大群众的现实需要变得更加丰富。除了基本的物质生活，充盈丰富的精神生活也成为人们的重要现实追求，特别是第一个百年奋斗目标实现之后，这样的需求倾向变得越发明显。另外，人是二重性的存在，是物质与精神的统一、灵与肉的结合，"精神需要和社会需要"② 本来就是人现实需要的重要组成部分。习近平总书记指出："更好满足人民日益增长的美好生活需要，更好推动人的全面发展"。③ 推动"全面发展"自然也要求个人价值诉求的

---

① 习近平：《高举中国特色社会主义伟大旗帜 为全面建设社会主义现代化国家而团结奋斗——在中国共产党第二十次全国代表大会上的报告》，人民出版社，2022，第 26 页。
② 《马克思恩格斯文集》第 5 卷，人民出版社，2009，第 269 页。
③ 《习近平谈治国理政》第 3 卷，外文出版社，2020，第 90 页。

充分满足与情感意志的合理张扬。促进"两个文明"相协调，能够丰富人民的精神世界、满足人民的精神需要、充盈人民的精神生活，使广大人民群众更加积极地参与到精神财富生产的历史实践中，以正确的价值观为指导，创造出具有鲜明时代特色、符合社会演变趋势的新文化，推动伦理道德的进步，从而为精神文明建设和中国式现代化的不断推进，提供坚实精神保障。

促进"两个文明"相协调，有利于实现人类文明新形态的深度构建，提升中国式现代化的时代高度，拓展其文化深度和历史厚度。现代文明由物质文明、政治文明、精神文明、社会文明、生态文明等不同文明层面有机构成。精神文明深刻影响着整个文明的基本性质、价值指向、发展理念与前进道路。有学者甚至认为："文明之间在政治和经济发展方面的重大差异显然植根于它们不同的文化之中。"① 的确，当代西方文明内部之所以发生冲突与危机，激化矛盾与对立，没有使人类社会达到所谓"历史的最后阶段"②，实现自由解放，其中一个重要原因就是资本主义精神文化存在无法逾越的内在困境。立足中国特色社会主义制度，坚持走带有中国特色的精神文明建设道路，促进"两个文明"相协调，能够在现代文明的高度上，以思想文化和价值观念为切入点，指引中华文明不同层面的统筹推进和良性互动，超越当代西方文明无法克服的系统性不足与整体性局限，彰显新时代中国特色社会主义伟大事业的历史超越性，开辟人类文明新形态的更高境界和崭新局面，不断丰富中国式现代化道路的时代内涵和历史意蕴。

三　以"两个文明"相协调推进中国式现代化的实践路径

党的二十大报告指出："我们比历史上任何时期都更接近、更有信心

① 〔美〕塞缪尔·亨廷顿：《文明的冲突与世界秩序的重建》，周琪等译，新华出版社，2010，第8页。
② 〔德〕黑格尔：《历史哲学》，王造时译，上海书店出版社，2006，第413页。

和能力实现中华民族伟大复兴的目标，同时必须准备付出更为艰巨、更为艰苦的努力。"① 实现民族复兴不是一蹴而就的，要主动识变、应变求变，主动防范化解风险，不断以"两个文明"相协调扎实推进中国式现代化。

（一）坚持中国道路，促进物质生活共同富裕

推进中国式现代化，必须把握社会主义的本质，走中国特色社会主义道路，促进物质生活共同富裕。物质生活共同富裕不仅是推进中国式现代化的目的，更是它的前提和保障。扎实推动物质生活共同富裕，能够彰显中国特色社会主义制度的优越性与先进性，最大限度地凝聚社会共识，提升人民的思想境界，增强社会主义意识形态的凝聚力和感召力。社会物质财富的积累，能够为精神生产力的发展提供更加强大的物质保障，奠定更为坚实的社会基础，从而使社会主义意识形态永葆生机活力。不同的文化类型，归根结底源于物质生产生活的不同方面、不同层次，扎实推动物质生活共同富裕，能够为文化类型的不断创新及其内涵的不断丰富，提供更多精神资源和思想动力。走共同富裕道路，让发展成果更多更公平惠及全体人民，不断增强人民群众的获得感、幸福感、安全感，能够使广大人民最大限度地形成主动的精神力量，投身于新时代中国特色社会主义伟大事业的建设。所以，必须坚持中国特色社会主义制度，坚持"两个毫不动摇"，规范和引导资本健康发展，努力实现先富带后富、帮后富，促进经济社会高质量发展，在做大"蛋糕"的同时把"蛋糕"分好。切实改善民生，健全国家公共服务制度体系，优化收入分配结构，扩大中等收入群体，积极构建基层社会治理新格局。在物质生活共同富裕的基础上，不断推进中国式现代化。

（二）弘扬中国精神，强化社会主义核心价值观引领

推进中国式现代化，必须弘扬中国精神，提升公共文化服务水平，健全现代文化产业体系，提升社会主义核心价值观的引领力。习近平总书记

① 习近平：《高举中国特色社会主义伟大旗帜　为全面建设社会主义现代化国家而团结奋斗——在中国共产党第二十次全国代表大会上的报告》，人民出版社，2022，第27页。

在党的二十大报告中指出："社会主义核心价值观是凝聚人心、汇聚民力的强大力量。"① 推进中国式现代化，就是要在新时代的背景下，积极弘扬中国精神，强化社会主义核心价值观的引领作用。任何价值观念和精神体系都不是抽象的，它必然要以具体的文化形态为现实载体。弘扬中国精神，强化社会主义核心价值观的引领力，首先要推动文化事业的繁荣。加强优秀文化作品创作生产传播，推动中华优秀传统文化的创造性转化和创新性发展，积极构筑中华民族的精神家园。其次要以社会主义核心价值观为根本价值指南，推动文化产业的发展。相比于文化事业，文化产业的样式、形态更加复杂，更能满足人们即时性、娱乐化的精神需要。不过，在市场经济的基础上，文化产业也更容易受到资本无序扩张的负面影响。因此，健全现代文化产业体系，必须在市场原则的基础上，把社会效益摆在首位，努力实现文化产业发展过程中社会效益与经济效益的统一。同时，充分发挥科学技术，特别是新媒体在健全文化产业体系过程中的积极作用，营造风清气正、昂扬积极的网络文化氛围。最终把社会主义核心价值观融入法治建设、融入社会发展、融入日常生活。

（三）构筑中国价值，促进人的全面发展

推进中国式现代化，必须构筑中国价值，大力开展社会公德、职业道德、家庭美德、个人品德建设，切实提升公民文明素养，促进人的全面发展。人既是自然性的存在，自然法则规定着人类生产实践的基本物质界限，同时也是社会性的存在，社会、职业、家庭的伦理规范时刻影响着人的价值判断与行为选择。人的全面发展，实际上就是立足自然必然性，不断实现更高程度社会化、道德化与伦理化，最终与社会成为一个真正统一体的过程。所以，在新时代语境下，促进人的全面发展，能够使个体与共同体以社会主义核心价值观为伦理纽带，实现利益互融、实践互动、精神互通，使社会主义意识形态渗透于家庭、职业、社会等生产生活各个领域，提升社会主义意识形态的凝聚力和引领力，推进中国式现代化。对于中国式现代化而言，促

---

① 习近平：《高举中国特色社会主义伟大旗帜　为全面建设社会主义现代化国家而团结奋斗——在中国共产党第二十次全国代表大会上的报告》，人民出版社，2022，第44页。

进人的全面发展，不仅具有方法论意义，更具有价值论意义。统筹推动文明培育、文明实践、文明创建，推进城乡精神文明建设融合发展，在全社会弘扬劳动精神、奋斗精神、奉献精神、创造精神、勤俭节约精神，培育时代新风新貌，是推进中国式现代化的必由之路和必然选择。

（四）凝聚中国力量，坚定文化自信

推进中国式现代化，必须凝聚中国力量，增强文化自觉，坚定文化自信，激发全民族文化创新创造活力，增强实现中华民族伟大复兴的精神力量。习近平总书记指出："文化自信是一个国家、一个民族发展中最基本、最深沉、最持久的力量。"① 不断增强文化自觉，使人民在文明对话与国际比较中，深刻理解中国特色社会主义文化的思想渊源、精神魅力与价值内涵，准确认知中国式现代化道路的历史特征、实践指向与当代意义，提振新时代中国人民的文化志气、文化骨气、文化底气和文化勇气，能够使人民树立坚定的文化自信，汇聚价值共识与奋斗意志，培育出更为强大、更为主动的精神力量，自觉自信地肩负起推动新时代中国特色社会主义事业不断前进的时代使命。更重要的是，作为中国力量的重要体现，文化自觉与文化自信不仅表现为改造世界的强大精神意志，更表现为改造世界的实践活动本身，而这必将在思维与存在、应然与实然、理论与实践的共存、互动、转化中，进一步巩固中国式现代化存在、发展与深化的社会和精神基础，使扎实推进中国式现代化真正意义上从观念走向现实、从价值走向事实，不断拓宽中国式现代化的前进道路。

（五）加强文明互鉴，构建中国特色哲学社会科学体系

推进中国式现代化，必须加强文明互鉴，讲好中国故事，提升中国的国际话语权，构建中国特色哲学社会科学体系。随着新时代中国特色社会主义事业的推进，世界的经济、政治、文化格局正发生着深刻的历史变革。东西方文明、文化的沟通、对话、博弈与冲突，成为当代人类社会发展变革的重要特征。中国式现代化要想行稳致远，必须在这一复杂的世界

---

① 《习近平谈治国理政》第 4 卷，外文出版社，2022，第 103 页。

历史文化图景之下，从精神文化层面彰显出比资本主义意识形态更加深刻的时代先进性，这适应了中国在国际社会中经济与政治地位不断提升的现实需要，并有助于积极提升中华文化的国际话语权。目前，西方世界的价值观念仍旧在国际社会中占据主导地位。其中一个重要原因，就是它依托于系统化的哲学社会科学体系，并已基本实现意识形态的社会科学化。为了使中国式现代化经得起历史检验和时代挑战，我们必须加快构建中国特色哲学社会科学学科体系、学术体系、话语体系，培育壮大哲学社会科学人才队伍，塑造主流舆论新格局，在东西方文明的互鉴中，彰显中国特色哲学社会科学体系与社会主义意识形态的理论魅力与思想感召力。

中国式现代化道路的六维透析[*]

王慧娟　张　琳[**]

《中共中央关于党的百年奋斗重大成就和历史经验的决议》明确指出，"党领导人民成功走出中国式现代化道路，创造了人类文明新形态"[①]，深刻地影响了世界历史进程。"中国式现代化道路"重大论断的提出，体现了中国共产党人非凡的理论勇气和高超的政治智慧，为中华民族伟大复兴和中国特色社会主义道路自信注入了全新意涵。道路决定命运。中国式现代化道路是关涉国家富强、民族复兴和人民幸福的元问题，直接关系着党和国家现代化事业发展全局。当前，中国式现代化道路创造了举世瞩目的发展奇迹，实现了人类历史上的伟大壮举。科学阐明中国式现代化道路是什么、由谁建设、怎样建设、建设成什么样等一系列重要问题，不仅有利于破解中国取得现代化奇迹的成功密码，还对进一步厘清中国式现代化道路的现实依托和未来指向具有重大且深远的意义。

---

[*]　本文原载《科学社会主义》2022 年第 1 期，收入本书时有改动。

[**]　王慧娟，中共中央党校（国家行政学院）马克思主义学院讲师；张琳，中共中央党校（国家行政学院）培训部教授。

[①]　《中共中央关于党的百年奋斗重大成就和历史经验的决议》，人民出版社，2021，第 64 页。

一　本质之维：普遍性与特殊性相统一

现代化是人类社会通向生产力高度发达和人自由全面发展的更高水平社会的必经阶段，是人类文明演进的必然趋势。现代化既发生于世界上最早开始现代化的西方发达国家，也体现在发展中国家奋力追赶世界先进水平的历史进程中，且在不同的民族国家和地区呈现出不同的现实进路，在当下中国表现为中国式现代化道路。从本质上讲，中国式现代化道路就是人类社会发展普遍规律和社会主义建设客观规律在中国的特殊现实需要下的一种具体实现方式，是当代世界现代化发展潮流和时代趋势在中国的具体展现形式，也是中国立足本国独特国情、历史使命和文化传统作出的一种具有主体性和自主性的现代化道路选择，既内蕴中国特色又顺应世界现代化发展大势。

就世界现代化而言，中国式现代化道路作为世界现代化多种实现路径中的一种，自觉遵循世界现代化建设的一般规律，即生产力与生产关系、经济基础与上层建筑之间的矛盾运动规律。为遵循生产力与生产关系之间的矛盾运动规律，一方面，中国式现代化以经济建设为中心，以工业化为基础，同时注重发挥市场和科技的重要作用，扎实提高社会生产力发展水平，不断夯实现代化建设的物质基础；另一方面，为使生产关系适合生产力发展的性质和状况，中国式现代化立足本国国情，坚持公有制的主体地位和国有经济的主导作用不动摇，建设和完善社会主义市场经济体制，极大地解放和发展了社会生产力。进入新时代，为调整生产关系中不适合生产力发展的内容，促进生产力进一步解放和发展，中国式现代化立足新时代经济发展的新常态，作出全面深化改革的科学决断。为遵循上层建筑一定要适应经济基础发展要求的客观规律，使上层建筑能够更好地适应并促进生产力与生产关系的发展，中国积极推进国家治理体系和治理能力现代化，深化党和国家机构改革。

就中国式现代化而言，中国式现代化道路以中国国情和中国实践为落脚点，具有鲜明的特殊性。从横向看，中国式现代化道路的特殊性是相较于在当今世界上处于主导地位的西方资本主义现代化模式而言的，二者有着很大不同。以现代化发展过程的次序性为例，西方发达国家的现代化战略是先完成第一次现代化，再开始第二次现代化，前现代、现代、后现代"串联式"出场，但中国将两次现代化有机结合，采取工业化、信息化、城镇化、农业现代化综合协调同步进行的"并联式"现代化发展战略。中国式现代化既遵循了并联式发展模式的新逻辑，又超越了串联式发展模式的旧逻辑。① 从纵向看，特殊性还体现在与改革开放之前各历史阶段的现代化相区别的意义上。中国式现代化并非泛指近代以来或新中国成立后建设现代化的历史进程，而是有着明确的时间限定，特指改革开放以来所形成的独具中国特色的社会主义现代化发展历程。改革开放前，中国的现代化较为侧重物质层面，注重追求社会经济的快速发展。改革开放后，特别是进入新时代，中国式现代化则更加注重实现人的现代化，坚定不移地推进五大文明协调发展，统揽全局、协调各方，充分彰显了中国式现代化的新内涵、新气度和新风范。

二　主体之维：党的领导与人民当家作主相统一

就主体维度而言，中国式现代化道路的生成和发展得益于中国共产党的领导。党的成立是一个历史性创举，是中国发展进步的重要转折点。中国式现代化之所以能够在其发展进程中，不断防范化解各类重大风险，应对各种挑战，最终取得具有开创性历史成就，创造举世罕见的"两大奇迹"②，显著提升中国在国际社会的影响力和感召力，一个关键的原因就是有中国共产党这一强而有力的先进政党的科学领导。如果没有中国共产党，就不会有崭新的中国，更不会有中国式现代化道路。党是中国特色社会主义的坚强领导核心。坚持党在社会主义现代化建设过程中的领导地位，符合马克思列宁主义的真谛，是对科学社会主义基本原则的深刻把握和科学坚持。马克思在总结以往工人运动屡次失败的历史经验后深刻地认识到，为赢得社会革命最终胜利，进而实现彻底消灭阶级这一社会革命的

① 唐爱军：《新现代性初探——关于中国道路的解释框架》，《浙江学刊》2021 年第 4 期。
② 《中共中央关于党的百年奋斗重大成就和历史经验的决议》，人民出版社，2021，第 63 页。

最高目标，走无产阶级政党领导的道路是极其必要的。而在众多工人阶级政党中，共产党是最坚决、最能代表全体无产者的根本利益，始终对无产阶级运动起到推动作用的政党。因为共产党人"没有任何同整个无产阶级的利益不同的利益。他们不提出任何特殊的原则，用以塑造无产阶级的运动"①。列宁也曾多次阐明共产党领导的重要性，表示"党是直接执政的无产阶级先锋队，是领导者"②，"国家政权的一切政治经济工作都由工人阶级觉悟的先锋队共产党领导"③。此外，党在中国式现代化建设和发展过程中的领导核心地位也得到了海外人士的积极评价。尼泊尔总理奥利指出："中国共产党的领导和远见卓识是改变中国发展道路的关键。"④ 德国著名政治家汉斯·莫德罗认为："中国基于共产党的创新性领导，以中国特色社会主义的现代化道路，提供了可以取代危机重重的资本主义的一种富有吸引力的选项。"⑤ 法国著名学者继尧姆·鲁博-卡希强调道："中国这种相当引人注目的发展，让我们重复一遍，没有中国共产党的作用是不可想象的。"⑥ 事实充分证明，党的领导是中国式现代化道路得以成功创造与发展的命脉根基和最大优势。

中国式现代化道路得以成功开创的另一关键原因是始终坚持人民当家作主。中国共产党领导的中国式现代化道路站稳人民立场，尊重人民主体地位，这既是党的性质和宗旨的内在要求，也是中国式现代化道路的本质规定。一方面，作为承载着人民幸福和民族复兴历史重任的马克思主义政党，中国共产党自成立以来，始终坚持以人民群众幸福为念、以增进人民福祉为先的发展理念，代表和维护着最广大人民的根本利益，把一切为了人民视为所有工作的逻辑起点和价值旨归。毛泽东曾指出："共产党人的

---

① 《马克思恩格斯选集》第 4 卷，人民出版社，2012，第 1 页。
② 《列宁选集》第 4 卷，人民出版社，2012，第 423 页。
③ 《列宁选集》第 4 卷，人民出版社，2012，第 624 页。
④ 姜辉主编《共同见证百年大党百位国外共产党人的述说》（下），当代中国出版社，2021，第 594 页。
⑤ 姜辉主编《共同见证百年大党百位国外共产党人的述说》（上），当代中国出版社，2021，第 200 页。
⑥ 姜辉主编《共同见证百年大党百位国外共产党人的述说》（上），当代中国出版社，2021，第 386 页。

一切言论行动，必须以合乎最广大人民群众的最大利益，为最广大人民群众所拥护为最高标准。"① 人民是党的执政根基，是党的血脉之本和力量源泉，更是党成功破解历史周期率、永葆青春活力的政治密码。正是中国共产党坚持人民当家作主，将以人民为中心的发展思想贯穿革命、建设、改革和复兴的百年征程中，与人民休戚与共，不断满足人民日益增长的各种需求，才领导中国现代化取得了一个又一个令世人瞩目的伟大成就。另一方面，中国式现代化的核心是人。从建构主体来看，人是中国式现代化道路的创造者及其发展的主体力量。在中国式现代化建设过程中，人作为现代化的实践主体，其生存和发展方式既受现代化程度的影响，也深刻地影响着现代化进程。从动力机制来看，中国式现代化采取的不是单一经济动力论，而是以内生动力为主的综合动力论。其中，人的需求就是最大的内生动力。马克思恩格斯高度重视人的需要在人类社会发展动力系统中的重要作用，认为人的物质需要是最终的经常性地推动生产力发展的深层次原动力，是推动社会发展的"第一动力"。中国式现代化道路把马克思政治经济学的基本原理同中国现代化建设的新实践相结合，以人民为中心，将实现人民群众的物质精神需要作为发展的主要标准，最大限度地调动人民参与现代化事业的积极性、主动性和创造性，激发现代化发展的内生动力，促使人民完成从"旁观者"到"建设者"的身份转变，由人民共享发展成果。中国式现代化道路实现了发展动因的内源化，人民群众不断为其建设和发展注入经验智慧和强大动力。从目标任务来看，中国式现代化道路以全面推进人的现代化，不断提升人的主体性、自觉性，实现人的自由全面发展为终极目的。恩格斯在《共产主义原理》中指出，大工业的充分发展及其可能引起的生产无限扩大化，将使人类有足够的能力和物质条件去建立一种共产主义的社会制度，在共产主义社会，"一切生活必需品都将生产得很多，使每一个社会成员都能够完全自由地发展和发挥他的全部力量和才能"②。中国式现代化道路就是对马克思主义有关人的发展与社会发展关系理论的坚持发展和有力践行。

---

① 《毛泽东选集》第3卷，人民出版社，1991，第1096页。
② 《马克思恩格斯选集》第1卷，人民出版社，2012，第302页。

三　历史之维：传承性与创新性相统一

中国式现代化道路作为社会主义现代化实践新事物，是对旧事物不断扬弃的结果，是批判性传承和超越性创新的有机统一。所谓"批判性传承"，主要体现在以下几个方面。一是中国式现代化道路植根于中国大地，充分汲取中华优秀传统文化精髓，有着深厚的文化根基。二是坚持对马克思主义的继承，中国式现代化道路是马克思主义基本原理，特别是马克思恩格斯关于现代社会发展的立场、观点和方法在中国的生动体现。三是中国式现代化道路与近代以来中国现代化求索一脉相承，是对现代化建设"中国经验"的总结概括和实践传承，特别是 1979 年邓小平提出要"走出一条中国式的现代化道路"[1] 以来，中国共产党人接力奋斗，最终带领中国人民成功开创中国式现代化道路。四是中国式现代化道路以开放包容的姿态融入世界现代化进程，对世界上各种现代化模式的优点进行吸收借鉴，积极向世界所有优秀现代化文明学习。但历史和现实表明，中国式现代化道路"不是简单延续我国历史文化的母版，不是简单套用马克思主义经典作家设想的模板，不是其他国家社会主义实践的再版，也不是国外现代化发展的翻版"[2]。中国式现代化道路是在对自身过往一切现代化尝试及世界上各种现代化模式进行批判性继承的基础上，坚持马克思主义科学指导，将科学社会主义基本原则同中国历史传统、具体现实及时代要求紧密结合，综合考虑国内外因素，在不断进行改革创新和系统性重构基础上实现的新生，是中国现代化历史积淀与中国人民实践创新相结合的产物。

创新是中国式现代化发展进步的必然要求。马克思说："任何领域的发展不可能不否定自己从前的存在形式。"[3] 中国式现代化道路的创新性主要体现在以下几个方面。一是充分挖掘中华优秀传统文化的智慧和精华，将社会主义现代化与中华文化相结合，对中华优秀传统文化进行创造性转

① 《邓小平文选》第 2 卷，人民出版社，1994，第 163 页。
② 《习近平谈治国理政》第 2 卷，外文出版社，2017，第 344 页。
③ 《马克思恩格斯全集》第 4 卷，人民出版社，1958，第 329 页。

化和创新性发展，彰显中国式现代化的独特魅力。二是敢于打破教条主义束缚，勇于超越和突破马克思主义经典理论中部分不合时宜的论断和观点，根植中国大地，全面认识并准确把握基本国情，从具体实际出发，提出一系列集时代性、指导性和原创性于一体的新思想新理论，如"五位一体"、"四个全面"、新时代"两步走"战略安排等，赋予马克思主义以时代内涵，实现马克思主义理论在21世纪的重大发展和飞跃。三是不仅对中国以往现代化道路进行传承与接力探索，更为积极应对并科学解答中国特色社会主义现代化进程中不同阶段出现的新的问题和挑战而进行实践创新。四是学习世界各现代化模式的长处，但绝不照抄照搬，而是根据中国现代化实际进行有效整合与创新，不断赋予现代化以新形式新内涵，形成现代化建设的新结构新特点，持续推进中国现代化建设转型升级，进而实现高质量发展。在传承与创新相结合的路上，中国现代化的发展层次越来越深，前进速度越来越快，社会活力越来越强，发展动力越来越足。

四　现实之维：高效性与可持续性相统一

中国式现代化道路是社会主义定向的。社会主义的制度前提既内在规定了中国式现代化道路的基本性质和未来走向，也规定了其与西方资本主义现代化道路的本质区别。邓小平曾说："社会主义的优越性归根到底要体现在它的生产力比资本主义发展得更快一些、更高一些。"① 如今，中国式现代化道路的成功开创，正是社会主义制度框架下现代化建设高效性、优越性的充分体现。中国式现代化作为社会主义性质的后发外生追赶型现代化，其现代化过程呈现典型的"时空压缩"景象，体现出跨越式发展的特质。改革开放以来，中国充分发挥后发国家现代化优势，仅用短短几十年时间就走完了西方发达国家耗时几百年才完成的工业化历程，在从传统农业国到现代工业国转型方面取得显著成效，国家综合实力和国际影响力都得到显著提升。具体地讲，中国式现代化道路不但取得脱贫攻坚战的全面胜利，在中华大地上全面建成小康社会，而且实现由昔日生产力相对落

① 《邓小平文选》第3卷，人民出版社，1993，第63页。

后国家直接跃升为当今世界第二经济体、最大的工业国、货物贸易国和外汇储备国的历史性跨越，成为世界经济增长的助推器和稳定锚，充分彰显了中国式现代化道路的高效性。

中国式现代化道路在追求发展高效性的同时，也高度重视发展可持续性。在传统现代化模式中，发展维度往往比较单一，以单纯追求经济发展高速度为目标，结果破坏了生态环境，带来一系列负面效应，影响经济社会健康持续发展。综观世界各国现代化发展史可知，西方资本主义国家现代化走的基本上都是"先污染、后治理"的路子，都曾遭遇过严重的资源浪费和生态破坏，爆发过各种环境危机，造成生态保护严重落后于经济发展，使得人与自然的关系陷入分裂和对抗，并为此付出了沉重代价。今天，西方发达国家的环境问题得以普遍好转，一方面得益于他们认真汲取经验教训，越来越重视本国生态治理，并投入大量时间、精力和金钱；另一方面，与西方发达国家将高污染和高耗能产业大规模转移到相对落后的国家密切相关。然而，这种以牺牲他国环境来换取本国现代化发展的做法，造成了生态危机的大规模迁移和重新聚集，全球贫富差距也进一步拉大。新中国成立初期，中国工业基础薄弱底子差，在努力追赶现代化过程中，也曾出现过破坏生态环境的问题。但随着20世纪60年代末绿色环保意识的萌芽及对现代化建设规律认识的不断深入，我们开始意识到片面追求经济效益、牺牲生态效益的理念已经过时，只有尊重自然，从人类与自然共生共赢的高度谋划并推动经济社会发展，才能实现全面均衡可持续发展。随后，中国对工业化发展思路作出积极调整，站在党和国家事业发展全局的高度，提出走资源消耗低、环境污染少的新型工业化道路。进入新时代，我们坚持"绝不能以牺牲生态环境为代价换取经济的一时发展"[①] 的科学思路，以习近平生态文明思想为方向指引和根本遵循，积极践行"绿水青山就是金山银山"的发展理念，全面推进经济发展绿色转型，奋力打造美丽中国，开辟了经济高质量发展和绿色发展协同推进的现代化新路径，为新时代中国经济更高质量且更可持续的发展擦亮了底色。

---

① 《习近平关于社会主义生态文明建设论述摘编》，中央文献出版社，2017，第21页。

五 战略之维：全面性与协调性相统一

中国式现代化道路与西方现代化尤其是西方早期现代化单维演进道路不同，它所追求的并非单一向度，也非社会某一区域或领域的简单变革与发展，而是均衡、全方位、深层次的现代化历程。中国式现代化道路的全面性主要指向两个层面：一是中国经济社会的全面进步。从区域来看，它强调的是中国所有地区而非仅东部或沿海地区的现代化。以全面实现社会主义现代化为战略导向的"十四五"规划为例，它对中国西部、东北、中部、东部、长江经济带、黄河流域以及中国三大世界级城市群和雄安新区的未来发展，均进行了高质量谋划和战略性部署，形成西部大开发、东北全面振兴、中部地区加快崛起、东部地区加快推进现代化的中国区域现代化发展新格局。从领域来看，它涵盖了人民社会生活的各个领域，而非某一或某几个领域的现代化。这点从"十四五"规划对未来五年中国的现代化发展主要目标和任务进行全方位明确，要求新发展阶段必须推进"五位一体"和"四个全面"的统筹联动和相互促进，进一步推动"新四化"的叠加发展，进而实现国家治理体系和治理能力现代化的总体效应可见一斑。从人口规模来看，中国式现代化"是绝大多数人的，为绝大多数人谋利益的独立的运动"①，而非西方现代化"一切运动都是少数人的，或者为少数人谋利益的运动"②。中国式现代化道路所承载的人口规模是世界上前所未有的，它以实现中国 14 亿人口的共同富裕为基本价值追求和重要使命。二是人的全面发展。中国式现代化道路站稳以人民为中心的价值立场，把实现人民群众自由全面发展作为现代化的出发点和落脚点，不仅大力推进物质文明现代化，不断满足人民群众多方面的物质需求，而且全力推进精神文明现代化，不断满足大众多样化、多层次的文化需求，成就人民精神世界的丰盈状态。同时，积极推进政治文明、社会文明和生态文明建设，为实现人的

---

① 《马克思恩格斯选集》第 1 卷，人民出版社，2012，第 411 页。
② 《马克思恩格斯选集》第 1 卷，人民出版社，2012，第 411 页。

全面发展提供坚实基础。"十四五"规划将"人的全面发展""取得更为明显的实质性进展"作为 2035 年远景目标之一。[①] 这是中国式现代化道路在价值层面上对以"资产者的假仁假义的虚伪的意识形态用歪曲的形式把自己的特殊利益冒充为普遍的利益"[②] 为现实世界世俗基础的西方现代化道路的超越。

中国式现代化道路不仅追求发展的整体性和全面性，而且注重发展的协调性，凸显全面性与协调性的统一。所谓协调性是指在现代化建设过程中运用马克思主义有关联系的、发展的、辩证的观点去看待和处理局部与整体、眼下与长远、重点与非重点之间的关系。坚持系统观念，"促进现代化建设各个方面、各个环节相协调"[③]，多元协同推动中国式现代化的高质量发展。特别是进入新时代以来，中国着眼于新发展阶段的现代化大局，贯彻落实新发展理念，统筹谋划，综合施策，使中国式现代化焕发出强大的生命力和创造力。

六　价值之维：中国向度与世界向度相统一

中国式现代化道路既属于中国也属于世界，是中国向度与世界向度双重意蕴交织并存的统一体。就本土视角而言，中国式现代化道路是对中华民族近现代 180 多年风云岁月、中国共产党 100 多年奋斗征程、新中国 70 多年光辉历程、改革开放 40 余年伟大实践的接续探索和深刻总结，是对中华民族 5000 多年优秀传统文化的创造性传承和升华，是党带领全国各族人民切实有效推进马克思主义在当代中国取得创新性发展的实践产物。中国式现代化道路凸显出鲜明的民族特质，以实现中华民族伟大复兴为核心目标指向，以中国现代化的建设实践和发展经验为底色，属于全体中华儿女。从全球视角来看，中国式现代化道路是世界现代化多种可能实现方式中的一种，不仅在准确把握和科学解答中国式现代化发展问题中向前拓

---

① 《中共中央关于制定国民经济和社会发展第十四个五年规划和二〇三五年远景目标的建议》，人民出版社，2020，第 5 页。
② 《马克思恩格斯全集》第 3 卷，人民出版社，1960，第 195 页。
③ 《习近平关于社会主义经济建设论述摘编》，中央文献出版社，2017，第 4 页。

展，而且积极走向世界，在与世界现代化交融互动中不断发展壮大。

中国式现代化道路的世界向度，主要是就现代化的中国方案及其世界贡献而言的。一是中国式现代化道路坚守并积极践行和平发展理念，信奉人类共同价值观，将实现人类社会共同发展作为价值取向。回顾世界近现代史不难发现，西方资本主义国家现代化发展史就是一部对内无情剥削无产阶级，对外掠夺世界资源、抢占世界市场、大肆压榨殖民地的历史。西方发达国家现代化过程大多伴随着扩张、霸权、动荡和战争，将自身现代化发展建立在殖民地国家和人民的水深火热上，以广大被殖民国家和地区经济停滞、贫穷落后为代价牟取高额利润。即使到今天，虽然西方国家放弃了以往赤裸裸的殖民掠夺方式，但由它们主导的世界政治经济旧秩序，依然使得落后国家的现代化发展处于不利境遇。与之不同，中国式现代化道路以实现和平正义的民族复兴为深层指向。自新中国成立以来，中国始终坚持和平共处五项基本原则，"弘扬和平、发展、公平、正义、民主、自由的全人类共同价值"①，以和平崛起方式不断走近世界舞台中央。走和平发展的现代化道路是党根据时代发展要求和国家根本利益作出的科学战略抉择，既符合世界人民共同利益，也是坚持和发展中国特色社会主义现代化的必然要求。事实上，中国式现代化道路的成功开辟也得益于和平发展的国际大环境。二是中国式现代化道路不仅发展自身，也造福世界。国家统计局发布的报告显示，中国的现代化成就斐然，保持长时间强劲增长，对世界经济增长贡献也史无前例，贡献率已超 30%，成为当今世界经济增长的最大贡献者和最强引擎，发展成果惠及全球。三是中国的发展为世界提供机遇。一方面，中国式现代化道路对全球经济发展有着良好示范作用，号召力和影响力与日俱增，越来越多国家和地区作出搭乘中国现代化发展快车的明智选择，并表示愿意学习中国现代化先进经验，将之同自己国家实际相结合；另一方面，中国式现代化道路坚持开放包容的导向，倡导共商共建共享，多年来用实际行动践行"一带一路"倡议，积极推动构建人类命运共同体，

---

① 习近平：《在庆祝中国共产党成立 100 周年大会上的讲话》，人民出版社，2021，第 16 页。

与世界共享繁荣与进步，共创人类美好未来。四是中国式现代化道路丰富了世界现代化道路的多样性，拓展了后发国家追求现代化的路径。中国作为相对落后的发展中国家，坚持中国特色社会主义的前进方向，逐步实现从追赶到领跑的历史性蜕变，极大冲击了西方现代化作为世界现代化实现途径的唯一性和至上性，打破现代化意味着西方化的神话，刷新了人民对于世界现代化道路的传统认识。中国式现代化道路不但为中国实现国家富强、人民幸福、民族复兴提供强大助力，而且为世界上那些希望既实现快速发展又保持自身独立的民族国家和地区提供了实现现代化的新路径、新价值和新规范，更为实现人类社会发展进步和人的自由全面发展指引航向，开创了人类文明新图景。

概言之，中国式现代化道路既自觉遵循世界现代化建设的一般规律，又深刻体现中国特色社会主义建设的特殊规律，集普遍性与特殊性于一体；既坚持和加强党对中国式现代化事业的全面领导，又切实保障人民群众当家作主，融党性与人民性于一身；既在理论上与马克思社会发展理论、中华优秀传统文化一脉相承，在实践上与中国近代以来现代化道路求索一脉相传，又坚持与时俱进，不断推进社会主义现代化理论和实践的创新性发展，熔传承性与创新性于一炉；既追求现代化发展的高效性，又高度重视发展的可持续性，汇高效性与可持续性于一脉；既注重均衡、全方位、深层次的发展历程，又充分发挥统筹谋划、多元协同、协调施策的作用优势，聚全面性与协调性于一处；既凸显出鲜明的民族特质，又蕴含着深刻的世界意义，是中国向度与世界向度相互交织的现代化新路。

"履不必同，期于适足。"历史和现实证明，世界上并不存在现代化道路的固定模板，只有适合本国实际的才是最好的。中国式现代化道路的开创，实现了对现代化即西方化初始模式的超越，为后发国家实现现代化提供了案例，给热衷于在世界各地搞模式输出的西方国家注入"清醒剂"，深刻改写当代世界的现代化版图，为人类现代文明作出新贡献。

中国式现代化创造性引领
资本健康发展探析[*]

张占斌[**]

　　中国共产党经过百年奋斗，领导人民成功推进中国式现代化，创造了人类文明新形态。中国式现代化是人口规模巨大的现代化，是全体人民共同富裕的现代化，是物质文明和精神文明相协调的现代化，是人与自然和谐共生的现代化，是走和平发展道路的现代化。[①] 中国式现代化的成就，体现了党和国家对资本创造性的成功引领。在中国式现代化进程中，全面建设社会主义现代化国家，既面临着严峻、复杂、多变的国际合作与竞争环境，又存在社会制度和文明形态的较量博弈，不仅离不开资本，而且迫切需要较长时期、较大规模的资本生成和运动。因此，以中国式现代化创造性引领资本健康发展，既是新时代必须高度重视的重大经济与政治问题，也是必须高度重视的重大理论与实践问题。

---

　　[*]　本文原载《吉林大学社会科学学报》2023年第1期，收入本书时有改动。

　[**]　张占斌，中共中央党校（国家行政学院）马克思主义学院原院长、国家哲学社会科学一级教授，中国式现代化研究中心主任。

　[①]　习近平：《把握新发展阶段，贯彻新发展理念，构建新发展格局》，《求是》2021年第9期。

一　党在中国式现代化进程中对资本认识的嬗变

马克思主义认为，资本具有自然和社会双重属性。中国共产党对资本的认识，从最初侧重资本的制度属性（社会属性），到将资本作为生产要素（自然属性），再到不断深化对资本的认识，这一过程始终伴随中国式现代化的发展而不断嬗变。

（一）对资本制度属性的认识与社会主义公有制的构建

从中国共产党成立到改革开放的现代化进程中，党对资本的认识立足于马克思所讲的资本的社会属性，认为资本具有制度属性，必须加以改造，这一认识是基于当时的社会主要矛盾。

一方面，资本具有制度属性，是剥削和压迫的代名词。"资本不是物，而是一定的、社会的、属于一定历史社会形态的生产关系，后者体现在一个物上，并赋予这个物以独特的社会性质。"① 马克思所强调的资本的社会属性，特指资本背后的资本主义生产关系。中华人民共和国成立以前，推翻帝国主义、封建主义、官僚资本主义这"三座大山"是社会的主要矛盾，其中帝国主义和官僚资本主义，都是资本的代名词，代表着无尽的剥削和无度的压迫，必须通过革命的方式将其推翻、没收资本并打倒资本家，而对于可以团结和争取的民族资本和"有益于国民生计"② 的私人或小资产阶级资本则作出了区分，在有限制的条件下，允许和保护民族工商业和手工业的发展。总体而言，新民主主义革命时期，党有着局部执政的经验，特别是基于对社会主要矛盾的判断和把握，对资本的态度也经历了从完全按照制度属性到有条件利用的转变。

另一方面，必须对资本加以改造，确立社会主义公有制。一味地没收官僚资本、外国资本并非目的，而是需要通过对不同资本加以改造，即对农业、手工业、资本主义工商业进行"三大改造"，使其服务于中

---

① 《马克思恩格斯文集》第 7 卷，人民出版社，2009，第 922 页。
② 《毛泽东选集》第 3 卷，人民出版社，1991，第 1058 页。

国式现代化。以和平改造资本主义工商业为例，主要内容包括以下几点。一是在统一战线内消灭资产阶级，对官僚资产阶级和地主阶级的资本采取强制没收的方式，民族资产阶级的资本通过和平赎买的办法，均予以社会主义改造。而要把资产阶级分子改造过来，采取的总政策是包下来，即安排好工作岗位、政治地位，以教育为主、斗争为辅，在教育中以鼓励为主、批评为辅。二是从国家资本主义过渡到社会主义，把不受限制的独立的资本主义变成受限制的国家资本主义，采用国家所得税、企业公积金、工人福利费、资方红利"四马分肥"的办法，承认资本家的企业所有权、用人权和经营管理权；在国家资本主义基础上，通过建立党和工会组织、加强党的领导和工人阶级监督等方式，最终过渡到社会主义，可以说国家资本主义是过渡到社会主义的必经之路。① 三是以新的经济政策利用资本。"三大改造"后确立了社会主义公有制，但党的八大后社会供需矛盾突出、地下市场和地下工厂频现，仍需要利用资本发展生产力，采取新的经济政策利用资本，"对于我国的自由市场，因为社会有需要，就发展起来。要使它成为地上，合法化，可以雇工，可以开私营工厂，可以开投资公司，可以消灭了资本主义又搞资本主义"② 。尽管后来出现了认识和实践偏差，但在对资本制度属性认识的基础上建立了社会主义公有制，这为后来中国式现代化认识和利用资本奠定了重要的基础。

（二）对资本作为生产要素的认识与社会主义市场经济的建立

在计划经济年代，由于当时对资本的认识不充分、判断不准确，曾一度走了极端，对资本等于资本主义的认识固化，一度使社会主义和资本彼此完全隔断。随着改革开放的深入，党在解放思想中总结经验教训，重新认识资本，弱化了资本的社会属性，强化了资本的自然属性，将资本作为生产要素来看待。

---

① 汪裕尧：《关于资本主义工商业社会主义改造的几个问题——读毛泽东关于资本主义工商业改造的三篇著作》，《党的文献》1998 年第 6 期。

② 薄一波：《若干重大决策与事件的回顾》上卷，中共党史出版社，2008，第 306 页。

其一，资本是市场配置资源的工具。经济学研究的核心问题是资源配置，资本作为一种生产要素，只是市场配置资源的工具。在坚持公有制的基础之上，将私营经济作为必要的有益的补充，党的十三大明确指出"私营经济……是公有制经济必要的和有益的补充"①，党的十五大提出包含私营经济的"非公有制经济是我国社会主义市场经济的重要组成部分"②。这意味着，公有资本可以成为市场配置资源的工具，包含私营资本在内的非公有资本，同样可以成为市场配置资源的工具，淡化了资本的制度属性，将资本作为一种普通的生产要素来看待，强调资本对市场配置资源的作用。

其二，资本是发展经济的方式和手段。"社会主义和市场经济之间不存在根本矛盾。问题是用什么方法才能更有力地发展社会生产力。"③改革开放之初，迫切需要各类资本参与中国式现代化建设，"现在搞建设……吸收外资可以采取补偿贸易的做法，也可以搞合营"，"要发挥原工商业者的作用"，"只要没有继续剥削，资本家的帽子为什么不摘掉?"④ 就像计划和市场都是发展生产力的方法一样，资本也是发展经济的方式和手段，"我们要利用外国的资金和技术，也要大力发展对外贸易"⑤，"多吸引外资，外方固然得益，最后必然还是我们自己得益"⑥。这样既自己造血又同时输血，解决了中国式现代化资金短缺问题，对生产关系产生了有益影响。

其三，建立社会主义市场经济体制。资本不是资本主义所特有的，由资本带动的市场经济同样不是资本主义所特有的，"计划多一点还是市场多一点，不是社会主义与资本主义的本质区别。计划经济不等于社会主义，资本主义也有计划;市场经济不等于资本主义，社会主义也有市场。计划和市场都是经济手段"⑦。在这个思路的指导下，党的十四大

① 《改革开放三十年重要文献选编》（上），人民出版社，2008，第487页。
② 《江泽民文选》第2卷，人民出版社，2006，第256页。
③ 《邓小平文选》第3卷，人民出版社，1993，第148页。
④ 《邓小平文选》第2卷，人民出版社，1994，第156~157页。
⑤ 《邓小平文选》第2卷，人民出版社，1994，第257页。
⑥ 《邓小平文选》第3卷，人民出版社，1993，第313页。
⑦ 《邓小平文选》第3卷，人民出版社，1993，第373页。

提出建立社会主义市场经济体制,其核心在于坚持公有制为主体、多种所有制经济共同发展,按劳分配为主体、多种分配方式并存的基本经济制度。

(三) 新时代对资本的深化认识与社会主义市场经济的完善

党的十八大以来,中国式现代化迈入新的阶段,在消除绝对贫困、全面建成小康社会后,开启了全面建设社会主义现代化国家新征程,对资本有了更加深入的认识,社会主义市场经济也得以日臻完善。

一是资本是带动各类生产要素集聚配置的重要纽带。马克思主义认为,劳动力成为商品,货币也就转化为资本,前者是后者的前提。在劳动力成为商品之前,货币可以在普通商品的交换中发挥作为价值尺度、流通手段、支付手段的功能,但也仅限于交换普通商品,无法组织生产。在劳动力成为商品之后,货币可以成为支付给劳动力的工资,同时,货币也可以用于交换其他普通商品,将劳动力和其他普通商品都交换至资本所有者手中,以便组织生产,此时的货币也便转化为资本,成为带动各类生产要素集聚配置的重要纽带。尽管计划经济也可以推动各类生产要素集聚配置,但资本带动各类生产要素集聚配置的效率更高,有利于扩大生产规模,改革开放前后中国式现代化的建设速度就是很好的例证。在社会主义市场经济体制下,资本是带动各类生产要素集聚配置的重要纽带,是促进社会生产力发展的重要力量。① 这说明,资本作为一种生产要素,有参与分配的要求,而且承担着将各类生产要素集聚配置的功能。换言之,正是因为有资本作为纽带,包括劳动、土地、技术、管理、数据等在内的生产要素才得以集聚,并且在资本追求效率的作用下,各类生产要素以更优的比例进行配置,更好地促进生产力的发展。

二是市场在包含资本在内的资源配置中起决定性作用。计划经济时期,计划是配置资源的方式,尽管发挥过重要作用,但更多表现为资源配置低效率,资本的积极作用被大大限制。随着社会主义市场经济的确立,市场在资源配置中起基础性作用,资本通过市场的方式进行配置,效率大

---

① 习近平:《正确认识和把握我国发展重大理论与实践问题》,《求是》2022 年第 10 期。

大提高，但资本的巨大潜力仍然受到限制。党的十八届三中全会提出"使市场在资源配置中起决定性作用和更好发挥政府作用"①，明确界定了市场配置资源的决定性地位，资本的活力彻底被激发，资本快速发展。

三是提高防止资本无序扩张和防范风险的治理能力。资本的自然属性意味着资本具有增殖性、运动性、风险性、扩张性等特点。资本扩张具有双重属性，有序扩张可以推动经济社会健康发展，无序扩张又会给经济社会带来巨大风险。党敏锐地看到了这一点。一方面，强化反垄断。另一方面，有效防范风险。资本具有金融化的特征，容易引起经济脱实向虚，导致不良资产风险、经济泡沫风险等，国家制定系统的制度，建立风险监测体系，完善的风险预案，着力防范和化解风险，守住不发生系统性风险的底线。

二 资本对推进中国式现代化经济社会 发展的历史性贡献

资本作为一种不可或缺且占据纽带地位的生产要素，与中国式现代化相结合，发挥了推动生产力发展、推动生产关系调整的重要作用，对中国式现代化的经济社会发展作出了巨大的历史性贡献。对此，我们要给予充分肯定，其正向作用要更多宣传。可以说，中国式现代化的发展过程，也是我们创造性成功引领资本的过程。

（一）利用资本加速现代化发展是中国式现代化的伟大创举

资本是资本主义赖以生存的基础，但并非资本主义独有、独享，中国共产党创造性地将市场经济与社会主义相结合，发挥资本加速发展中国式现代化的作用，这是一个伟大的创举，是对资本逻辑的扬弃和超越。

一方面，创造性地将市场经济与社会主义相结合，用资本推动中国式现代化发展。在马克思恩格斯所处的时代，资本主义正蓬勃发展，他们揭示了资本的特性和行为规律，但未曾设想过社会主义条件下仍然可以搞市

---

① 《习近平关于全面深化改革论述摘编》，中央文献出版社，2014，第52页。

场经济，无法预见社会主义国家如何对待资本。列宁、斯大林领导的苏联，国家计划是资源配置最主要的手段，包含资本在内的市场手段被大大抑制，基本没有遇到大规模资本问题。改革开放后党在探索中国式现代化进程中对资本的认识更加深入，创造性地将市场经济与社会主义相结合，逐步建立社会主义市场经济。我们的资本没有"主义"这条尾巴，属于非典型资本主义条件下的非典型资本，超越了马克思批判的资本逻辑。只要是市场经济，就必然存在各种形态的资本，包括国有资本、集体资本、民营资本、外国资本、混合资本等，党积极探索在社会主义市场经济条件下发挥资本的积极作用，有效控制资本的消极作用。①

另一方面，资本加速中国式现代化发展。劳动、土地、资本以及管理、技术、数据等生产要素，都是经济增长的动力。从经济学视角看，中国式现代化之所以能够加速发展，主要得益于"高储蓄—高投资"形成的高资本形成率，这是中国经济增长的最主要因素之一。② 可从一组数据来看资本如何加速中国式现代化发展：从总体贡献来看，1978~2010年中国经济增长了约19.8倍，其中全要素生产率、劳动与资本分别贡献了2.2倍、0.7倍与16.9倍的增长，资本贡献份额高达85.4%；从阶段演变来看，资本在绝大多数年份都对经济增长产生正面贡献，其中1978~1991年呈大幅波动且下降趋势，1992年确立建立社会主义市场经济之后，资本对经济增长的贡献基本呈上升趋势，2005年人民币汇率改革之后国际资本大量流向中国，资本对经济增长的贡献更是接近90%，2008年国际金融危机后中国作为世界经济增长引擎，吸引了大量资本，资本对经济增长的贡献甚至超过100%；从区域分布来看，我国东部地区资本对经济增长的贡献份额达到61.2%，东北地区达到96.1%，中部和西部地区甚至超过100%，特别是2008年国际金融危机之后，中西部地区的经济增速甚至超过了东部地区。③ 根据国家统计局官网数据计算，2021年的国民总收入是1978年的

---

① 习近平：《正确认识和把握我国发展重大理论与实践问题》，《求是》2022年第10期。
② 王小鲁、樊纲、刘鹏：《中国经济增长方式转换和增长可持续性》，《经济研究》2009年第1期。
③ 董敏杰、梁泳梅：《1978—2010年的中国经济增长来源：一个非参数分解框架》，《经济研究》2013年第5期。

429 倍，2021 年的人均国民总收入是 1978 年的 293 倍，1978 年我国 GDP 占全球的份额为 1.7%，2012 年达到 11.4%，2021 年上升到 18% 以上，所有这些都得益于资本贡献的快速提高。[①]

（二）资本作为生产要素对社会生产力发展的推动作用

作为一种生产要素，资本对社会生产力产生了巨大的推动作用，具体表现在资本可以提高劳动生产率、促进技术创新、带来产业革命等方面。

其一，资本可以提高劳动生产率。根据马克思主义的基本原理，资本逐利的天性会驱使其从利润率低的部门流向利润率高的部门，推动各类生产要素重新排列组合，进而提高劳动生产率。伴随资本主义社会的到来，"它所造成的生产力却比过去世世代代总共造成的生产力还要大，还要多"[②]。对英国劳动生产率的研究发现，1600 年以前，资本只是以萌芽的形式存在，英国的劳动生产率几乎为零；随着资产阶级革命开始以及"光荣革命"和"君主立宪制"确立了商人和地主的政治地位，英国的劳动生产率开始增长，1600~1810 年劳动生产率每十年增长 4% 左右；随着英国工业革命的快速发展，从农业资本主义逐渐走向工业资本主义，资本对劳动生产率的带动作用更加显著，1810 年之后劳动生产率每十年增长 18% 左右。[③] 据国家发展和改革委员会测算，1978~2020 年，资本积累对我国国内生产总值的贡献率高达 55.8%。

其二，资本可以促进技术创新。长期经济增长依赖于技术创新，而技术创新离不开资本运作。资本可表现为金融发展，在均衡状态下，金融发展可以通过提高储蓄向投资转化的效率、缓解信息不对称等方式，降低研发部门的外部融资成本，进而促进企业增加研发投入，实现技术创新，金融发展、企业创新、经济增长之间存在内生的传导机制。[④] 中国的发展实

① 董敏杰、梁泳梅：《1978—2010 年的中国经济增长来源：一个非参数分解框架》，《经济研究》2013 年第 5 期。

② 《马克思恩格斯全集》第 4 卷，人民出版社，1958，第 471 页。

③ Paul B., Emi N., Jón S. When did growth begin? New estimates of productivity growth in England from 1250 to 1870. NBER Working Paper, 2021.

④ 庄毓敏、储青青、马勇：《金融发展、企业创新与经济增长》，《金融研究》2020 年第 4 期。

践也证实了这一点，随着中国越来越重视资本或金融，技术创新水平和效率不断提高，特别是近年来数字金融的快速发展，有效校正了传统金融存在的属性错配、领域错配、阶段错配等问题，将资本更加精准有效地引导至有关领域，驱动企业开展技术创新。①

其三，资本可以带来产业革命。在资本表现为金融发展的情况下，金融发展能通过技术创新的"水平效应"与"结构效应"加速产业结构转型。② 18 世纪 60 年代的第一次工业革命，使人类进入了蒸汽时代；19 世纪 60 年代的第二次工业革命，使人类进入了电气化时代；20 世纪 40~50 年代的第三次工业革命，使人类进入了信息化时代；21 世纪的第四次工业革命，使人类进入了智能化时代。事实上，每一次工业革命，都是一次产业的彻底变革，而这一切都离不开资本的助推。

（三）资本作为生产要素对生产关系的推动作用

作为一种生产要素，资本在推动生产力发展的同时，也推动生产关系调整，表现在创造就业岗位、制度革命、劳动组织变革等方面。

一是资本创造了就业岗位。16 世纪英国的圈地运动，不论是契约圈地、法庭圈地和协议圈地等合法圈地，还是暴露早期资本失范与贪婪的非法圈地，特别是"大农—乡绅阶层"在圈地重点区域的圈地面积占当地全部圈地的一半以上，③ 迫使许多小农失去赖以生存的土地。此时，由资本催生的许多产业工厂，创造了大量的就业岗位，成为这些失地农民的选择。尽管马克思主义认为劳动力成为商品后，不可避免地会被资本剥削、压迫，但考虑到当时的社会环境和生活条件，资本创造的就业岗位还是给许多人提供了"活路"。根据第七次全国人口普查，全国 31 个省区市（不含港澳台）总人口达到 14.12 亿人，其中 15~59 岁的劳动年龄人口为 8.94

---

① 唐松、伍旭川、祝佳：《数字金融与企业技术创新——结构特征、机制识别与金融监管下的效应差异》，《管理世界》2020 年第 5 期。

② 易信、刘凤良：《金融发展、技术创新与产业结构转型——多部门内生增长理论分析框架》，《管理世界》2015 年第 10 期。

③ 侯建新：《圈地运动与土地确权——英国 16 世纪农业变革的实证考察》，《史学月刊》2019 年第 10 期。

亿人，占 63.35%，真正长期从事农业生产的人口并不多，如此大规模的劳动适龄人口需要大量的就业岗位。如果没有资本发挥作用，将会产生大量的失业，进而对民生保障和社会稳定产生巨大冲击。

二是资本推动了制度革命。资本在改变生产力的同时，也在推动制度革命。在资本的作用下，西方国家经历了两次现代化：第一次现代化是从农业经济向工业经济、农业社会向工业社会的转变；第二次现代化是从工业经济向知识经济、工业社会向知识社会的转变。① 在这个过程中，社会制度发生了彻底的变革，由原来的封建社会一跃变成资本主义社会。马克思主义认为，社会主义是高于资本主义的一种社会形态，但这种形态的产生和发展，仍然需要依靠资本发挥功能，"无论哪一个社会形态，在它所能容纳的全部生产力发挥出来以前，是决不会灭亡的；而新的更高的生产关系，在它的物质存在条件在旧社会的胎胞里成熟以前，是决不会出现的"②。只不过，需要改变资产阶级赖以生存和统治的基本条件，即资本私有、雇佣劳动，这样"资产阶级的灭亡和无产阶级的胜利同样是不可避免的"③，资本可以推动资本主义制度向社会主义制度变革，推动社会主义制度向共产主义制度变革。

三是资本带来了劳动组织变革。所谓劳动组织，包括劳动的分工和协作、计量和监督、规划与协调等，这涉及劳动过程中人与人的关系，具有生产关系的制度功能。④ 在不同社会阶段，劳动的表现形式有所差异，奴隶社会阶段，奴隶主完全占有劳动产物；封建社会阶段，地主通过地租占有大部分的农奴劳动；资本主义社会阶段，资本可以购买劳动力，出现了雇佣劳动的异化劳动。资本带来了劳动组织变革，使得合理进行劳动分工和协作，计时工资、计件工资以及其他工资形式不断出现，人力资源开发和协调不断发展，工会组织也应运而生，这些都是资本作为生产要素带来的重要变革。

① 何传启：《第二次现代化理论与中国现代化》，《世界科技研究与发展》1999 年第 6 期。
② 《马克思恩格斯文集》第 2 卷，人民出版社，2009，第 592 页。
③ 《马克思恩格斯全集》第 4 卷，人民出版社，1958，第 479 页。
④ 荣兆梓：《社会主义基本经济制度新概括的学理逻辑研究》，《经济学家》2020 年第 4 期。

三 全面建设社会主义现代化国家的资本问题

资本对生产力和生产关系的积极作用不言而喻，在加速中国式现代化发展中作出过重要的历史性贡献。新时代全面建设社会主义现代化国家，仍然需要资本继续发挥积极作用。我国主要存在资本总量短缺和资本结构失衡两个方面的问题，需要保持较长时期、较大规模的资本总量，优化调整资本结构并形成资本优势，同时防止资本无序扩张和无序收缩。

（一）资本总量短缺

拉动经济增长的"三驾马车"包括投资、消费、净出口三个方面，扩大内需是构建新发展格局的战略基点，同时也要坚定拓展投资空间。下文以资本形成率（资本形成总额占 GDP 比重）为例，来探讨资本总量短缺问题。

从国际层面看，保持较大规模的资本形成率是发展中国家转型成功的关键。发展中国家数量众多，都在通过各种方式推动转型，但转型成功的国家只有少数，其中一个重要原因就在于这些国家保持了一定规模的资本形成率，实证研究表明，国际直接投资（FDI）流入对转型国家经济具有正向效应。[①] 在转型失败案例方面，巴西和阿根廷属于转型失败的国家（见图 1）。20 世纪 60 年代以来，巴西的资本形成率从未超过 30%，很多年份甚至低于20%；阿根廷的资本形成率 1976 年和 1977 年分别为 30.7% 和 30.9%，其他年份也均未超过 30%，大部分时间甚至低于 20%。尽管经济转型涉及多个因素，但这两个国家的资本形成率长期处于较低水平，未能发挥资本对经济的拉动作用，转型失败是一种必然。在转型成功案例方面，日本、韩国和新加坡属于转型成功的国家（见图 1）。2000 年以前，日本的资本形成率基本高于 30%，即使在 20 世纪 90 年代处于所谓的"失去的十年"，也能保持较高水平的资本形成率；韩国从 20 世纪 70 年代中期至今，资本形成率基本高于

[①] 赵蓓文：《转型国家外国直接投资的宏观经济效应——关于俄罗斯、中东欧八国和中国的比较》，《世界经济研究》2009 年第 8 期。

30%，最高甚至超过 40%（1991 年为 41.2%）；新加坡从 20 世纪 70 年代至 20 世纪末，资本形成率均超过 30%，有一些年份超过 40%，1983 年甚至达到 47% 的峰值。这些国家充分挖掘资本的潜力，发挥资本对创新、生产、消费等领域的积极影响，成功步入了发达国家行列。我国正处于跨越中等收入陷阱的关键时期，国际经验和教训的启示，值得我们高度警惕和重视。

从国内层面看，仍然需要确保资本形成率处于高水平。我国的经济转型可从其他国家吸取经验教训。从共性看，我国保持着较高水平的资本形成率。20 世纪 70 年代以来，我国的资本形成率一直高于 30%，2008 年国际金融危机后，尽管"十三五"时期较"十二五"时期有所下降，但资本形成率一直高于 40%。与转型国家在转型时期的资本形成率相比，我国资本形成率水平不低，这是我国经济多年保持高速增长的重要原因。从个性看，看待我国的资本形成率，还要考虑我国的特性。从投资驱动型增长转向消费驱动型增长固然重要，但消费增长和升级的前置条件是收入增长，这又取决于劳动生产率的不断提高、技术创新的不断涌现、产业产品的不断升级，这些都离不开投资。具体来说，尽管我国部分行业产能过剩，但我国总体上处于"微笑曲线"的底部，产业从中低端向中高端升级的空间很大；过去"铁公机"（铁路、公路、机场）占据了基础设施投入的很大一部分，未来城市间互联互通基础设施、城市内基础设施，特别是地下管网、地下交通、改善环境等基础设施，投资空间巨大；除了"老基建"之外，数字技术、数字经济、数字政府、数字社会等"新基建"任务更为繁重，需要天量资本投入；2021 年我国常住人口城镇化率不到 65%，户籍人口城镇化率更低，未来城镇化率要达到发达国家水平，还有很大的投资空间；我国正实施乡村振兴战略，乡村拥有巨大的投资潜力。特别是，我国的资本市场与全球第二大经济体地位不相匹配，2021 年中国 GDP 大约等于美国 GDP 的 77%，而中国 A 股总市值仅相当于美国股票总市值的 1/4 左右。诸如此类，都表明我国的资本形成率仍然需要保持高水平。只有如此，我们才能巩固以往的成绩，推动中国式现代化的稳步前行。

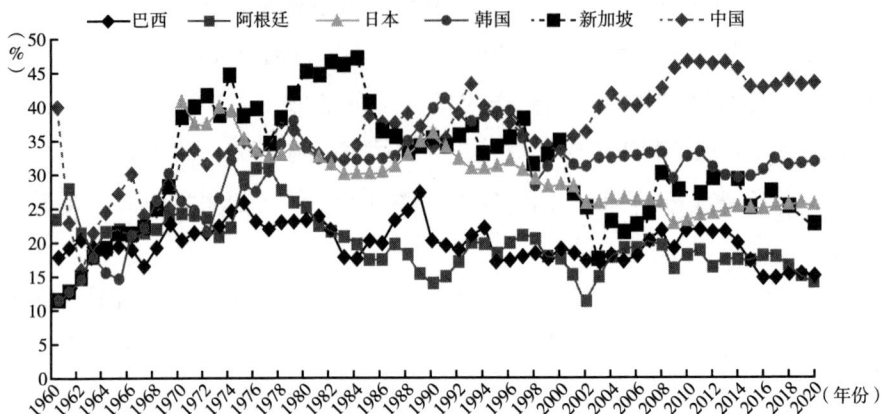

图 1　中国、巴西、日本等国家的资本形成率

资料来源：世界银行数据库。

（二）资本结构失衡

我国资本形成路径可分为两个阶段，第一个阶段是 1994 年之前的资本增量改革，第二个阶段是 1994 年之后的资本结构调整。[①] 这意味着，我国的资本结构存在一定的失衡，从固定资产投资完成额可以看出资本结构失衡的主要表现。

从投资主体看，表现为国有资本和民间资本的失衡。我国的基本经济制度要求以公有制为主体、多种所有制经济共同发展，但公有制的主体地位体现在公有资产在社会总资产中占优势，国有经济控制国民经济命脉，对经济发展起主导作用，换言之，并非要求国有经济在规模上占据优势。改革开放以来，我国城镇固定资产投资完成额中的民间资本对经济作出了巨大贡献，民间投资占比从 2004 年的 30.4% 增长至 2014 年 58.9% 的峰值，随后出现一定幅度的下降。尽管民间投资仍能占到一半以上，但民间投资增速出现了大幅下降，从 2005 年的 55.8% 下降至 2013 年的 20.1%，再下降至 2015 年及之后的 10% 以下，民间投资增速最低的 2020 年只有 1%

---

① 李治国、唐国兴：《资本形成路径与资本存量调整模型—基于中国转型时期的分析》，《经济研究》2003 年第 2 期。

（见图 2）。由此可知，国有资本仍能保持较高的积极性，但民间资本的积极性越来越低。

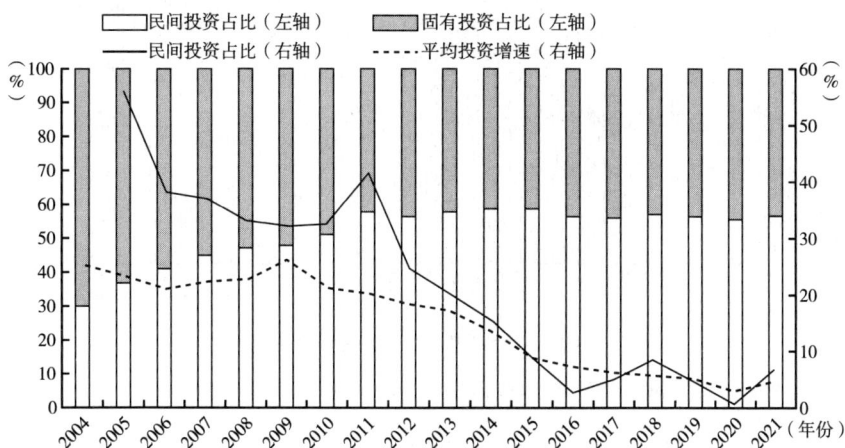

图 2 中国民间投资和国有投资

资料来源：国家统计局，Wind 数据库，其中国有投资的统计口径包含国有及国有控股、三资企业。

从区域看，表现为东部地区和中西部地区的失衡。改革开放以前，在政府的规划引导下，资本向中西部地区倾斜，中西部地区的全社会固定资产投资完成额占一半以上，少数年份甚至超过 2/3。改革开放以后，僵化的计划体制被打破，资本在市场机制的作用下向东部地区流动，1981 年东部地区的全社会固定资产投资完成额占比超过 50%，1993 年超过 60%，此后虽然有所下降，但仍保持在 50% 左右。东部地区 11 个省市与中西部地区的 20 个省区市各自占据一半左右的全社会固定资产投资完成额（见图3）。究其原因，在于东部地区有着优渥的经济发展基础，资本出于逐利的天性，更倾向于流向或留在东部地区。

从投向看，表现为实体经济与房地产经济的失衡。在城镇化进程中，房地产业蓬勃发展是一种必然，但房地产业是一个十分特殊的行业，一面连着金融，另一面连着实体经济。中国资产主要集中在房地产业，2020 年住房总市值与 GDP 之比高达 641%，美国住房总市值与 GDP 之比为 172%；中国股票总市值与 GDP 之比仅为 77%，而美国股票总市值与 GDP 之比则

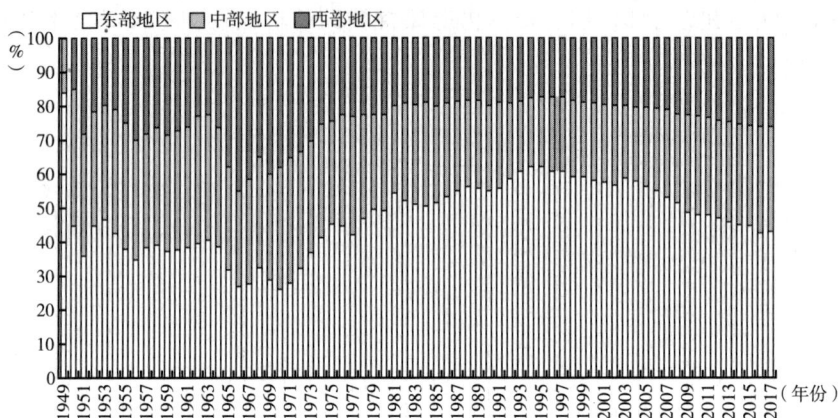

图 3　中国全社会固定资产投资地区分布情况

资料来源：国家统计局，Wind 数据库，东部、中部和西部地区根据国家统计局三大地带划分。

高达 249%。2011 年以来，房地产开发投资占比基本维持在 25%左右，并且大多数年份房地产开发投资增速要高于全社会固定资产投资增速（见图4）。资本过多、过快地流向房地产领域，不仅推高了房地产价格，还催生了一定程度的"脱实向虚"现象，加剧资本向房地产领域的流动。

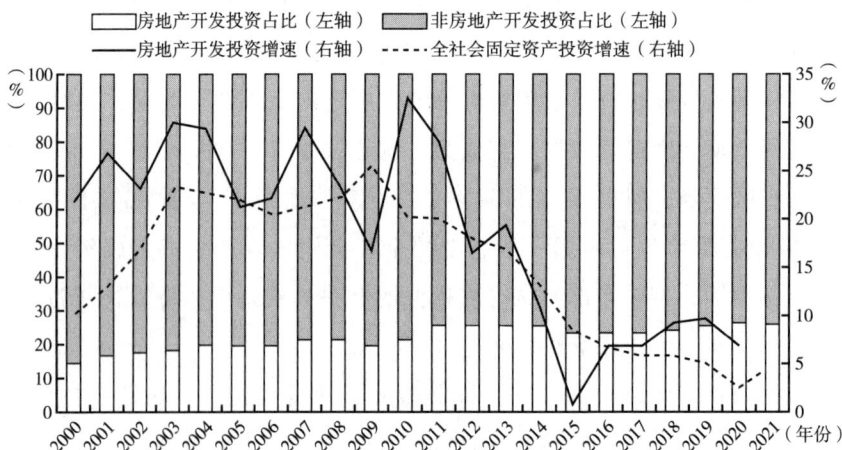

图 4　中国全社会固定资产投资行业分布情况

资料来源：国家统计局，Wind 数据库。

（三）资本无序扩张

由于认识不足、监管缺位，近年来我国一些领域出现资本无序扩张，对经济安全、生产力发展和生产关系调整都产生了不利影响。资本无序扩张呈现金融化、平台化两个特征。[①]

资本扩张呈现金融化特征。与产业生产类似，金融也是资本运动的一个载体，资本借助这个载体，推动资本金融化扩张，具体表现在宏观、微观两个层面。宏观层面，泛金融业金融化。泛金融业金融化指的是银行、证券、保险、房地产等泛金融部门相对于生产部门的扩张，即资本更倾向于流向泛金融部门，而非生产部门；泛金融业金融化还指影子银行的快速扩张和家庭部门金融化。2004 年以来，我国泛金融业上市公司利润占所有上市公司比重呈上升趋势，从 2004 年的 15%左右升高至 2018 年的 60%左右。[②] 微观层面，非金融企业金融化。非金融企业金融化指的是非金融企业采取偏重资本运作的资源配置方式，更多业务为投资，而非生产；非金融企业金融化还指利润更多来源于非生产性业务的投资和资本运作，单纯追求资本增殖。[③] 非金融企业金融化不仅增加了企业的经营风险，还会作为系统性金融风险的一部分而存在，对实体经济产生"挤出效应"[④]。

资本扩张呈现平台化特征。随着数字鸿沟越来越小，平台经济快速发展，在规模和转化率的机制下，互联网资本实现了从数字鸿沟到红利差异的转变。[⑤] 资本的平台化扩张，既有优点，又有缺点。在优点方面，平台是数字技术体系下资本积累、社会生产和再生产的新组织形式，借助平台大数据、云计算、高传输等特性，可以跨部门、跨时间、跨空间、跨国界，实现高效的生产、分配、交换、消费活动，极大地促进生产力发展和

---

① 董小君：《把握资本行为规律　防止资本无序扩张》，《光明日报》2021 年 12 月 21 日。
② 张成思：《金融化的逻辑与反思》，《经济研究》2019 年第 11 期。
③ 蔡明荣、任世驰：《企业金融化：一项研究综述》，《财经科学》2014 年第 7 期。
④ 苏治、方彤、尹力博：《中国虚拟经济与实体经济的关联性——基于规模和周期视角的实证研究》，《中国社会科学》2017 年第 8 期。
⑤ 邱泽奇等：《从数字鸿沟到红利差异——互联网资本的视角》，《中国社会科学》2016 年第 10 期。

生产关系调整。① 在缺点方面，平台构建了一个自我循环且相对封闭的系统，凭借用户黏性、用户规模等优势，有可能产生垄断，平台垄断又在某种程度上限制了生产力的公平有序发展，也导致生产关系出现畸形调整。平台经济垄断以及国际税收利益分配争端，是全球产业链资本积累过程中基本矛盾深化的新表现。②

四 新发展阶段支持和引领资本健康发展的重点问题

推进中国式现代化仍然需要大规模的资本，需要真正打消资本的"紧张"和"恐慌"，让资本文明的一面更加出彩，为人民服务，实现以人民为中心的发展。党和国家完全有能力在社会主义市场经济条件下克服资本主义制度下资本的弊端，超越资本的逻辑。新发展阶段要支持和引领资本健康发展，需要把握几个重点问题。

（一）立足社会主义初级阶段，坚持基本经济制度和"两个毫不动摇"，推动公有资本与非公有资本的协同发展

推进中国式现代化要立足社会主义初级阶段，社会主义初级阶段仍需要大力发展生产力、继续调整生产关系，这离不开资本的助力。社会主义公有制和资本形态从生产关系着手，既可以激活"资本的文明面"，又可以克服资本的生产性矛盾③，因而要坚持基本经济制度和"两个毫不动摇"，推动公有资本与非公有资本协同发展。

一方面，深化推动公有制经济发展的各项改革。经过多年的改革，我国公有制经济总体上已经同市场经济相融合，同时，还需要在一些重要领域继续深化改革。其一，探索公有制多种实现形式，鼓励发展国有资本、集体资

---

① 谢富胜、吴越、王生升：《平台经济全球化的政治经济学分析》，《中国社会科学》2019年第12期。

② 周文、韩文龙：《平台经济发展再审视：垄断与数字税新挑战》，《中国社会科学》2021年第3期。

③ 周丹：《社会主义市场经济条件下的资本价值》，《中国社会科学》2021年第4期。

本、非公有资本等交叉持股、相互融合的混合所有制经济，这方面已经进行了一些探索，但还远远不够。其二，推进国有经济布局优化和结构调整，做优做大做强国有资本。这方面也有诸多努力，但还有很大提升空间。其三，深化国有企业改革，完善中国特色现代企业制度。这方面有一定的曲折，改革的步伐还应加快。其四，形成以管资本为主的国有资产监管体制，强化国有企业市场主体地位。这方面有进展，力度还有待加大。

另一方面，落实促进非公有资本发展的各项举措。在基本经济制度的框架下，公有资本获得了较好的发展，非公有资本作为重要组成部分作用突出，要充分肯定它的巨大贡献。以民营经济为例，民营经济具有"五六七八九"的特征，即贡献了50%以上的税收，60%以上的国内生产总值，70%以上的技术创新成果，80%以上的城镇劳动就业，90%以上的企业数量。[①] 其一，健全支持民营企业、外商投资企业发展的法治环境，坚持科学立法、严格执法、公正司法，实现各种所有制经济权利平等、机会平等、规则平等。其二，完善构建亲清政商关系的政策体系，把构建亲清政商关系落到实处，推动领导干部同民营企业家交往既坦荡真诚、真心实意靠前服务，又清白纯洁、守住底线、把握分寸，促进非公有制经济健康发展和非公有制经济人士健康成长。其三，营造各种所有制主体依法平等参与市场竞争的市场环境，不断改善平等使用资源要素、公开公平公正参与竞争、同等受到法律保护的市场环境，健全支持中小企业发展制度，对国有和民营经济一视同仁，对大中小企业平等对待。其四，在加强产权和知识产权保护、健全完善金融体系、平等放开市场准入等方面深化改革，采取各种办法推动引导非公有制经济健康发展的政策落准、落细、落实。

（二）坚持生产力进步原则，在推动资本发展中解决问题

在推进中国式现代化进程中，资本的首要职责是推进生产力发展，在此基础上促进生产关系调整。因此，要坚持生产力进步原则，约束资本过度金融化，支持平台经济持续健康发展，培育平台经济的国际竞争力，在推动资本发展中解决问题。

---

① 习近平：《在民营企业座谈会上的讲话》，《人民日报》2018 年 11 月 1 日。

一是约束资本过度金融化。金融活、经济活，金融稳、经济稳。金融与经济之间存在密不可分的关系，但这并不意味着金融可以无限度发展，更不意味着资本可以过度金融化，需要对资本金融化加以约束。约束的核心标准有两个：一个是实体经济的需要，资本金融化要回归服务实体经济的本源，实体经济需要多少资本，就应该有相应的资本金融化，过多或过少都不利于实体经济；另一个是防范风险的需要，资本金融化要守住不发生系统性风险的底线，特别是要在金融监管框架体系下，开展资本金融化的创新活动。

二是支持平台经济持续健康发展。平台经济对促进生产力发展、生产关系调整，都起着重要作用。目前我国平台经济规模超过 13 万亿元，平台用户超过 10 亿人，尽管总体呈现良好的发展态势，但发展仍然不平衡不充分，需要支持平台经济持续健康发展。一方面，推动平台经济与实体经济深度融合，增强平台经济的实体化程度，引导各类企业借助现有平台开展数字化转型，挖掘工业互联网的发展潜力，促进实体经济与平台、互联网、数字技术等融合发展。另一方面，加强对平台经济背后资本的有效监管，完善与监管相关的法律法规，制定科学有效的资本监管指标体系，依法提高监管能力和水平。

三是培育平台经济的国际竞争力。全球数字经济正呈现智能化、量子化、跨界融合等新特征，平台经济将成为未来国际竞争的重要依托。我国平台企业大而不强，在全球市值排名前 10 位的平台企业中，我国有 5 家，但前 3 位都是美国企业，近两年差距甚至有所扩大，要引起我们的重视。要鼓励平台企业参与国家重大科技创新项目，以多种形式将国有资本和非国有资本、实体经济和平台经济进行连接，引导平台资本成为助力实体经济发展、科技创新的重要力量。要对标国际标准，鼓励平台资本开展国际合作，积极参与全球数字治理，不断提升国际竞争力，为抢占数字经济国际竞争的制高点发挥强大引擎和开路先锋作用。

（三）构建高水平社会主义市场经济体制，完善公平竞争法律规则体系，推进反垄断和反不正当竞争

为了激发各类资本的活力，需要构建高水平社会主义市场经济体制，不断完善公平竞争法律规则体系，推进反垄断和反不正当竞争。

一是完善产权制度。无论是公有资本还是非公有资本，均要以公平为原则，完善产权制度，加强产权保护。公有资本形成的财产权不可侵犯，非公有资本形成的财产权同样不可侵犯。特别是对于平台资本，数据是最为主要的生产要素，要厘清数据所有权、使用权、运营权、收益权等权利，建设权责清晰、安全高效的平台资本权利义务体系。

二是完善公平竞争制度。公有资本和非公有资本要在公平的环境中竞争，要以竞争中性原则为基础，加快建设全国统一大市场。要营造稳定公平透明可预期的营商环境，根据市场主体的需求，继续深化"放管服"改革，打造有利于各类资本竞争的市场化、法治化、国际化的营商环境。要建立统一的市场准入机制，对外商资本采取的负面清单模式，可以拓展至国内的各类资本，建立各类资本参与公平竞争的统一负面清单制度。

三是反垄断和反不正当竞争。对于资本无序扩张形成的垄断、暴利、天价、恶意炒作、不正当竞争，要坚决予以治理，不断推进反垄断和反不正当竞争。我国已经出台《反垄断法》《反不正当竞争法》，也成立了国家反垄断局，未来需要制定更加科学的反垄断、反不正当竞争标准，综合借鉴欧盟的"严格规制式"和美国的"动态审慎式"两种模式，完善积极的包容审慎监管原则，实现监管转型和创新，从而形成资本扩张的稳定预期。

（四）鲜明合理设置"路标路牌"，依法适度设置"红绿灯"，优化资本结构布局

新发展阶段驾驭资本的方式，主要在于以法律和规则为资本设置鲜明的路标路牌，畅通"交通"，在重要路口设置"红绿灯"。路标路牌和"红绿灯"要醒目准确，适用于道路上行驶的所有"交通工具"。对待资本也一样，各类资本都要会看路标路牌和遵守"红绿灯"，不能横冲直撞，防止资本的野蛮生长，公有资本要起带头作用。

一是"红灯"要少。应有意识地控制为企业设置的"红灯"总数，要确保设置"红灯"的权力来源于顶层设计和统筹安排，避免出现单个行政部门或地方政府为资本无故设置"红灯"的情形。主要监管部门要尽可能通过完善制度建设，加快推进整体监管、系统监管、协力监管，实现事前事中事后全链条监管，在少设置"红灯"的前提下，充分发挥资本的积极作用。

二是"黄灯"要长。垄断是资本无序扩张的一个结果，但并非所有垄断都是资本无序扩张导致的。对于垄断行业的资本，要通过"闪黄灯"的方式，深化垄断行业改革。我国的电网、电信、铁路、石油、天然气等重点行业，属于自然垄断行业，需要适当引进社会资本参与，鼓励上市公司或非上市公司引进战略投资者，以社会资本的活力带动自然垄断行业提质增效。此外，对于一些重大的政策调整，要设置过渡期，让市场主体有个调整期，不能一刀切、一阵风。

三是"绿灯"要多。设置"绿灯"的出发点是为了营造各种所有制主体依法平等使用资源要素、公开公平公正参与竞争、同等受到法律保护的市场环境，实现"法无禁止皆可为"。根本目的是让市场竞争更加充分，最大限度激发市场主体活力，最终促进我国经济繁荣发展，给人民群众带来实实在在的获得感。

四是设"灯"有据。资本有序发展的界线是遵循市场经济秩序，不超越作为生产要素的经济功能，不越过政治、社会、民生、安全等领域的底线，符合国家发展导向，能够推动生产力发展和促进经济增长。资本无序扩张则是越过以上界线，打破资本在市场经济中的正常流动状态，扰乱正常经济秩序，偏离国家引导和提倡的方向，在不该扩张的领域大肆扩张，进行不正当竞争和形成垄断。

（五）规范劳动与资本关系，发挥资本对于推动共同富裕的重要作用

"资本和劳动的关系，是我们全部现代社会体系所围绕旋转的轴心。"①形成规范的劳动与资本关系，是中国式现代化进程中至关重要的一个方面，对推动共同富裕也发挥着重要作用。

一方面，要完善多种形式的劳动关系保障。目前我国出现了灵活就业等新的劳动关系形态，根据人力资源和社会保障部统计，我国灵活就业从

---

① 《马克思恩格斯文集》第 3 卷，人民出版社，2009，第 79 页。

业人员规模达 2 亿人左右，推动建立多种形式的劳动关系，是适应新形态的必要之举。当然，在新形态的劳动关系中，劳动权益保障存在制度短板和法律缺口。要认真落实国家维护新就业形态劳动者劳动保障权益的政策，从公平就业、最低工资和支付保障、休息、安全卫生、养老、职业伤害等方面发力，补齐劳动者权益保障短板，从信息便利和服务、优化社会保险经办、职业技能培训、子女教育、综合服务等方面发力，优化劳动者权益保障服务。

另一方面，要构建和谐的劳资关系。和谐的劳资关系对企业发展、社会稳定都具有重要的意义，但目前存在个别企业与员工之间的利益差距日益扩大、企业雇主与员工之间的地位不平等、少数企业工会组织不健全等问题。[1] 要从机制上发力，推动构建多元化的"劳动—资本"共同体。以华为公司的虚拟受限股制度（或称为员工持股计划，ESOP）为例，建立有利于推动创业企业治理模式向社会化企业治理模式转变，形成收益权、控制权、经营权"三权分立"和激励相容的动态股权治理平台，[2] 是建立和谐的劳资关系的基础和保障。

（六）形成引导资本规范健康发展的舆论氛围和政治生态

《中华人民共和国宪法》（以下简称《宪法》）对公有制和非公有制经济的地位已经作出规定，党中央对引导资本规范健康发展也已指明了方向，即要营造资本规范健康发展的舆论氛围和政治生态，稳定各类资本预期。

首先，坚决批判与基本经济制度和"两个毫不动摇"相悖的错误言论。社会上存在一些关于公有制、国有企业、民营经济的错误言论，大致包括三种：第一种是"所有制不重要论"。我国是社会主义国家，《宪法》明确规定"中华人民共和国的社会主义经济制度的基础是生产资料的社会主义公有制"，公有制为主体、多种所有制共同发展，是马克思主义基本理论和科学社会主义原则与中国实践相结合的产物，具有理论性、科学

---

① 王海霞：《如何构建和谐的企业劳资关系》，《人民论坛》2018 年第 20 期。
② 唐跃军、左晶晶：《创业企业治理模式——基于动态股权治理平台的研究》，《南开管理评论》2020 年第 6 期。

性、现实性、有效性，这是资本健康发展的前提。第二种是"民营经济离场论"。认为民营经济已经完成使命，要退出历史舞台，或者认为取消国有经济，民营经济就可以获得更大发展，这都是"国进民退"或"国退民进"的翻版说辞。第三种是"新公私合营论"。将混合所有制改革曲解为新一轮"公私合营"，认为加强企业党建和工会工作是要对民营企业进行控制。中央和地方重要媒体都要旗帜鲜明地宣传中央精神，抵制并批判错误观点和认识。

其次，强化资本作为生产要素的重要纽带作用。资本源于资本主义，但并非资本主义独有，不应过度将资本与资本主义挂钩。作为与劳动、土地、技术、管理、数据同等重要的生产要素，应更加强化资本的自然属性、弱化资本的社会属性；并且，与其他生产要素相比，资本在其中发挥着重要的纽带作用。要在全社会形成一些共识，包括但不限于"没有资本就无法发展""不仅不能限制资本的有序扩张，还要鼓励资本有序扩张"等，为资本有序扩张营造良好的市场环境和预期。

最后，强化资本对中国式现代化的作用。除了强化资本作为生产要素的纽带作用，还要强化资本对中国式现代化的作用。我们要实现中国式现代化，建设社会主义现代化强国，需要资本在诸多领域发挥牵引作用，比如助力科技创新、促进共同富裕、推动城乡区域协调发展等。要深化资本对中国式现代化的作用，在全社会营造防止资本无序收缩、推动资本有序扩张的政治生态和舆论氛围。

返贫风险的防范与治理[*]

王海燕[**]

    党的二十大擘画了以中国式现代化全面推进中华民族伟大复兴的宏伟蓝图，并首次提出加快建设农业强国。建设农业强国，必须举全党全社会之力全面推进乡村振兴，守牢防止发生规模性返贫的底线。本文所说的规模性返贫特指，我国脱贫攻坚取得全面胜利后，在一定区域内、一定群体内已经脱贫或原来位于贫困线以上的人群，出于种种原因，出现较大范围和较大数量人口返贫或致贫的现象。这包括某类群体较大比例人口返贫，或某区域出现较大数量返贫人口。这些返贫人口不仅包括已脱贫而返贫的，也包括原来位于贫困线以上而最新致贫的。防止返贫是贫困治理的一个重要环节，如果不能有效巩固拓展脱贫成果，出现规模性返贫，那么贫困治理肯定是无效的。我国贫困治理由于贫困人口基数大、低收入边缘人群规模大，脱贫攻坚时间短、任务重，防止返贫特别是防止规模性返贫就显得尤其重要。早在 2017 年，习近平总书记就指出："防止返贫和继续攻坚同样重要。"[①] 2021 年 2 月 25 日在全国脱贫攻坚总结表彰大会上的讲话中，习近平总书记更是专门强调要"坚决守住不发生规模性返贫的底

---

    * 本文原载《东南学术》2023 年第 5 期，收入本书时有改动。

    ** 王海燕，中共中央党校（国家行政学院）马克思主义学院科研秘书，副教授。

    ① 《习近平扶贫论述摘编》，中央文献出版社，2018，第 77 页。

线"。① 这句话也被写进了 2023 年中央一号文件。脱贫攻坚取得全面胜利以来，各部门各地区纷纷建立并逐步完善防止返贫监测帮扶机制，扎实推进各项帮扶措施，守住了不发生规模性返贫的底线。同时我们看到，部分脱贫地区群众收入水平仍然较低，脱贫基础还比较脆弱，我国经济发展的国际国内环境的复杂性、严峻性、不确定性上升，巩固拓展脱贫攻坚成果仍面临不少困难和挑战，还存在一定的规模性返贫风险。防止规模性返贫仍是当前和今后一段时期我国巩固脱贫攻坚成果、防止返贫工作的重中之重。

一　文献回顾

脱贫攻坚取得全面胜利后，防止返贫特别是防止规模性返贫成为我国重大的理论和实践课题，规模性返贫的防范治理随之开始进入学者的研究视野。但总体而言，当前聚焦规模性返贫的成果还比较少。从已有研究成果看，学者主要围绕规模性返贫的概念、风险、重点及防范思路等展开研究。

在概念界定方面，学者们的观点同中有异。汪三贵等从一般性意义上来界定，认为规模性返贫是指某一类具有相似特征的群体中大部分人同时返贫或某一区域同时出现较大返贫人口的情况。② 姜晓萍等则强调了全面消除绝对贫困的前提，认为规模性返贫是指全面消除绝对贫困后，某种肇因使得未来某一类型人群中较高比例人口同时陷入贫困，或某一区域同时出现较大数量人口陷入贫困的可能性。③ 王媛、刘涛则对规模性返贫风险进行了界定。前者认为，规模性返贫风险是指已脱贫或陷于贫困线以上的

① 《习近平著作选读》第 2 卷，人民出版社，2023，第 443 页。
② 汪三贵、周园翔：《构建有效的防规模性返贫的机制和政策》，《农业经济问题》2022 年第 6 期。
③ 姜晓萍、郑时彦：《乡村振兴中规模性返贫风险的发生机理与阻断机制》，《理论与改革》2023 年第 1 期。

人群出于某种原因，存在再次陷于贫困线之下的可能与风险。① 后者认为，规模性返贫风险是指已经脱贫的人群由于受某种自然或市场等因素的影响而再次处于贫困线之下的可能与风险。② 两者主要的区别在于风险包含的群体不同。

在导致规模性返贫的主要风险方面，学者们普遍认为，造成返贫的因素是多方面的。赵普等通过对西南民族地区脱贫情况的分析，认为西南民族地区存在七种影响规模性返贫风险的因素，按影响大小依次为产业因素、能力因素、经济因素、政策因素、自然因素、文化因素、家庭因素。③ 汪三贵等结合可持续生计理论，认为人口生计脆弱性较高、抵抗风险能力有限是部分脱贫人口和边缘人口返贫致贫的风险。④ 阿海曲洛认为脱贫稳定性不足、因病因灾偶发因素多、贫困群众内生动力尚未完全建立等是出现返贫现象的主要原因。⑤

在风险治理重点群体、区域等方面，学者们各有侧重。吴国宝强调要在预防与监测中加强对规模性返贫风险重点人群、重点领域和重点环节的关注。⑥ 罗丹等认为应针对乡村振兴重点帮扶县加大支持力度。⑦

在风险防范治理方面，学者们主要从治理思路、机制、政策等角度展开。刘涛认为，首先应积极建立巩固拓展脱贫成果同乡村振兴有效衔接的机制，其次应依托乡村数字化治理平台建立新脱贫人口的返贫预警系统，另外还需在民族地区建构托底发展型的社会政策体系，最后应建立上下联动的民族共同体发展格局。⑧ 赵普等基于可持续发展理论视角，提出建立

① 王媛：《后扶贫时代规模性返贫风险的诱致因素、生成机理与防范路径》，《科学社会主义》2021 年第 5 期。
② 刘涛：《西南民族地区规模性返贫风险及其防范机制研究》，《民族学刊》2022 年第 3 期。
③ 赵普、龙泽美、王超：《规模性返贫风险因素、类型及其政策启示——基于西南民族地区的调查》，《管理世界》2022 年第 11 期。
④ 汪三贵、周园翔：《构建有效的防规模性返贫的机制和政策》，《农业经济问题》2022 年第 6 期。
⑤ 阿海曲洛：《西南涉彝地区防止规模性返贫政策执行机制探索》，《西南民族大学学报》（人文社会科学版）2022 年第 7 期。
⑥ 吴国宝：《如何有效防范化解规模性返贫风险》，《中国党政干部论坛》2021 年第 6 期。
⑦ 罗丹、吴晓佳、运启超：《巩固拓展脱贫攻坚成果坚决守住不发生规模性返贫底线》，《农村工作通讯》2022 年第 5 期。
⑧ 刘涛：《西南民族地区规模性返贫风险及其防范机制研究》，《民族学刊》2022 年第 3 期。

产业防线、重视能力提升、筑牢经济基础、优化政策体系、明确返贫风险、建设反贫文化、强化帮扶职责七点防止规模性返贫的政策启示。[①] 姜晓萍等认为,应从实现源头识别、转向合作治理、推进主体性重塑三个方面构建乡村振兴中规模性返贫风险的阻断机制。不少学者指出,要健全防止返贫的监测帮扶机制。一是强调要靠乡村产业的发展,以守住不发生规模性返贫的底线,这需要实现从"打工经济"向"创业经济"思维的转变、"零散经济"向"聚合经济"方式的转变、"传统农业"向"现代产业"体系的转变。[②] 二是要多措并举促进脱贫人口增收。[③] 三是加快补齐医疗保障政策短板,适当提高农村养老保险支付水平,建立农村托幼服务机制等。[④] 四是要改善乡村治理。[⑤] 五是进一步推进城镇化发展,实现城乡融合等。[⑥]

综上所述,现有的成果对规模性返贫的概念、导致返贫的风险及治理思路等方面都有了较为充分的研究,为本文提供了一定的理论支撑和研究思路,但也存在一些不足。一是对规模性返贫的界定不够全面准确。不少学者仅仅是从学术角度来理解规模性返贫,没有结合我国面临的具体情况和任务,在界定返贫主体时往往忽略了以前在贫困线以上庞大的边缘人口等。二是对返贫可能存在的风险分析不够全面。如现有的研究主要围绕国内因素展开,对国际因素的影响缺乏分析。三是对可能返贫的重点群体、区域、重点领域分析存在不足,研判不够精准等问题。鉴于目前研究现状,本文从以下几个方面展开。一是结合我国规模性返贫的实际情况和目标任务,尽可能清晰地界定规模性返贫的内涵和外延,尽可能全面地涵盖存在返贫、致贫风险的人口。二是尽可能全面地研判当前和未来一段时间我

① 赵普、龙泽美、王超:《规模性返贫风险因素、类型及其政策启示——基于西南民族地区的调查》,《管理世界》2022年第11期。

② 庄晋财、谢丽玲:《以乡村产业发展守住不发生规模性返贫的底线——来自海口市的乡村调查与思考》,《江苏大学学报》(社会科学版)2022年第3期。

③ 唐克伟:《过渡期发生规模性返贫的风险挑战与对策建议》,《重庆行政》2022年第4期。

④ 张琦、李顺强、庄甲坤:《脱贫人口返贫的路径依赖与影响因素研究——基于GHNS数据的离散时间生存分析》,《学习与探索》2022年第5期。

⑤ 周立:《守住"两条底线"助力乡村振兴》,《人民论坛》2022年第5期。

⑥ 张琦、李顺强、庄甲坤:《脱贫人口返贫的路径依赖与影响因素研究——基于CHNS数据的离散时间生存分析》,《学习与探索》2022年第5期。

国规模性返贫存在的主要风险点，并重点分析规模性返贫防范与治理的重点群体、领域和区域，探寻防范治理的主要方向和工作重点。三是从系统治理的角度，提出较为完善的规模性返贫防范与治理的思路。

二　返贫可能存在的主要风险点

规模性返贫的防范与治理是一个系统工程，工作关联范围之广、难度之大不亚于脱贫攻坚。与脱贫攻坚工作相比，规模性返贫的防范与治理的对象不固定，工作内容更加复杂。其中，首要工作是确定主要风险点，明确工作大方向。

（一）部分脱贫户还存在一定返贫风险

脱贫攻坚时间紧、任务重，部分脱贫攻坚成果还比较脆弱，需要巩固拓展，与之相关的一些脱贫户还存在返贫风险。一是部分扶贫产业发展基础薄弱。通过发展产业带动脱贫是精准扶贫最主要的办法之一。但由于产业投入资金有限以及贫困户抗风险能力弱等，许多地方在选择扶贫产业时往往选择短平快的种植养殖业，产业同质化、短期化现象较为严重。再加上部分贫困户技术水平和管理水平跟不上，难以保证产品质量，市场竞争力弱，受市场波动影响较大，贫困户持续增收困难。二是易地扶贫搬迁成果仍需巩固。易地扶贫搬迁要求"搬得出""稳得住""能融入""有收入"，这是一个复杂的系统工程，不仅要找比较好的搬迁点，具备良好的生产生活条件，而且要求搬迁户能够融入当地社会，有可持续的收入来源。当前"搬得出"的任务已基本完成，但后续生产就业、公共服务等问题还没有完全解决好。三是贫困群众内生动力不足。目前脱贫群众多数仍需要外部帮扶，完全通过自身努力，通过联合成立合作社、依靠当地集体经济等脱贫的还比较少，内生动力不足。比如不少产业在技术、管理、销售等环节还要依赖"第一书记"和驻村帮扶队员，一旦取消外部帮扶，返贫可能性很大。四是在公共服务等领域还存在薄弱环节。因病、因学致贫是农户贫困的两大原因，通过脱贫攻坚，涉及这两大问题的建档立卡户都得到了较好的解决，但普惠性制度尚未建立，制度根源问题没有解决，看病和非义务阶段教育支出仍是农村低收入群体的两大负担。

（二）农村庞大的低收入群体还存在返贫风险

我国人口基数大，发展底子薄，经过 70 多年的发展，虽然取得了显著成就，特别是党的十八大以来，在贫困治理方面取得了历史性成就，彻底解决了绝对贫困问题。但是，处于社会主义初级阶段仍是我国的基本国情。2021 年，我国人均 GDP 刚超过世界平均水平，加上发展不均衡不充分，农村地区还存在大量的低收入群体和困难群体。根据《中国统计年鉴2022》公布的数据，2021 年我国农村居民 20% 低收入组家庭人均可支配收入仅为 4855.9 元,[①] 略高于我国当年的绝对贫困标准。如果按农村常住人口口径算，这部分有 1 亿人左右；如果按照农村户籍人口口径算，这部分还有 1.27 亿人。从 2021 年全国居民收入看，20% 低收入组家庭人均可支配收入为 8332.8 元,[②] 也就是说全国有 2.8 亿多人月收入仅 694.4 元。此外，从民政部《2021 年民政事业发展统计公报》公布的数据看，截至2021 年底，全国农村低保对象共有 1945 万户 3474.5 万人，农村特困人员437.3 万人。[③] 从以上数据可以看到，我国农村低收入群体、困难群体人口规模还比较大，收入水平还比较低，承受风险的能力还比较弱，一旦遭遇冲击或是面临大额支出，则存在较大的返贫风险。

（三）自然灾害等的冲击加大了返贫风险

我国农村脱贫人口和低收入群体中有相当比例仍以农业为生，农业经营净收入是这部分群体的主要收入来源，自然灾害、公共卫生事件等的突然冲击对这部分群体的收入有巨大影响。从《中国统计年鉴 2022》公布的分地区农村人均可支配收入来源看，2021 年农业经营净收入在我国农村人

---

① 国家统计局编《中国统计年鉴 2022》，中国统计出版社，2022，第 175 页。
② 国家统计局编《中国统计年鉴 2022》，中国统计出版社，2022，第 196 页。
③ 《2021 年民政事业发展统计公报》，民政部网站，https://www.mca.gov.cn/images3/www2017/file/202208/2021mzsyfztjgb.pdf。

均可支配收入来源中占比高达 35%，仅次于工资性收入的 42%。① 对以农业为生的群体来说，农业经营净收入是其收入的最主要来源。但农业是抗风险能力较弱的产业，而我国自然灾害种类多、分布地域广、发生频率高、灾害损失重、灾害风险高。从应急管理部发布的 2022 年全国自然灾害基本情况看，仅 2022 年我国就发生了 38 次区域性暴雨，全年洪涝灾害共造成 3385.3 万人次受灾，直接经济损失达 1289 亿元。旱情峰值时，全国共有 5245.2 万人次受灾，因旱需生活救助 758.5 万人次，农作物受灾面积 609.02 万公顷，直接经济损失 512.8 亿元。低温冷冻和雪灾共造成 87.07 万公顷农作物受灾，直接经济损失达 124.5 亿元。② 我国多数贫困地区，特别是深度贫困地区大多处于环境恶劣的生态脆弱区，各类自然灾害发生频率更高、影响更大。

（四）国际国内形势变化增加了返贫的潜在风险

从国际上看，国际政治、经济和军事等环境愈加复杂，不确定性不稳定性因素日趋增多，国际安全风险加大。日趋多变的国际形势增加了我国规模性返贫的风险，一是国际需求在未来较长时期大概率会持续萎缩。短期内，由于我国产业链的稳定，出口可能会保持稳定甚至增长。但从较长时期看，国际形势的恶化，特别是美国等对我国的遏制将会严重影响我国的出口，也将影响涉及出口的扶贫产业发展。二是国际形势的恶化会导致部分外向型企业离开中国。一些外资企业会回归本国或转移到第三国，特别是部分中低端产业大概率会从我国移出。同时也会影响国际旅游业，降低我国的就业总量，特别是会对农村中低端劳动力产生较大影响。三是国际形势的恶化会导致国际能源、粮食等大宗商品价格上涨或大幅波动，增加我国生产成本，加大我国国民特别是低收入群体的生活成本。从国内形势看，我国已转向高质量发展阶段，新技术的应用对低端劳动力就业和收

---

① 以上数据根据《中国统计年鉴 2022》公布的分地区农村人均可支配收入来源数据计算得出。
② 《应急管理部发布 2022 年全国自然灾害基本情况》，中国政府网，https：//www.mem.gov.cn/xw/yjglbgzdt/202301/t20230113_ 440478. shtml。

入造成较大影响。在国际国内形势的影响下，我国存在一定规模性失业的风险，这也是规模性返贫的潜在风险之一。

（五）脱贫攻坚巩固拓展机制不完善加大了返贫风险

2020 年以来，各地区各部门纷纷出台巩固拓展脱贫攻坚成果的政策文件，不断建立健全各项制度机制，巩固拓展脱贫攻坚成果不断取得新进展新成效。但由于时间较短，政策制度还需要进一步落实。一是工作人员和工作衔接上存在脱节现象。脱贫攻坚结束后，党政干部换届和帮扶人员调整导致一线工作的"新人"较多，新制度、新政策出台后也需要一个熟悉的过程。此外，随着脱贫攻坚任务的完成，一些干部也存在松口气、歇一歇的想法。二是监测对象存在局限性。监测对象的认定是防返贫治理的首要工作，监测对象未能涵盖大多数易返贫人员将会影响治理质量。目前，一些地方在认定监测对象时，存在标准过低、比例较小等问题。三是部分监测户帮扶措施不明确。脱贫易返贫户一般都有脱贫攻坚帮扶措施参考，但边缘易致贫户等新纳入帮扶的监测户还缺乏明确的帮扶措施和资金等支撑。四是缺乏长效机制。在农村低收入群体持续稳定增收和激发内生发展动力等方面还缺乏有效的措施。

三 返贫风险防范与治理的重点群体、领域和地区

防止规模性返贫任务重、涉及面广，从涉及群体来讲，包括部分已脱贫但不稳固的建档立卡户，可能陷入贫困的农村低收入群体、困难群众等。工作对象的分散性决定了防止规模性返贫很难面面俱到，必须抓住重点、重点突破。要围绕脱贫目标要求，明确容易返贫、致贫的重点群体，可能严重影响群众生活、造成群众较大支出的领域，以及可能发生连片返贫的重点区域，做好监测与研判，确定好工作重点。

（一）重点群体

着力防止不稳定户返贫。在各方努力下，脱贫攻坚和成果巩固效果显

著，贫困户和贫困地区农民收入有了较大增长。不过仍有一部分脱贫户由于发展底子薄、脱贫较晚、收入来源单一等，脱贫基础比较脆弱。如易地扶贫搬迁户多属于脱贫不稳定户。脱贫攻坚基本实现了"搬得出"和初步脱贫，但"稳得住"还面临不少挑战。一是生产就业是否"稳"得住。易地扶贫搬迁涉及数万个安置点，数百万搬迁户的重新就业，不仅要保证数百万人有工作，还要保证工作稳定、收入稳定。此外，搬迁户入住安置区后，传统生活方式发生了巨大变化，如由分散居住变为集中居住，公共卫生、垃圾处理、生活习惯等也随之改变，生活成本相应增加。这对安置区的后续产业发展和搬迁户就业提出了更高要求，不仅要保证搬迁群众有稳定的就业和收入，还要保证他们的生活水平不因搬迁而降低，这是"稳得住"的第一要务。二是思想是否"稳"得住。中国人安土重迁，乡土观念很强，但凡能过一般不愿意背井离乡。易地扶贫搬迁涉及 1000 多万人，一些安置区还可能涉及不同民族，由于思想观念、生活习惯、民族传统等差异较大，社区融合、社会融入难度大，搬迁群众的思想"稳"下来还需要一个过程。

突发严重困难户要重点关注。由于农业风险高、农村社会保障不健全且水平低、农民收入水平低和我国自然灾害多发等因素，农民抵抗社会风险的能力较弱，一旦遭遇突发困难很容易陷入贫困。这需要引起高度关注。一是因学致贫。因学致贫大多发生在非义务教育阶段，高中和大学阶段的学费加上生活费一年一般需要 1 万元左右，按照现在农村家庭的平均收入水平，只要家庭中有这一笔刚性支出，陷入贫困是大概率事件。二是因病致贫。因病致贫具有普遍性，重点关注突发重大疾病和患有慢性病的家庭，两者都需要较大刚性支出。三是因灾、失业等造成支出增加和收入锐减的情况。

"边缘户"是防范与治理的重中之重。脱贫攻坚时，为提高扶贫精准度，各地在进行精准识别时，都设定了严格的认定标准。但由于我国农村大多数地区特别是贫困地区、深度贫困地区整体发展水平落后，许多未能划入贫困户但处于贫困户标准边缘的"边缘户"，其发展基础、生活水平与贫困户的差别并不大，但被排除在各种帮扶政策之外。目前农村的"边缘户"大多属于低收入群体，发展基础差，且缺乏相应的政策保障，一旦遭受较大冲击，随时可能陷入贫困，成为新的贫困户。这部分群体规模较大，有1亿人左右，是规模性返贫的最大隐患。因此，防止"边缘户"返贫，帮助"边缘户"发展应是我国规模性返贫防范治理的重中之重。

（二）重点领域

一要紧盯重点群体的收入。有稳定的收入来源，年收入达到一定标准，既是脱贫的硬性要求，也是防止返贫的基础。要重点抓好产业和就业两方面的工作。产业扶贫是我国精准扶贫的重要方式，有助于增强农村发展的内生动力，效果可持续，扶贫范围广。但我国扶贫产业多为种植养殖业，有很大的局限性，具体表现为产业同质化高、增值空间小、市场化程度低等方面，因此，要不断提高产业质量，确保扶贫产业的可持续经营，以确保脱贫群众收入稳定提升。此外，外出务工也是我国农民的主要收入来源之一。我国每年有近3亿的农民进城务工，其中脱贫户有2000多万户，还包括大量的"边缘户"等。因此要确保务工人数稳定，特别是脱贫户的外出就业。二要紧盯"三保障"。"两不愁三保障"是衡量我国脱贫最主要的核心指标，从我国目前农村的发展情况看，"三保障"是巩固拓展脱贫攻坚成果的重点。其中，基础教育保障方面要做好"控辍保学"工作，确保义务教育阶段适龄少儿应读尽读。住房安全保障方面经过农危房改造、脱贫攻坚等重点建设，建档立卡户的住房安全基本得到了有效保障。农村低保户、突发严重困难户、边缘户等以前没有被纳入救助的低收入群体的住房安全应被重点关注。三要紧盯与农村群众生活联系紧密的领域。如在饮水安全方面，还存在投入不足、供水工程管护不到位等问题，这些问题解决不好将影响群众的生活水平。

（三）重点区域

区域性整体贫困脱贫成果的巩固拓展也是防止规模性返贫的重中之重，如果脱贫地区经济社会发展不可持续，那么该地区发生规模性返贫将是大概率事件。因此，防止规模性返贫要高度关注脱贫地区整体脱贫成果的巩固拓展问题，特别是要紧盯一些发展基础薄弱的革命老区、边境地区、易地扶贫搬迁安置区等特殊地区。首先，要盯牢国家 160 个乡村振兴重点帮扶县。脱贫攻坚全面胜利后，西部地区一些县城的经济社会总体发展水平仍然较低，巩固拓展脱贫攻坚成果面临不少困难，存在发生规模性返贫的风险。为让脱贫基础更加稳固、成效更可持续，确保在全面推进乡村振兴中不掉队，西部地区结合各地实际情况，统筹考虑人均地区生产总值、脱贫摘帽时序、返贫风险等因素，选定并报经中央农村工作领导小组批准同意，确立了 160 个国家乡村振兴重点帮扶县。这 160 个国家乡村振兴重点帮扶县是巩固拓展脱贫攻坚成果的"坚中之坚"，是防范规模性返贫的"重中之重"。其次，重点关注易地扶贫搬迁安置区。扶贫搬迁户是防范规模性返贫的重点群体，各类安置区相应也是需要重点关注的区域。要针对大型安置区、中小型安置点和"插花式"分散安置等不同安置区的特点，分区分类做好精准帮扶，不断提高安置区的发展能力，确保搬迁脱贫人口"稳得住、能致富"。最后，聚焦革命老区、边境地区等特殊类型地区。党的十八大以来，特殊类型区域发展虽然也取得了重要进展，但由于受多种因素影响，发展不平衡不充分问题依然突出，存在规模性返贫的风险。

四　返贫风险防范与治理的主要思路

防止规模性返贫是一个庞大的系统工程，要把握好各项工作之间的结合与统一，发挥好各项举措的协同联动效应。要完善防止返贫动态监测帮扶机制，瞄准重点群体和地区。要巩固拓展脱贫攻坚成果，抓住就业这个关键，建立健全农村低收入人口和欠发达地区帮扶机制。要加强规模性返贫防范治理与国家战略的统筹融合，探寻更多的帮扶路径，凝聚更大支撑力量。特别是要尽快完成脱贫攻坚与乡村振兴的有效衔接，扎实推动乡村全面振兴。

（一）进一步完善防止返贫的动态监测帮扶机制

防止规模性返贫也需要精准识别，弄清可能返贫致贫的群体和人员，找准返贫致贫原因，精准施策。完善防止返贫动态监测和帮扶机制，从制度上预防和解决返贫问题，是防止规模性返贫的首要工作。一是要瞄准重点群体、重点地区展开监测。以家庭为单位，重点监测脱贫不稳定户（含易地扶贫搬迁户）、突发严重困难户、边缘易致贫户等群体。重点关注西部地区、革命老区、边疆地区、原深度贫困地区、大型特大型安置区等重点地区的情况，重点监测这些地区的收入支出、"两不愁三保障"及饮水安全状况等。二是要尽可能扩大监测范围。财政条件较差地区可严格按照相关文件要求展开监测，并限制一定比例；财政条件较好的地区可以突破国家的收入标准要求，不设定比例限制，尽量做到应监尽监，为防止规模性返贫做好全面监测，同时也为促进乡村振兴做好摸底工作。三是要充分利用好信息技术，做好动态管理。充分利用大数据分析等信息技术，依托国家乡村振兴局的数据，开发新平台，加强各部门之间的信息共享，加强动态监测，及时将符合条件的对象纳入监测范围。四是要及早干预。对于那些建档立卡的脱贫不稳定户，要按照脱贫攻坚期内的帮扶政策加强帮扶，保持过渡期内帮扶政策的稳定性。对于那些没有纳入建档立卡的易致贫人员，围绕防止返贫的目标要求，参照脱贫攻坚帮扶措施，按照缺什么补什么的原则进行帮扶。

（二）尽快巩固脱贫攻坚成果的薄弱环节

巩固脱贫攻坚成果的薄弱环节是防止建档立卡户规模性返贫的关键，也是进一步夯实原贫困地区发展基础、推进乡村全面振兴的基础性工作。一是要完善防止返贫致贫的制度体系。在脱贫攻坚中，确保"三保障"的政策多是临时性的扶持政策，脱贫攻坚取得全面胜利后，这些临时性政策并没有上升为长期性制度。此外，在当前的巩固拓展脱贫攻坚成果工作中，各地的做法不一，部分地区拓展了扶持政策的受益范围，部分地区却取消了脱贫人口的资助政策。因此，脱贫户和没纳入贫困户的易返贫致贫重点群体因学、因病致贫的风险始终存在。需要从制度上解决根本问题，加快农村地区的公共服务和社会保障体系建设，不断提高服务和保障水平。特别是具备条件的地区，要逐步将临时性的扶持政策上升为长期性制度。二是要提升扶贫产业的发展水平。要加大农业科技推广力度，用好科技创新成果，切实解决扶贫产业发展中的技术困难。要充分发挥消费扶贫、电商扶贫等的作用，拓展扶贫产品销售渠道。要推动扶贫产业由短平快向中长期产业转变，着力提升扶贫产业的产业链、供应链和价值链水平，不断提升产业效益和农民收入水平。三是做好易地扶贫搬迁的后续工作。加快完善安置区的基础设施、公共服务、商业服务等配套建设，着力解决好搬迁随迁户的就业、社区融入等问题，降低搬迁随迁户生活成本、提高收入水平，确保搬迁脱贫人口稳得住、能融入、有收入、不返贫。

（三）千方百计抓好就业这个关键点

就业是民生之本，在易返贫致贫重点群体中，有劳动能力的占大多数，因此千方百计稳就业和扩大就业成为防止规模性返贫的关键。一是要着力稳住脱贫人口就业规模。要加大对脱贫地区特色优势产业发展的扶持力度，完善联农带农机制，着力稳住扶贫产业的就业量。要深化东西部和省内劳务协作，提升劳务输出的组织化程度，做好劳务输出、劳务协作工作，稳住外出务工数量。要确保生态护林员等乡村公益性岗位聘用人员数量稳中有增。二是要努力拓宽就业渠道。东部经济发达地区要依托对口协作机制，结合产业梯度转移，助力乡村振兴重点帮扶县和特殊地区发展产业，引导劳动密集型行业企业到这些地区投资办厂或实施生产加工项目分包。积极支持乡村振兴重点帮扶县承接和发展劳动密集型产业，支持企业在乡镇（村）设置车间、加工点，积极组织易返贫致贫劳动力从事居家就业和灵活就业。鼓励进城务工人员返乡创业，脱贫人员自主创业，支持发展农村电商、乡村旅游等创业项目，落实各项创业扶持政策，优先提供创业服务，助推农村百业兴旺。以农村生产生活基础设施为建设重点，以脱贫人口、易返贫致贫监测对象和其他低收入人口为赈济对象，不断完善以工代赈模式，扩大就业，提高收入。三是加强就业服务。要进一步加强对易返贫致贫重点人群的技能培训，提高就业能力。完善农村劳动力就业信息平台，实现与防止返贫动态监测帮扶系统的对接，及时掌握被监测人员的就业失业情况，尽早帮扶。

（四） 建立健全农村低收入人口和欠发达地区帮扶机制

我国目前农村低收入人口规模还比较大，脱贫地区的发展基础还比较薄弱，建立健全农村低收入人口常态化帮扶机制和欠发达地区帮扶机制，是防范规模性返贫的重要举措。健全农村低收入人口常态化帮扶机制，一要不断完善农村社会保障体系。摸清社会保障体系的薄弱环节，合理确定农村医疗保障水平，完善养老保障，健全各类社会救助政策，不断提高保障能力和水平。二要尽力解决农村低收入人口的生活困难问题。脱贫攻坚目标要求所涉及的指标有限，事实上饮水安全、卫生设施、生活用能、道路交通等也同等重要，要切实解决群众生活困难、降低生活成本，多维度提高农村低收入人口生活水平。三要努力缩小低收入人口同农村其他群体的发展差距。要为农村低收入人口提供更多的就业机会，加强对低收入人口的就业服务，拓宽就业渠道，提高他们持续增收和发展的能力。建立健全欠发达地区帮扶机制，其一要持续改善欠发达地区的基础设施条件，即持续改善欠发达地区交通、水利、电力、物流等生产生活条件；其二要继续提升欠发达地区的公共服务水平，补齐公共服务的短板，进一步改善义务教育办学条件，提升医疗卫生服务水平等；其三要加大对欠发达地区产业发展的支持力度，尽快建立先富带后富的制度体系，从根本上改变城乡、区域发展不平衡，欠发达地区发展不充分问题。

（五） 加强规模性返贫防范治理与国家战略的统筹

国家对易返贫致贫人员、脱贫地区、欠发达地区的帮扶是多方面的，除了专门的扶持政策外，国家战略层面的支持也不少。要加强规模性返贫防范治理与国家战略的统筹融合，探寻更多的帮扶路径，凝聚更大支撑力量。特别是要加强与城乡、区域等战略的统筹融合，如乡村振兴、新型城镇化、西部大开发、京津冀一体化、粤港澳大湾区、黄河流域高质量发展等。加强与乡村振兴战略的统筹融合是题中应有之义，要尽快做好脱贫攻坚与乡村振兴战略的衔接，完成帮扶体系的转换。当前，要继续推进新型城镇化战略，统筹城乡发展，稳定并持续增强城镇吸纳就业能力，为农村易返贫致贫人员提供更多的就业机会。特别是要重点推进以县城为重要载体的城镇化建设，补齐县城短板弱项，提升县城综合承载能力，增强县城产业支撑能力，稳定扩大县城就业岗位。推进西部大开发形成新格局，加大对西部脱贫地区、欠发达地区发展的支持力度，增强内生发展动力，防止发生成片返贫现象。京津冀一体化、粤港澳大湾区以及黄河流域高质量发展等重大战略都涉及不少脱贫地区、欠发达地区。在推进这些重大战略中，要注重带动该区域脱贫地区、欠发达地区的发展，为这些地区的脱贫人口、易返贫致贫人员提供更多机会。

（六）扎实推进乡村振兴战略

实施乡村振兴战略，是解决新时代我国社会主要矛盾的必然要求，是实现全体人民共同富裕的必然选择。扎实推动乡村振兴战略是防止规模性返贫问题的重要途径。一是要尽快做好脱贫攻坚与乡村振兴的有效衔接。加快建立健全农村低收入人口常态化帮扶机制和政策体系，持续改善欠发达地区发展条件，克服精神贫困，增强脱贫地区"造血"功能，巩固拓展脱贫攻坚成果，确保脱贫群众稳定脱贫。二是要深化农业供给侧结构性改革。发展新型农村集体经济，推动资源变资产、资金变股金、农民变股东，拓展农民收入来源。促进小农户生产和现代农业发展有机衔接，提升小农户组织化程度，提高个体农户抵御风险能力，提高农民收入水平。三是要发展壮大乡村产业。加快发展依托农业农村资源、由当地农民主办、彰显地域特色和乡村价值的产业体系，推进乡村一二三产业融合发展，推动乡村百业兴旺、产业全面振兴。四是要完善城乡融合发展政策体系。顺应城乡融合发展趋势，重塑城乡关系，更好激发农村内部发展活力、优化农村外部发展环境。加快农业转移人口市民化，促进有能力在城镇稳定就业和生活的农业转移人口有序实现市民化。五是要保障和改善农村民生。要围绕农民群众最关心最直接最现实的利益问题，加快补齐农村民生短板，提高农村美好生活保障水平。要继续把国家社会事业发展的重点放在农村，促进公共教育、医疗卫生、社会保障等资源向农村倾斜，逐步建立健全全民覆盖、普惠共享、城乡一体的基本公共服务体系，推进城乡基本公共服务均等化。

五　结语

规模性返贫的防范与治理，是全面推进乡村振兴、建设农业强国、加快中国式现代化建设的前提条件。如若出现规模性返贫，将会严重影响我国经济社会发展的战略安排。规模性返贫的防范与治理与脱贫攻坚有很大的不同：涉及人口更多，且很大部分是以前没有被纳入脱贫攻坚范围的群体；要求也更高，其最低目标任务高于绝对贫困标准；面临的风险挑战也更多，受国内外形势变化影响大。因此，对规模性返贫的防范治理绝不能掉以轻心，必须坚持以习近平总书记精准扶贫精准脱贫思想为指导，以不低于脱贫攻坚的精神努力做好各项工作。首先，要找准规模性返贫的主要风险点，明确工作方向；其次，要严格按照脱贫目标要求，聚焦容易返贫、致贫的重点群体，可能发生成片返贫的重点区域，以及严重影响群众生活的领域，敲定工作重点；最后，根据工作重点，精准施策，做好帮扶工作。同时，规模性返贫的防范与治理是一个系统工程，在防范与治理的过程中要坚持系统思维，把握好各项工作之间的结合与统一，发挥好各项举措的协同联动效应。

当代资本主义主导经济全球化的逻辑与困境[*]

——基于马克思主义政治经济学的分析

蒋　茜[**]

　　经济全球化发展到今天，物质财富不断积累，科技进步日新月异，人类文明发展到迄今为止的历史最高水平，各国相互联系、相互依存程度空前加深。然而，自国际金融危机发生以来，经济全球化进程遭遇了阻碍。近年来，保护主义、单边主义持续蔓延，"筑墙设垒""脱钩断链"现象频繁发生，贸易和投资争端加剧，"逆全球化"思潮抬头。比如，英国公投"脱欧"、美国向我国发起贸易摩擦并不断掀起全球性贸易战，TPP 夭折，等等。当前的"逆全球化"已经发展成为西方发达国家政治精英所推行的政治实践，政策倾向呈现明显的民族主义和民粹主义化特征，对全球合作发展造成严重影响，导致世界经济复苏步履维艰，全球发展前景晦暗不明。在世界百年未有之大变局下，"和平赤字、发展赤字、安全赤字、治理赤字加重，人类社会面临前所未有的挑战。世界又一次站在历史的十字路口"。[①] 面对愈演愈烈的"逆全球化"趋势，需要思考的是，"20 年前甚

---

　　*　本文原载《政治经济学评论》2023 年第 3 期，收入本书时有改动。

　　**　蒋茜，中共中央党校（国家行政学院）马克思主义学院马克思主义基本原理与经典著作研究所研究所所长，教授。

　　①　习近平：《高举中国特色社会主义伟大旗帜　为全面建设社会主义现代化国家而团结奋斗——在中国共产党第二十次全国代表大会上的报告》，人民出版社，2022，第 60 页。

至 15 年前，经济全球化的主要推手是美国等西方国家，今天反而是我们被认为是世界上推动贸易和投资自由化便利化的最大旗手，积极主动同西方国家形形色色的保护主义作斗争"。① 那么，以美国为代表的西方国家为何会从全球化的"主要推手"转化为"保护主义"势力？其背后的动因是什么？当前"逆全球化"的种种表现是否意味着经济全球化已经陷入了某种危机困境之中？经济全球化的未来出路到底何在呢？

危机会带来失序，也会催生变革，关键取决于如何认识与应对。对此，学术界从不同视角进行了深入探讨，主要有以下几种代表性的观点。第一，当前经济全球化的困境主要表现为资本主义国家治理的危机，以及国际金融垄断资本所主导的金融化发展模式的危机，显示出资本主义道路衰败的趋势。逆全球化现象本质上是当前资本主义大国的政府转移矛盾的手段，② 根源仍是资本主义基本矛盾的演化及其在全球的放大。③ 第二，大国操纵全球化，国家主义与全球化存在巨大冲突，④ 资本主义国内贫富分化的日益严重、新兴国家在全球化过程中的群体性崛起给西方大国带来的压力、难民问题和恐怖主义等是当前逆全球化浪潮的重要原因。⑤ 第三，新自由主义导致不平等和不公正，经济全球化困境是新自由主义导致的，⑥ 本质是对资本逻辑驱动的经济全球化的否定。⑦ 第四，新冠疫情放大了全球化的负面效应，数字经济的发展以及俄乌局势的变化给当前经济全球化发展带来很大影响。⑧ 对于全球化的未来发展，有一些学者比较悲观，但

---

① 《习近平谈治国理政》第 2 卷，外文出版社，2017，第 212 页。

② 栾文莲：《对当前西方国家反全球化与逆全球化的评析》，《马克思主义研究》2018 年第 6 期。

③ 谢地、张巩：《逆全球化的政治经济学解释》，《马克思主义与现实》2021 年第 2 期。

④ 陈伟光、郭晴：《逆全球化机理分析与新型全球化及其治理重塑》，《南开学报》（哲学社会科学版）2017 年第 5 期。

⑤ 王瑞平：《对当前西方"反全球化"浪潮的分析：表现、成因及中国的应对》，《当代世界与社会主义》2016 年第 8 期。

⑥ 张超颖：《"逆全球化"的背后：新自由主义的危机及其批判》，《当代经济研究》2019 年第 3 期。

⑦ 罗皓文、赵晓磊、王煜：《当代经济全球化：崩溃抑或重生？——一个马克思主义的分析》，《世界经济研究》2021 年第 10 期。

⑧ 王栋、高丹：《近年来西方学界对全球化的研究述评》，《国外理论动态》2022 年第 3 期。

大多数学者基本持乐观态度,认为经济全球化依然是未来发展大势,[①] 并期待建立一个更公平、更有效的全球化制度。[②]

概言之,学者们从不同方面丰富发展了当代资本主义主导经济全球化的研究,但如何整体性地认识和把握资本主义主导经济全球化的内在逻辑还有待进一步深入研究。基于此,本文拟从马克思主义政治经济学的视角对资本主义主导经济全球化的内在逻辑进行整体性分析,尝试构建一个资本主义主导经济全球化的理论分析框架,并在此基础上探寻当代资本主义主导经济全球化的困境及其根源。

一　资本主义主导经济全球化的"技术—资本—国家"三重逻辑

在资本主义主导经济全球化问题上,不同理论范式有不同认识。在西方经济自由主义看来,经济全球化是生产要素在世界无限制地自由流动,市场会按照自身逻辑实现供给均衡和资源最优配置,达到各国互利互惠,提高世界总体福利。依附理论则驳斥了经济自由主义观点,揭示了资本主义主导的经济全球化从诞生开始就是一个由"中心"和"外围"组成的不平衡世界体系,"中心"国家凭借资金、技术等方面的优势对"外围"国家进行剥削和束缚,外围国家始终处于"依附"地位,丧失了自主发展的可能性。上述两种观点从不同侧面反映了经济全球化的客观发展情况,但其研究都存在一定局限性。经济自由主义只看到了国家之间经济上存在的互利性,而忽视了发达国家对发展中国家和落后国家的支配和剥削;依附理论虽然揭示了资本主义世界体系的不平等性,指明了发达国家对落后国家的剥削和依附,但忽视了国家之间经济上存在的互利性。因此,两者都未能全面反映经济全球化的本质和规律。

相较而言,马克思主义政治经济学对经济全球化的认识在系统性和深刻性上具有巨大的优越性。经济全球化的概念虽然是冷战结束之后才流行

---

①　马慎萧等:《当代资本主义经济问题研究》,《政治经济学评论》2020 年第 3 期。

②　〔美〕约瑟夫·E. 斯蒂格利茨:《全球化逆潮》,机械工业出版社,2020,第 356 页。

起来的，但早在 19 世纪马克思恩格斯就已经详细论述了"世界贸易""世界市场""世界历史"等问题，这些论述蕴含了丰富的经济全球化思想，为我们科学认识经济全球化的本质和发展逻辑提供了重要理论指导。马克思主义政治经济学以历史唯物主义和辩证唯物主义方法论为基础，这一方法论的原则决定了对经济全球化的认识，需要在生产力与生产关系、经济基础与上层建筑的矛盾运动中，用历史的、辩证的视角来探寻。基于此，认识资本主义主导经济全球化可以从"技术—资本—国家"的三重逻辑出发。

（一）技术逻辑：经济全球化是社会生产力发展的客观要求和科技进步的必然结果

技术逻辑是以技术为核心的生产力发展规律和趋势。从技术逻辑来看，经济全球化是生产力发展和科技进步的历史产物，是推动生产社会化和资源配置全球化的历史过程。一方面，技术进步和工业革命推动了世界市场的形成，为经济全球化提供了根本动力和物质基础。16 世纪远洋航海技术的重大发展带来了新航道新市场的开辟，打破了国家民族之间封闭隔绝的状态。18 世纪爆发了以蒸汽机为核心技术的第一次工业革命，分工随之细化，交往随之扩大，大工业"首次开创了世界历史"。[1] 之后，在第二次工业革命和第三次工业革命的推动下，经济全球化克服了地理的空间限制，缩短了生产和交往的时间，从深度和广度上获得了空前发展。另一方面，经济全球化的形成、发展又反过来加速了现代技术需求和应用，推动了生产力的大发展。"世界市场使商业、航海业和陆路交通得到了巨大的发展。这种发展又反过来促进了工业的扩张"，[2] 促成了贸易大繁荣、投资大便利、商品和资本流动、科技和文明进步、国际分工发展、资源配置优化等。历史地看，以技术变革为基础的生产力发展与经济全球化的发展是相互促进、共同发展的。未来生产力要继续向前发展就必然要求继续深化经济全球化的进程。

---

① 《马克思恩格斯选集》第 1 卷，人民出版社，2012，第 194 页。
② 《马克思恩格斯选集》第 1 卷，人民出版社，2012，第 401~402 页。

（二）资本逻辑：资本主义经济全球化实质是资本的全球化

从生产关系维度来看，迄今为止的经济全球化是伴随资本主义生产方式的发展而形成发展起来的，是由资本主义主导推动的。那么，资本主义为何要主导推动经济全球化的形成发展呢？马克思恩格斯指出，"创造世界市场的趋势已经直接包含在资本的概念本身中。任何界限都表现为必须克服的限制"。① 资本不仅仅是一种生产要素，本质上更是一种社会生产关系。作为反映资本主义生产关系的资本，其本性就是对剩余价值无止境的追求。资本只有在运动中才能实现增殖，资本运动的内在本质必然表现为资本的扩张。第一，从时空维度来看，"资本一方面要力求摧毁交往即交换的一切地方限制，征服整个地球作为它的市场，另一方面，它又力求用时间去消灭空间，就是说，把商品从一个地方转移到另一个地方所花费的时间缩减到最低限度"。② 第二，从覆盖领域来看，资本力图渗透和控制经济、政治、文化、社会等方方面面，"资本是资产阶级社会的支配一切的经济权力"，③ "这是一种普照的光，它掩盖了一切其他色彩，改变着它们的特点"。④ 第三，从资本形态发展来看，资本经历了从商人资本为主，到产业资本为主，再到金融资本为主的变化发展，在这个过程中，资本全球扩张的能力和程度不断加强。资本跨越各种限制和束缚的目的就是实现最大限度的增殖，在此目的的驱使下，资本竭力摧毁一切不利于资本增殖的阻碍，这就是资本的逻辑。"一句话，它按照自己的面貌为自己创造出一个世界"，⑤ 即资本全球化。

（三）国家逻辑：资本主义经济全球化由资本主义国家支撑推动

从上层建筑的维度来看，作为资本家总代表的资本主义国家在推动资

---

① 《马克思恩格斯选集》第 2 卷，人民出版社，2012，第 713~714 页。
② 《马克思恩格斯文集》第 8 卷，人民出版社，2009，第 169 页。
③ 《马克思恩格斯选集》第 2 卷，人民出版社，2012，第 707 页。
④ 《马克思恩格斯全集》第 30 卷，人民出版社，1995，第 48 页。
⑤ 《马克思恩格斯选集》第 1 卷，人民出版社，2012，第 404 页。

本全球化的过程中发挥了不可替代的重要作用。在资本原始积累时期，资本主义国家通过殖民地征服和暴力手段实现了资本原始积累与扩张，"征服，奴役，劫掠，杀戮，总之，暴力起着巨大的作用"。① 在自由竞争时期，资本主义国家主要通过商业手段和武力方式来完成扩张积累，"它的商品的低廉价格，是它用来摧毁一切万里长城、征服野蛮人最顽强的仇外心理的重炮。它迫使一切民族——如果它们不想灭亡的话——采用资产阶级的生产方式；它迫使它们在自己那里推行所谓的文明，即变成资产者"。② 在垄断资本主义时期，资本主义国家实行帝国主义和殖民主义政策，对落后国家进行经济控制和政治统治，通过对外投资进行资本输出，垄断全球市场以加速资本积累，让资本主义生产方式和生产关系在世界落地生根。资本主义国家在推动资本向世界扩张的过程中，也构建起了以资本为中心的世界秩序，其基本特征如马克思所言，"它使未开化和半开化的国家从属于文明的国家，使农民的民族从属于资产阶级的民族，使东方从属于西方"。③ 可见，西方发达资本主义国家推动形成的世界体系从来不是田园诗式的平等互利，相反，这个过程深刻体现了资本力量下弱肉强食的不平等性和不对称性。

概言之，资本主义主导经济全球化所蕴含的"技术—资本—国家"三重逻辑是生产力、生产关系和上层建筑的反映。从逻辑关系来看，技术逻辑是经济全球化的根本动力，资本逻辑是资本主义经济全球化的本质特征，国家逻辑为资本主义经济全球化提供了制度支撑，它们共同构成了资本主义主导经济全球化的逻辑整体。其中，资本逻辑凌驾于技术逻辑和国家逻辑之上。从经济全球化效应的二重性来看，当今的经济全球化虽然最初伴随着残酷的殖民掠夺并由资本主义主导推动，但客观上顺应了生产力发展的历史大势，开辟了世界市场，为世界经济增长提供了强劲的动力和广阔的空间。在这个过程中，资本主义也充当了推动历史发展的不自觉的工具。与此同时，资本全球化的发展程度越高，资本主义基本矛盾的全球性扩张也就越发凸显，从

---

① 〔德〕马克思：《资本论》第 1 卷，人民出版社，2004，第 821 页。
② 《马克思恩格斯选集》第 1 卷，人民出版社，2012，第 404 页。
③ 《马克思恩格斯选集》第 1 卷，人民出版社，2012，第 405 页。

而导致世界出现许多新的矛盾和危机，反过来又阻碍了生产力的进一步发展。从逻辑运动的趋势来看，一旦由资本所推动的社会生产力普遍发展到一定阶段，过于狭隘的以资本为核心的社会关系就越会成为生产力发展的障碍，表现为当代资本主导经济全球化的技术逻辑、资本逻辑、国家逻辑都陷入了困境之中。最终，经济全球化的技术逻辑将冲破资本的束缚，在继承资本主导经济全球化所创造的物质基础之上，将经济全球化从资本逻辑的桎梏中解放出来，取而代之的将是新型经济全球化的发展。

二　从技术逻辑来看当代资本主义主导经济全球化的技术困境

进入 21 世纪以来，新一代信息技术使"信息革命"进一步深化发展，以人工智能、大数据、量子信息、生物技术等为代表的新一轮科技革命构成了当代资本主义主导经济全球化的技术特征。"与以往历次工业革命相比，第四次工业革命是以指数级而非线性速度展开"，[①] 表现为转化速度加快、渗透范围更广。当前，新一轮科技革命与产业变革正在积蓄力量，新冠疫情又进一步加速了大数据、人工智能等新技术的全球运用。智能化数字化的蓬勃发展将为世界经济复苏提供新动能，为经济全球化的深入发展奠定物质基础、提供历史机遇。然而，正如大卫·哈维所言，"历史上很多事物看似蕴含着解放的可能性，结果却是资本主义剥削的支配性实践的回归"。[②] 智能化数字化推动着生产力走向高度社会化，但在资本主义主导的经济全球化框架中，技术却异化为资本的技术，服务于少数人，成为国际垄断资本在世界范围谋取高额利润的工具。马克思曾指出，"现代工业和科学为一方与现代贫困和衰颓为另一方的这种对抗，我们时代的生产力与社会关系之间的这种对抗，是显而易见的、不可避免的和毋庸争辩的事实"。[③] 这种对抗在资本主义主导的经济全球化框架中，随着新一轮科技革

---

① 《习近平谈治国理政》第 2 卷，外文出版社，2017，第 480 页。
② 〔美〕大卫·哈维：《跟大卫·哈维读〈资本论〉》第 2 卷，谢富胜等译，上海译文出版社，2016，第 249 页。
③ 《马克思恩格斯选集》第 1 卷，人民出版社，2012，第 776 页。

命的推进越来越充分地暴露了出来。2017 年以来，美国向中国发动大规模科技战导致全球技术发展陷入困境，就是这种对抗的突出表现。

那么，美国发动科技战的目的是什么？回顾全球化的发展历程，美国对外发动科技战并不鲜见。比如，冷战期间美苏之间的科技战，20 世纪 80 年代围绕半导体技术展开的美日科技战，等等。美国采用了各种方式遏制竞争对手的技术发展，试图牢牢霸占全球技术制高点。列宁曾指出，"垄断资本家通过占有发明专利权阻碍发明的应用，为了保持垄断价格，人为地阻碍技术的进步"。[①] 近年来，中国在科技发展上取得了举世瞩目的成绩，尤其在数字经济领域表现非常突出，中国已经具备较为充分的实力和条件抓住新一轮科技革命的历史机遇。科技创新的重大突破和加快应用极有可能重塑全球经济结构，使全球产业和经济竞争的赛场发生转换。由此，美国认为中国的发展将威胁到自己的科技垄断地位，威胁到自己在全球产业链价值链的高端位置。为了维护科技霸权和垄断资本利益，为了阻碍竞争对手在新一轮科技革命与产业变革中的发展步伐，为了把新兴市场国家和发展中国家控制在产业链的低附加值环节，美国的惯用手段就是对内加速科技创新发展，对外发动贸易战加科技战。为此，特朗普在任期间推出了一系列遏制中国科技发展的措施，拜登上任后延续对华科技封锁总基调，"其打击手段和范围远超过美苏、美日科技战"。[②]

其一，阻碍全球科技合作交流，加剧了全球产业链供应链危机。

针对中国高科技产业、企业和人才，美国以"国家安全"为由展开全方位打压。第一，强化技术出口管制。2018 年美国颁布了《出口管制改革法案》，加大对华技术出口限制的范围和力度。截至 2021 年底，华为、中兴等 600 多家中国实体被列入了出口管制的"实体清单"，主要涉及人工智能、半导体芯片、航天航空等高科技领域。第二，加大科技投资管控。美国严格限制本国对中国企业的科技投资，同时颁布了《外国投资风险审查现代化法案》等，对中国企业在美国技术领域的投资和收购活动设置严

---

① 《列宁选集》第 2 卷，人民出版社，2012，第 660 页。
② 李妍：《知识垄断是当代资本主义的重要特征——以美国科技霸权为例》，《马克思主义研究》2021 年第 6 期。

格禁令。第三，排挤封锁中国高科技企业和产品。2020 年美国推出了"清洁网络计划"，其核心就是排挤中国 5G 供应企业和网络设备。第四，限制科技人才合作交流。美国针对中美科技人才合作交流设定了一系列管控措施，包括严格限制中国留学生申请 STEM 专业；缩短留学签证期限；加强对赴美学生和参加短期科研交流学者的资格审查；滥用信息科技优势对华裔科学家以及相关科研机构进行非法监控、窃听和攻击打压；等等。在经济全球化深入发展的今天，中美的产业、科技和人才之间已经有着深厚关联和共同利益。然而，美国强行割裂中美之间正常的贸易和技术往来，破坏全球技术创新交流机制，阻碍全球产业链供应链中的要素资源正常流动，导致了全球产业链价值链创新链出现局部断裂和碎片化，在新冠疫情的强烈冲击下，这一状况进一步加剧了全球产业链供应链危机。

其二，主导技术标准规则、拉拢盟友抱团打压，扩大了全球"技术鸿沟"。

美国凭借自身的科技优势，一方面，主导着技术标准规则的制定，通过制定排他性和歧视性的技术标准规则对竞争对手进行单边制裁和极限施压。另一方面，拉拢盟友构筑阵营化小圈子，打造有利于自身科技垄断的"技术联盟"体系，实现最大程度的对华技术封锁打压。比如，2019 年 5 月，美国联合 32 个国家召开"布拉格 5G 安全大会"，在发布的"布拉格提案"中提出了全球封锁中国 5G 产品。2020 年 3 月，正式通过了"布拉格 5G 安全会议机制"，美国主导了国际 5G 安全原则的制定过程。[①] 同年 5 月，美国宣布加入 7 国"人工智能全球合作组织"，力图以霸权力量主导构成不利于中国的全球人工智能管理规则。[②] 2021 年 6 月，欧美成立了贸易与技术委员会（TTC），主导制定了技术贸易规则和标准，将以中国为代表的广大发展中国家排除在"技术联盟"之外，等等。

当前的科技战是美国针对中国展开的，但实际上美国却剑指任何有可能威胁到自身科技垄断地位的国家。美国利用自身科技优势阻碍他国发展科技的正当权利，充分暴露出了美国在经济全球化中的科技霸权思维。

---

① 王磊：《美国对华人工智能战略竞争的逻辑》，《国际观察》2021 年第 2 期。
② 卢周来等：《美对华科技政策动向及我国应对策略——基于开源信息的分析》，《开放导报》2021 年第 3 期。

习近平总书记强调，"科技成果应该造福全人类，而不应该成为限制、遏制他国发展的手段"。[①] 在休戚与共的地球村，造福人类是科技创新最强大的动力，共享创新成果是国际社会的一致呼声和现实选择，构建开放、公平、公正、非歧视性的科技创新环境是科技进步的内在要求。正如美国前财长、保尔森基金会主席亨利·保尔森指出的，"脱钩"政策将在全球经济中建立不兼容规则和标准，阻碍创新和经济增长。[②]

三 从资本逻辑来看当代资本主义主导经济全球化的发展困境

20世纪70年代以来，资本主义国家生产部门利润率持续低迷，过剩资本大量转入金融机构，金融资本乘着信息技术革命的东风，在新自由主义政策的保驾护航下，获得了非常快速充分的发展，形成了以金融资本全球化为核心的当代资本主义经济全球化。从资本积累的发展趋势来看，金融化是其必然结果。正如马克思指出的，"生产过程只是为了赚钱而不可缺少的中间环节，只是为了赚钱而必须干的倒霉事。因此，一切资本主义生产方式的国家，都周期地患一种狂想病，企图不用生产过程作中介而赚到钱"。[③] 金融资本作为资本的高级形态，彻底摆脱了物质形态的束缚，取得了高度的自主性和灵活性，[④] 充分表现出了最大限度追求价值增值的本性，把资本的全球扩张能力和控制能力发挥到了极致。

那么，金融资本可以无止境地在全球积累和扩张下去吗？显然，金融资本的扩张绝非毫无限制。一方面，从空间扩张的限度来看，我们所生活的地球及其承载的资源是有限的，"如果资本主义生产方式在每个方面、每个领域和世界一切地方都占主宰地位，那么就很少或没有空间留给进一

① 《习近平谈治国理政》第4卷，外文出版社，2022，第465页。
② 张莹：《美国科技霸权妨害创新和发展》，《新华每日电讯》2022年8月17日。
③ 《马克思恩格斯文集》第6卷，人民出版社，2009，第67~68页。
④ 张宇：《马克思主义的全球化理论及其从经典到现代的发展》，《政治经济学评论》2004年第3期。

步的积累"。① 另一方面，从时间扩张的限度来看，金融发展受到实体经济发展的约束，金融资本膨胀的最大边界是"特定时期实体经济通过杠杆所能支撑的虚拟经济的上限"。② 事实上，2008 年由美国次贷危机所引发的金融危机如海啸般席卷全球进而发展成为百年不遇的经济大危机，这正是全球金融资本泡沫到达极限的必然结果，也是资本主义基本矛盾在资本主义最高阶段的总爆发。由此可见，与金融资本无限扩张的本性相悖的是金融资本扩张的现实有限性，这种矛盾随着金融资本的全球膨胀而累积深化，最终让资本陷入了自身所致的发展困境之中，表现为世界性经济危机的爆发和全球贫富分化的加剧。

其一，世界经济严重失衡，世界性经济危机风险加剧。

新自由主义政策反对任何形式的干预，推崇金融资本在全球的自由流动。然而正如希法亭所指出的，"金融资本所希望的不是自由，而是统治"。③ 新自由主义的泛滥让金融资本的逐利行为不再受到任何约束，金融资本正是以自身"自由"之名力图实现全球"统治"之实。主要表现有三。第一，虚拟经济对实体经济的"统治"。金融资本在推动实体经济发展中发挥着重要作用，但随着各种非银行金融机构和金融衍生品的大量涌现，全球金融资本的独立性和重要性与日俱增，金融投机所产生的短期高额盈利受到众多资本的青睐，无节制的金融膨胀反过来抑制了生产性投资的增长，金融垄断资本日益凌驾于产业资本之上，导致虚拟经济与实体经济严重脱节，形成无实体支撑的虚假繁荣，全球蔓延的金融泡沫在到达极限之时必然引发世界性的经济危机。第二，金融资本对世界经济生活的"统治"。金融已经深入生产、分配、交换、消费等各个环节，层出不穷的金融产品推动着债务性投资和透支性消费愈演愈烈，全球几乎所有的经济主体和经济活动都被卷入了金融资本全球化之中，以至于无论金融领域的哪一个环节泡沫破裂，在很大程度上都会引发整个世界经济的"多米诺骨

---

① 〔美〕大卫·哈维：《资本的空间：批判地理学刍论》，群学出版有限公司，2010，第374 页。

② 张严：《从危机应对看资本逻辑的弹性及其限度》，《社会科学》2017 年第 10 期。

③ 〔德〕鲁道夫·希法亭：《金融资本——资本主义最新发展的研究》，福民等译，商务印书馆，1994，第 386 页。

牌效应"。第三，美元对世界货币的"统治"。布雷顿森林体系解体之后，没有黄金和实物支撑的美元成为世界货币，美联储"借由大量创造货币，使资本以指数增长的方式无限积累，几乎肯定将以灾难告终"。① 以美元霸权为基础的掠夺性、寄生性和投机性的金融积累机制，进一步加剧了世界经济体系的不稳定性和不平衡性。

其二，全球财富收入分配极端不合理，贫富差距两极分化加剧。

在金融资本主导的资本主义世界经济体系中，金融资本的财富积累远远高于其他资本的积累和劳动报酬的增加。在新自由主义的推动下，国际金融垄断资本不断发展壮大，财富越来越集中到少数资本家手中，导致全球财富收入分配极端不平衡，贫富两极分化进一步加剧。托马斯·皮凯蒂撰写的《21世纪资本论》用翔实的数据表明，美国等西方国家的不平等程度已经达到或超过了历史最高水平，不加制约的资本主义加剧了财富不平等现象，并将继续恶化下去。根据瑞士瑞信银行研究院发布的2021年《全球财富报告》，金融资产的强劲增长导致了财富不平等加剧。截至2020年底，全球最富有的10%人口拥有82%的全球财富，其中最富有的1%人口拥有45%的全球财富。② 在发达资本主义国家中，美国的财富和收入不平等问题非常严重。美国学者沙伊德尔研究指出，美国收入最高的1%群体的收入份额和最富有的0.01%家庭私人财富份额在2012年首次超过了1929年的历史最高水平。③ 贫富两极分化进一步加剧了劳资矛盾的爆发，近年来美国爆发的占领华尔街运动所提出的口号就是"我们是99%"，抗议的矛头直接对准了国际金融垄断资本。

实际上，2008年全球金融危机爆发之后，美国等资本主义国家也纷纷开始调整。一方面，对内提出"再工业化"的目标。尽管美国等少数国家有复苏的势头，但资本结构没有发生根本性变化，金融资本仍然是财富增长的主要源泉。另一方面，对外通过一轮轮量化宽松货币政策转嫁危机让世界埋单。美国历届政府把美元霸权发挥到了极致："当美国在2008年开

---

① 〔美〕大卫·哈维：《资本社会的17个矛盾》，中信出版社，2016，第259页。

② 范思立：《不断扩大的贫富差距成为全球最大挑战》，《中国经济时报》2021年8月20日。

③ 〔德〕沃尔特·沙伊德尔：《不平等社会》，颜鹏飞等译，中信出版社，2019，第345页。

始实行量化宽松政策时，它导致大量资本流入许多新兴市场，汇率急剧升值，出口产业竞争力下降，等等。简而言之，美国造成了全球性的浩劫。"① 经济危机爆发至今已有十余年，许多西方国家经济持续低迷、两极分化加剧、社会矛盾加深。种种迹象表明，资本主义的调节之路困难重重，调节空间越来越小。究其根源，正是金融资本全球化扩张的最大限制在于资本自身。马克思一针见血地指出，"资本的发展程度越高，它就越成为生产的界限，从而也越是成为消费的界限"，"资本不可遏止地追求的普遍性，在资本本身的性质上遇到了限制，这些限制在资本发展到一定阶段时，会使人们认识到资本本身就是这种趋势的最大限制"。②

四　从国家逻辑来看当代资本主义主导经济全球化的治理困境

第二次世界大战之后，以美国为首的西方发达资本主义国家凭借经济、政治、军事上的优势地位，主导构建了以资本逻辑为基础的世界国际秩序，当代资本主义经济全球化治理体系就是推动构建这个世界秩序的重要国际载体。经济全球化治理需要遵循一定的普遍性原则，需要调节全球化的各种冲突并把冲突保持在"秩序"的范围内，促进各个经济体的合作发展。因此，全球经济治理在推动经济全球化发展方面发挥着重要作用。然而从实践来看，迄今为止的经济全球化治理体系所维护的国际秩序，是"以资本为枢轴的综合权力——较大权力对于较小权力——的支配和统治"，③ 是由以美国为核心的少数发达国家垄断的强权秩序，维护的是资本的全球自由流动，遵循的是弱肉强食的霸权逻辑。显然，资本主义主导的全球经济治理体系严重缺乏代表性和包容性，缺乏公平性和有效性，"这一霸权治理模式随着霸权国本身的相对衰落、正当性缺失和新兴大国的群体性崛起而难以为继"，④ 越来越陷入治理的困境之中，沦为经济全球化进

---

① 〔美〕约瑟夫·E. 斯蒂格利茨：《全球化逆潮》，机械工业出版社，2020，第 68 页。
② 《马克思恩格斯文集》第 8 卷，人民出版社，2009，第 91、97 页。
③ 吴晓明：《"中国方案"开启全球治理的新文明类型》，《中国社会科学》2017 年第 10 期。
④ 陈志敏：《国家治理、全球治理与世界秩序构建》，《中国社会科学》2016 年第 6 期。

一步发展的阻力。

其一，全球经济治理主体缺乏代表性和包容性，难以适应世界经济新变化。

过去数十年，国际经济力量对比发生了深刻演变，全球政治经济版图出现了显著变化。尽管当前西方发达国家在经济、科技、政治、军事上的优势地位尚未改变，但新兴市场与发展中国家对全球经济增长的贡献率已达到80%，经济实力和国际话语权都在提升，群体性崛起已是客观大势，世界各国共同参与全球治理的呼声越来越强烈。然而，大国主导、几方共治的当代资本主义经济全球化治理模式却未能反映世界经济新格局，治理主体的代表性和包容性严重不足。（1）政治上，表现为把"西方制度""西方模式"上升为全球治理的标准模式，向全球强势输出"新自由主义""西式民主"等，甚至频繁发动"颜色革命"，导致国际局势动荡不安，世界安全风险加剧；（2）经济上，表现为发达国家掌握着国际货币体系的垄断权，控制着世界银行、国际货币基金组织等国际经济金融组织，其他新兴市场和发展中国家被边缘化，使得不发达国家更沦为了被治理的对象；（3）思想上，表现为垄断全球话语权，力图塑造一元化世界文明体系。"削弱民族国家的主权，增强美国文化作为世界各国'榜样'的文化和意识形态力量，是美国维持其霸权地位所必须实施的战略"。①"普世价值论""西方中心论""文明优越论"等的强势出场就是在建构西方全球治理的精神话语体系。然而，经济全球化是一体化而非一元化，是和而不同而非同质化的历史过程。显然，当前这种一元化和同质化的西方单边主义治理模式已经严重违背了世界多样化的客观现实，难以适应世界经济新变化。

其二，全球经济治理的规则机制缺乏公平性和有效性，难以解决全球性问题和矛盾。

随着经济全球化的快速发展，各国面临许多共同的威胁和挑战，迫切需要通过集体行动来解决全球性问题。然而，正如斯蒂格利茨所指出的，"在全球范围内，全球化之所以没有很好地发挥作用，无论是建立一

① 〔美〕布热津斯基：《大控制与大混乱》，中国社会科学出版社，1995，第158页。

个稳定的全球金融体系，还是建立一个对最贫穷国家公平的全球贸易体制，是因为这些都与治理、规则的制定和执行有关"。① 一方面，当今全球经济治理的规则制定缺乏公平性和正义性。西方发达国家主导着规则的制定和议题的设定，关注的核心是西方发达国家和资本的利益，忽视全人类共同的利益和价值诉求。比如，"在世界贸易组织，是贸易部长的声音受到重视。因此，毫无疑问，就很少会出现对环境问题的关注。国际货币基金组织的投票安排能够保证富裕国家占支配地位"。② 另一方面，全球经济治理机制缺乏有效性，对西方发达国家的治理过程和治理结果缺乏约束力。实际上，全球治理体系的规则制定和效能发挥，归根结底是由全球治理的本质所决定和制约的。资本主义全球经济治理的本质就是维护资本的全球流动，最大限度获取剩余价值，至于采取多边主义还是单边主义则由发达资本主义国家的资本利益而定。所以，在 2008 年金融危机之后，资本主义基本矛盾扩展到了全球，资本主义国家无力解决转而逃避责任，逐渐从全球化的"主要推手"转化为"保护主义"势力，力图通过转移矛盾来维护本国资本的利益。然而，"靠冷战思维，以意识形态划线，搞零和游戏，既解决不了本国问题，更应对不了人类面临的共同挑战"。③

　　谁来治理，为谁治理，是全球经济治理的根本性问题。习近平多次强调，"世界命运应该由各国共同掌握，国际规则应该由各国共同书写，全球事务应该由各国共同治理，发展成果应该由各国共同分享"。④ 面对世界经济格局的深刻变化和人类共同挑战的加剧，当前经济全球化治理已经出现严重赤字。"一国独霸""几方共治"的国际治理与国际关系民主化的要求相去甚远，弱肉强食、赢者通吃的丛林法则与世界各国人民的期待和人类文明的发展背道而驰，国际力量的深刻变革必然推动国际上层建筑或快或慢地发生变革。

---

① 〔美〕约瑟夫·E. 斯蒂格利茨：《全球化逆潮》，机械工业出版社，2020，第 64 页。
② 〔美〕约瑟夫·E. 斯蒂格利茨：《全球化逆潮》，机械工业出版社，2020，第 287 页。
③ 《习近平在联合国成立 75 周年系列高级别会议上的讲话》，人民出版社，2020，第 4 页。
④ 《习近平谈治国理政》第 2 卷，外文出版社，2017，第 540 页。

五　结语

从当代资本主义主导经济全球化的"技术—资本—国家"发展逻辑来看，资本主导的经济全球化已经陷入了技术困境、发展困境和治理困境，表现为全球产业链供应链危机、全球数字鸿沟扩大、世界经济危机风险加剧、全球贫富差距拉大、全球治理主体缺乏代表性和包容性、治理规则机制缺乏公平性与有效性等突出问题，这些问题在资本主义全球化的逻辑框架内是无解的。资本主义主导经济全球化的困境表明，"在经济全球化深入发展的今天，弱肉强食、赢者通吃是一条越走越窄的死胡同"。① 资本主导的经济全球化已经成为经济全球化进一步发展的桎梏。

面对当代资本主义主导经济全球化的困境和挑战，习近平指出，"我们要正视并设法解决，但不能因噎废食"。② 经济全球化是人类社会发展和生产力发展的必然趋势，坚持顺应经济全球化大势，需要把经济全球化从资本主导的发展桎梏中解放出来，引导推动经济全球化健康发展。中国是经济全球化的受益者，更是贡献者。坚持经济全球化正确方向，"推动建设一个开放、包容、普惠、平衡、共赢的经济全球化"，③ "中国方案是：构建人类命运共同体，实现共赢共享"。④ 在党的二十大报告中，习近平同志再次提出，"我们真诚呼吁，世界各国弘扬和平、发展、公平、正义、民主、自由的全人类共同价值，促进各国人民相知相亲，尊重世界文明多样性，以文明交流超越文明隔阂、文明互鉴超越文明冲突、文明共存超越文明优越，共同应对各种全球性挑战"，"构建人类命运共同体是世界各国人民前途所在。只有各国行天下之大道，和睦相处、合作共赢，繁荣才能持久，安全才有保障"。⑤ 当前，中国提出了全球发展倡议、全球安全倡议、全球文明倡议，积

---

① 《习近平谈治国理政》第 3 卷，外文出版社，2020，第 202 页。
② 《习近平谈治国理政》第 2 卷，外文出版社，2017，第 543 页。
③ 《习近平谈治国理政》第 2 卷，外文出版社，2017，第 543 页。
④ 《习近平谈治国理政》第 2 卷，外文出版社，2017，第 539 页。
⑤ 习近平：《高举中国特色社会主义伟大旗帜　为全面建设社会主义现代化国家而团结奋斗——在中国共产党第二十次全国代表大会上的报告》，人民出版社，2022，第 62～63 页。

极推动贸易和投资自由化便利化，推进双边、区域和多边合作，促进国际宏观经济政策协调，共同营造有利于发展的国际环境，共同培育全球发展新动能，推动各国经济联动融通，推进高质量共建"一带一路"合作，践行共商共建共享的全球治理观，等等。人类命运共同体理念在实践中不断丰富发展，为推动经济全球化健康发展、为世界各国人民携手面对人类共同挑战、共享全球化的机遇与成果提供了中国智慧，展现了光明前景。

推进高水平对外开放：逻辑、特征与进路*

王学凯**

马克思主义政治经济学认为，人类社会最终将从各民族的历史走向世界历史。14~15世纪开始的大航海时代，开启了世界市场，即“美洲和东印度航路的发现扩大了交往……当时市场已经可能扩大为而且规模愈来愈大地扩大为世界市场”①。在工业革命不断推进、交通运输和通信不断发展的背景下，经济全球化进程大大加快，世界以前所未有的速度互相融合。党的十一届三中全会吹响了改革开放的号角，对外开放成为基本国策。党的二十大报告提出“推进高水平对外开放”，从最初的对外开放到高水平对外开放，蕴藏着深刻的演化逻辑和内在特征。

一　推进高水平对外开放的演化逻辑

与最初的对外开放相比，高水平对外开放更加强调开放的高水平，这和中国经济转型升级的逻辑相契合，可从四个转变来看高水平对外开放的演化逻辑。

---

* 本文原载《理论视野》2023年第12期，收入本书时有改动。

** 王学凯，中共中央党校（国家行政学院）马克思主义学院副研究员。

① 《马克思恩格斯全集》第3卷，人民出版社，1960，第64页。

（一）从数量型开放转向质量型开放

我国国内生产总值占世界比重由 1978 年的 1.8% 上升至 2021 年的 18.5%，人均国内生产总值突破 1.2 万美元，连续多年对世界经济增长贡献率超过 30%，实现了跨越式发展。但过去采取数量型发展的方式也带来了诸多问题，在对外开放方面表现为长期处于全球价值链中低端，利用外资的质量和效益不高，劳动密集型和资本密集型挤占了创新密集型的发展空间等。马克思主义的量变质变规律表明，量变是质变的必要准备，质变是量变的必然结果，当经济发展到一定阶段，数量型发展势必转向质量型发展。与经济转型相类似，对外开放也将从数量型转向质量型，要在稳固数量型开放基础之上，改变中国在全球价值链中低端的位置，提高利用外资的质量和效益，挖掘创新密集型和资本密集型发展的空间，逐步实现质量型开放。衡量质量型开放的因素有很多，大致包括但不限于贸易开放、金融开放、投资开放、信息技术开放和社会开放等，改革开放以来中国对外开放的水平基本呈提升趋势，2008 年国际金融危机冲击了对外开放，但在高水平对外开放的引领下，中国质量型开放的趋势逐渐显现。

（二）从需求型开放转向供需型开放

在对外开放之初，我国采取的是出口导向和进口替代战略的需求型开放。出口导向战略表现在，以国际市场需求为主，运用中国的要素禀赋、绝对优势和比较优势，生产满足国际市场的产品、提供满足国际市场的服务，这是中国人力资源优势和城市化发展的必然选择，但这种模式只可能持续至 2025 年左右。[①] 进口替代战略表现在，以国内市场需求为主，通过关税、配额和外汇管制等措施，保护国内幼稚产业。拉美国家经历了从进口替代到出口导向的转型，但现有产业国际竞争力相对较弱、产品出口受外部市场波动的影响较大、高新技术产业发展滞后等因素，掣肘了这些国家的发展，而韩国同时采取出口导向和进口替代战略，巩固了较高水平的

---

① 姚洋、余淼杰：《劳动力、人口和中国出口导向的增长模式》，《金融研究》2009 年第 9 期。

国家自主性和竞争能力，建立了紧密的政商合作关系，形成了发展的高度社会共识，以及持续的发展意愿，取得了显著的发展成就。当然，中国的出口导向和进口替代战略有着新的内涵，出口导向并非基于本国产业或劳动密集型产品，而是立足外资主导型出口，进口替代并非一味保护，而是借助外资的力量和国际产业转移延长国内产业链，实行民营与国有企业在开放竞争、有限保护下的传统进口替代发展模式。① 在高水平对外开放下，除了要继续采取出口导向和进口替代的需求型开放，还要推进供给侧结构性改革，形成需求牵引供给、供给创造需求的更高水平动态平衡，实现供需型开放。

（三）从外生型开放转向内生型开放

过去很长一段时间，中国的对外开放以国际需求为导向、以外资为主导，特别是 2001 年加入世界贸易组织后，党的十六大报告提出"引进来"和"走出去"相结合的开放战略，形成了"两头在外，大进大出"的开放格局。这是以国际循环为主的外生型开放，2001～2017 年中国国际循环与国内循环比值大多超过 40%，而同期美国、日本的比值基本控制在 30% 以内，② 中国对国际市场的依赖较大。大国经济发展的经验教训表明，一味依赖国际循环只会让自身发展陷入困境，需要实现高水平的自立自强。党的十九届五中全会提出"加快构建以国内大循环为主体、国内国际双循环相互促进的新发展格局"的要求，尽管各方面指标都表明中国国内经济循环的依赖程度在 90% 上下，但这仅能从数量上确立国内循环的地位，并不能说明中国已经形成了新发展格局，③ 中国距离高水平自立自强还有较大差距，需要进一步增强内生型开放的动能。构建新发展格局，就是充分利用国际国内两个市场、两种资源，推动中国对外开放从外生型转向内生型，这是基于大国经济发展格局的一般规律、中国经济发展的特殊规律、

---

① 张幼文：《中国四十年开放型发展道路：战略节点与理论内涵》，《学术月刊》2018 年第 9 期。

② 张占斌、王学凯：《新发展格局的内在逻辑与需求侧管理》，《开放导报》2021 年第 2 期。

③ 黄群慧、倪红福：《中国经济国内国际双循环的测度分析——兼论新发展格局的本质特征》，《管理世界》2021 年第 12 期。

开放型经济的内在逻辑作出的战略选择，其核心在于循环，打通生产、分配、流通、消费的堵点和梗阻，关键在于改革，促进生产要素自由流动和资源优化配置，本质特征在于高水平自立自强。

（四）从被动型开放转向主动型开放

20世纪70年代后期，和平与发展成为时代主题，"现在世界上真正大的问题，带全球性的战略问题，一个是和平问题，一个是经济问题或者说发展问题。和平问题是东西问题，发展问题是南北问题"①。正是在这一背景下，中国作出了顺应时代发展潮流的对外开放抉择。改革开放后的很长一段时间，中国大多是被动型开放，具体表现在：在国际产业转移方面，20世纪70年代第三次国际产业转移浪潮中，中国承接了一些重化工业和汽车、家电等产业，20世纪90年代第四次国际产业转移浪潮，中国又承接了许多制造型产业，这些产业转移都不是中国的主动选择，而是受国际产业转移规律支配；在国际贸易方面，中国加工贸易特征明显，造就中国"世界工厂"地位的同时也使得中国长期处于"微笑曲线"底部；在政策出台方面，许多改革政策的出台，都是为了服务对外开放，或者说是为了吸引外资流入，各部门、各地方制定诸多针对外资的优惠政策，竭尽可能地满足外资所要求的各类条件，使得外资在中国享受"超国民待遇"，造成竞争非中性的现象。在高水平对外开放下，中国将从被动型开放转向主动型开放，具体表现为：一是参与国际经济合作和竞争，在"引进来"的基础上强调"走出去"，在国际竞争中提高综合实力，形成中国对外开放新优势；二是建立互利共赢、多元平衡、安全高效的开放型经济体系，中国的对外开放不追求单方面受益，而是追求长久合作、共建共赢；三是积极参与全球经济治理，在世界经济复苏乏力、逆全球化抬头的背景下，中国以负责任的大国形象，坚定经济全球化的发展方向，积极维护公平的国际经济秩序，参与全球治理体系建设和改革，致力于为世界经济发展贡献中国智慧、中国方案、中国力量。

---

① 《邓小平文选》第3卷，人民出版社，1993，第105页。

二 推进高水平对外开放的内在特征

高水平对外开放是实施更大范围、更宽领域、更深层次对外开放，是对标国际高标准，由商品和要素流动型开放转为规则等制度型开放。

（一）更大范围、更宽领域、更深层次的开放

改革开放以来，我国对外开放经历了经济特区的点布局、沿海港口城市的线布局、经济技术开发区的面布局，从沿海到内陆、从制造到金融的拓展，以及设立自由贸易试验区、自由贸易港等过程，对外开放已经达到了较高的程度，但仍有提升空间。从纵向看，2001 年加入世界贸易组织以来我国对外开放度呈现"增加—降低—平稳"的特点，2008 年国际金融危机前为增加阶段，2008~2010 年受国际金融危机影响有所降低，此后在逆全球化和贸易保护主义的冲击下，我国对外开放度相对平稳；从横向看，东部地区对外开放度明显高于中西部地区，西部、中部、东部地区的区域内差异依次减小。这说明，我国不仅需要进一步提高对外开放度，还要注重缩小区域差异。

高水平对外开放是更大范围、更宽领域、更深层次的开放，需要以负面清单形式加以推进。负面清单管理模式是各国普遍采取的一种市场准入方式，其奉行"法无禁止即自由"的法治理念，是政府"放管服"改革的重要方式，有利于减少市场主体所面临的新业态准入风险、降低市场主体的创新风险、化解市场主体在法律空白领域的风险及减少法律行为效力的不确定性。[①] 党的十八大以来，我国多次修订负面清单，在金融、汽车等领域推出一系列重大开放举措，我国公布的《外商投资准入特别管理措施（负面清单）（2021 年版）》，将全国负面清单压缩至 31 条，自由贸易试验区负面清单压缩至 27 条，缩短了清单长度、完善了管理制度、提高了精准度，这为外商投资提供了更加广阔的发展空间。通过负面清单的方式，鼓励外商在更大范围、更多领域、更深层次投资经营，不断提高对外开放的水平。

---

① 王利民：《负面清单管理模式与私法自治》，《中国法学》2014 年第 5 期。

（二）对标国际高标准的开放

2008 年国际金融危机之后，全球范围的对外开放步入新阶段，以美国为代表的发达国家开始推进跨太平洋伙伴关系协定（TPP）、跨大西洋贸易与投资伙伴协定（TTIP）、国际服务贸易协定（TISA）等谈判，旨在以更高的标准推进国际经贸合作。尽管后来美国退出了 TPP 谈判，但在日本的主导下，2018 年 11 个国家共同签署了全面与进步跨太平洋伙伴关系协定（CPTPP）。2020 年中国正式签署区域全面经济伙伴关系协定（RCEP），与原有的中国—东盟自由贸易区相比，RCEP 的合作范围更广、规则要求更高。尽管已经通过 RCEP 与部分国家建立了更高标准的经贸合作关系，但中国还是正式提出申请加入 CPTPP，是基于高水平对外开放的重要抉择。

CPTPP 搁置了 TPP 部分知识产权条款，保留了国有企业和指定垄断、劳工、环境等规则，是全球范围内较高标准的自由贸易协定，RCEP 与之相比的差异性表现在：一是贸易规则适用性，CPTPP 在劳动和环境规则、竞争政策、国有企业、知识产权监管、互联网规则和数字经济等方面，提出了更高的标准，RCEP 不少成员国很难达到；二是关税水平，CPTPP 要求成员国加快减让至零关税，而 RCEP 降至零关税的时间跨度较长、难度较大；三是市场准入，CPTPP 采用负面清单模式，RCEP 采取正面引导和负面清单相结合的方式，前者开放的范围更广；四是涵盖领域，CPTPP 纳入了国企改革、劳工标准、环境标准和知识产权等多个领域，RCEP 的领域相对传统；五是服务业开放，CPTPP 对服务业、知识产权提出了高要求，特别是数字贸易，而 RCEP 相对欠缺。[①]

中国加入 CPTPP 既有必要性，又有可行性，必要性体现在美国未来重返 CPTPP 的可能性非常大，中国尽早加入 CPTPP 能带来深化自身改革开放、参与全球经济治理等多方面的益处。中国加入 CPTPP 的可行性体现在中国可根据难易程度分批次进行改革，逐步接受 CPTPP 条款，其中纺织服装、

---

① 余淼杰、蒋海威：《从 RCEP 到 CPTPP：差异、挑战及对策》，《国际经济评论》2021 年第 2 期。

原产地规则、海关管理和贸易便利化、贸易救济、合作与能力建设、发展、争端解决机制、管理和机制条款等，与中国目前的吻合度较高，属于基本能接受的条款；技术性贸易壁垒、投资、金融服务、政府采购、环境、中小企业、透明度与反腐败等，与中国目前的情况存在一定差距，但是总体上接受难度较小；货物的国民待遇与市场准入、卫生与植物卫生措施、跨境服务贸易、商务人员临时入境、电信服务、电子商务、竞争政策、知识产权、劳工、监管的一致性、国有企业和指定垄断等，与中国现行政策存在较大差异，需要进一步深化改革，接受难度较大。①

（三）推行规则、规制、管理、标准等的制度型开放

一国的国际地位既取决于财富等硬实力，又取决于制度等软实力，在国际贸易视角下，硬实力体现为劳动、土地、资本等传统要素的禀赋、优势，软实力体现为科技创新、贸易规则、营商环境、产业标准等新要素。②

从商品和要素流动型开放转向制度型开放，是高水平对外开放的内在要求。制度型开放有着深刻的时代背景，从国际层面看，世界百年未有之大变局加速演进，有利因素和不利因素同时存在，有利因素包括新一轮科技革命和产业变革深入发展，国际力量对比深刻调整等，不利因素包括逆全球化思潮抬头，单边主义、保护主义明显上升，世界经济复苏乏力，局部冲突和动荡频发，全球性问题加剧等，要通过制度型开放巩固我国的国际竞争力；从国内层面看，我国社会主要矛盾已经转变为人民日益增长的美好生活需要和不平衡不充分的发展之间的矛盾，经济从高速增长迈向高质量发展阶段，要通过制度型开放解决我国发展不平衡不充分问题。

制度型开放有着特定的发展阶段，表现在：第一个阶段是制度学习，主要集中在国内规则体系的开放，1978~2008年中国经历了"复关""入世"，这是一个被动接受国际贸易规则的过程，不过中国也从制度学习中

① 白洁、苏庆义：《CPTPP的规则、影响及中国对策：基于和TPP对比的分析》，《国际经济评论》2019年第1期。
② 郭贝贝、董小君：《新发展格局下制度型开放的逻辑、内涵和路径选择》，《行政管理改革》2022年第4期。

获取了极大的收益，可谓这一时期经济全球化的最大获益者；第二个阶段是制度供给，2008 年国际金融危机后，中国对世界经济的贡献逐渐增大，成为名副其实的世界经济增长引擎，2008～2017 年属于中国的制度供给阶段，这个阶段中国提出了人类命运共同体、合作共赢、共商共建共享等新型国际关系理念，"一带一路"倡议、金砖国家新开发银行、亚洲基础设施投资银行等相继成为国际公共产品；第三个阶段是制度竞争，随着中国加快国内改革、加大国际制度创新，中国供给的制度与现行的全球经济治理制度既存在交叉重叠，也存在一定差异，产生了制度竞争效应，大国是全球经济治理制度的主要供给方，2018 年以来以美国为代表的发达国家单方面挑起经贸摩擦，这是制度竞争下的一个典型事实；第四个阶段是高水平制度型开放，在激烈的制度竞争下，不同的制度将逐步走向融合，形成新的全球经济治理制度，特别是中国通过自由贸易试验区和自由贸易港的制度创新，不断拓展对外开放的广度、深度，不断对标国际高标准，将逐步实现高水平的制度型开放。①

三　推进高水平对外开放的实践路径

发达国家在高水平对外开放方面走在了前列，中国可广泛吸收有益的经验和做法，立足自身发展，不断推进高水平对外开放迈上新台阶。

（一）建设更高水平对外开放型经济新体制

高水平对外开放的改革重点在于内部，要以一系列深化改革措施，建设更高水平对外开放型经济新体制。

一是完善负面清单管理制度。中国近几年都会调整外商投资负面清单，RCEP 是我国参与的第一个采用负面清单模式的国际经贸协定，但这两种负面清单还存在差异，后者的负面清单需要明示各项不符措施与协议规定的哪些义务相违背。未来需要进一步厘清外商投资负面清单和国际经

---

① 刘彬、陈伟光：《制度型开放：中国参与全球经济治理的制度路径》，《国际论坛》2022年第 1 期。

贸协定负面清单的异同，特别是中国将可能与许多国家签订自由贸易协定，美国在这方面采取了以国际条约为基础、基于国家安全考虑、宽泛的领域式表达等策略，中国可根据自身发展特点，有针对性、阶段性地开放不同行业，对于不同行业设置差异化措施，对影响力不明的产业设置"互利互惠"的缓冲带，不断完善负面清单管理制度。

二是优化营商环境。世界银行发布的《全球营商环境报告2020》显示，中国营商环境排名跃居全球第31位，尽管排名较此前有所上升，但与不少国家的营商环境相比仍有很大的提升空间。未来需要在建设全国统一大市场的指引下，将各部门、各地区优化营商环境的有益经验制度化、规范化，形成全国通行的政策措施。

三是完善自由贸易试验区和自由贸易港建设。自2013年以来，中国在21个省区市设立了自由贸易试验区，在海南设立了自由贸易港，形成了覆盖全国东西南北中的改革开放创新格局，成为高水平对外开放的重要依托。未来要推动有条件的自由贸易试验区和自由贸易港对标国际高标准，适时推出服务贸易负面清单；要进一步破除体制机制障碍，将更多权限下放至基层、一线；要立足本地实际，培育特色产业、优势产业、主导产业，在自由贸易试验区和自由贸易港形成具有创新性、引领性的产业集群。

（二）推动共建"一带一路"高质量发展

通过共建"一带一路"，提高了国内各区域开放水平，拓宽了对外开放领域，推动了制度型开放，构建了广泛的朋友圈，探索了促进共同发展的新路子，实现了同共建国家的互利共赢。

其一，构筑互利共赢的产业链供应链合作体系。新冠疫情对全球产业链供应链产生冲击，一些国家或跨国公司正在考虑重构产业链供应链，这对中国来说既是挑战又是机遇，应以"一带一路"建设为切入点，充分梳理"一带一路"共建国家的要素禀赋和比较优势，建立产业链供应链共同体，不断推进产业链供应链深度融合。

其二，加强绿色低碳合作。2020年中国明确提出2030年"碳达峰"

与 2060 年"碳中和"目标，这为"一带一路"合作提供新契机。要建立中国绿色低碳发展的新优势，深入贯彻新发展理念，落实《2030 年前碳达峰行动方案》，形成可复制推广的绿色低碳发展经验，未来有针对性地向"一带一路"共建国家推广，支持发展中国家实现能源绿色低碳发展；要推进绿色低碳发展信息共享和能力建设，在"一带一路"共建国家间建立绿色低碳发展信息共享平台，与有条件的国家建立碳排放权交易所；要深化生态环境和气候治理合作，维护并全面落实《联合国气候变化框架公约》《巴黎协定》等国际气候条约，坚持"共同但有区别的责任"原则，与"一带一路"共建国家建立气候合作磋商渠道。

其三，深化数字领域合作。2021 年我国数字经济规模高达 45.5 万亿元，占 GDP 比重为 39.8%，这是推进"一带一路"数字领域合作的重要基础。要发展"丝路电商"，加强"一带一路"共建国家数字基础设施建设，将中国数字经济领域的新模式、新业态推广至"一带一路"共建国家，在中国和"一带一路"共建国家建立商品和服务的"丝路电商"机制，极大促进商品和服务的流通。

（三）积极参与全球经济治理体系改革

中国是发展中大国，中国的发展离不开世界，世界的发展也离不开中国，要积极参与全球经济治理体系改革，营造中国高水平对外开放的有利环境。

一方面，在"一带一路"倡议下提出治理方案。"一带一路"倡议是中国提供的全球公共产品，也是中国高水平对外开放的重要依托，可以先在"一带一路"倡议下提出中国的治理方案。既要立足自身，发挥超大市场规模优势，挖掘新发展理念潜力，促进城乡区域发展平衡，提升发展质量；又要惠及合作伙伴，将中国的发展经验推广至"一带一路"共建国家，在国际贸易、投资、金融等领域广泛开展合作，逐渐形成发展治理领域重要的合作机制。

另一方面，参与全球经济治理改革。我国仍需要积极参与国际货币基金组织、世界银行、世界贸易组织、巴塞尔银行监管委员会等机构组织的全球经济治理磋商协调，积极参与和引领二十国集团议程；要继续维护多边经济治理机制，以双边贸易协定谈判和申请加入 CPTPP 为契机，推进RCEP 落地，推动区域经济一体化和经济全球化，建立更大范围的要素流动一体化大市场；要营造良好的外部环境，深化中国对外开放的各类机制、组织改革，营造安全高效的高水平对外开放环境。

毛泽东读社会主义政治经济学系列著作与社会主义现代化观的建构[*]

毕照卿[**]

习近平总书记指出："新中国成立后，我们党团结带领人民进行社会主义革命，消灭在中国延续几千年的封建制度，确立社会主义基本制度，实现了中华民族有史以来最为广泛而深刻的社会变革，建立起独立的比较完整的工业体系和国民经济体系，社会主义革命和建设取得了独创性理论成果和巨大成就，为现代化建设奠定根本政治前提和宝贵经验、理论准备、物质基础。"[①] 回顾社会主义革命和建设时期，20 世纪 50 年代末 60 年代初可以说是社会主义现代化探索和实践的重要转折点。1958 年到 1960 年 2 月，毛泽东阅读了斯大林的《苏联社会主义经济问题》和苏联《政治经济学教科书》，以此形成了系列围绕著作内容的谈话与批注。这些谈话与批注不仅反思总结了关于社会主义现代化建设的看法，而且结合中国具体国情与实践经验教训，形成了较为全面系统的"社会主义现代化观"。毛泽东的系列重要论述，对于深化毛泽东与中国社会主义这个课题，特别是探讨毛泽东与中国式现代化这个问题具有重要意义。具体而言，在中国

* 本文原载《毛泽东思想研究》2023 年第 4 期，收入本书时有改动。

** 毕照卿，中共中央党校（国家行政学院）马克思主义学院讲师。

① 《正确理解和大力推进中国式现代化》，《人民日报》2023 年 2 月 8 日。

式现代化形成和推进的历史过程中，改革开放前的社会主义探索和实践构成了党和人民在历史新时期成功推进和拓展中国式现代化的"思想先导"。

一 读社会主义政治经济学著作与现代化
建设的历史语境

20 世纪 50 年代末，我国社会主义现代化实践的深入推进与现代化建设思想的相互交织，共同构成了毛泽东重新思考和深刻总结社会主义现代化建设的重要历史背景。

新中国成立前夕毛泽东就指出："他们已经建设起来了一个伟大的光辉灿烂的社会主义国家。苏联共产党就是我们的最好的先生，我们必须向他们学习。"[1] 新中国成立后，我国在进行社会主义建设的设计与实践时选择了"以苏为师"，即参照苏联社会主义现代化建设的模式推动中国的社会主义现代化建设。但是，随着 1956 年我国生产资料私有制的社会主义改造基本完成，苏联社会主义建设模式所引发的弊端日益暴露。1956 年 2 月，苏共召开二十大，赫鲁晓夫在秘密报告中全盘否定斯大林。毛泽东评价这一举动"揭了盖子，又捅了娄子"，认为其"破除了那种认为苏联、苏共和斯大林一切都是正确的迷信，有利于反对教条主义"，认为今后"不要再硬搬苏联的一切了，应该用自己的头脑思索了"。[2] 毛泽东提出把马列主义基本原理同中国具体实际结合起来，探索中国自己的社会主义道路。在强调"第二次结合"的历史语境下，毛泽东不仅反思总结了苏联道路的经验教训，而且还针对我国经济建设发展情况进行了系统的调查研究。在这些工作的基础上，毛泽东在《论十大关系》和《关于正确处理人民内部矛盾的问题》两篇重要讲话中指出，不能照抄照搬苏联工业化的经验，要"以苏为鉴"，创造性地论述了中国的工业化道路问题。

然而，国内和国际形势急速变化，急于求成、片面重视经济高速发展的意识占据了上风。在此背景下，人民群众建设社会主义的主观能动性被

---

① 《毛泽东选集》第 4 卷，人民出版社，1991，第 1481 页。
② 《毛泽东年谱（1949—1976）》第 2 卷，中央文献出版社，2013，第 550 页。

夸大，社会主义现代化建设陷入了误区。1958年，"鼓足干劲，力争上游，多快好省地建设社会主义"的社会主义建设总路线被提出。社会主义建设总路线与"大跃进"、人民公社共同构成了"三面红旗"，试图在短时间内实现从社会主义社会向共产主义社会的过渡，最终建成共产主义社会。事实证明，"三面红旗"过于夸大人的主观能动性，忽视了经济发展的客观规律，超越了实际的生产力发展水平，并不能与当时的社会主义现代化建设水平相符合。

1958年11月，为了纠正"左"的作风，同时也为了弄清楚社会主义经济建设规律，毛泽东在两次郑州会议上向全党干部提出读斯大林《苏联社会主义经济问题》一书的建议。1959年7月，毛泽东在庐山会议的开幕式上说："中央、省、市、地委一级委员，包括县委书记，要读苏联《政治经济学教科书》（第三版）……去年有了一年的实践，再读书会更好些。学习苏联，要读《政治经济学教科书》，教科书有缺点，但比较完整。"[①]随后在1959年12月到1960年2月期间，毛泽东亲自组织了一个读书小组，就苏联《政治经济学教科书》下册进行了逐章、逐节的阅读和讨论，留下了许多宝贵的谈话内容。毛泽东的谈话中有着许多重要观点，与同时期读《苏联社会主义经济问题》所作的批注与谈话一起，共同构成了"读社会主义政治经济学批注和谈话"。

历史进程与理论发展相互交织，决定了毛泽东读社会主义政治经济学批注和谈话的主题就是结合当时的实际情况探讨"怎样建设社会主义"这一重大课题。在毛泽东看来，马克思主义基本原理必须遵循，"但是，任何国家的共产党，任何国家的思想界，都要创造新的理论，写出新的著作，产生自己的理论家，来为当前的政治服务"[②]，即必须立足实际、服务现实推进理论创新。由此可见，毛泽东读社会主义政治经济学系列著作的核心目的正是解决中国的社会主义现代化建设何去何从问题，并在此过程中构建系统全面的社会主义现代化观。

---

① 《毛泽东文集》第8卷，人民出版社，1999，第75~76页。
② 《毛泽东文集》第8卷，人民出版社，1999，第109页。

二 社会主义现代化整体视域的拓展

推动现代化建设首先需要解决"什么是社会主义现代化"的问题，即社会主义现代化建设的主要内容是什么。在读苏联《政治经济学教科书》的过程中，毛泽东不断深化对社会主义现代化的认识，就社会主义现代化的多维内涵、实现路径、重要关系等问题作出了重要探索。

第一，提出"四个现代化"发展目标。新民主主义革命时期，毛泽东在提出建立新民主主义共和国基础上，强调要"在若干年内逐步地建立重工业和轻工业，使中国由农业国变为工业国"①。也就是说，工业化是新民主主义社会的重要特征与经济基础，是毛泽东所理解的现代化的主要内容。新中国成立后，通过借鉴苏联社会主义工业化模式，毛泽东提出了社会主义工业化重要目标，并在实际工作中以"一五"计划为中心进行大规模的工业化建设。1954 年，毛泽东在一届全国人大一次会议上指出要建设"一个工业化的具有高度现代文化程度的伟大的国家"②，并将现代科学文化视为现代化的重要内容。1956 年，毛泽东多次使用"三个现代化"重要概念，将工业、农业现代化与现代化的科学和文化统一起来。在以上理解的基础上，毛泽东在读苏联《政治经济学教科书》时提出"建设社会主义，原来要求是工业现代化，农业现代化，科学文化现代化，现在要加上国防现代化"③。由此，"四个现代化"构成了社会主义现代化的主要内容，并由毛泽东的个人思想上升为国家战略，体现为党在社会主义革命和建设时期的现代化发展目标。

第二，明确工业化路径选择。在毛泽东看来，工业化是实现现代化的关键所在，在工业化基础上才能真正实现现代化。在选择中国走何种工业化道路的历程中，毛泽东从制度与方法两个层面明确了工业化的具

① 《毛泽东选集》第 3 卷，人民出版社，1991，第 1081 页。
② 《毛泽东文集》第 6 卷，人民出版社，1999，第 350 页。
③ 《毛泽东文集》第 8 卷，人民出版社，1999，第 116 页。

体形式。从制度层面而言，毛泽东明确了要在社会主义制度下发展工业，强调走社会主义工业化发展道路。这既是源于历史已经证明"资本主义道路……是痛苦的道路"①，又是基于苏联通过走社会主义工业化道路成为世界工业强国的历史经验。从具体方法而言，在社会主义工业化道路前提下，毛泽东丰富了对规律的认识，提出"生产资料优先增长的规律，是一切社会扩大再生产的共同规律……我们把这个规律具体化为：在优先发展重工业的条件下，工农业同时并举"②。也就是说，毛泽东肯定了生产资料优先增长的一般规律，同时强调了工业和农业、工业与其他门类的发展并举，以最大限度地发展社会生产力。由此，注重通过发展工业的方式实现现代化，强调在此过程中重工业与农业、重工业与轻工业的协调发展，构成社会主义现代化下推动工业发展的基本路径。

第三，深刻把握农业现代化与工业现代化的关系。在谋划工业化具体道路时，毛泽东特别注重处理好农业现代化与工业现代化的关系，强调要推动提升农村现代化水平。毛泽东十分赞同马克思提出的"超过劳动者个人需要的农业劳动生产率，是全部社会的基础"③的重要观点，深刻认识了农业对工业的支撑作用，指出"多发展农业和轻工业，多为重工业创造一些积累，从长远来看，对人民是有利的"④。为了更好地实现工业化，毛泽东提出必须推动农村农业的现代化发展，特别是要处理好城镇化进程中城市与农村的关系问题。毛泽东提出："如果让减少下来的农业人口，都拥到城市里来，使城市人口过分膨胀，那就不好……要防止这一点，就要使农村的生活水平和城市的生活水平大致一样，或者还好一些。"⑤可见，毛泽东较早地觉察了现代化进程中城市化发展可能带来的问题，提出通过农村的现代化解决人口流动问题。

---

① 《毛泽东文集》第6卷，人民出版社，1999，第299页。
② 《毛泽东文集》第8卷，人民出版社，1999，第121页。
③ 《马克思恩格斯文集》第7卷，人民出版社，2009，第888页。
④ 《毛泽东文集》第8卷，人民出版社，1999，第122页。
⑤ 《毛泽东文集》第8卷，人民出版社，1999，第128页。

三 社会主义发展阶段划分及其根本特征的探讨

现代化建设不仅是一个目标，还表现为一个发展过程。现代化的过程必然涉及对现代化发展阶段的划分，特别是对社会主义建设本身的把握。毛泽东在读苏联《政治经济学教科书》时一开始就提出"什么叫做建成社会主义"① 的问题，并以此首次提出"社会主义发展阶段论"，指出了社会主义发展的两个阶段。

第一，具体划分社会主义发展的两个阶段，并作出我国正处于社会主义不发达阶段的重要论断。从历史发展来看，社会主义建设的艰巨性决定了实现共产主义并非一蹴而就，特别是在生产资料私有制的社会主义改造基本完成以后，在从社会主义向共产主义的过渡中仍然存在不同性质的发展阶段。毛泽东在谈话中明确指出："社会主义这个阶段，又可能分为两个阶段，第一个阶段是不发达的社会主义，第二个阶段是比较发达的社会主义。"② 明确当前正处"不发达的社会主义阶段"是毛泽东的重要创见，构成了建设社会主义现代化根本的历史方位，并为改革开放后提出"社会主义初级阶段"重要命题提供了重要基础。

第二，指出从社会主义过渡到共产主义的方式，并从发展变化角度描绘共产主义前景。在明确指出社会主义阶段划分问题后，便产生了"过渡问题"，即通过什么样的方式实现不同发展阶段间的过渡。针对这一问题，毛泽东指出，"技术革命，文化革命，也是革命。从社会主义过渡到共产主义是革命，从共产主义的这一个阶段过渡到另一个阶段，也是革命。共产主义一定会有很多的阶段，因此也一定会有很多的革命"③，认为不同发展阶段的转化主要通过革命的方式，从而使革命具有了更加广泛的内涵。在此基础上，毛泽东在对未来共产主义的畅想中，认为"到了共产主义阶段，也还是要发展的……难道那个时候只有量变而没有不断的部分质变

---

① 《毛泽东年谱（1949—1976）》第 4 卷，中央文献出版社，2013，第 249 页。
② 《毛泽东文集》第 8 卷，人民出版社，1999，第 116 页。
③ 《毛泽东文集》第 8 卷，人民出版社，1999，第 108~109 页。

吗"①？也就是说，毛泽东从量变质变规律出发，分析了社会发展过程的"同质性"和"异质性"，即在同一社会下有不同阶段的量的变化，也有不同社会中质的转化，而社会阶段的量变与质变也是紧密相连的，存在转化的可能性。

第三，高度重视人的现代化的实现方式，强调必须推动人与人关系的现代化。在描绘建成社会主义后，特别是描绘共产主义阶段的特征时，毛泽东十分注重人的发展问题。毛泽东基本赞同斯大林关于未来社会将达到较高文化水平，但也认为斯大林的分析并不具体。在毛泽东看来，需要通过减少劳动时间、教育、居住条件改善、提高工资等方式实现人的现代化。另外，毛泽东特别强调了人与人关系的现代化，强调必须破除人与人之间的"资产阶级法权"，即通过劳动生产中人与人的关系的变革最终实现人与人之间的平等。

四　社会主义现代化建设中心任务与主要任务的设想

社会主义现代化发展目标与历史方位明确后，便产生了从目标到现实的转化问题。针对这一问题，毛泽东不仅明确了当前社会主义发展阶段的中心任务，更从中心任务出发确立了推动社会主义现代化建设的各项重要任务，形成了创造性的社会主义建设方法论。

第一，明确发展社会生产力作为社会主义建设的中心任务，强调经济发展的量与质的统一的重要性。新中国成立后，以毛泽东同志为主要代表的中国共产党人依据党的八大对社会主要矛盾的判断，强调为满足人民的需要，必须集中力量发展社会生产力。随着社会主义现代化的推进，毛泽东从我国所处"不发达的社会主义阶段"现实出发，强调必须增加生产资料和消费资料，实现社会生产力的发展。当前现代化发展阶段决定了我们必须以经济建设为中心，通过大力发展社会生产力实现现代化。不仅如

---

① 《毛泽东文集》第 8 卷，人民出版社，1999，第 108 页。

此，毛泽东还从经济建设的"量与质"两个方面分析了经济建设的重点。一方面，经济建设的量表现为发展速度。毛泽东在评价社会主义基本经济规律的要求时还指出，不仅应实现有计划、按比例地发展，而且要强调发展的高速度。另一方面，经济建设的质表现为经济体系。毛泽东从苏联与中国自身发展经验出发，多次指出完整的工业体系对于社会主义工业化的重要意义，始终强调中国必须建立完整的工业体系的重要任务，以此作为经济建设的主要内容。

第二，提出充分利用商品生产、商品交换和价值法则为社会主义服务。随着新中国成立初期生产资料私有制的社会主义改造的推进，社会主义是否应该存在商品生产成了重要争论点。特别是"大跃进"和人民公社化运动更是兴起了取消商品生产的趋势。1958年，毛泽东在读斯大林《苏联社会主义经济问题》时详细阐述了这个问题。在毛泽东看来，当时所存在的消灭商品生产的观点是错误的和违背规律的，原因在于没有弄清楚社会主义商品生产和资本主义商品生产的本质差别。毛泽东认为必须以社会的、历史的眼光看待商品生产问题。经过生产资料私有制的社会主义改造所形成的全民所有制下的商品生产和商品流通与资本主义下的具有本质差别，因此"必须肯定社会主义的商品生产和商品交换还有积极作用"①。同时，毛泽东认为商品生产也有消极作用，必须加以限制和克服。在当时的社会发展阶段，尤其是生产力发展水平不够充分时，要利用商品生产、商品交换、价值法则服务社会主义建设。根本而言，毛泽东强调了以历史眼光来审视这一问题，提出"社会主义社会里面的按劳分配、商品生产、价值规律等等……能说社会主义社会里面的经济范畴都是永久存在的吗"②，破除经济范畴的非历史性观点，以社会历史发展视角审视和运用商品生产正是毛泽东推动社会主义现代化建设的重要思想。

第三，强调通过提高劳动生产率与推动技术革命的方式实现社会生产力的发展，高度重视精神作用在人从事生产发展中的重要意义。在把握社会生产力发展的动力方面，毛泽东十分注重社会主义社会中的劳动

① 《毛泽东文集》第7卷，人民出版社，1999，第436页。
② 《毛泽东文集》第8卷，人民出版社，1999，第137页。

生产率问题，认为社会主义社会的劳动生产率理应不会下降。进一步而言，毛泽东认为"提高劳动生产率，一靠物质技术，二靠文化教育，三靠政治思想工作。后两者都是精神作用"①。重视对人的文化教育与思想政治工作，强调人的精神作用在现代化发展中的作用，是毛泽东现代化观的鲜明特色。

五　结论与启示

毛泽东读社会主义政治经济学系列著作的谈话与批注蕴含着丰富的思想智慧，创造性地构筑了基于中国国情的社会主义现代化观，开辟了社会主义现代化思想的理论新境界。当以思想史、历史进程、新时代发展考察与定位这一时期毛泽东的现代化观时，可以得出如下结论与启示。

从思想史来看，毛泽东在读社会主义政治经济学著作过程中初步构建了社会主义现代化建设的思想体系。毛泽东读苏联《政治经济学教科书》的谈话实际上延续了对"左"的纠正，澄清了过去的一些急躁冒进的错误认识，并进一步发展了社会主义现代化思想。总体而言，毛泽东彼时的现代化观是对现代化问题的整体思考，具有更加宏大的历史视野，构建了以工业化为核心的社会主义现代化思想，即在现代化整体视域下思考工业化问题，以此丰富和发展了社会主义现代化思想。毛泽东不仅强调生产力层面的工业化，还突出了经济基础、生产关系、上层建筑、人与人的关系、人的发展等多层面的现代化发展，即将社会主义现代化建设视为一个多维度的整体性工程。具体而言，上述毛泽东现代化观的三个方面内容构成了系统理论。其一，提出"四个现代化"发展目标构成了社会主义现代化建设的发展目标，并通过现代化多重目标之间的统筹平衡明确了现代化建设的基本导向。其二，明确"不发达的社会主义阶段"作为当前推动社会主义现代化建设的历史方位，将社会主义现代化划分为两个阶段，并指出了现代化发展阶段的同质性与异质性及其内在逻辑。其三，强调以发展社会生产力作为社会主义现代化建设的发展方式，突出了劳动生产率与技术革命对生产

---

① 《毛泽东文集》第 8 卷，人民出版社，1999，第 124~125 页。

力发展的重要意义，提出利用商品生产、价值法则推动社会主义现代化建设。可以看出，目标导向、历史方位与发展方式内在联系，以目标导向衡量确定当前历史方位，以历史发展阶段决定当前中心任务与发展方式，而在贯彻落实中心任务的过程中指向现代化的目标导向。

从历史进程来看，毛泽东在读社会主义政治经济学著作过程中构建的社会主义现代化观在改革开放之后得到了坚持与发展。这些宝贵的思想成果，体现了新中国成立初期毛泽东等中国共产党人在推动社会主义现代化建设时的艰辛探索，反映了当时对社会主义现代化建设的长期性与阶段性的认识。遗憾的是，这一思想未能得到坚持，也未能成为社会主义现代化建设的指导理论与基本纲领。改革开放之前的历史已经证明，如果偏离了现代化建设目标，不能坚持以经济建设为中心的主要任务，社会主义现代化建设就会陷入停滞。改革开放之后，以邓小平同志为主要代表的中国共产党人以实事求是的精神重新定位中国的现代化发展阶段，旗帜鲜明地提出"中国式的现代化"这一时代命题，强调必须立足中国实际、中国国情进行现代化建设，推动了我国社会主义现代化从"四个现代化"到"中国式的现代化"的历史转变。在此过程中，邓小平坚持和发展了毛泽东的社会主义现代化观，强调指出："现代化建设的任务是多方面的，各个方面需要综合平衡，不能单打一。但是说到最后，还是要把经济建设当作中心。"[1] 同时，邓小平还十分注重统筹协调推动现代化建设事业的共同发展，突出了包括"共产主义的思想、理想、信念、道德、纪律，革命的立场和原则，人与人的同志式关系"[2] 在内的精神文明对于社会主义现代化建设的重要意义。历史证明，毛泽东在读社会主义政治经济学谈话与批注中体现的社会主义现代化建设的思想是富有远见的，构成了改革开放以来开辟中国式现代化道路的重要理论准备。

从新时代发展来看，毛泽东在读社会主义政治经济学著作中形成的社会主义现代化观构成了推进和拓展中国式现代化的"思想先导"。其一，立足现代化发展新阶段，习近平同志在党的二十大报告中提出中国式现代

---

① 《邓小平文选》第 2 卷，人民出版社，1994，第 250 页。
② 《邓小平文选》第 2 卷，人民出版社，1994，第 367 页。

化是人口规模巨大、全体人民共同富裕、物质文明和精神文明相协调、人
与自然和谐共生、走和平发展道路的现代化。其二，深刻把握社会主义现
代化发展阶段，强调当前处于社会主义初级阶段。在毛泽东"不发达的社
会主义阶段"理论启示下，改革开放以来我们逐渐确立了社会主义初级阶
段论。中国特色社会主义进入新时代，习近平总书记充分把握社会主义建
设的长期性与复杂性，在引述毛泽东读苏联《政治经济学教科书》时提出
的社会主义阶段划分理论基础上，仍然强调"今天我们所处的新发展阶
段，就是社会主义初级阶段中的一个阶段，同时是其中经过几十年积累、
站到了新的起点上的一个阶段"①。也就是说，新发展阶段仍然处于社会主
义初级阶段，但是开启了全面建设社会主义现代化国家的新征程。可以
说，判断当前历史方位是当下基本实现社会主义现代化、建立社会主义现
代化国家等一切理论的基础。其三，始终强调以经济建设为中心，丰富发
展社会生产力理论的重要内涵。在回顾改革开放以来的发展经验时，
习近平总书记指出："改革开放40年的实践启示我们：解放和发展社会生
产力，增强社会主义国家的综合国力，是社会主义的本质要求和根本任
务。"② 新时代下社会主义现代化的推进内在要求必须坚持解放和发展社会
生产力，始终坚持把以经济建设为中心作为兴国之要。同时，习近平总书
记还从解放、发展和保护生产力的角度理解和把握经济建设三个方面重要
内容，实现了对社会主义现代化内容的拓展。由此可见，社会主义革命和
建设时期的探索成果构成了新时代中国式现代化推进和拓展的理论准备，
而中国式现代化又继续发展了毛泽东读社会主义政治经济学时所体现的现
代化观。

---

① 《习近平谈治国理政》第4卷，外文出版社，2022，第162页。
② 《习近平谈治国理政》第3卷，外文出版社，2020，第186页。

利润率趋向下降规律与危机理论[*]

——争论澄清与理论地位

周钊宇[**]

《共产党宣言》根据唯物史观从生产力和生产关系矛盾运动的角度第一次科学地说明了人类社会历史发展的一般规律，鲜明地提出了资本主义必然灭亡、社会主义必然胜利的伟大命题。然而想要论证这一命题，必须首先阐明资本主义运行的内在规律。正如恩格斯所言，"不能说明这个生产方式，因而也就制服不了这个生产方式"[①]。马克思对资本主义必然灭亡的论证是在危机理论中进行的，利润率趋向下降规律构成了其中最为重要的一环。马克思通过对利润率趋向下降规律的阐释，最终得出了"它（资本主义生产方式——引者注）的历史使命是无所顾忌地按照几何级数推动人类劳动的生产率的发展。如果它像这里（利润率趋向下降规律——引者注）所说的那样，阻碍生产率的发展，它就背叛了这个使命。它由此只是再一次证明，它正在衰老，越来越过时了"[②] 的结论。

然而，马克思之后的早期左翼学者均拒绝接受将利润率趋向下降规律作为马克思主义危机理论的推动因素。例如，杜冈-巴拉诺夫斯基认为，

---

   * 本文原载《当代经济研究》2023 年第 5 期，收入本书时有改动。
  ** 周钊宇，中共中央党校（国家行政学院）马克思主义学院讲师。
  ① 《马克思恩格斯全集》第 25 卷，人民出版社，2001，第 393 页。
  ② 《马克思恩格斯文集》第 7 卷，人民出版社，2009，第 292 页。

危机是由市场的无政府状态导致的生产部门间的比例失调。① 鲁道夫·希法亭（Rudolf Hilferding）进一步强调比例失调的根源是固定资本，因为它的存在降低了资本主义对经济波动反应的灵活性。② 罗莎·卢森堡（Rosa Luxemburg）则认为问题的关键在于说明资本主义积累的动力来源——增长的消费需求。③ 保罗·斯威齐（Paul. Mar-lor. Sweezy）进一步将消费不足论与垄断资本主义理论相结合，指出只有国家和资本家的非生产性开支才能维系资本主义的生存。④ 直到20世纪20年代末，亨利克·格罗斯曼（Henryk Grossman）才正式将利润率趋向下降规律纳入马克思主义危机理论。⑤ 20世纪60年代末资本主义发达国家黄金年代行进尾声，在危机爆发之前利润率已经呈现出明显的下降，当时处于正统地位的消费不足论无法对这一现象作出合理的解释。保罗·马蒂克（Paul Mattick）以格罗斯曼的观点为基础对消费不足论进行了有力的批判。⑥ 戴维·耶菲（David Yaffe）重新回到马克思的理论，将危机趋势同利润率趋向下降规律直接联系起来，断言利润率下降论才是唯一正宗的马克思主义危机理论。⑦

尽管从20世纪70年代开始，在激进政治经济学内部越来越多的学者将利润率趋向下降规律视为危机理论的基础，但现在仍然有许多经济学家不接受它。反对将利润率趋向下降规律作为危机理论基础的典型观点，总结起来有三种，分别以迈克·海因里希（MichaelHeinrich）、大卫·哈维（David Harvey）和西蒙·克拉克（Simon Clarke）为代表。本文前三节依

---

① 〔俄〕М. И. 杜冈-巴拉诺夫斯基：《政治经济学原理》下册，商务印书馆，赵维良等译，1989，第674~682页。

② 〔奥〕鲁道夫·希法亭：《金融资本》，李琼译，华夏出版社，2010，第284~294页。

③ 〔德〕卢森堡：《资本积累论》，彭尘舜、吴纪先译，生活·读书·新知三联书店，1959，第101~333页。

④ 〔美〕保罗·斯威齐：《资本主义发展论——马克思主义政治经济学原理》，商务印书馆，陈观烈、秦亚男译，2000，中译本前言。

⑤ 方敏、蒋澈：《格罗斯曼的崩溃与危机理论》，《政治经济学评论》2015年第5期。

⑥ Mattick, P. Marxand Keynes, *The Limits of the Mixed Economy*, Boston：Porter Sargent Publisher, 1969.

⑦ Yaffe, D. "The Marxian Theory of Crisis, Capital and the State", *Bulletin of the Conference of Socialist Economics*, 1972.

次检视三者的观点，指出它们的错误之处。第四节和第五节基于《资本论》文本说明利润率趋向下降规律在危机理论中的基础地位和重要意义。

一　迈克·海因里希的观点及其批判

马克思去世前为《资本论》第三卷留下了四部分手稿，即《1861—1863年经济学手稿》中第16~18笔记本、《1863—1865年经济学手稿》的第三册《总过程的各种形态》、1867~1870年所写的10份手稿和1871—1882年所写的6份手稿。① 恩格斯编辑出版的《资本论》第三卷，是以《总过程的各种形态》为基础，同时参考其他手稿。《马克思恩格斯全集》历史考证版第2版（MEGA²）第二部分在2012年全部出版。② 这些《资本论》的准备材料与手稿一经发表就在理论界引发了巨大的轰动。海因里希通过对MEGA²第二部分的解读，认为马克思在后期研究中开始质疑利润率趋向下降规律，恩格斯在对《资本论》第三卷第三篇的编辑中忽略了马克思对利润率趋向下降规律的质疑，造成了危机是由利润率趋向下降规律所导致的假象。③ 事实并非如此。

其一，海因里希曲解了马克思后期反复考虑剩余价值率与利润率间数学关系的目的。海因里希发现，1871~1882年马克思为《资本论》第3卷写了6份手稿，其中关于利润率和剩余价值率数学关系的计算手稿就有4份，似乎仍在反复考虑利润率和剩余价值率的数学关系；在1875年题为《用数学方法探讨剩余价值率和利润率》的手稿中，马克思试图使用数学方法来证明利润率变动的规律，结果却表明"随着资本价值构成的提高，利润率仍有可能增加"，原则上"利润率变动的方向是不确定的"。④ 海因里希认为，马克思对利润率和剩余价值率数学关系的反复考虑，说明"马

① 张钟朴：《马克思晚年留下的〈资本论〉第3册手稿和恩格斯编辑〈资本论〉第3卷的工作——〈资本论〉创作史研究之八》，《马克思主义与现实》2018年第3期。

② 付哲：《MEGA¹和MEGA²是同一版本的两个版次吗？》，《光明日报》2014年7月14日。

③ Heinrich, M, "Crisis Theory, The Law of the Tendency of the Profit Rate to Fall, and Marx's Studies in the 1870s", *Monthly Review*, 2013 (11): 15-31.

④ Heinrich, M, "Crisis Theory, The Law of the Tendency of the Profit Rate to Fall, and Marx's Studies in the 1870s", *Monthly Review*, 2013 (11): 15-31.

克思并没有完全相信他已经在 1863—1865 年手稿中做出的解释"，"有关的疑虑在 19 世纪 70 年代增大了"。[①] 事实上，1871～1882 年马克思关于利润率和剩余价值率数学计算的研究是"在纯粹数学的范围内进行研究"，而不是为了研究利润率趋向下降规律。[②] 因为在 1871～1882 年的手稿中，"'利润率趋向下降'这一表述一次也没有出现过"。[③] 因此在纯数学形式上利润率随着剩余价值率的提高而提高并不能说明马克思开始质疑利润率趋向下降规律。恩格斯准确理解了马克思的意图，在赛米尔·穆尔的帮助下将《用数学方法探讨剩余价值率和利润率》简化为 6 页编入了《资本论》第三卷第三章"利润率和剩余价值率的关系"。[④]

其二，马克思对利润率趋向下降规律自始至终予以重视。[⑤] 海因里希基于对马克思关于利润率和剩余价值率数学关系的错误理解，指出到 19 世纪 70 年代"想必马克思对利润率趋向下降规律存在相当大的怀疑"，"所有这些考虑都应该在'利润率趋向下降的规律'一篇的编辑中得到呈现。对它们的一贯关注本应导致放弃利润率趋向下降规律"，然而恩格斯却将此忽略了。[⑥] 事实上，马克思对利润率趋向下降规律自始至终予以重视，从未表明要放弃这一规律。在《1857—1858 年经济学手稿》中，马克思写道，"这从每一方面来说都是现代政治经济学的最重要的规律，是理解最困难的关系的最本质的规律。从历史的观点来看，这是最重要的规律"。[⑦] 在《1861—1863 年经济学手稿》中，马克思指出，"这个规律是政治经济学的最重要的规律"。[⑧] 在《1863—1865 年经济学手稿》中，马克思进一

① Heinrich, M., "Crisis Theory, The Law of the Tendency of the Profit Rate to Fall, and Marx's Studies in the 1870s", *Monthly Review*, 2013 (11): 15-31.

② 《马克思恩格斯文集》第 7 卷，人民出版社，2009，第 58 页。

③ 〔德〕K. 穆勒：《"反恩格斯主义"、利润率下降规律和马克思的 1867—1868 年经济学手稿》，付哲译，《马克思主义与现实》2016 年第 5 期。

④ 张钟朴：《马克思晚年留下的〈资本论〉第 3 册手稿和恩格斯编辑〈资本论〉第 3 卷的工作——〈资本论〉创作史研究之八》，《马克思主义与现实》2018 年第 3 期。

⑤ 谢富胜、汪家腾：《马克思放弃利润率趋于下降理论了吗——MEGA² 出版后引发的新争论》，《当代经济研究》2014 年第 8 期。

⑥ Heinrich, M., "Crisis Theory, the Law of the Tendency of the Profit Rate to Fall, and Marx's Studies in the 1870s", *Monthly Review*, 2013 (11): 15-31.

⑦ 《马克思恩格斯全集》第 31 卷，人民出版社，1998，第 148 页。

⑧ 《马克思恩格斯全集》第 32 卷，人民出版社，1998，第 450 页。

步强调，"由于这个规律对资本主义生产极其重要……亚·斯密以来的各种学派之间的区别，也就在于解决这个秘密的不同的尝试"。① 1868 年马克思在给恩格斯的信中指出，"随着社会的进步，利润率趋向下降。这一点在第一册中论述资本构成随着社会生产力的发展而变化时已经得到了证明。这对克服过去一切经济学的障碍来说是一个最大的胜利。"② 马克思不惜用"最重要的规律"、"最本质的规律"、"极其重要"和"最大的胜利"这样的词汇来界定利润率趋向下降规律，足见其重要性。对于如此重要的规律，马克思早在 1865 年就已经思考得非常成熟了，恩格斯在《资本论》第三卷序言中对此说明道，"以下三篇（第二、三、四篇——引者注），除了文字上的修订，我几乎可以完全按照原来的手稿进行编辑"。③ 退一步讲，如果马克思后期真的要放弃如此重要的规律，一定会在手稿中有所体现，然而在马克思更晚的草稿中并没有任何提示他开始质疑这一规律的线索，海因里希的质疑只不过是凭空推断的臆想。④

其三，恩格斯的编辑没有扭曲利润率趋向下降规律与危机理论的关系。恩格斯在《资本论》第三卷中对马克思关于规律的论述进行了编辑调整。首先，他把这些论述分为三章：第十三章是"规律本身"，第十四章是"起反作用的各种原因"，第十五章是"规律的内部矛盾的展开"。其次，他将原属于第十四章"起反作用的各种原因"的部分文本转移到第十三章"规律本身"中。海因里希认为，之所以"许多马克思主义者认为利润率趋向下降规律是马克思危机理论的基础"，主要是由于"恩格斯编辑了《资本论》第三卷"，"如果没有这样先入为主的观念，直接阅读马克思的手稿，我们很快就会明白，马克思并没有形成统一的危机理论，他的著作中包含了许多相当不同的危机观点"。⑤ 事实上，按照文本原来的顺序，马克思在谈到"起反作用的各种原因"之后又重新强调了"规律本身"。

---

① 《马克思恩格斯全集》第 25 卷，人民出版社，1974，第 238 页。
② 《马克思恩格斯全集》第 32 卷，人民出版社，1974，第 74 页。
③ 《马克思恩格斯文集》第 7 卷，人民出版社，2009，第 8 页。
④ 〔德〕K. 穆勒：《"反恩格斯主义"、利润率下降规律和马克思的 1867—1868 年经济学手稿》，付哲译，《马克思主义与现实》2016 年第 5 期。
⑤ Heinrich, M., "Crisis Theory, the Law of the Tendency of the Profit Rate to Fall, and Marx's Studies in the 1870s", *Monthly Review*, 2013 (11): 15–31.

恩格斯的编辑工作实际使人看到，马克思是用"规律本身"来平衡"起反作用的各种原因"。因此，杰罗尔德·西格尔（Jerrold Seigel）认为："恩格斯的编辑使马克思对利润率趋向下降规律实际运行的信心似乎弱于马克思手稿所表明的那样"。① 弗雷德·莫斯利（Fred Moseley）在对《资本论》第三卷中的四个草稿进行考察后指出，饱受诟病的恩格斯在编辑马克思手稿方面做得很好，没有歪曲马克思的观点。② 海因里希的观点本质上是"恩格斯综合征"，即认为《资本论》第三卷中的观点是恩格斯而非马克思的。③ 但必须明白没有任何人能够像恩格斯那样理解马克思。恩格斯充分理解并在《资本论》第三卷的编辑中很好地体现了马克思的意图。

二　大卫·哈维的观点及其批判

马克思在《〈政治经济学批判〉导言》中批判了基于生产—分配—交换三个环节分析经济现象的方法。④ 这种方法可以归纳为：一般规律决定生产，偶然情况决定分配，交换位于两者之间，对经济现象分别基于这三个环节，而不是作为一个相互联系且统一的整体来分析。通过对《资本论》的解读，哈维认为马克思实际上使用了这一方法，且内容局限于资本主义生产一般的层次，排除了普遍性（与自然的关系）、特殊性（交换关系和分配）和个别性（消费和消费主义），利润率趋向下降规律正是这种严格的和教条的假设下的推论，与现实中爆发的经济危机基本无关。⑤ 事实并非如此。

其一，利润率趋向下降规律的推导条件非常现实。哈维指出马克思在《资本论》中作出了如下假设：商品按价值出售；不缺乏有效需求，商品

---

① Seigel, J., *Marx's Fate: the Shape of a Life*, Princeton: Princeton University Press, 1993, p. 339.

② Moseley, F., "*Marx, Engels, and the Text of Book 3 of Capital*", *International Journal of Political Economy*, 2004（1）: 3-13.

③ 〔德〕K. 穆勒:《"反恩格斯主义"、利润率下降规律和马克思的1867—1868年经济学手稿》，付哲译，《马克思主义与现实》2016年第5期。

④ 《马克思恩格斯全集》第30卷，人民出版社，1995，第30页。

⑤ 〔美〕大卫·哈维:《跟大卫·哈维读〈资本论〉》第2卷，谢富胜等译，上海译文出版社，2016。

能够顺利实现；所获剩余价值重新投入生产；剩余价值分成不同部分，如产业利润、商业利润、利息、地租等不在考虑范围之内；不存在对外贸易，资本主义生产方式占据了每一个生产部门。哈维认为"所有这些假设都延续到马克思在第三卷中对利润率趋向下降规律的推导中……生产与实现、生产与分配、垄断与竞争等矛盾被忽略了。这严重限制了推导出规律的适用性"。① 事实上，马克思在利润率趋向下降规律的推导中设置了两个条件：一是劳动是价值的唯一源泉，资本主义生产的目的是剥削雇佣工人创造的剩余价值；二是为了追逐剩余价值，资本家竞相采用新技术，引起资本有机构成提高。利润率是剩余价值同预付总资本之比，资本有机构成提高意味着，能够创造剩余价值的活劳动相对于预付总资本减少，这样利润率趋向下降规律就得到有效地证明。马克思在规律的推导中确实没有考虑哈维罗列的种种因素，但是这些因素并不影响规律的成立。例如，当不考虑实现问题时，利润率趋向下降；那么存在实现问题时，利润率只会以更大幅度下降。剩余价值分为不同的部分与利润率趋向下降规律无关，因为利润率趋向下降规律中的利润率是总剩余价值与总预付资本之比，因此剩余价值的分割不会取消利润率趋向下降规律，而且对利润率趋向下降规律的论述必须在剩余价值分割前进行，"在说明利润分割为互相独立的不同范畴以前，我们有意识地先说明这个规律"。②

其二，哈维误解了"规律的内部矛盾的展开"的内容。哈维认为《资本论》第三卷第十五章"规律的内部矛盾的展开"讨论的是"在推导规律时所作的假设被放弃时会发生什么。其结果是对危机形成过程的一个更为广泛的描述，其中包含了多重交叉矛盾……市场实现的问题、世界市场的生产、与非资本主义社会形态的关系、资本的集中和分散程度、信贷系统内的货币干扰和过度投机……这些都成为危机形成的一部分。"③ 实际上，从第三篇内部结构来看，第十三章说明了利润率趋向下降规律的本质、内

---

① Harvey, D., "Crisis Theory and the Falling Rate of Profit", *Subasat*, Cheltenham：Edward Elgar Publishing Limited, 2016：37-54.

② 《马克思恩格斯文集》第7卷, 人民出版社, 2009, 第238页。

③ Harvey, D., "Crisis Theory and the Falling Rate of Profit", Subasat, Cheltenham：Edward Elgar Publishing Limited, 2016.

在矛盾和表现形式；第十四章讨论了阻碍利润率下降的各种原因，进一步说明规律为何表现为一种趋向；这两章都是对规律内容进行的分析；第十五章则是揭露规律所包含的内部矛盾的展开，着重分析这一规律发挥作用所导致的结果。① 第十五章涉及的市场实现、固定资本贬值、资本过剩与人口过剩等问题绝不是在放弃推导规律的假设条件后涌现的，而是内含在规律的内在矛盾之中的。利润和利润率是资本主义生产总过程中呈现出来的现象，利润率趋向下降规律的内在矛盾是包含着生产过程和流通过程的总体矛盾，这些矛盾是生产条件和实现条件的矛盾（第一节"概论"的内容）、生产的目的和实现手段的矛盾（第二节"生产扩大和价值增殖之间的冲突"的内容），以及这些矛盾最具体和最综合的表现形式——生产过剩危机（第三节"人口过剩时的资本过剩"的内容）。

其三，经济危机直接原因的多样性不能否定利润率趋向下降规律在危机理论中的基础作用。哈维认为，"危机可能来自完全不同的方向。如果工资过高，那么随着利润份额的收缩，就会出现积累危机；如果工资过低，那么缺乏有效需求将构成一个问题。因此，危机取决于偶然的，甚至是高度局部化的情况。马克思关于利润率下降的理论应该被视为一个偶然的命题，而不是一个确定的命题"②。事实上，每一次经济危机可以有不同的直接原因，但这不能否认这些危机背后存在的、起基础性作用的单一原因。当哈维说从利润率趋向下降规律出发无法解释现实经济危机时，他实际上说的是利润率趋向下降规律不是经济危机的直接原因，就好像不是导致漏水的管道破裂，不是导致老年人死亡的心力衰竭。相反，利润率趋向下降规律是经济危机的根本原因，它是通过加剧其他矛盾来引发危机的，就好像是导致管道破裂的水压上升，恶化心力衰竭的年龄增长。③ 在利润率较低的情况下，资本主义生产方式的内在矛盾会被激化，爆发危机的概率会成倍增长。正如古列尔莫·卡切迪所言，"危机是反复发生的，如果

① 陈征：《〈资本论〉解说》第3卷，福建人民出版社，2017，第175页。

② Harvey, D., "Crisis Theory and the Falling Rate of Profit", *Subasat*, Cheltenham: Edward Elgar Publishing Limited, 2016: 37-54.

③ Freeman, A. Booms, "Depressions and the Rate of Profit: a Pluralist, Inductive Guide", Subasat, Cheltenham: Edward Elgar Publishing Limited, 2016.

它们都有不同的原因，这些不同的原因可以解释不同的危机，但不能解释它们的反复发生。如果危机是反复出现的，它们必须有一个共同的原因，反复表现为不同危机的不同原因"①。

三 西蒙·克拉克的观点及其批判

马克思在1862年所写的经济学手稿中对利润率趋向下降规律作了细致的研究。其中一部分被考茨基编入《剩余价值理论》第二卷和第三卷。但最为系统的论述见于《1861—1863年经济学手稿》中原来没有出版的部分，而这部分手稿正是恩格斯编辑《资本论》第三卷所用《1863—1865年经济学手稿》的基础。克拉克认为与恩格斯只是对马克思早期观点和材料进行重新排列、缺乏整体分析所需系统性的编辑相比，作为马克思在世时完成的唯一一个系统性文本——《资本论》第一卷在思想上更加成熟，在对马克思学术观点解读的优先级上更高，"从解释马克思本人思想发展的视角出发，必须指出，不但正式出版的《资本论》第一卷是在第三卷的手稿之后才写的，而且关于历史趋势的这一节（第二十四章第七节'资本主义积累的历史趋势'——引者注）也是后来才加入第一卷写作计划的。"②因此，对利润率趋向下降规律的解读，应当按照从1861~1865年经济学手稿至成熟的著作《资本论》第一卷第一版的顺序进行。③克拉克通过解读，认为那些试图将利润率趋向下降规律和危机理论联系起来的观点，是对利润率趋向下降规律教条地、孤立地、离开更为广阔的理论语境——资本主义积累的长期趋势——理解的产物。④事实并非如此。

其一，利润率趋向下降规律是资本主义固有的、不可避免的规律。克

---

① Carchedi, G., "Zombie Capitalism and the Originof Crises", http：//isj. org. uk/zombie - capitalism -and-the-origin-of-crises/.

② 〔美〕克拉克：《经济危机理论：马克思的视角》，杨健生译，北京师范大学出版社，2011，第258、259页。

③ 〔美〕克拉克：《经济危机理论：马克思的视角》，杨健生译，北京师范大学出版社，2011，第12~13页。

④ 〔美〕克拉克：《经济危机理论：马克思的视角》，杨健生译，北京师范大学出版社，2011，第222页。

拉克认为，资本有机构成会使利润率降低，而剩余价值率的提高则会使利润率上升，二者对利润率大小的影响起着相反的作用，因剩余价值率提高无法抵销资本有机构成提高而导致的利润率下降只是其中一种可能发生的后果，仅为资本主义积累长期趋势必须考虑的一个方面。且资本家不会被动接受资本有机构成提高对利润率的压力，而会通过提高剩余价值率、加快资本周转，抵消其负面影响，"从这一点出发，结论就不是一种机械的利润率下降趋势，而是随着资本主义的发展，围绕剩余价值生产的阶级斗争加剧的趋势。"① 事实上，在马克思那里，相对于资本有机构成提高，剩余价值率的提高对利润率的影响处于次要地位。原因在于，根据劳动价值论，资本有机构成提高意味着在预付总资本中活劳动占比的减少，意味着创造出的新价值的减少。剩余价值率提高意味着新价值中分配给资本家作为利润的部分占比增加，分配给雇佣工人作为工资的部分占比减少。也就是说，剩余价值率的提高对利润率的正向影响只能在资本有机构成提高引起的新价值减少趋势的背景下发挥作用，即"并不是说利润率不能由于别的原因而暂时下降，而是根据资本主义生产方式的本质证明了一种不言而喻的必然性：在资本主义生产方式的发展中，一般的平均的剩余价值率必然表现为不断下降的一般利润率"② 此外，资本家确实不会坐以待毙，被动接受利润率下降，他们通过提高技术获得超额剩余价值，但是当每个资本家都这样做时，社会平均资本有机构成提高，利润率进一步下降，正是单个资本家试图阻止其利润率下降的手段使得资本家整体的利润率下降。

其二，克拉克误解了《资本论》第一卷和第三卷的关系。克拉克之所以强调利润率趋向下降规律只是资本有机构成与剩余价值率相互作用引起的其中一种后果，原因在于他把《资本论》第一卷视为马克思最成熟的并且是最终的经济学著作，认为对利润率趋向下降规律的解读，应当按照从1861~1865年经济学手稿到《资本论》第一卷第一版的顺序进行。问题在于，这种观点潜在地把包括《资本论》第三卷在内的1861~1865年经济学

---

① 〔美〕克拉克：《经济危机理论：马克思的视角》，杨健生译，北京师范大学出版社，2011，第184页。

② 《马克思恩格斯选集》第2卷，人民出版社，2012，第497页。

手稿全部视为《资本论》第一卷的草稿,这样,《资本论》第三卷及其中的利润率趋向下降规律就成了马克思不成熟的、不重要的,甚至被最终放弃的内容。这种观点误解了《资本论》三卷间内在结构的联系,进而误判了利润率趋向下降规律与资本主义积累的一般规律间的关系。《资本论》三卷是围绕剩余价值这一资本主义生产方式的核心范畴从三个层面由抽象到具体依次展开的科学体系,"在第一册中,我们研究的是资本主义生产过程本身作为直接生产过程考察时呈现的各种现象,而撇开了这个过程以外的各种情况引起的一切次要影响。但是,这个直接的生产过程并没有结束资本的生活过程。在现实世界里,它还要由流通过程来补充,而流通过程则是第二册研究的对象。在第二册中,特别是把流通过程作为社会再生产过程的中介来考察的第三篇指出:资本主义生产过程,就整体来看,是生产过程和流通过程的统一。至于这个第三册的内容,它不能是对于这个统一的一般的考察。相反地,这一册要揭示和说明资本运动过程作为整体考察时所产生的各种具体形式。资本在其现实运动中就是以这些具体形式互相对立的,对这些具体形式来说,资本在直接生产过程中采取的形态和在流通过程中采取的形态,只是表现为特殊的要素。因此,我们在本册中将阐明的资本的各种形态,同资本在社会表面上,在各种资本的互相作用中,在竞争中,以及在生产当事人自己的通常意识中所表现出来的形式,是一步一步地接近了"①。马克思在这里清楚地指出了《资本论》三卷各自的研究层次和研究目的,因此绝不能用《资本论》第一卷是马克思在世时出版的巨著,来否定马克思已经构思出的但来不及发表的《资本论》第三卷在马克思经济学体系中的重要地位,以及利润率趋向下降规律的重大意义。

四 利润率趋向下降规律在危机理论中的重要地位

一些学者之所以不接受利润率趋向下降规律作为危机理论的基础,甚至否认马克思具有完整系统的危机理论,根源就在于没有正确理解马克思论述危机理论的方法。马克思没有用专篇专章集中地对资本主义经济危机进行论

① 《马克思恩格斯选集》第2卷,人民出版社,2012,第436~437页。

述，而是随着对资本主义生产方式由抽象到具体、由直接的生产过程到生产总过程地分析而逐步展开与之相适应的危机观点。这种论述方法是由危机本身的性质和危机理论在马克思经济学理论中的地位决定的。危机是"资产阶级经济一切矛盾的现实的综合和暴力方式的平衡"①，危机理论是马克思经济学理论的理论归结点。这就要求对危机的理论分析要以剖析资本主义生产方式的矛盾为前提，必须在阐明资本主义生产方式的矛盾后阐释相应的危机观点。② 因此，在理论逻辑上，危机只能从资本主义矛盾逐渐展开的过程中不断引出自己的规定；在叙述方法上，危机理论只能随着对资本主义生产方式论述的展开而同步展开。作为其结果，马克思的危机观点必然隐含地镶嵌在《资本论》中，这种镶嵌不是无序的，而是集中在资本主义生产方式某个层面或阶段矛盾被揭示之后的地方，起到了理论归结点的作用。③

从理论逻辑发展的角度看，利润率趋向下降规律揭示的是资本主义生产方式的总体矛盾。马克思在《资本论》第一卷第二十三章对资本的直接生产过程进行总结，提出了资本主义积累的一般规律。资本主义积累的一般规律，一方面，限于资本的直接生产过程，仅仅将资本主义生产方式的矛盾以阶级利益对立的形式呈现出来：一边是不断积聚和集中的财富，另一边是不断增加的、日益贫困化的、相对过剩的无产阶级；另一方面，限于抽象层面对剩余价值生产的分析，还没有显示资本主义生产方式内部矛盾的总体形式和具体表现。接着，马克思在《资本论》第二卷考察了资本的流通过程和与之相对应的剩余价值实现过程，在《资本论》第三卷前两篇考察了剩余价值转化为利润和一般利润率形成的过程，这样马克思对资本及其产物剩余价值的考察就由直接生产过程扩展到了生产总过程，就由逻辑抽象上升到了经济表象。在此基础上，马克思在《资本论》第三卷第三篇提出了利润率趋向下降规律，因此，利润率趋向下降规律揭示的是资本主义生产方式的总体矛盾。利润率趋向下降规律，是资本主义积累规律

---

① 《马克思恩格斯全集》第 34 卷，人民出版社，2008，第 578 页。
② 陈岱孙：《从古典经济学派到马克思——若干主要学说发展论略》，商务印书馆，2014，第 257 页。
③ 周钊宇、宋宪萍：《论资本论中马克思危机理论的完整性与系统性——"没有马克思的马克思主义"危机理论批判》，《经济纵横》2020 年第 11 期。

在生产总过程中的具体表现，是资本主义积累的一般规律发展了的形式。在利润率趋向下降规律中，资本主义生产力的发展和资本有机构成的提高，不仅体现为人口过剩，还表现为资本过剩；不仅体现为贫富的两极分化，还表现为利润率的趋向下降。

从论述方法的角度看，利润率趋向下降规律是相对生产过剩危机的基础原因。马克思在《资本论》中构建了一个系统的资本主义经济危机理论——周期爆发的生产过剩经济危机理论。① 迄今为止，这一理论能够很好地解释资本主义爆发的历次经济危机。②《资本论》第一卷首先通过对商品流通形式、货币支付职能的分析，说明了危机的可能性。然后通过资本主义积累的一般规律对生产与消费对抗性矛盾的分析，说明了相对生产过剩危机的现实性，论证了生产过剩危机源于资本主义生产方式的内部矛盾。《资本论》第二卷通过对两大部类再生产需要保持恰当的比例关系的分析，说明了相对生产过剩危机的现实性在流通过程中得到进一步发展。最终，《资本论》第三卷指出了相对生产过剩危机的基础原因——利润率趋向下降规律。一般利润率趋向下降，就迫使资本家扩大投资，以增加利润绝对量的方式来弥补，这就将资本主义生产力发展的趋势推到极限。然而，"生产力越发展，它就越和消费关系的狭隘基础发生冲突"③。也就是说"在资本主义生产方式内发展着的、与人口相比惊人巨大的生产力"，"同这个惊人巨大的生产力为之服务的、与财富的增长相比变得越来越狭小的基础相矛盾，同这个不断膨胀的资本的价值增殖的条件相矛盾。危机就是这样发生的"④。这样，马克思就第一次将经济危机置于资本的视角之下，以资本固有的矛盾为出发点，剖析经济危机的实质与根源，突破了由亚当·斯密（Adam Smith）提出、由大卫·李嘉图（David Ricardo）发展到科学极限的、局限在商品关系一般条件下分析经济危机的古典范式。

① 胡钧、沈尤佳：《马克思经济危机理论——与凯恩斯危机理论的区别》，《当代经济研究》2008 年第 11 期。
② 卫兴华、孙咏梅：《用马克思主义的理论逻辑分析国际金融危机》，《社会科学辑刊》2011 年第 1 期。
③ 《马克思恩格斯选集》第 2 卷，人民出版社，2012，第 507 页。
④ 《马克思恩格斯文集》第 7 卷，人民出版社，2009，第 296 页。

五　利润率趋向下降规律对于危机理论的重大意义

它奠定了资本主义经济危机不可避免性的基础。如果把危机的原因归结为诸罗莎·卢森堡、保罗·斯威齐、约翰·梅纳德·凯恩斯（John Maynard Keynes）等指向的消费不足，或托马斯·皮凯蒂（Thomas Piketty）等指向的收入分配不均，或杜冈等指向的比例失调，或约翰·贝拉米·福斯特（John Bellamy Fos-ter）、韦斯科普夫（Thomas E. Weisskopf）、伊藤诚（MakotoItoh）、罗伯特·布伦纳（Robert Brenner）等指向的由产能利润率、利润挤压或过度竞争引起的利润率下降，或海曼·明斯基（Hyman P. Minsky）等指向的金融投机，或大卫·哈维等指向的剥夺性积累，那就意味着资本主义经济危机可以通过扩张性财政政策、福利政策、加强宏观调控、提高设备利用率、打压劳工组织或进行阶级合作、限制资本间竞争、完善金融政策和抵制公共产品私有化等手段避免甚至解决经济危机。马克思主义危机理论的鲜明特征在于强调危机是资本主义生产方式固有的、不可避免的组成部分，这种必然性正是由利润率趋向下降规律所赋予的。马克思指出，对于资本主义生产方式，剩余价值的生产只受制于社会生产力，剩余价值的实现从根本上受制于以对抗性的分配关系为基础的社会消费力，"二者不仅在时间和地点上是分开的，而且在概念上也是分开的"①。利润率的下降迫使资本家不得不增加积累和扩大生产以维护市场份额和补偿转移损失，激化生产剩余价值的条件和实现剩余价值的条件的矛盾，促使经济危机不以人的意志为转移地爆发。

它暴露了资本主义生产方式的历史局限性。资本主义生产的唯一目的是获得剩余价值。因此，"生产的扩大或缩小，不是取决于生产和社会需要即社会地发展了的人的需要之间的关系，而是……取决于利润以及这个利润和所使用的资本之比，即一定水平的利润率"②。于是，"当生产扩大到在另一个前提下还显得远为不足的程度时，对资本主义生产的限制已经

① 《马克思恩格斯选集》第2卷，人民出版社，2012，第506页。
② 《马克思恩格斯选集》第2卷，人民出版社，2012，第511页。

出现了。资本主义生产不是在需要的满足要求停顿时停顿，而是在利润的生产和实现要求停顿时停顿"①。随着利润率趋向下降规律的内部矛盾的展开，资本主义生产方式呈现为人口过剩与资本过剩并存的状态。人口过剩与资本过剩并存，是资本主义生产力和生产关系矛盾尖锐化的最直白表现，是资本主义历史局限性的最明显体现。所谓人口过剩，是指资本积累生产的超过资本增殖需要的工人人口，它反过来构成资本积累的杠杆。所谓资本过剩，是指利润率的下降不能由利润量的增加来抵消的那种资本的过剩。也就是说，资本主义生产方式造成了人力的极大浪费，且以此为存在条件。资本主义生产方式将科学技术的应用和社会劳动的组织限制在了获得一定利润率的狭小范围内，暴露了生产目的的狭隘性和生产方式的局限性。资本的存在理由——发展社会劳动生产力——已经越发地不充分了。

它揭露了资本主义生产方式的历史暂时性。如果把经济危机仅仅视为资本主义生产方式从积累的一个"积累体制"（调节学派）或"社会结构"（积累的社会结构学派）向另一个的过渡，那么资本主义似乎将永远演变下去，社会主义就只能成为一种道德理想。马克思主义危机理论的重要作用在于揭露资本主义生产方式的历史暂时性，这种作用正是由利润率趋向下降规律所发挥的。活劳动是创造价值的唯一源泉。雇佣工人创造的新价值，一部分作为剩余价值被资本家无偿占有，资本家将其资本化以进行扩大再生产，以占有更多的剩余价值。在扩大再生产中，个别资本家为了获得超额剩余价值采用劳动节约型技术进步，随着其他资本家的模仿，技术得以推广，资本主义生产力得以发展。资本主义生产力的发展表现在两个方面：一方面表现为资本有机构成提高，另一方面表现为剩余价值率提高。资本有机构成提高与剩余价值率提高对利润率大小产生方向相反的影响，但合力作用的结果是剩余价值量相对于总资本趋向减少，即利润率趋向下降。也就是说，利润率趋向下降规律根植于资本的内在矛盾之中，"资本本身是处于过程中的矛盾，因为它竭力把劳动时间缩减到最低限度，另一方面又使劳动时间成为财富的唯一尺度和源泉……一方面，资本唤起

---

① 《马克思恩格斯选集》第 2 卷，人民出版社，2012，第 511 页。

科学和自然界的一切力量，同样也唤起社会结合和社会交往的一切力量，以便使财富的创造不取决于（相对地）耗费在这种创造上的劳动时间。另一方面，资本想用劳动时间去衡量这样造出来的巨大的社会力量，并把这些力量限制在为了把已经创造的价值作为价值来保存所需要的限度之内"①。这清楚地揭露了资本主义生产的真正限制是资本自身，资本主义生产方式内部再生产出了否定自己的因素，随着资本主义积累的进行，作为资本主义生产的刺激、资本主义积累的条件和动力的利润率会"受到生产本身发展的威胁"② 而逐步下降。这以不容置疑的方式宣告了资本主义不是绝对的、永恒的生产方式，而是像封建制、奴隶制那样，是在社会一定的发展阶段与其生产力水平相适应的，且随着生产力发展不可避免被替代的、历史的生产方式。

六　结论

马克思对资本主义必然灭亡的论证是在危机理论中进行的，利润率趋向下降规律构成了其中最为重要的一环。反对将利润率趋向下降规律作为危机理论基础的典型观点，总结起来有三种，分别以迈克·海因里希、大卫·哈维和西蒙·克拉克为代表。通过对以上三种观点的检视可得：在理论创作和文本编辑上，马克思对利润率趋向下降规律自始至终予以重视，恩格斯的编辑很好地体现了马克思关于利润率趋向下降规律与危机理论关系的意图；在理论推导和经验表现上，利润率趋向下降规律的推导条件非常现实，经济危机直接原因的多样性不能否定利润率趋向下降规律在危机理论中的基础性作用，利润率趋向下降规律是资本主义固有的、不可避免的规律。

危机本身的性质和危机理论在马克思经济学理论中的地位决定了马克思的危机理论不能以专篇专章的形式呈现，只能随着对资本主义生产方式论述的展开而不断引出相应层面的危机观点。基于此可知，利润率趋向下降规律在马克思危机理论体系中占有重要的地位。从理论逻辑发展的角度

---

① 《马克思恩格斯全集》第 31 卷，人民出版社，1998，第 101 页。
② 《马克思恩格斯选集》第 2 卷，人民出版社，2012，第 512 页。

看，利润率趋向下降规律揭示的是资本主义生产方式的总体矛盾，是资本主义积累的一般规律发展了的形式。从论述方法的角度看，利润率趋向下降规律是相对生产过剩危机的直接依据。利润率趋向下降规律的重大意义在于，从三个方面夯实了资本主义必然被社会主义替代的唯物史观。一是奠定了资本主义经济危机不可避免性的基础；二是暴露了资本主义生产方式的历史局限性；三是揭露了资本主义生产方式的历史暂时性。

《资本论》中的原始积累问题：西方学界的研究及当代争论[*]

梅沙白[**]

自 2008 年国际金融危机爆发以来，《资本论》重新成为西方学界的关注热点，由此衍生的相关问题也得到了持续的关注，原始积累问题就是其中之一。不少西方学者尽管从不同的研究视角出发[①]，但俱指认了一个事实[②]，即我们仍然生活在"一个原始积累的时代"[③]。詹姆斯·塔利（James Tully）在总结帝国主义的遗留问题时提到了近些年的"剥夺、原始积累、中央集权的国家建设、军事化、经济开发和生态破坏"的历史，因而主张转向"合作的、基于社区的、生态的和非暴力的自主性传统"[④]。正如大

---

[*] 本文原载《国外理论动态》2021 年第 2 期，收入本书时有改动。

[**] 梅沙白，中共中央党校（国家行政学院）马克思主义学院讲师。

[①] 如从女性主义视角的研究 Silvia Federici, *Revolution at Point Zero: Housework, Reproduction, and Feminist Struggle*. Oakland, CA: PM Press, 2012; Silvia Federici, *Caliban and the Witch: Women, the Body and Primitive Accumulation*, Autonomedia, 2017。从殖民主义视角的研究如 Glen Coulthard, *Red Skin, White Masks: Rejecting the Colonial Politics of Recognition*, Minneapolis, MN: University of Minnesota Press, 2014。从帝国主义视角的研究如 James Tully, "Responses", In Nichols R and Singh J (eds), *Freedom and Democracy in an Imperial Context*. London: Routledge, 2014, pp. 223-276.

[②] 有少数学者不认同这样的观点，详见本文第一章。

[③] Silvia Federici, "Revolution at Point Zero: Housework, Reproduction, and Feminist Struggle", Oakland, CA: PM Press, 2012, p. 138.

[④] James Tully, "Dialogue", *Political Theory*, 39 (1), 2011.

卫·哈维（David Harvey）总结的："21 世纪'新帝国主义'的标志就是'剥夺性积累'"①，他认为原始积累是内在于资本主义的，试图重新定义和表述马克思的原始积累概念，并为它赋予当代意义。本文尝试展现当代西方学界关于原始积累问题的前沿争论，以期给中国学界带来有益的启示。

一　原始积累概念的当代重构

自《资本论》问世以来，围绕原始积累概念的内涵和外延问题已经兴起过数场学术争论。2008 年的国际金融危机以及由此带来的严重社会经济后果暴露了自 20 世纪 70 年代起就占据统治地位的新自由主义的合法性危机，重新激起了西方左翼学者对马克思"原始积累"概念的研究兴趣，希望借此研究资本主义在全球范围内的强化过程。关于原始积累概念的当代意义及其理解史的问题，当代西方学界主要存在以下几种解读。

古典政治经济学的经典商业化模式理论认为，在商业社会出现之前曾经存在一个早期的积累过程，资本主义精英秉持节俭的美德积累起大量财富，奠定了后来可以进行大规模投资的基础，这一过程被亚当·斯密称为"预先积累"（Previous Accumulation）。马克思关注的不是具体数量的货币是如何积累起来的，而是资本作为一种社会关系的起源，无产者是如何出现的，现有的生产资料是如何转变为资本的。在 20 世纪 70 年代以前，人们对马克思的原始积累概念的理解大致是将其视为资本主义发展的一个业已完成的阶段，它出现在资本主义之前，在历史上是先于资本自主地扩大再生产出现的。② 在明确形成资本主义生产方式的地方，原始积累已经结束。③

---

① David Harvey, "The 'New' Imperialism: Accumulation by Dispossession", *Socialist Register*, 2004 (40), pp. 63-87.

② Ellen Meiksins Wood, *The Origin of Capitalism: A Longer View*, London: Verso, 2002, pp. 35-36.

③ Paul Zarembka, "Primitive Accumulation in Marxism: Historical or Trans-Historical Separation from Means of Production?" *The Commoner*, 2001 (1), pp. 1-9.

多布（Maurice Dobb）指出，原始积累是一种历史意义上的积累。[①] "原始"作为一个形容词，实质上对应着一个清晰的时间维度，即过去。[②] 这种解读的来源是马克思在《资本论》里明确表述的："在西欧，政治经济学的故乡，原始积累的过程多少已经完成。在这里，资本主义制度或者已经直接征服整个国民生产，或者在这种关系还不很发达的地方，它也至少间接地控制着那些与它一起继续存在的、属于过时的生产方式的、腐朽的社会阶层。"[③] 同样，马克思在《1857—1858年经济学手稿》里也指出："这些前提作为这样的历史前提已经成为过去，因而属于资本的形成史，但决不属于资本的现代史。也就是说，不属于受资本统治的生产方式的实际体系。"[④] 这样的描述使得很多学者认为马克思所描述的原始积累已经是过去完成时，只作为曾经的一个历史阶段出现，并不具有当代意义。因此，他们专注于研究西欧，尤其是英国资本主义发展的历史渊源。

第一种观点认为原始积累的机制"不仅仅属于资本主义的前史，也是当代的"[⑤]。持这种观点的学者更关注资本主义内部与非资本主义的外围或者说边缘区域之间的持续性交互关系。他们认为，持续的原始积累对资本扩大再生产是不可或缺的，资本的扩大再生产依赖于资本主义体系吸纳前资本主义或非资本主义的部分来维持利润和实现自身生产方式和社会的正常运转。在这种情况下，原始积累被认为是一个周期性过程，在资本主义危机时期，原始积累的情况会显著加剧。这类解读方式主要是受到罗莎·卢森堡（Rosa Luxemburg）关于资本积累具有双重性的论断的启发，卢森堡认为，"一方面，资本积累关注的是商品市场和生产剩余价值的地点……另一方面关注的是资本主义和非资本主义生产方式之间的关系……其主要方法为殖民政策、国际贷款体系和战争。暴力、欺诈、压迫以及掠

---

① Maurice Dobb, *Economic Growth and Underdeveloped Countries*, New York: International Publishers, 1963, p. 178.

② Massimo De Angelis, "Marx on primitive accumulation: A reinterpretation", *The Continuous*, 1999.

③ 《马克思恩格斯文集》第5卷，人民出版社，2009，第876页。

④ 《马克思恩格斯文集》第8卷，人民出版社，2009，第108页。

⑤ Samir Amin, *Accumulation on a World Scale: A Critique of the Theory of Underdevelopment*. New York: Monthly Review Press, 1974, p. 3.

夺是公开进行的。"① 在卢森堡看来，这两方面是相辅相成、有机联系的，共同维系着资本主义生产方式，资本主义必须总是借助非资本主义的"外部"来完全占有剩余价值。大卫·哈维在 2003 年出版的著作《新帝国主义》中对卢森堡的观点进行了推论，指出如果资本主义体系想要"延续下去，那么非资本主义的地区就必须保持（如果必要就采取强制措施）在非资本主义的状态"②，这也是新帝国主义的核心所在。进一步地，哈维提出了"剥夺性积累"理论，认为当代美国的资产阶级重新发现了英国资产阶级在 19 世纪 70 年代后采取的原始积累手段，"直到今天，在资本主义历史地理学之中，马克思所说的资本原始积累的全部特征都还强有力地存在着"③。只不过哈维认为将一种正在进行的过程打上"原始"的标签过于奇怪，故而使用"剥夺性积累"这一用语来替代"原始积累"。当资本主义无法再通过调整时间（如对资本项目进行长期投资）和空间（开发新市场、采用新技术等）来解决持续扩大再生产过程中的周期性过度积累的危机时，就会利用剥夺的方式进行积累。这种当代的原始积累实践采用了比偷盗、欺诈、骗局等方式多得多的积累策略，④ 私有化、金融化成为新自由主义剥夺性积累的有效手段。

这两类观点分别从时间维度和空间维度出发，认为马克思仅仅把血腥的原始积累历史理解为业已发生的、与后来的资本主义发展历程不再直接相关的历史阶段，而后来的资本积累已经"演进成在'和平、财产和平等'条件之下的扩大再生产"⑤。并且，他们认为马克思虽然批判了古典政治经济学对原始积累的美化，但仍从历史目的论的视角说明了原始积累是社会发展的必要阶段。因此，在明确了原始积累概念与当代资本主义的关联性之后，他们认为原始积累概念需要通过重构被重新理解。

还有一种观点认为，这两种观点并不矛盾，马克思将原始积累定义为

① Rosa Luxemburg, *The Accumulation of Capital*, London: Routledge, 2003, p.432.

② 〔美〕戴维·哈维：《新帝国主义》，付克新译，中国人民大学出版社，2019，第 82 页。

③ 〔美〕戴维·哈维：《新帝国主义》，付克新译，中国人民大学出版社，2019，第 86 页。

④ 参见 Jipson John, Jitheesh P. M. 等人 2019 年 2 月对哈维的采访，https://thewire.in/economy/david-harvey-marxist-scholar-neo-liberalism/amp。

⑤ 〔美〕戴维·哈维：《新帝国主义》，付克新译，中国人民大学出版社，2019，第 85 页。

资本主义的"前史"，但并不否认它的当代性。我们不一定要与《资本论》"所谓原始积累"一章的文本语境作切割才能在当代意义上理解、运用原始积累概念。佩罗曼（Michael Perelman）在著作里曾经提出，根据马克思的论述，有时候原始积累自资本主义生产方式建立起就已经结束了，而有的时候，原始积累又代表着一个持续进行的过程。他认为我们作为读者之所以感受到了这样的困惑，是因为马克思的写作策略。马克思其实意识到了原始积累在本质上是不间断的，但他刻意弱化了这一点。因为对野蛮、暴力的原始积累过程进行描绘与马克思《资本论》的主旨相矛盾，马克思希望揭示的是看似公平客观的资本主义生产方式事实上必然造成剥削、强制，而"如果过于强调原始积累的持续影响，就有将读者引离正题的危险"，马克思不希望读者认为"社会的不公正源于与市场社会本质无关的不公正行为"①。因此他刻意没有对原始积累的作用作细致的说明，而是把重点放在现代的资本积累过程上。

罗伯茨（William Clare Roberts）在最近的著述中主张要回到19世纪不同派别关于工人阶级和社会主义战略辩论的语境中去重新审视马克思关于原始积累的论述，认为马克思是当时19世纪社会主义者的异类，已经清楚地意识到剥夺是资本主义发展的长期驱动力。当时大多数社会主义者都认同圣西门的思想，把剥削积累看作资本家滥用他们对无产者的权力的道德问题，而没有看到资本主义的剥削方式的新动力。圣西门主义在法国最主要的支持者是蒲鲁东，蒲鲁东认为资本主义剥削和封建制度、军事制度等含义相同。罗伯茨提醒我们，马克思在写作《资本论》第一卷的时候，特别注意在第一国际中反对蒲鲁东的思想，因为他认为蒲鲁东的观点是把资本主义剥削看作另一种形式的封建寻租，这会误导无产阶级寻求解放的斗争。而资本家对劳动力的剥削不属于封建敲诈，资本主义剥削的机制和动力来源于"整个劳动力市场的非个人支配"，而非单个资本家的个人支配，它"包含着一种内在的过度劳动的驱动力"②。通过对《资本论》第二十

---

① 〔美〕迈克尔·佩罗曼：《资本主义的诞生——对古典政治经济学的一种诠释》，裴达鹰译，广西师范大学出版社，2001，第20~21页。

② William Clare Roberts, "What was primitive accumulation? Reconstructing the origin of a critical concept", *European Journal of Political Theory*, 2020（4）, pp. 532-552.

四章的回顾，罗伯茨认为马克思在"所谓原始积累"一章讲述的故事是"在封建地主背叛了他们的附庸、废除了封建特权、积聚了田产并创造了现代无产阶级之后，通过废除封建制度而获得解放的新兴资本家夺取了解放他们的地主的统治权"①。资本家并不是通过原始积累垄断生产资料，再通过剥削雇佣工人的劳动转向资本主义积累。而是地主通过剥夺土地、驱逐农民等方式创造了除了自己的劳动力以外没有东西可以出卖的无产阶级，而资本家在这样的情境下从两个阶级之间崛起，来统治两个阶级。罗伯茨指出，马克思把原始积累称为"资本主义的前史"，不是因为资本主义起源于暴力和盗窃等行为，而是因为"现代工业资本起源于对暴力和盗窃行为所创造的一种新自由形式的投机性剥削"②。原始积累的不同因素之所以是"资本主义的前史"，是因为暴力和盗窃的行为本身还不是在暴力和盗窃所创造的条件下资本化的过程。这些行为不能创造资本主义，而只能创造资本主义的前提条件。因此，马克思对原始积累的论述并未削弱他对剥削积累的解释。

冯特斯（Virgínia Fontes）指出，卢森堡关于资本主义的发展需要一个非资本主义的"外部"的观点在理论上忽略了资本主义扩张自身的内部动力，20世纪帝国主义的扩张又在事实上缩小了积累的外部界限。而哈维重新表述的持续原始积累的方式至少面临着三个问题：其一，从近40年来资本主义发展的经验主义视角出发缺乏理论上的合理性；其二，正常发展的资本主义和剥夺性的资本主义之间的二元还原论；其三，"外部"的概念重现了历史发展主义的目的论，进行了（正常化的）资本主义国家和（原始的）非资本主义国家的二元划分。因此，外部性观点的主要问题在于把资本主义的双重性特征归因于资本积累，从而导致（假定的）两种积累方式的区别只在于不同的"量"，也即一方面是扩大的或者说更先进的经济胁迫以"自由"工人为基础，另一方面则是原始积累的公开的和持久的暴

---

① William Clare Roberts, "What was Primitive Accumulation? Reconstructing the Origin of a Critical Concept", *European Journal of Political Theory*, 2020 (4), pp. 532-552.

② William Clare Roberts, "What was Primitive Accumulation? Reconstructing the Origin of a Critical Concept", *European Journal of Political Theory*, 2020 (4), pp. 532-552.

力传统。① 但是冯特斯认为资本主义的扩张从来没有以正常化的积累方式进行，即使在资本家和劳动者的合法契约之下的生产性积累也与剥夺密不可分。她通过《资本论》第三卷的文本说明马克思已经清楚地意识到，一旦资本主义生产关系被普遍化，就会建立在剥夺的基础上。这将会导致以不平等地位融入资本主义的社会和人口处于从属地位。② 这些观点都主张马克思已经把原始积累纳入了他的资本概念，资本的大规模集中本身就要求对活劳动的持续性暴力行为。

二　新圈地运动与强制资本化

近年来西方学界对原始积累问题持续增长的研究兴趣与全球范围内的大规模土地掠夺行为密不可分。2008 年金融危机之后，全球新增 38 个饥饿国家，新增饥饿人口 1.04 亿人③，加上耕地面积和质量的下降，粮食供需严重失衡，在全球范围内引发了严重的粮食危机。一些粮食严重依赖进口的发达国家为了保证本国粮食安全，开始大规模海外屯田，在东南亚、中亚、非洲、拉丁美洲等地购买经济作物庄园、签订租地购地协议。世界银行 2010 年的报告指出，2009 年全球产生了大约 5600 万公顷的耕地交易，其中 70% 以上在非洲进行。近年来，埃塞俄比亚、莫桑比克和苏丹等国家已经向海外投资者转让了数百万公顷的土地。④ 海外屯田不同于农产品国际贸易，"首先，屯田者控制生产过程；其次，产品的获得不是通过贸易"⑤。屯田国获得海外土地使用权，种植农作物并运回国以满足本国的粮食需求。已有研究表明，大规模的海外屯田给以小农作业为主的当地农

---

① Virgínia Fontes, "David Harvey: Dispossession or Expropriation? Does Capital have an 'Outside'?" *Rev Direito Práx*, 2017 (3), 2199-2211.

② Virgínia Fontes, *O Brasil e o capital-imperialismo: teoria e histo'ria.* Rio de Janeiro: Editora UFRJ, 2010, p. 44.

③ 赵丽红：《土地资源、粮食危机与中拉农业合作》，《拉丁美洲研究》2010 年第 3 期。

④ Klaus Deininger and Byerlee Derek, "Rising Global Interest in Farmland: Can It Yield Sustainable and Equitable Benefits?", Washington, DC: World Bank, 2010.

⑤ 张忠祥：《中非合作论坛框架下的农业合作——兼论"中国海外屯田"说》，《国际展望》2009 年第 2 期。

民带来了贫困、失去土地、不稳定生活等实际的或是潜在的危机。① 海外屯田行为甚至被冠以"新圈地运动"（New Enclosures）之名，学者们希望通过重新回到马克思对英国农村和苏格兰高地圈地运动和现代殖民理论的分析，为当下的全球土地掠夺行为提供批判性的视角。

一般来说，对新圈地运动的批判性研究主要有两个视角，一是从资本主义发展阶段的角度，指出这种土地掠夺行为就是资本的原始积累，非洲的土地作为一个封闭的他者被纳入全球资本主义的发展体系中去。二是从殖民主义的角度来批判发展主义的殖民扩张正当性话语，也即把非洲视作"最后的边疆"，被"北方"先进的工业技术文明征服的叙事。②

在近年的研究中，因斯（Onur Ulas Ince）希望通过澄清和分析原始积累的概念来整合前述两种观点，把原始积累概念放置在资本主义全球扩张和殖民体系中进行再阐释，认为原始积累标志着社会再生产的资本化过程中政治暴力的概念轨迹。③ 这扩大了马克思对原始积累概念的定义，马克思认为原始积累破坏了各种所有制形式，使生产者和生产资料相分离，从而在无产阶级自由劳动和资本主义私有制之间建立统一的资本关系。因斯把原始积累的概念表达为动态的资本积累网络，研究原始积累在资本主义扩张和殖民体系中所起的作用。他认为之前对殖民主义的理解是把殖民地视为资本主义生产方式的边缘，资本主义起源于欧洲大城市，在遥远的殖民地产生了一些回响。这样的理解实际上是把殖民剥削排除在资本主义的历史发展之外，因此因斯主张把殖民主义和资本主义的起源放置在一起考虑，这样不仅扩大了社会关系的范围，还动摇了欧洲作为资本主义现代性起源的假定。不过他强调这既不是否认欧洲发生的生产方式革命，也不意味着殖民主义在资本主义历史上的地位仅限于最初的资源掠夺。④

---

① Ruth Hall, "Land Grabbing in Africa and the New Politics of Food", *Future Agricultures Policy Brief*, Brighton, UK: Future Agricultures Consortium, 2011 (41).

② Onur Ulas Ince, "Primitive Accumulation, New Enclosures, and Global Land Grabs: A Theoretical Intervention", *Rural Sociology*, 2014 (1), pp.104-131.

③ Onur Ulas Ince, "Primitive Accumulation, New Enclosures, and Global Land Grabs: A Theoretical Intervention", *Rural Sociology*, 2014 (1), pp.104-131.

④ Onur Ulas Ince, "Primitive Accumulation, New Enclosures, and Global Land Grabs: A Theoretical Intervention", *Rural Sociology*, 2014 (1), pp.104-131.

在这样的理解下，因斯解释了马克思关于原始积累的叙述中隐含的张力，以往的研究认为马克思把殖民制度作为原始积累的一个因素纳入资本主义的"前史"与马克思的历史决定论倾向矛盾，一方面，马克思对原始积累作了严格的形式上的概念定义，以英国农村和苏格兰高地对农民土地的剥夺为典型形式，认为原始积累是"生产者和生产资料分离的历史过程"，这就一方面"使社会的生活资料和生产资料转化为资本，另一方面使直接生产者转化为雇佣工人"①，带来了资本主义私有财产和自由的雇佣劳动者。另一方面，马克思指出在殖民地的自然资源的攫取、强迫劳动、奴役等"田园诗式的过程是原始积累的主要因素"②，这些原始积累的不同因素无论是对象上还是手段上都是异质的，因而原始积累概念的内涵和外延之间会产生一定的张力。如果采取因斯的理解，认为殖民主义的历史推动了马克思对原始积累概念的完整定义，那么马克思对原始积累的形式上理论定义和历史描述之间的不可通约性则是对历史目的论批评的更好回应。

通过这样一种对资本全球扩张和殖民体系的重构，我们关注到了"构成全球资本积累体系的生产和交换关系的异质性和相互依存的多样性，而不是资本主义从帝国主义核心向外扩散并以其方式消除所有社会差异的图景"③。因斯指出，马克思关于劳动对资本的从属关系的分析，可以帮助我们更好地理解资本的结构异质性。马克思区分了劳动对资本形式上的从属和实际上的从属，而在更早的生产方式转变为资本主义生产方式之初，"只表现为劳动在形式上从属于资本，从而表现为劳动条件的占有者和劳动能力的占有者之间的买卖关系的地方——实际的劳动过程不变，而它发挥职能的性质取决于它从中发展出来的那种关系"④。劳动对资本实际上的从属就产生了生产方式的革命，进而随着资本的发展，由资本主义生产方式控制的部门，将会"逐渐征服只是形式上从属于资本主义经营的其他部

---

① 《马克思恩格斯文集》第 5 卷，人民出版社，2009，第 822 页。
② 《马克思恩格斯文集》第 5 卷，人民出版社，2009，第 861 页。
③ Onur Ulas Ince, " Primitive Accumulation, New Enclosures, and Global Land Grabs: A Theoretical Intervention", *Rural Sociology*, 2014 (1), pp. 104-131.
④ 《马克思恩格斯文集》第 8 卷，人民出版社，2009，第 379 页。

门，或是逐渐征服还由独立手工业者经营的其他部门"①。通过对劳动过程的控制和组织，把非资本主义形式的劳动组织统一到资本主义生产方式中来，这就是我们在新圈地运动中所看到的。因此，因斯把原始积累定义为从属的过程，这个过程通过经济外的强制手段发挥了资本对社会再生产条件的中介作用，不仅包括重建财产制度等对社会再生产关系的彻底变革，还包括把现有的独立的社会形式如本地市场、商品等摧毁，将他们与资本逻辑联系起来。"更确切地说，原始积累标志着一个历史过程，它将社会再生产强行重新排序和重新定向为资本积累的逻辑。"② 其核心是社会再生产关系的强制资本化，这也就意味着，原始积累不再通过对直接生产者的绝对剥夺和土地数量的积累进行，而是"通过以农业为基础的社会再生产的资本化来进行的"③，使原本独立生产的小农被市场规训，土地从一种生存手段转变为一种积累手段，而这一过程从表面上看是自愿通过市场交易的。有学者已经注意到非洲的农民"从独立生产者到契约农民到雇佣劳动者的转变，体现了迅速的农村无产阶级化"④。

有学者在对全球土地掠夺行为的分析基础上，结合拉丁美洲的经验，试图从后殖民主义和后奴隶社会的视角来解读原始积累，进一步将原始积累概念解释为"缠混积累"（Entangled Accumulation），这意味着全世界不同地区相互联系和相互渗透，资本主义发展的不同历史时期相互联系和相互渗透，并总结出了五个层面上的表现。第一，全球范围内的新的非资本主义商品化的空间融入积累过程。第二，无论是马克思表述的原始积累的定义，还是我们前面提到的各种积累模式，都可以在同一时间段和同一地理空间中共存。第三，与资本主义积累相关的社会机制，包括法律、国家动员、文化生产，也在空间和时间上共存。第四，资本主义积累虽然需要国家的干预，但从全

---

① 《马克思恩格斯文集》第 8 卷，人民出版社，2009，第 390 页。

② Onur Ulas Ince, "Between Equal Rights: Primitive Accumulation and Capital's Violence", *Political Theory*, 2018 (6), pp. 885–914.

③ Onur Ulas Ince, "Primitive Accumulation, New Enclosures, and Global Land Grabs: A Theoretical Intervention", *Rural Sociology*, 2014 (1), pp. 104–131.

④ Ruth Hall, "Land Grabbing in Southern Africa: The Many Faces of the Investor Rush", *Review of African Political Economy*, 2011 (38), pp. 193–214.

球的角度来看，它往往会模糊国家和市场之间的边界。第五，在积累循环的过程中，与阶级、性别、民族和种族相关的社会类别相互渗透，一个特定的人在社会结构中所占据的位置是这些身份交织的结果。①

三 国家与原始积累

在《资本论》"所谓原始积累"一章中，马克思阐述了 15 世纪末以来英国颁布的惩治流浪者和贫民的血腥法律，到了 17 世纪末，原始积累的不同因素已经系统地形成殖民制度、国债制度、现代税收制度和关税保护制度。这些方法"都利用国家权力，也就是利用集中的、有组织的社会暴力，来大力促进从封建生产方式向资本主义生产方式的转化过程，缩短过渡时间"②。马克思展示了除经济之外的强制力量在原始积累中的关键作用，这就引发了学界在研究原始积累问题时所涉及的一个核心问题，国家和原始积累的关系是什么？原始积累的主体是谁？

目前的大多数文献对原始积累的主体的答案都比较抽象，德·安杰利斯（Massimo De Angelis）主要将原始积累的主体归于资本本身，并且试图澄清资本的目标和个体行为中的目标之间的关系。③ 大多数学者认为原始积累是由国家进行的。罗伯茨指出，在英国，原始积累的最初主体是地主，但总的来说，"原始积累的首要主体一直是并将继续是国家"④。他总结了两种对马克思主义国家理论的常见理解：一是认为国家是阶级统治的工具，二是认为国家是资产阶级的寄生虫。罗伯茨认为原始积累这一章体现了对两种观点的整合，即国家是依赖资本的能动者，既依赖于资本积累，又具有相对自主性。在封建关系被切断之后，现代资本主义国家只能

---

① Guilherme Gonçalves and Sérgio Costa, "From Primitive Accumulation to Entangled Accumulation: Decentring Marxist Theory of Capitalist Expansion", *European Journal of Social Theory*, 2020（2）, pp. 146–164.

② 《马克思恩格斯文集》第 5 卷，人民出版社，2009，第 861 页。

③ Massimo De Angelis, "Marx and primitive accumulation: The continuous character of capital's 'enclosures'", *The commoner*, 2001（1）, pp. 1–22.

④ William Clare Roberts, "What was primitive accumulation? Reconstructing the origin of a critical concept", *European Journal of Political Theory*, 2020（4）, pp. 532–552.

依靠金钱行动，只有当资本在其政治能力控制范围内积累时，国家才可以获得资金来实现国家主权意志。国家和资本积累的依赖关系是通过税收和公共债务之间的关系形成的。国家和资本合谋摧毁了独立劳动者个人的、以自己劳动为基础的所有制，一方面，资本主义大工业的发展减少了小生产者产品的市场需求，另一方面，现代国家通过殖民政策、保护关税制度等手段强行缩短旧生产方式向资本主义生产方式过渡的时间。因此，马克思强调否定的否定，不是回到小生产者或是传统社会的所有制形式，而要在资本主义的基础上重新建立个人所有制。罗伯特认为，马克思在《资本论》第一卷最后一部分关于英国殖民者在澳大利亚的处境强调了前述论点，资本要成为资本，就需要进行原始积累，而国家对资本积累的兴趣意味着一旦无产阶级的行为可能影响资本积累，国家就会进行政治干预。这也是马克思积极参与第一国际的重要原因，提倡无产阶级应该为了国家层面的政治干预而组织起来，进行革命。

还有一些学者质疑了国家和原始积累之间的依赖关系，霍尔（Derek Hall）认为国家与资本是支持还是反对原始积累与原始积累是在何种条件下进行的有关。他指出国家和资本家反对原始积累主要有三个原因。第一，原始积累作为一种残酷的剥夺，如果强制推行，则可能会导致社会不稳定，这样的潜在后果使得资本家更加克制，霍尔追溯到马克思关于国家设法限制英国早期圈地运动的描述。第二，当非资本主义的"外部"可以承担劳动力再生产的部分成本时，保持这个"外部"才是有用的。如果需要资本家支付社会再生产的所有成本，他们就没有动力在形式上非资本主义生产的区域推动转变。[1] 第三，资本家担心自己会成为原始积累的目标，无论是在历史上还是在当下，大量的社会财富通过非市场手段转移给资本家，使他们在一定程度上避免对市场的完全依赖，这些手段包括但不限于贸易壁垒、补贴、扶持、基础设施建设和国家对研究、开发、培训的支持。霍尔通过对东南亚的区域研究指出，社会精英通过非市场的手段获取财富的现象在东南亚国家屡见不鲜，进入国家机器是私人积累的主要途

---

[1] Jim Glassman, "Primitive Accumulation, Accumulation by Dispossession, Accumulation by 'Extra-Economic' Means", *Progress in Human Geography*, 2006 (5), pp. 608-625.

径，在印度尼西亚可以看到"掠夺性的国家—商业关系模式的无限复制"，但因为这些精英不依赖于市场，所以真正的原始积累在这些区域还没有发生，他们有强烈的动机抵制原始积累。因此，霍尔强调对资本主义和原始积累的不同理解要求我们对这些变化进行不同的分类。①

四　结语

西方学界对《资本论》中原始积累问题的前沿研究是围绕原始积累概念的内涵和外延、当代意义、土地（尤其是当代的全球土地掠夺）、国家和原始积累的关系等核心问题展开的，形成了数次学术交锋。2008 年的国际金融危机给新自由主义带来了经济、政治、社会等多个层面的挑战，西方对《资本论》研究的兴趣与日俱增，学者们希望通过重新理解、表述原始积累概念来分析资本主义的再生产方式。马克思在《资本论》"所谓原始积累"一章所揭示的原始积累手段在今天的世界得到了遥远的回响，马克思关于原始积累的论述也有力地揭露了自由主义观点的虚伪性，自由主义用"田园诗式"的描述掩盖了原始积累"血与火"的历史，将市场描述为自由的、自愿的交换领域，原始积累的理论复兴也就不足为奇了。本文在最近二三十年对原始积累问题的讨论基础上，聚焦于近 5 年西方学界关于相关问题的新研究，总结和阐述他们关于如何理解原始积累概念的当代意义、当代的土地掠夺问题和国家与原始积累关系的代表性观点。

结合前文的论述，第一部分讨论了原始积累的概念本身，其内涵在之前数次讨论中得到了扩充，关于原始积累是资本主义发展的一个阶段还是一个持续的过程，目前几乎所有学者都认同持续性的说法。而原始积累的范围界定则是讨论的焦点，如资本主义生产方式的"边界"在哪里，如何划分资本主义的"外部"，资本主义和非资本主义作为社会形式的关系等问题，进一步来说，我们必须先澄清对资本主义的理解，才能更清晰地界定原始积累。第二部分对全球范围内的粮食危机带来的南半球土地问题的

---

① Derek Hall, " Rethinking Primitive Accumulation: Theoretical Tensions and Rural Southeast Asian Complexities", *Antipode*, 2012 (4), pp. 1188-1208.

实证研究增加了原始积累理论的历史依据，因斯对社会再生产关系的强制资本化现象作了精彩的分析，揭示了原始积累的暴力隐藏着一个不可还原的政治维度，立法使现有的社会再生产制度从属于资本主义生产方式，不仅在政治法律层面上，而且在社会意义上规训现有的劳动者。因此资本主义违背了自己的正义承诺，并且这种不正义贯穿资本主义的产生和发展的整个过程。资本主义再通过不断维持这种劳动和所有权的分离关系，甚至进一步生产二者的分裂。马克思指出，社会关系的再生产（与物的扩大再生产不同）才是更为首要的。再生产使得剥削的实质被掩盖了，不正义的关系被大家接受和认可，劳资关系在这种再生产的过程中得到了强化以及定向化，这就是强制。第三部分是关于国家和原始积累的关系问题，前文展示了罗伯茨的整合观点与霍尔的反对观点，原始积累是一个通过暴力强制转化的政治过程，通过资本主义的政治统治、法律、经济剥削等制度来取代原有的不符合资本主义积累逻辑的组织形式。虽然这些观点可能各有不足，得出的结论也不见得全然正确，例如这些学者都在一定程度上认为马克思是一个历史目的论者或者发展主义者，但是他们的研究为我们提供了更加多元的视角，可以为中国学界的马克思主义研究带来一些启示。

对原始积累所涉及的各个层面的问题的研究，实际上展示了资本主义在诞生过程中以及发展过程中普遍存在的暴力和强制，而资本主义塑造的自由形象仍然在今天的政治、学术、公共话语领域占据着主导地位，资本主义被想象成一个围绕私有财产、自由的个体、平等市场交换组织起来的经济体系，并且在意识形态上完全否认资本主义的结构性暴力。这也是西方左翼学者复兴原始积累理论的现实考量，正如沃尔夫（Patrick Wolfe）所揭示的："资本的暴力是一种结构，而不是一个事件。"① 通过原始积累概念揭示超经济的暴力手段的表现形式，新自由主义制度的非生产性积累危机及其驱逐逻辑在世界范围内以民粹主义、种族主义等形式带来了政治危机。因此，运用原始积累概念激活马克思对自由主义的批判，在当今具有重大的理论和现实意义。

① Patrick Wolfe, "Settler Colonialism and the Elimination of the Native", *Journal of Genocide Research*, 2006 (8), pp. 387-404.

图书在版编目（CIP）数据

新时代马克思主义的守正创新／中共中央党校
（国家行政学院）马克思主义学院，中国马克思主义研究基
金会编.－－北京：社会科学文献出版社，2025.4.
（《当代中国马克思主义》论丛）.－－ISBN 978-7-5228
-4990-4

Ⅰ.D61

中国国家版本馆 CIP 数据核字第 2025QA1823 号

《当代中国马克思主义》论丛
新时代马克思主义的守正创新

编　　者／中共中央党校（国家行政学院）马克思主义学院
　　　　　　中国马克思主义研究基金会

出 版 人／冀祥德
责任编辑／茹佳宁
责任印制／岳　阳

出　　版／社会科学文献出版社·马克思主义分社（010）59367126
　　　　　　地址：北京市北三环中路甲 29 号院华龙大厦　邮编：100029
　　　　　　网址：www.ssap.com.cn
发　　行／社会科学文献出版社（010）59367028
印　　装／三河市龙林印务有限公司

规　　格／开　本：787mm×1092mm　1/16
　　　　　　印　张：28.75　字　数：441 千字
版　　次／2025 年 4 月第 1 版　2025 年 4 月第 1 次印刷
书　　号／ISBN 978-7-5228-4990-4
定　　价／158.00 元

读者服务电话：4008918866